Kohlhammer

Martin Nicol

Grundwissen Praktische Theologie

Ein Arbeitsbuch

Verlag W. Kohlhammer

Die Deutsche Bibliothek – CIP-Einheitsaufnahme

Nicol, Martin:
Grundwissen Praktische Theologie : ein Arbeitsbuch / Martin Nicol. - Stuttgart ; Berlin ;
Köln : Kohlhammer, 2000
    ISBN 3-17-015276-9

© 2000 W. Kohlhammer GmbH
Stuttgart Berlin Köln
Verlagsort: Stuttgart
Umschlag: Data Images GmbH
Gesamtherstellung:
W. Kohlhammer Druckerei GmbH + Co. Stuttgart
Printed in Germany

Inhaltsverzeichnis

3 PREDIGT
Homiletik

4 SEELSORGE
Poimenik

5 UNTERRICHT
Religionspädagogik

6 NÄCHSTENLIEBE
Diakonik

7   MEDIEN
Publizistik

8   FOKUS: VON GOTT REDEN
Glaube – Sprache – Bibel

9   FOKUS: LEBEN FEIERN
Glaube – Alltag – Spiritualität

10   FOKUS: ÜBERGÄNGE GESTALTEN
Glaube – Lebensgeschichte – Kirchenjahr

11   FOKUS: GESTALT WAHRNEHMEN
Glaube – Kunst – Religion

12 PRAKTISCHE THEOLOGIE
Grundlegung

Vorwort

Gute Ideen habe ich selten allein. Auch zu ihrer Weiterführung brauche ich andere. Ohne Menschen, die mitgemacht haben bei der Gestaltung dieses Arbeitsbuches, wäre vermutlich nichts geworden aus der guten Idee des Anfangs.

Bernhard Petry, fast vier Jahre lang mein Mitarbeiter, hat seit dem Wintersemester 1996/97 Schritt für Schritt die Lehrveranstaltung mitgestaltet, die diesem Buch zugrunde liegt. Das hat Spaß gemacht: Texte aussuchen und diskutieren, die Sitzungen sorgfältig vorbereiten, sich im Seminar nach Plan und spontan die Bälle zuspielen, sich im Feedback kritisieren und loben.

Lehren kann beglückend sein. Das geht nicht ohne die, denen das Lehren gilt. Studierende, die unser Repetitorium besuchten, haben Rückmeldungen gegeben, ehrlich und konstruktiv. Davon ist einiges in das Grundwissen eingeflossen.

Zusammen mit Tanja Gojny und Elisabeth Matthes hat sich Bernhard Petry der Mühe von Korrekturarbeiten unterzogen. Eleonore Kastl hat mit persönlichem Engagement die nicht sehr ansehnlichen Textvorgaben zur druckfertigen Vorlage ausgearbeitet.

Gute Ideen brauchen Widerhall. Jürgen Schneider, Lektor beim Verlag Kohlhammer, hat die Idee von einem "Grundwissen Praktische Theologie" gerne aufgegriffen und Fragen der Gestaltung weiterführend erörtert.

Den Impuls zu diesem Arbeitsbuch verdanke ich Friedrich Mildenberger. Als sein Assistent habe ich ab 1984 mehrfach und mit großem Vergnügen einen "Ferienkurs Dogmatik" durchgeführt. Sein "Grundwissen der Dogmatik", ebenfalls im Verlag Kohlhammer erschienen und von Heinrich Assel 1995 neu bearbeitet, brachte mich auf die Idee, nicht Lernstoff darzustellen, sondern Lernwege zu eröffnen.

Allen, die Ideen eingebracht und in mühevoller Kleinarbeit zur schönen Gestalt dieses Buches beigetragen haben, sei herzlich gedankt.

Erlangen, den 1. Juni 2000   Martin Nicol

Einführung

Praktische Theologie fasziniert mich. Deutlicher als andere Disziplinen der Theologie bewegt sie sich im Spannungsfeld zwischen Ereignis und Wissenschaft, zwischen engagiertem Erleben und sorgfältigem Reflektieren. Genau diese Spannung macht, so sehe ich es, die Faszination meines Faches aus.

Etwas von dieser Faszination würde ich Ihnen, meine Leserinnen und Leser, gerne vermitteln. Ich will Sie locken zu der Kunst, praktisch-theologisch zu denken. Ich will Sie anstiften zur Lektüre, Ihnen Lust machen auf Texte: klassische Texte, Texte, die vielleicht einmal klassisch werden, und Texte von erhellendem Wert, aber mit kurzer Verfallszeit. In den Texten werden Epochen der Praktischen Theologie greifbar; die Persönlichkeiten derer, die sie schrieben, gewinnen Konturen. Meine Vision ist, daß in Ihren Köpfen, an Ihren Schreibtischen, in Arbeitsgruppen und im Kaffeehaus Diskussionen, die bereits geführt wurden, wieder lebendig werden. Nicht aufgewärmte Debatten der Vergangenheit sollten es sein. Ich erhoffe mir, daß Sie Debatten, die es gab, kreativ in die unmittelbare Gegenwart fortsetzen. Damit solche Prozesse in Gang kommen, schlage ich Ihnen Texte zur Lektüre vor, alte und neue. Gehen Sie kritisch um mit den Texten! Bringen Sie der Auswahl, die ich getroffen habe, gesundes Mißtrauen entgegen! Verweigern Sie sich, wo nötig, den Wertungen, die in meinen Zwischentexten und Leitfragen stecken!

So faszinierend Praktische Theologie auch sein mag, als Lernaufgabe für Examina ist sie nicht leicht in den Griff zu bekommen. Dieses Buch eröffnet Lernwege. Freilich, wer sich nur informieren möchte, ist mit meinem Grundwissen schlecht bedient. Auf die Denkwege und Debatten muß sich einlassen, wer etwas davon haben möchte. Studierende in Erlangen haben im Rahmen von Repetitorien bereits damit gearbeitet. Gut war das für sie immer. Leicht war es nie. So jedenfalls legen es die Rückmeldungen nahe, die mich erreichten.

Ich habe mich bemüht, nicht nur Sympathisanten meiner Position zu Wort kommen zu lassen. Wie Sie sich vielleicht über den einen oder anderen Text wundern, daß er hier auftaucht, so werden Sie auch Texte vermissen. Oft waren es didaktische Gründe, derentwegen ich Texte, die in der Sache durchaus wichtig sind, für dieses Curriculum nicht empfohlen habe. Manchmal habe ich zu einem Thema gesucht und gesucht – und keine in jeder Weise geeignete Lektüre gefunden. In solchen Fällen waren Kompromisse nötig. Nicht alle Texte sind Top-Texte zum Thema. Einen Kompromiß stellt es auch dar, wenn ich nicht Quellen, sondern zusammenfassende Sekundärtexte zur Lektüre empfehle. Sehr bald werden Sie merken, daß ich meine Empfehlungen auch auf Grund eigener Leseerfahrungen gebe. Die eigene wissenschaftliche Position ist immer auch durch die Biographie geprägt und durch die Zufälle, die mir den einen Text zur rechten Zeit auf den Schreibtisch spielen, den anderen aber nicht.

Ich weiß, daß ich viel von Ihnen verlange an Lektüre, an Begehung von Denkwegen. Auf keinen Fall werden Sie alle Texte in der knappen Zeit der Examensvorbereitung durcharbeiten können. Das gilt, auch wenn Sie den einen oder anderen Aufsatz schon früher gelesen haben und ihn jetzt nur auffrischen müssen. Damit die Fülle Sie nicht erdrückt, habe ich für die Erarbeitung von Grundwissen die Texte nach ihrem Gewicht unterschieden und durch Leitfragen erschlossen:

P Es handelt sich um *Pflichttexte*. Die sollten Sie genau durcharbeiten. Ich halte sie für unerläßlich. Aber natürlich steht es Ihnen frei, sich mit Hilfe anderer Lektüre zum jeweiligen Thema kundig zu machen.

K Es handelt sich um *Kürtexte*. Die sollten Sie lesen, wenn die Zeit reicht. In jedem Fall empfehle ich Ihnen, das jeweilige Sachgebiet in Ihrem praktisch-theologischen Horizont zu verorten.

📖 Texte, die nur *mit Buchsymbol* eingeführt werden, können Sie lesen, wenn Sie an weiterführender Lektüre interessiert sind. Es gibt auch Literaturhinweise *ohne Buchsymbol*. Diese dienen in der Regel lediglich der Verifizierung von Zitaten.

- Die *Leitfragen* zu den Texten sollen Ihnen Anhaltspunkte bei der Lektüre geben. Eine vollständige Erschließung der Texte ist nicht beabsichtigt. Mit fortschreitender Arbeit am "Grundwissen" habe ich statt der Leitfragen immer häufiger *Impulse* benannt: Zitate aus den zu lesenden Texten. Das ist mein Einstieg in die (imaginäre) Debatte mit Ihnen, daß ich einen solchen Impuls setze und sage: Dieser Gesichtspunkt scheint mir besonders wichtig, der Autor oder die Autorin hat ihn gut formuliert, das lohnt die Auseinandersetzung.

PTips: Die Debatten gehen weiter. Schon während der drei Jahre, in denen dieses Grundwissen gewachsen ist, sind selbstverständlich neue und interessante Beiträge zu den jeweiligen Themen erschienen. Ich habe, sehr subjektiv und selektiv, solche Titel genannt. Nehmen Sie die Sparte PTips als Signal, die praktisch-theologische Diskussion zu verfolgen und die Lernwege im "Grundwissen" mit neuen Texten fortzusetzen!

Zur Kunst gehört das Handwerk. Ohne eine elaborierte praktisch-theologische Sprache werden Sie kaum in der Lage sein, praktisch-theologisch zu denken. Um Sachverhalte diskursiv zu erfassen, müssen Sie mit Begriffen sicher umgehen können. Diesem Ziel dient das

PT-Wörterbuch
- Wichtige Begriffe und Wendungen habe ich ins Wörterbuch geschrieben. Das sind Hinweise von meiner Seite. Nicht mehr und nicht weniger.
- Die Bedeutung der Begriffe müssen Sie aus dem Kontext der Lektüre klären. Dann und wann empfiehlt sich auch ein Griff zum theologischen Lexikon.
- Sinnvoll ist es, wenn Sie sich sukzessive Ihr eigenes PT-Wörterbuch anlegen, in dem Sie Material zu den Begriffen sammeln.

> • Ich empfehle, daß Sie Ihr PT-Wörterbuch elektronisch erstellen: als Computer-Datei, mit der Sie die Begriffe aufrufen und sich selbst abfragen können.

Den Stoff habe ich herkömmlich angeordnet. Das geschah aus examensdidaktischen Gründen. Noch sind die klassischen Unterdisziplinen nicht aus dem praktisch-theologischen Bewußtsein verschwunden: *Liturgik, Homiletik, Poimenik, Religionspädagogik*. Die Teilfächer können mit diesem Arbeitsbuch im je eigenen Zusammenhang studiert werden. Die *Oikodomik* wird in ihrer Wertigkeit als Examensfach nicht einheitlich gesehen; durcharbeiten sollten Sie das Kapitel unbedingt. *Diakonik* und *Publizistik* sind in der Regel nicht prüfungsrelevant. Daß sie in der Sache unverzichtbar sind, bestreitet niemand. Ich empfehle diese beiden Fächer zum Studium abseits von unmittelbarem Examensdruck.

Die neuere Praktische Theologie hält die klassischen Einteilungen für nicht mehr sachgerecht. Themen, die alle Disziplinen betreffen, bestimmen zunehmend die Arbeit in Forschung und Lehre. Das Verknüpfen gehört wesentlich zur Kunst, praktisch-theologisch zu denken. Dem dienen die folgenden Vorgaben:

Mit den vier *Fokus-Kapiteln* biete ich exemplarisch Perspektiven an, die zu den klassischen Teilgebieten querlaufen und sie vernetzen.

☞ Im laufenden Text aller Kapitel ermöglicht das Handsymbol Verknüpfungen und Querverbindungen. Durch die Griffleiste am Seitenrand und die dreistelligen Kapitelnummern am Innenrand der Kopfzeile können Sie den Verweisen leicht nachgehen.

W Dem Verknüpfen dienen auch die *Wiederholungsaufgaben*. Sie sollen bereits erworbenes Wissen aktivieren. In den Fokus-Kapiteln ersetzen W-Aufgaben die Konzeptionen, die in den anderen Kapiteln jeweils den zweiten großen Abschnitt ausmachen.

T Zum selbständigen Brückenschlag zwischen verschiedenen Sachgebieten oder Lektüren leiten die *Transferaufgaben* an.

Wo fangen Sie am besten an mit Ihrer Arbeit? Das Grundwissen ist so angelegt, daß Sie überall anfangen können. Setzen Sie mit einem Fokus-Kapitel ein, wenn die Thematik Sie gerade beschäftigt! Oder bearbeiten Sie die Diakonik, wenn Sie gerade ein Praktikum in einer diakonischen Einrichtung hinter sich haben! Meine Reihenfolge der Themen folgt nur bedingt einer Sachlogik. Natürlich gehört es zu meiner Position, daß ich die Gemeinde für die theologische Basisgröße halte und deswegen mit der Oikodomik einsetze. Auffallen wird Ihnen auch, daß ich ausgerechnet mit der Grundlegung schließe. Ich meine, daß man Praktische Theologie zuerst und vor allem treiben soll, bevor man sich an die Aufgabe wissenschaftlicher Selbstvergewisserung macht. Aber insgesamt gilt, daß die Reihenfolge nicht zwingend ist.

Fast noch wichtiger als die Frage, wo Sie beginnen, scheint mir die Frage, wann Sie beginnen. Die Kunst, praktisch-theologisch zu denken, erlernt man nicht in wenigen Wochen, auch nicht in Monaten. Es entspricht altem Denken, die Praktische Theologie erst gegen Ende des Studiums zu betreiben. Ich ermuntere Sie, praktisch-theologische Denkwege möglichst bald einzuschlagen: studienbegleitend, studienmotivierend, erste Schritte zunächst, aber immer mit Blick auf das Ganze des künftigen Berufs.

Es ist meine Hoffnung, daß sich dieses Grundwissen als Anstiftung erweist zum praktisch-theologischen Diskurs im Studium. Und darüber hinaus. Warum nicht? Wo Pfarrerinnen und Pfarrer in der Praxis stehen, gewinnen die Debatten, die wir an der Universität führen, erst die Bodenhaftung, die sie brauchen. Ich jedenfalls würde mich freuen, wenn mein Arbeitsbuch bei Vikarinnen und Vikaren im Predigerseminar Resonanz findet. Und vielleicht wird sich auch im Alltag des Pfarramts die Kunst, praktisch-theologisch zu denken, als Anstoß erweisen, das pastorale Handeln vor Ort neu als Kunst zu entdecken.

1 Gemeinde
Oikodomik

1.0 Literatur

Das vergleichsweise neue Fach Gemeindeaufbau hat überraschend schnell Grundlagenwerke und Studienbücher hervorgebracht:

    📖 Christian Möller, Lehre vom Gemeindeaufbau, Bd. 1: Konzepte - Programme - Wege [1987], Göttingen ³1991, Bd. 2: Durchblicke - Einblicke - Ausblicke, Göttingen 1990.

    📖 Michael Herbst, Missionarischer Gemeindeaufbau in der Volkskirche [1987], Stuttgart ²1988.

    📖 Reiner Preul, Kirchentheorie. Wesen, Gestalt und Funktionen der Evangelischen Kirche, Berlin/New York 1997.

    📖 Eberhard Winkler, Gemeinde zwischen Volkskirche und Diaspora. Einführung in die praktisch-theologische Kybernetik, Neukirchen-Vluyn 1998.

1.1 Hinführung

1.1.1 Phänomen

Werner Leich, von 1978-1992 Landesbischof in Thüringen, erzählt von den Friedensgebeten im Herbst '89:

"Die Friedensgebete, die den Demonstrationen vorausgingen, vermittelten eine geheimnisvolle Kraft. Ich wollte, wir könnten etwas davon für unsere Gottesdienste gewinnen. Einmal lebten sie von einer alle umfassenden Gemeinschaft. Alle gehörten dazu, die Nichtchristen und die Christen, die katholischen, die freikirchlichen und die evangelisch-lutherischen Christen und vor allem die Arbeiter, die auf einmal den Weg in die Kirche fanden. Es wurden immer die gleichen Lieder gesungen. Die Texte erschienen auf große Leinwandflächen projiziert. Jeder konnte sofort mitsingen: 'Sonne der Gerechtigkeit', 'Komm Herr, segne uns' und 'We shall overcome'. Das waren die Brücken, über die Gottes Kraft zu den Menschen kam und über die die Menschen zueinander fanden. 'Wir sind ein Volk' - ganz im Verborgenen spürte ich: Dieser Satz lebt davon, daß wir wenigstens für Stunden zum Volk Gottes geworden waren. Oft haben mir die Tränen in den Augen gestanden, wenn wir uns alle an den Händen faßten und das Lied der Farbigen sangen, mit denen sie unter dem großen Martin Luther King ihre Freiheit und Gleichberechtigung im gewaltlosen Widerstand eingefordert hatten: 'We shall ...'"

Werner Leich, Wechselnde Horizonte. Mein Leben in vier politischen Systemen, Wuppertal/Zürich 1992, S. 248 f.

Um "Gemeindeaufbau" im geläufigen Sinn des Wortes handelte es sich bei jenen Friedensgebeten nicht. Dennoch gehören Szenen wie diese in den Wahrnehmungsbereich "Gemeinde". Folgende Beobachtungen ergeben sich aus den Erinnerungen des Bischofs:

–   Hier entsteht punktuell Gemeinde, nicht Gemeinde mit Strukturen, die künftiges Wachstum erwarten lassen.

–   Es handelt sich um eine offene Gemeinde. Hier fanden sich Christen unterschiedli-
    cher Konfession, Christen und Nichtchristen "wenigstens für Stunden" zusammen
    und bildeten "Volk Gottes".

–   Die Friedensgebete geschahen, sie entsprangen keiner Strategie. Der Bericht ist
    nur zu verstehen, wenn Gott als Subjekt solchen Gemeindeaufbaus angenommen
    wird.

Wir werden noch ganz andere Phänomene im Bereich von Gemeinde
kennenlernen und reflektieren. Insbesondere das Bemühen um sinnvolle
Strukturen wird uns beschäftigen. Um so wichtiger ist, daß sich gleich zu
Beginn der Blick schärft für das Ereignishafte, das auch zu dem gehört,
was wir "Gemeinde" nennen.

1.1.2 Überblick

Es gibt verschiedene Raster, die sich über die Vielfalt der Richtungen und
Phänomene von Gemeindeaufbau legen lassen. Jedes Raster hebt andere Gesichtspunkte hervor.

Volkskirchlich - missionarisch

Christian Möller unterscheidet nach der Zielrichtung in volkskirchlichen
und missionarischen Gemeindeaufbau. "Volkskirchlich" meint Gemeindeaufbau in den Strukturen einer Volkskirche (☞ 1.3.7) mit dem Ziel, Menschen neu für die Mitgliedschaft in der Kirche zu motivieren. "Missionarisch" meint Gemeindeaufbau auf der Suche nach alternativen Modellen
von Gemeinde mit dem Ziel, möglichst viele Menschen für Jesus Christus
zu gewinnen. Missionarischer Gemeindeaufbau sieht sich entweder im
prinzipiellen Bezug auf "die Welt" (missionarisch-ökumenisch) oder im
entschiedenen Vorstoß in "die Welt" (missionarisch-evangelistisch).

   📖 Christian Möller, Lehre vom Gemeindeaufbau, Bd. 1, Göttingen [3]1991, S. 26,
   70 f.

Konzentrisch - polyzentrisch - monozentrisch

Holger Böckel entwirft eine Typologie der Konzepte. Der konzentrische
Typ von Gemeindeaufbau versteht sich als Bewegung von innen nach
außen, vom Zentrum der Glaubenden zur Peripherie der Nichtglauben-
den. Der polyzentrische Typ bezieht sich auf die Realität einer pluralen
Kirche und versteht sich integrativ im Sinn einer konziliaren Bewegung.
Der monozentrische Typ hat als Mitte den Gottesdienst mit Herrenmahl;
die Grenze zwischen Glaube und Unglaube ist im Unterschied zum konzentrischen Modell fließend.

	Leitbild	Ansatz	Beispiel
konzentrisch	christliche Gemeinschaft	missionarisch	Michael Herbst
polyzentrisch	kommunikativer Prozeß	konziliar	Herbert Lindner
monozentrisch	ganzheitlicher Gottesdienst	liturgisch	Christian Möller

📖 Holger Böckel, Gemeindeaufbau im Kontext charismatischer Erneuerung. Theoretische und empirische Rekonstruktion eines kybernetischen Ansatzes unter Berücksichtigung wesentlicher Aspekte selbstorganisierender sozialer Systeme, Leipzig 1999, S. 28-34.

Programme - Visionen - Bewegungen

Ich selbst halte auch eine Unterscheidung nach der Realisationsebene für sinnvoll. Handelt es sich *primär* um kybernetische Programme? Sie fragen "*Wie* gehen wir vor?" (z.B. Michael Herbst, ☞ 1.2.7). Handelt es sich *primär* um ekklesiologische Visionen? Sie entwerfen Antworten auf die Frage "*Was* schwebt mir vor?" (z.B. Johann Baptist Metz, ☞ 1.2.5). Handelt es sich *primär* um alternative Bewegungen? Sie sind interessiert an der Frage "*Wer* schließt sich uns an?" (z.B. Geistliche Gemeindeerneuerung, ☞ 1.2.8). Natürlich stecken in Programmen auch Visionen, Visionen haben ihr Fundament oft in Bewegungen, und Bewegungen finden zu programmatischen Entwürfen. Für eine wirklich tragfähige Konzeption müssen alle drei Ebenen zusammenspielen. Alle drei Ebenen haben ihr Recht. Zu Recht fragt das Programm nach den notwendigen Schritten, imaginiert die Vision das noch nicht Realisierte, nimmt das Neue in einer Bewegung bereits erfahrbare Gestalt an. Die hier vorgeschlagene Distinktion will nicht trennen. Sie nimmt Akzente und Schwerpunkte wahr. Sie ermöglicht es, beispielsweise Herbst, Metz und die Geistliche Gemeindeerneuerung trotz ihrer je unterschiedlichen Realisationsebene als Konzeptionen von Gemeindeaufbau nebeneinander zu stellen.

PT-Wörterbuch	• volkskirchlich - missionarisch
	• konzentrisch - polyzentrisch - monozentrisch
	• Programme - Visionen - Bewegungen

1.1.3 Problem

Unbestritten ist, daß Kirche und Gemeinde ein eigenes, wichtiges Thema der Praktischen Theologie darstellen. Die Frage besteht nach wie vor, wie man eine darauf bezogene Teildisziplin der Praktischen Theologie benennen sollte. In der Frage nach der angemessenen Terminologie wird ein Grundproblem von Gemeindeaufbau greifbar.

📖 Christian Möller, Lehre vom Gemeindeaufbau, Bd. 1, Göttingen [3]1991, S. 17-26; Bd. 2, Göttingen 1990, S. 235-244.

Gemeindeaufbau ist in den achtziger Jahren zum Programmwort geworden. Es benennt die Aufgabe, einer massiven Erosion von Glauben und Kirche eben durch Gemeindeaufbau entgegenzuwirken. Ein Problem liegt darin, daß das Wort zu aktivistisch klingen kann.

Kybernetik ist traditionell die Disziplin der Praktischen Theologie, die sich der Leitung (κυβερνειν = leiten) von Kirche und Gemeinde widmet. Die Leitungsaufgabe kommt also zur Geltung. Probleme liegen in der herkömmlichen Verengung auf das kirchliche Amt und in der säkularen Bedeutung des Begriffs (Steuerungs- und Regelungsvorgänge in technischen Prozessen).

Oikodomik geht zurück auf die Sprache des Neuen Testaments: Gemeinde als Gottes Bau (οικοδομη), an dem wir Menschen mitwirken (vgl. etwa Mt 16,13-20; 1Kor 3,5-17; 1Petr 2,1-10). Problematisch ist, daß sich der Begriff, der Christian Möller zu danken ist, bisher nicht durchgesetzt hat. Auch kann er als Fremdwort die Fülle des biblisch Gemeinten nicht so gut leitbildartig vor Augen stellen.

Kirchentheorie benennt sachlich zutreffend den Themenbereich, um den es der Praktischen Theologie in dieser Teildisziplin geht. Ein Problem ist, daß der Begriff zu wenig die Aufgabe in den Blick rückt, die eine entsprechende Theorie überhaupt erst rechtfertigt.

Ich verwende versuchsweise den Begriff der Oikodomik. Der Terminus steht sprachlich in Analogie zu den anderen praktisch-theologischen Disziplinbezeichnungen (Endung auf -ik). Vor allem aber thematisiert "Oikodomik" die Kirche als Gottes Haus und weist seine Bewohner auf die Kunst, an diesem Haus zu bauen. Damit birgt schon die Disziplinbezeichnung das theologische Grundproblem von Gemeindeaufbau, wie Gottes schöpferische Kraft und menschliche Aktivität in Beziehung zu setzen sind. Der Gegenstand einer Oikodomik kommt in der folgenden Definition theologisch problembewußt zum Ausdruck:

"Gemeindeaufbau ist das Werk des erhöhten Herrn, der seine Mitarbeiter zu planmäßigem Wirken für intensives und extensives Wachstum der Gemeinde bewegt."

Eberhard Winkler/Gottfried Kretzschmar, Der Aufbau der Kirche zum Dienst, in: Handbuch der Praktischen Theologie, 3 Bde., Berlin/Ost 1975-1978, Bd. 1, S. 133-227, hier S. 178.

PT-Wörterbuch
- Gemeindeaufbau
- Kybernetik
- Oikodomik
- Kirchentheorie

1.2   Konzeptionen

1.2.1 Wechselseitige Begabung in der Kraft des Geistes

Friedrich Schleiermachers (1768-1834) Bild von Kirche und Gemeinde lebt aus der Vision einer unhierarchischen, geistbewegten Gemeinschaft zur wechselseitigen religiösen Erbauung. Wir werden noch verschiedentlich auf diese Vision stoßen (☞ 2.2.2, ☞ 3.2.1, ☞ 4.2.1). Wer sich ein Gesamtbild über Schleiermachers Konzeption verschaffen will, informiere sich bei Christian Möller:

   📖 Christian Möller, Lehre vom Gemeindeaufbau, Bd. 2, Göttingen 1990, S. 18-36.

K   Schleiermacher ist nie unrealistisch mit seiner Vision umgegangen. Gegenüber einer exklusiven Religiosität von Einzelnen oder kleinen Gruppen war er skeptisch bis ablehnend. Er betonte den Wert öffentlicher Vollzüge von

Religion. In seinem dogmatischen Hauptwerk kommen Grundgedanken seiner Gemeinde- und Kirchenkonzeption präzise zur Geltung.

📖 Friedrich Schleiermacher, Der christliche Glaube nach den Grundsätzen der evangelischen Kirche im Zusammenhange dargestellt [1831/32], hg. v. Martin Redecker, 2 Bde., Berlin 1960, hier: Bd. 2, S. 314 f. (§ 134,3).

- Verorten Sie die Unterscheidung von "Empfänglichen" und "Mitteilenden" versuchsweise in den aktuellen Realitäten von Kirche!
- Wie geht Schleiermacher mit dem protestantischen Grundsatz vom Priestertum aller Gläubigen um?
- Impuls: "Vielmehr sind die öffentlichen Versammlungen zum gemeinsamen Bekenntnis und zur gemeinsamen Erbauung die Hauptsache ..."
- Formulieren sie die oikodomische Aufgabe, wie sie sich aus Schleiermachers Bestimmung von Kirche ergibt!

PT-Wörterbuch • wechselseitige Begabung in der Kraft des Geistes (Friedrich Schleiermacher)

1.2.2 Christus als Gemeinde existierend

Dietrich Bonhoeffer (1906-1945) hat die moderne ekklesiologische Reflexion stark beeinflußt. Wer eine zusammenhängende Skizze von Bonhoeffers oikodomischem Konzept sucht, greife wieder zu Möller:

📖 Christian Möller, Lehre vom Gemeindeaufbau, Bd. 1, Göttingen[3]1991, S. 187-194.

Grundlage ist die Christologie. "Christus als Gemeinde existierend" wird zur Leitformel für Kirche. Die Formel hat eine antiindividualistische Stoßrichtung: "Der Christ wird und ist nur in der Gemeinde Christi. Er ist auf diese und d.h. den anderen Menschen angewiesen" (Sanctorum Communio, s.u., S. 128). Sie leistet zugleich eine christologische Integration von Menschengruppen, die sich als soziologisch unterschieden darstellen. Die ekklesiologische Konzentration auf den Gottesdienst als das Kernereignis von Kirche, wie sie in der Bekennenden Kirche und nach 1945 die Diskussion bestimmte, fand in Bonhoeffers Entwurf präzisen Ausdruck.

K Kennzeichnend für Bonhoeffers "Sanctorum Communio" von 1930 ist die Absicht, geglaubte und vorfindliche, dogmatisch beschriebene und soziologisch erfaßte Kirche nicht auseinanderfallen zu lassen (vgl. Titel und Untertitel).

📖 Dietrich Bonhoeffer, Sanctorum Communio. Eine dogmatische Untersuchung zur Soziologie der Kirche [1930], in: Dietrich Bonhoeffer Werke, hg. v. Eberhard Bethge u.a., Bd. 1, München 1986, S. 163-170, bes. Zusammenfassung S. 169 f.

- Wo liegen Gefahren in der geläufigen Rede von der "Kerngemeinde"?
- Wie beurteilen Sie Bonhoeffers Ablehnung von Kirche als "Sympathiegemeinschaft" (S. 169)?
- Beschreiben Sie Differenz und Einheit der "drei konzentrischen, soziologischgeschiedenen Kreise" (S. 169) von Taufgemeinde, Predigtgemeinde und Abendmahlsgemeinde!

PT-Wörterbuch
- Christus als Gemeinde existierend (Dietrich Bonhoeffer)
- Tauf-, Predigt-, Abendmahlsgemeinde

1.2.3 Kommunikation des Evangeliums

Ernst Lange (1927-1974) hat, als die Dialektische Theologie an Prägekraft verlor, auf vielen Gebieten von Kirche und Theologie erneuernd gewirkt. Mit dem visionären Experiment der "Ladenkirche" in Berlin-Spandau (1960) hat er ein weithin wahrgenommenes Zeichen für modernen Gemeindeaufbau gesetzt. Nach amerikanischen Vorbildern wurde in einem ehemaligen Bäckerladen das gottesdienstliche Zentrum der neuen Gemeinde errichtet. Es ging Lange darum, alle Vollzüge von Gemeinde unter dem Vorzeichen ihrer fundamentalen Bezogenheit auf Welt zu konzipieren. So versteht er unter Gottesdienst (☞ 2.2.4) die Feier am Sonntag (Ekklesia) ebenso wie das Leben der einzelnen Christinnen und Christen in den weltlichen Kontexten der Woche (Diaspora).

📖 Christian Möller, Lehre vom Gemeindeaufbau, Bd. 1, Göttingen³1991, S. 234-248.

P Nach fünf Jahren Ladenkirche hat Lange "Bilanz" gezogen. Es ist an sich schon ein Merkmal von Gemeindeaufbau, daß man Ziele setzt und Bilanz zieht. Lange hat das damals getan in der Verpflichtung christlicher Haushalterschaft, ohne bereits ökonomische Deutemuster (☞ 1.2.10, ☞ 6.3.7) anzuwenden. Der folgende Abschnitt erläutert einen Begriff, der von Ernst Lange in das kirchlich-theologische Vokabular eingegangen ist: "Kommunikation des Evangeliums".

📖 Ernst Lange, Aus der "Bilanz 65", in: ders., Kirche für die Welt. Aufsätze zur Theorie kirchlichen Handelns, hg. v. Rüdiger Schloz in Zusammenarbeit mit Alfred Butenuth, München/Gelnhausen 1981, S. 66-160, hier: S. 101-106.

- Kennzeichnen Sie "Kommunikation des Evangeliums" als einen Begriff, der weit über die Predigt hinaus die verschiedenen Lebensäußerungen von Gemeinde in ihrer "Einheit und Differenziertheit" (vgl. S. 102) zu deuten vermag!
- Was ist gemeint mit dem "alltäglichen Gottesdienst des Glaubens, der Liebe und der Hoffnung" (S. 106, ☞ 2.2.4)?
- Es gibt in jeder Gemeinde Unterschiede im Teilnahmeverhalten. Prüfen Sie folgende Aussage Langes an seinem Konzept einer Kommunikation des Evangeliums: "Zur Bezeichnung dieser Unterschiede sind also Ausdrücke wie 'Kerngemeinde' und 'Randsiedler' oder 'Fernstehende' völlig ungeeignet" (ebd., S. 83)!

PT-Wörterbuch
- Kommunikation des Evangeliums (Ernst Lange)
- alltäglicher Gottesdienst
- zweiphasiger Gottesdienst: Ekklesia - Diaspora

1.2.4 Funktionale Theorie des kirchlichen Handelns

Einer durch die gesellschaftlichen Umbrüche um 1968 verunsicherten Kirche konnte Karl-Wilhelm Dahm mit seiner funktionalen Theorie wieder ein Stück Handlungssicherheit vermitteln. Dahm redete nicht mehr von den Unmöglichkeiten angesichts eines übermenschlichen Auftrags, sondern von den Möglichkeiten angesichts konkreter Bedürfnisse und Erwartungen.

P Dahms Analyse und Theorie bezieht sich im kirchensoziologischen Detail auf kirchliche Verhältnisse, die vergangen sind. Dennoch sind funktionale Theorien in unterschiedlichen Spielarten nach wie vor aktuell. Es lohnt sich, am klassischen Beispiel der funktionalen Theorie Dahms die Eigenart funktionaler Theorien zu studieren.

⌑ Karl-Wilhelm Dahm, Aspekte einer funktionalen Theorie des kirchlichen Handelns, in: ders., Beruf: Pfarrer. Empirische Aspekte, München 1971, S. 303-309.

- Explizieren Sie mit konkreten Beispielen die Funktionsbereiche A (Lehren) und B (Helfen)! Prüfen Sie, ob die zweifache Differenzierung auch aktuell zur Beschreibung kirchlicher Wirklichkeit tauglich wäre!
- Impuls: "Es besteht allerdings die Gefahr, daß diese Einstellung eine passive Konsumentenhaltung fördert und dadurch die Gemeinde in einem bestimmten Sinne unmündig hält" (S. 308).

PT-Wörterbuch
- Funktionale Theorie des kirchlichen Handelns (Karl-Wilhelm Dahm)
- Funktionsbereich A (Lehren): Darstellung und Vermittlung von grundlegenden Deutungs- und Wertsystemen
- Funktionsbereich B (Helfen): Helfende Begleitung in Krisensituationen und an Knotenpunkten des Lebens

1.2.5 Basiskirche

Es gibt Visionen, die nicht zum Programm oder zur Bewegung geworden sind. Dazu gehört eine Kirche "jenseits bürgerlicher Religion", wie sie der katholische Theologe Johann Baptist Metz, inspiriert durch Basisgemeinden im lateinamerikanischen Kontext der Befreiung, entworfen hat. Zu seiner ekklesiologischen Vision gehören wesentlich politische Implikationen. Gerade das könnte seine Überlegungen für die gegenwärtige Diskussion, die sich bisweilen binnenkirchlich zu verengen droht, besonders anregend machen.

K Auf einem "Katholikentag von unten" (Berlin 1980) hat Metz seine Vision einer nachbürgerlichen Initiativkirche entwickelt. Die drei von ihm benannten Kirchentypen dürften sich noch immer für eine kritische Deutung kirchlicher Gegenwart eignen.

⌑ Johann Baptist Metz, "Wenn die Betreuten sich ändern". Unterwegs zu einer Basiskirche, in: ders., Jenseits bürgerlicher Religion. Reden über die Zukunft des Christentums, München/Mainz 1980, S. 111-127.

- Beschreiben Sie die Ambivalenz einer "bürgerlichen" Kirche!
- Formulieren Sie die Vision einer Basiskirche!
- Impuls: Alle drei Kirchenbilder "sind kirchenfähig im katholischen Sinn" (S. 117).
- Was könnte gemeint sein mit dem "unersetzlichen Vorrat an gefährlicher Erinnerung" (S. 115), der sich in der christlichen Kirche angehäuft habe?

| PT-Wörterbuch | • Volkskirche: vorbürgerliche Betreuungskirche
• Bürgerkirche: bürgerliche Angebots- bzw. Servicekirche
• Basiskirche: nachbürgerliche Initiativkirche |

1.2.6 Kirchenamtliche Konzepte

Für ihre Kritiker war die Volkskirche eine bis zur Konturlosigkeit offene Kirche geworden. Seit den achtziger Jahren fordern Konzepte von Gemeindeaufbau die Kirche dazu auf, das eigene Handeln entschiedener missionarisch-christlich zu profilieren. Das Missionarische Jahr 1980 war eine Gelegenheit für die Landeskirchen, in einer bis dahin nicht gekannten Zusammenarbeit mit den Freikirchen dem Anliegen der Evangelisation neue Geltung zu verschaffen.

Auch kirchliche Leitungsgremien haben auf die neue Situation mit Konzepten reagiert. Zum einen stand dahinter die sachliche Einsicht in die Notwendigkeit eines Gemeindeaufbaus in der Volkskirche. Zum anderen wollte man einer Zerreißprobe entgegenwirken und den Antagonismus von liberalen und evangelistisch-missionarischen Vorstellungen durch verbindende Konzepte mildern.

Die Vereinigte Evangelisch-Lutherische Kirche Deutschlands (VELKD) hat 1983 ihre "missionarische Doppelstrategie" veröffentlicht.

> 📖 Zur Entwicklung von Kirchenmitgliedschaft. Aspekte einer missionarischen Doppelstrategie, Texte aus der VELKD, hg. v. Lutherischen Kirchenamt der VELKD, Nr. 21, Hannover 1983.

"Doppelt" ist an dieser Strategie das Wechselspiel von Verdichtung und Öffnung:

"In dieser Schrift werden die beiden Begriffe Verdichtung und Öffnung benutzt. Sie erinnern an einen Zwei-Takt-Motor, bei dem im Spiel von Verdichtung und Öffnung als zwei Takten Bewegung entsteht und Energie frei wird" (ebd., S. 5).

Bei der Verdichtung geht es um die Gestaltwerdung des Glaubens in der einzelnen Person und in der Gemeinde (nach "innen"), bei der Öffnung um die Fermentwirkung des Evangeliums in der Gesellschaft (nach "außen"). Eine Fülle von verdichtenden und öffnenden Methoden, die sich in Deutschland und weltweit bereits bewährt haben, werden aufgeführt. Es ist deutlich, wie unter dem einprägsamen Bild vom Zwei-Takt-Motor auseinanderstrebende Tendenzen in der Kirche zusammengeführt werden sollten.

Wenig später (1986) hat die Evangelische Kirche in Deutschland (EKD) unter dem Motto "Christsein gestalten" ein eigenes Konzept zur Diskussion gestellt. Es will unter dem Leitbild der Konziliarität (☞ 1.2.10) dem faktischen Pluralismus von Ausdrucksformen des Glaubens eine klare theologische Perspektive geben.

P Aus der in weiten Teilen analytisch-referierenden Schrift habe ich eine theologisch-konzeptionelle Passage zur Lektüre ausgewählt.

📖 Christsein gestalten. Eine Studie zum Weg der Kirche, hg. v. Kirchenamt im Auftrag der EKD, Gütersloh 1986, S. 46 f.

- Explizieren Sie Konziliarität als die "gemeinsame Bemühung um die übergreifende Wahrheit" (S. 47)!
- Kennzeichnen Sie "Christsein gestalten" als polyzentrisches Konzept (☞ 1.1.2)!
- Ziehen Sie die Linie zu Ernst Lange (☞ 1.2.3) deutlicher aus, als sie im Text selbst ("Kommunikation des Evangeliums") markiert ist!

PT-Wörterbuch
- missionarische Doppelstrategie (VELKD)
- Verdichtung - Öffnung
- Christsein gestalten (EKD)
- Konziliarität - konziliare Gemeinschaft

1.2.7 Missionarisch-evangelistische Programme

Daß "Gemeindeaufbau" in den achtziger Jahren zum Programmwort wurde, ist zu einem guten Teil Fritz Schwarz (1930-1985), ehemals Superintendent des Kirchenkreises Herne im Ruhrgebiet, zu danken. Seit den siebziger Jahren hat er mit Gemeinden und Pfarrern seines Kirchenkreises nach dem Programm einer "Überschaubaren Gemeinde" gezielt missionarischen Gemeindeaufbau betrieben.

K Für die rasche und zugleich anschauliche Information über die missionarische Praxis in Herne empfehle ich die Zusammenfassung bei Michael Herbst.

📖 Michael Herbst, Missionarischer Gemeindeaufbau in der Volkskirche, Stuttgart ²1988, S. 297-301.

- Machen Sie sich ein möglichst anschauliches Bild von der Praxis in Herne!
- Beachten Sie die normativen Untertöne von Herbst!

Fritz Schwarz hat zusammen mit seinem Sohn die Erfahrungen von Herne theologisch reflektiert und die Reflexionen als "Theologie des Gemeindeaufbaus" publiziert.

P Ebenso grundlegend wie problematisch ist für diese Theologie des Gemeindeaufbaus die Unterscheidung in Kirche als Institution und Ekklesia.

📖 Fritz und Christian A. Schwarz, Theologie des Gemeindeaufbaus. Ein Versuch, Neukirchen-Vluyn 1984, S. 41-46.

- Ekklesia ist "eine personale Gemeinschaft mit Jesus und mit Schwestern und Brüdern, deren Glaube in der Liebe tätig wird" (ebd., S. 34). Entnehmen Sie dem Lektüretext Kennzeichen von Ekklesia und Kennzeichen von Kirche (als Institution)!
- Benennen Sie dogmatisch einige Aspekte der Unterscheidung in Ekklesia und Kirche als Institution!
- Prüfen Sie sorgfältig, inwieweit es sich bei einem auf Ekklesia gerichteten

Gemeindeaufbau um Gemeindeaufbau in der oder gegen die Volkskirche (Kirche als Institution) handelt!

Daß Gemeindeaufbau nicht nur praktisch betrieben, sondern daß er auch seit den achtziger Jahren (wieder) Thema der Praktischen Theologie wurde, ist unter anderen Manfred Seitz und Michael Herbst zu danken. Herbst hat aus gemeinsamen Vorarbeiten mit Manfred Seitz sein "kybernetisches Programm", das auf den "drei kybernetischen Grundentscheidungen" beruht, entwickelt.

Ⓠ Michael Herbst, Missionarischer Gemeindeaufbau in der Volkskirche, Stuttgart ²1988.

P In seinem Standardwerk zum Gemeindeaufbau hat Herbst das Programm ausführlich entfaltet und begründet. Einem Aufsatz sind die Grundzüge des Programms komprimiert zu entnehmen.

Ⓠ Michael Herbst, Grundentscheidungen im Gemeindeaufbau. Die Berufung zum normalen Leben des Christen in der Gemeinde, in: Diskussion zur "Theologie des Gemeindeaufbaus", hg. v. Rudolf Weth, Neukirchen-Vluyn 1986, S. 89-100.

• Was ist in der Sache mit den kybernetischen Grundentscheidungen gemeint?
• Diskutieren Sie kritisch die Richtungsangabe "der Pfarrer für die Heiligen, für die Mitarbeiter; die Mitarbeiter für die Gemeinde" (S. 94)!
• Beschreiben Sie das Verhältnis von missionarischem Gemeindeaufbau und Volkskirche!
• Verdeutlichen Sie sich an Herbsts Programm den konzentrischen Typ (☞ 1.1.2) von Gemeindeaufbau!

PT-Wörterbuch   • Überschaubare Gemeinde (Fritz u. Christian Schwarz)
• Kirche: Ekklesia - Institution
• Kybernetisches Programm (Michael Herbst)
• die drei kybernetischen Grundentscheidungen

1.2.8   Geistliche Gemeindeerneuerung

Nach Anfängen in den USA breitet sich eine neue charismatische Bewegung seit den siebziger Jahren auch im deutschen Sprachraum aus. Es handelt sich um eine konfessionsübergreifende Bewegung. Seit 1984 nennt sie sich im evangelisch-landeskirchlichen Bereich Geistliche Gemeindeerneuerung (GGE). Diese Bewegung gibt den Gnadengaben der einzelnen Christinnen und Christen etwa im Gottesdienst Raum; sie rechnet mit dem Wirken des Heiligen Geistes in konkreten, als solchen kenntlichen Phänomenen. Die GGE ist eine lebendige Anfrage an die pneumatologische Perspektive in allen Konzeptionen.

K Christian Möller hat mit prinzipieller Sympathie Impulse der Geistlichen Gemeindeerneuerung für den Gemeindeaufbau zusammengestellt.

Ⓠ Christian Möller, Lehre vom Gemeindeaufbau, Bd. 1, Göttingen³1991, S. 114-122.

- Skizzieren Sie die Geschichte der Geistlichen Gemeindeerneuerung in Deutschland!
- Beschreiben Sie die Bedeutung der "Lebensübergabe" in ihrem Bezug auf die Taufe!
- Beschreiben Sie kurz die Phänomene von Sprachengebet, Krankenheilung und Prophetie!

Wir haben mit den "Bewegungen" ein Terrain betreten, das sich schnell verändert. Auch haben Bewegungen naturgemäß fließende Grenzen. Wechselseitige Berührungen und Überschneidungen von Bewegungen gehören zum Erscheinungsbild. Es handelt sich also bei dem, was Sie sich hier erarbeiten, nur um einen Einstieg und um einen Anstoß, das Bewußtsein für aktuelle Entwicklungen zu schärfen.

PT-Wörterbuch
- Geistliche Gemeindeerneuerung (GGE)
- Lebensübergabe
- Charismen
- Sprachengebet - Krankenheilung - Prophetie

1.2.9 Gemeindeaufbau im Kraftfeld der Liebe

Christian Möller vertritt in der oikodomischen Landschaft eine eigene Position. Mit entdeckungsfreudigem, nicht unkritischem Blick auf die Konzepte aller Seiten sichtet er das Terrain. Der Sinn für Glückendes und Machbares beim Gemeindeaufbau geht ihm nicht ab. Aber sein Interesse ist es nicht, den bestehenden Programmen ein weiteres hinzuzufügen. Ich würde sein Konzept eher den Visionen als den Programmen zuordnen (☞ 1.1.2). Es ist die Vision einer Kirche, die mit biblisch geschärftem Blick Gottes Wirken wahrnimmt und darin die eigene Kunst ausbildet, an Gottes Haus zu bauen (Oikodomik, ☞ 1.1.3). Möllers Theologie des Gemeindeaufbaus läßt sich als notwendiger Kontrapunkt zu den geläufigen Konzepten verstehen.

P Auf den folgenden Seiten entwickelt Möller seine Vision. Sie merken bereits an der Sprache, wie wenig es sich um ein Programm im herkömmlichen Sinn handelt.

📖 Christian Möller, Lehre vom Gemeindeaufbau, Bd. 1, Göttingen[3]1991, S. 249-263.

- Verdeutlichen Sie sich das Konzept einer Theologie, die der bloßen Empirie die "gottgemäße Erfahrung mit aller Erfahrung" (S. 251, Gerhard Ebeling) gegenüberstellt! Vielleicht fallen Ihnen aus dem Bereich der Systematischen Theologie weitere Elemente einer solchen Erfahrungstheologie (☞ 12.3.2) ein.
- Entfalten Sie, warum es nach Möller neben der Rede vom Gemeindeaufbau unbedingt die Rede vom Gemeindeabbau geben muß!
- Wie beurteilen Sie Möllers eigentümliches Lob der Faulheit?
- Erklären Sie an der Anrede "liebe Gemeinde" (S. 260), inwiefern der Gottesdienst den wesentlichen Entdeckungsort von Gemeinde darstellt!

- Explizieren Sie, wie sich Möllers Vision von Gemeindeaufbau im Begriff der Liebe verdichtet!

PT-Wörterbuch
- Gemeindeaufbau im Kraftfeld der Liebe (Christian Möller)
- gottgemäße Erfahrung mit aller Erfahrung (Gerhard Ebeling)

1.2.10 System Kirche

Das systemische Denken eröffnet einer Vielzahl von Wissenschaftsbereichen eine derart neue Sicht von Wirklichkeit, daß von einem Paradigmenwechsel gesprochen werden muß. Wir werden dem systemischen Denken im Bereich der Seelsorge (☞ 4.3.5, ☞ 4.3.13) wieder begegnen. Die neuesten Überlegungen und Experimente auf dem Feld des Gemeindeaufbaus sind ohne systemtheoretischen Hintergrund nicht zu verstehen.

P Herbert Lindner hat seine Gemeindetheorie konsequent auf dem Hintergrund der Systemtheorie entfaltet. Inzwischen liegt eine völlig veränderte Neuauflage seines Buches vor (Kirche am Ort. Ein Entwicklungsprogramm für Ortsgemeinden, Stuttgart u.a. 2000). Für das Grundwissen aber scheint mir die erste Auflage besser geeignet, da sie die Theorieebene ausführlicher zur Geltung bringt. Lindner hat in dem folgenden Textausschnitt das systemische Denken übersichtlich dargestellt und zugleich eine erste Anwendung auf die Gemeindepraxis vorgenommen.

📖 Herbert Lindner, Kirche am Ort. Eine Gemeindetheorie, Stuttgart u.a. 1994, S. 60-65.

- "Systemisches Denken bedeutet Denken in Zusammenhängen" (S. 62). Markieren Sie die fundamentale Differenz zum traditionellen Denken, das selbstverständlich auch Zusammenhänge kannte!
- Beschreiben Sie mit Beispielen aus Ihrem Erkenntnisbereich die "lineare Illusion" (S. 63)!
- Versuchen Sie mit Lindner und über ihn hinaus erste Anwendungen auf die Sicht von Gemeinde und Kirche! Beispiel: Beschreiben Sie systemtheoretisch die Differenz von Kirche und Sekte!

Wenn nun die Kirche ein System unter Systemen ist, wenn vor allem die Kirche selbst wieder aus einer Vielzahl von Systemen oder Subsystemen besteht, dann stellt sich die Frage nach Wahrheit und Einheit in der Vielheit.

P Lindner hat als Leitbild für die notwendigen Konsensprozesse den ökumenischen Gedanken der Konziliarität (☞ 1.2.6) für seine Gemeindetheorie ins Spiel gebracht.

📖 Herbert Lindner, Kirche am Ort. Eine Gemeindetheorie, Stuttgart u.a. 1994, S. 84-96.

- Legen Sie sich wichtige Kennzeichen von Konziliarität abrufbar zurecht!
- Reduzieren Sie für sich die Geschichte des Begriffs auf überschaubare Linien!
- Impuls: "Konziliarität war von einem bewährten Konfliktregelungsmodell zu einem Legitimierungsmodell der pluralen Volkskirche geworden" (S. 89).
- Diskutieren Sie den Einwand des "Relativismus" (S. 91)!

1 Gemeinde

In systemischem Denken stellt sich die Kirche als organisiertes soziales System dar (Organisation). Damit steht sie selbstverständlich im Austausch und im Vergleich mit anderen Organisationen. Eine Spielart solcher Betrachtung ist es, Kirche als Unternehmen zu beschreiben.

In München begann 1995 die international renommierte Unternehmensberatung McKinsey mit einer Beratung von Dekanat und ausgewählten Gemeinden. Das war der bisher spektakulärste Versuch, Kirche als Unternehmen zu verstehen. Aller berechtigten Kritik ist zunächst entgegenzuhalten, daß McKinsey & Company die Kirche an ihre ureigene Aufgabe, die Kommunikation des Evangeliums, verwiesen haben. Die Resultate aus dem Münchner Experiment lassen sich in ihrer Pointe durchaus werten als ein fremdprophetischer (☞ 4.3.6) Ruf zur Sache.

K   Herbert Lindners Gemeindetheorie steht dem Münchner Pilotprojekt sachlich nahe. So hat Lindner das "Evangelische München-Programm" mit Sympathie beschrieben. Auch wenn sich die Konturen des Programms in der Zwischenzeit schon wieder verändert haben und wenn neue Projekte in dieser Spur folgen, so scheint mir Lindners Text doch exemplarischen Wert zu besitzen.

⌸ Herbert Lindner, Spiritualität und Modernität. Das evangelische München-Programm: PTh 86 (1997) 244-264.

- Beschreiben Sie auch mit eigenen Worten, was die "Kernkompetenz" (S. 248) der evangelischen Kirche ausmacht!
- Diskutieren Sie das "dreifache Ja" (S. 251)!
- Machen Sie sich klar, wie Kirche als Non-Profit-Organisation die Rede von der Kirche als Unternehmen erheblich differenziert!
- Impuls: "Spiritualität und Modernität sind keine Gegensätze, sondern sich gegenseitig bedingende Größen für die Entwicklung von Volkskirchen im ausgehenden 20. Jahrhundert" (S. 263).

PT-Wörterbuch
- systemisches Denken
- Paradigmenwechsel
- soziale Systeme
- Konziliarität als Leitbild
- konziliarer Prozeß
- Kirche als (spirituelle) Organisation
- Evangelisches München-Programm
- dreifaches Ja
- Non-Profit-Organisation

Kritik an der Rede von Kirche als Unternehmen ist selbstverständlich nicht ausgeblieben. Zu fremd ist im Raum der Theologie die betriebswirtschaftliche Terminologie, zu sehr sind durch die Terminologie dogmatische Grundaussagen berührt. Vielleicht läßt sich die vielgestaltige Kritik so zusammenfassen: Die Kirche als Geschöpf Gottes (creatura Verbi) kann nicht wesentlich unter dem Gesichtspunkt der Effizienz menschlichen Handelns beschrieben werden.

P Klaus Tanner, Systematischer Theologe, benennt kurz und präzise positive Anstöße aus der programmatischen Rede von der Kirche als Unternehmen, um zugleich deren eingeschränkte Reichweite zu markieren.

📖 Klaus Tanner, Unternehmen Kirche!, in: Kirche in der Marktgesellschaft, hg. v. Joachim Fetzer u.a., Gütersloh 1999, S. 51-56 (für vollständige Literaturangaben vgl. S. 220-231).

- Inwiefern schafft die Rede vom Unternehmen Kirche "Kommunikationsblockaden" (S. 51)?

- Impuls: Was ein Unternehmen ist, läßt "sich nicht allein mit ein paar ökonomischen Kennziffern erfassen" (S. 53).

- Impuls: Es wäre "unprotestantisch, die auch auf dem Feld der Kirchenleitung nötige Fach- und Sachkompetenz von Nichttheologen durch eine subtile Klerikalisierung gleichsam in die 'zweite Reihe' zu verweisen" (S. 54).

- Impuls: "Eine theologische Theorie der empirischen Kirche ist kontinuierlich angemahnt, aber kaum verwirklicht worden" (S. 54).

- "Alle Methoden haben eine bereichsspezifische Leistungskraft und dementsprechende Grenzen" (S. 55). Markieren Sie im Anschluß an Tanner (v.a. S. 55 f.) und auf dem Hintergrund eigener Reflexion die Grenzen der Deuteperspektive "Kirche als Unternehmen"!

1.2.11 Volkskirche und Gemeinde der Heiligen

Manfred Josuttis hat ein provozierendes Buch über die Kirche vorgelegt. Wie alle Denkanstöße von Josuttis in den letzten Jahren läßt sich auch sein Kirchen-Buch kaum in geläufige Kategorien einordnen (☞ 1.1.2). Ein Programm für Gemeindeaufbau ist es in keinem Fall, eine Vision schon eher. Aber auch als Vision wäre es keine Skizze künftiger Kirchengestalt, sondern der Aufweis eines fundamentalen Spannungsfeldes, in dem sich die Kirche der Zukunft zu entwickeln hätte: des Spannungsfeldes von sichtbarer und unsichtbarer Kirche (vgl. im Titel: Volkskirche - Gemeinde der Heiligen). Ungeachtet mancher Beobachtungen und Urteile im einzelnen halte ich die Methode von Josuttis für sehr anregend.

K Ich habe lange überlegt, welches Kapitel zum Einblick in das Buch geeignet wäre. Ich bin dann doch im wesentlichen beim ersten Kapitel geblieben, weil es die Methode angibt.

📖 Manfred Josuttis, "Unsere Volkskirche" und die Gemeinde der Heiligen. Erinnerungen an die Zukunft der Kirche, Gütersloh 1997, S. 11-23 + S. 7 (Inhaltsverzeichnis).

- Wie bestimmt Josuttis die aktuelle Krise der Kirche?

- "Religiöse Gruppierungen, Glaubensgemeinschaften, Kirchen, Sekten, Gemeinden sind soziale Gebilde, in denen die methodische Annäherung an die Wirklichkeit des Heiligen unternommen wird" (S. 19). Bestimmen Sie die Eigenart von Josuttis' phänomenologischer Ekklesiologie!

- "Der phänomenologische Ansatz wird zu ermitteln haben, von welchen transempirischen Realitäten in diesem mythologischen bzw. symbolischen Vokabular geredet wird" (S. 21). Verdeutlichen Sie sich etwa am Beispiel vom "Leib Christi", was "transempirische Realitäten" sein könnten!

- Beschreiben Sie Reichweite und Grenze einer historischen, dogmatischen und funktionalen Ekklesiologie (S. 17-20)!
- "Wenn die unsichtbare Kirche nicht andeutungsweise erfahrbar wird, wird die sichtbare Kirche nicht veränderbar" (S. 34, Kap. 2). Die Trennung von ecclesia visibilis und invisibilis ist für Josuttis das Hauptproblem, das einer Veränderung von Kirche entgegensteht. Machen Sie sich am Aufbau des Buches (Inhaltsverzeichnis!) klar, wie Josuttis jeweils sichtbare und unsichtbare Kirche in Beziehung setzt!

PT-Wörterbuch	• Volkskirche und Gemeinde der Heiligen (Manfred Josuttis)
	• Jahrhundert der Kirche (Otto Dibelius)
	• historische - dogmatische - funktionale Ekklesiologie
	• phänomenologische Ekklesiologie
	• sichtbare - unsichtbare Kirche
	• transempirische Realitäten
	• das Heilige

1.3   Perspektiven

1.3.1 Bibel

In den Debatten der Oikodomik wird unterschiedlich intensiv auf biblische Kontexte Bezug genommen. Wo aber die Bibel eine Rolle spielt, da kommen vor allem die Bildbereiche vom Leib und vom Bauwerk in den Blick.

P Ich gehe davon aus, daß Ihnen in Ihrer bisherigen Lektüre zum Gemeindeaufbau, aber auch in Ihrer gesamttheologischen Arbeit schon einiges an biblischen Bezügen zum Thema Kirche/Gemeinde begegnet ist. Insofern dürfte im folgenden vieles Wiederholung sein.

📖 Reiner Preul, Kirchentheorie. Wesen, Gestalt und Funktionen der evangelischen Kirche, Berlin/New York 1997, S. 57-71.

- Sehen Sie zu, daß Sie sich nicht einzelne Fakten additiv einprägen, sondern Zusammenhänge! Das gilt insbesondere für die Vorstellungen vom Leib und vom Bau, die sich gut nach ihrer imaginativen Logik erarbeiten lassen.
- Beachten Sie den unterschiedlichen Gebrauch von "Ekklesia" in der Bibel, bei Lange (☞ 1.2.3) oder bei Schwarz (☞ 1.2.7)!

PT-Wörterbuch	• Ekklesia
	• Volk
	• Tempel/Haus
	• Leib

1.3.2 Geschichte

Einige Stationen der Geschichte des Gemeindeaufbaus hatten in unserem Curriculum bereits ihren Ort: Schleiermacher (☞ 1.2.1), Bonhoeffer (☞ 1.2.2), Lange (☞ 1.2.3). Es ist die Frage, wo die Geschichte aufhört und die Gegenwart beginnt. Wir können die Geschichte hier nicht so umfangreich entfalten, wie das Christian Möller getan hat. Aber zwei Formulierungen aus der Geschichte, die Ihnen in der dogmatischen Ekklesiologie bereits begegnet sein dürften, sollen Sie unbedingt auch im oikodomischen Kontext reflektieren.

Ich schlage vor, daß Sie die beiden Formulierungen zunächst genau zur Kenntnis nehmen und sich bewußtmachen, was Sie darüber schon wissen. Ich greife aus etwas umfangreicheren Kontexten jeweils nur die in der Debatte oft angeführten Formulierungen heraus.

Est autem ecclesia congregatio sanctorum, in qua evangelium pure docetur et recte administrantur sacramenta.

" ... welche ist die Versammlung aller Gläubigen, bei welchen das Evangelium rein gepredigt und die heiligen Sakrament lauts des Evangelii gereicht werden."

aus: CA VII (Confessio Augustana, 1530)

"Die christliche Kirche ist die Gemeinde von Brüdern, in der Jesus Christus in Wort und Sakrament durch den Heiligen Geist als der Herr gegenwärtig handelt. Sie hat mit ihrem Glauben wie mit ihrem Gehorsam, mit ihrer Botschaft wie mit ihrer Ordnung mitten in der Welt der Sünde als die Kirche der begnadigten Sünder zu bezeugen, daß sie allein sein Eigentum ist, allein von seinem Trost und von seiner Weisung in Erwartung seiner Erscheinung lebt und leben möchte."

aus: Barmer Theologische Erklärung III (1934)

Beide Formulierungen werden immer wieder zueinander in Beziehung gesetzt. Barmen III bringt die "Ordnung" der Kirche, also auch ihre Sozialgestalt, als Kennzeichen von Kirche zur Geltung. Bei CA VII könnte es so scheinen, als sei die äußere Gestalt von Kirche kein Thema bei der Frage nach dem, was Kirche ist.

K Ich schlage vor, daß Sie einen Text, der später (☞ 1.3.7) in anderem Zusammenhang noch einmal zu bedenken sein wird, an dieser Stelle auf die beiden Bekenntnisformulierungen hin lesen.

📖 Wolfgang Huber, Welche Volkskirche meinen wir? Ein Schlüsselbegriff gegenwärtigen Kirchenverständnisses im Licht der Barmer Theologischen Erklärung, in: ders., Folgen christlicher Freiheit. Ethik und Theorie der Kirche im Horizont der Barmer Theologischen Erklärung [1983], Neukirchen-Vluyn ²1985, S. 131-145, hier: S. 142 ff.

- Diskutieren Sie die Problematik, wenn "man CA VII im Sinn eines konstruktiven Kirchenbegriffs überbeansprucht" (S. 143)!
- Ziehen Sie mit Huber die Linie vom "Leib Christi" über Barmen III zu einem Kirchenverständnis, das die "äußere Gestalt und das korporative Handeln der Kirche" (S. 144) einschließt!

PT-Wörterbuch
- CA VII
- Barmen III
- "Volkskirche" als kirchenpraktischer Begriff
- konstruktiver - regulativer Kirchenbegriff

1.3.3 Amt und Gemeinde

Es verwundert, daß sich die meisten Konzepte von Gemeindeaufbau kaum um ein Problemfeld kümmern, das bis heute unvermindert aktuell ist: das spannungsreiche Verhältnis von Amt und Gemeinde. Die schnelle Rede vom Priestertum aller Gläubigen, dem die evangelische Kirche verpflichtet sei, verschleiert, was in vielen Hinsichten evident ist: daß faktisch die Ordinierten einen eigenen Stand bilden, der den sogenannten "Laien" gegenübersteht.

P Klaus-Peter Jörns übt an der geläufigen kirchlichen Praxis, Amt und Gemeinde in Beziehung zu setzen, massive Kritik. Man mag selbst zu anderen Ergebnissen kommen. Auch können die Verhältnisse bei Ordination oder Installation in einzelnen Landeskirchen (inzwischen) anders geregelt sein als an den Orten, die Jörns im Blick hat. Aber an den Thesen von Jörns geht m.E. kein Weg vorbei. Als besonders reizvoll empfinde ich, daß Jörns seine Einsichten an einer landauf landab geläufigen, kaum je als problematisch empfundenen Praxis exemplifiziert: der Antrittspredigt eines Pfarrers oder einer Pfarrerin bei Ordination bzw. Introduktion.

📖 Klaus-Peter Jörns, Das "ordinierte" Amt als Problem des Gemeindeaufbaus: PTh 75 (1986) 35-50.

- Es hat sich in den evangelischen Kirchen ein Verständnis von Ordination durchgesetzt, das sie "zu einer ein für alle Mal gültigen Bevollmächtigung zum Predigtamt und zur Sakramentsverwaltung hat werden lassen ..." (S. 39). Konkretisieren Sie diese Einsicht mit einigen historischen Bemerkungen!

- Machen Sie sich die These, das Ordinationsgeschehen sei "auf einen Kirchenleitungsakt verengt" worden (S. 40), an der Praxis klar, Pfarrer oder Pfarrerinnen z.A. (= zur Anstellung) in einer Gemeinde zu ordinieren, in die sie kirchenamtlich versetzt wurden!

- Impuls: "Die unbestreitbare Tatsache, daß das Predigen und Hören ein Gegenüber von Prediger und hörender Gemeinde voraussetzt, ist ... zu einem grundsätzlichen Gegenüber, zu einer polaren Struktur von Amt und Gemeinde hochstilisiert worden" (Fritz Viering, zitiert S. 42).

- Impuls: "Es wird keinen Gemeindeaufbau geben, der zu lebendigen Gemeinden führt ..., wenn die Ausbildung der Pfarrerinnen und Pfarrer im polaren Gegenüber zur Gemeinde bleibt" (S. 47).

- Diskutieren Sie den (leider) utopischen Vorschlag, "daß die gewählten und eingeführten Pfarrerinnen und Pfarrer ihren Dienst mit einer Zeit amtlichen Schweigens beginnen" (S. 48)!

PT-Wörterbuch
- Vokation - Ordination - Introduktion
- Ordination - ordo (Stand)
- Priestertum aller Gläubigen / allgemeines Priestertum

Wir stehen mit den kritischen Impulsen von Jörns mitten in dem Problem, das in aktuellen Diskussionen gerne als "Pfarrerzentrierung" der evangelischen Kirche oder mit dem Schlagwort einer "Pastorenkirche" zur Sprache gebracht wird. Die Rede vom allgemeinen Priestertum der Gläubigen erweist sich schnell als Lippenbekenntnis, wenn es darum geht, die Rechte und die Fähigkeiten von Gemeinde wirklich ernstzunehmen. Im

Konfliktfall werden Probleme immer besonders deutlich: Inwieweit hat eine Gemeinde das Recht, einen Pfarrer oder eine Pfarrerin auch wieder loszuwerden? Die Frage wäre gewiß kirchenrechtlich zu bearbeiten. Ich möchte sie hier prinzipiell theologisch angehen.

K Für die Beziehung von Amt und Gemeinde wird auch bei Jörns auf Luther und dessen kleine Schrift mit dem langen Titel hingewiesen. Sicher muß man bei der Lektüre die historische Situation beachten. Aber die Vision von evangelischer Gemeinde, die Luther mit guten theologischen Gründen entwirft, halte ich noch immer für wegweisend, wo es um die künftige Gestalt evangelischer Kirche geht.

📖 Martin Luther, Daß eine christliche Versammlung oder Gemeinde Recht und Macht habe, alle Lehre zu beurteilen und Lehrer zu berufen, ein- und abzusetzen: Grund und Ursache aus der Schrift [1523], in: Luther Deutsch, hg. v. Kurt Aland, Göttingen [3]1983, Bd. 6, S. 47-55.

- Bestimmen Sie nach Luthers Schrift das Verhältnis von Amt und Gemeinde, insbesondere im Blick auf den Vorgang der Berufung ins Predigtamt!
- Wie würden Sie nach Luthers Ausführungen das Verhältnis von Gemeinde und wissenschaftlicher Theologie bei der Beurteilung von Predigt oder (kirchlicher) Lehre bestimmen?
- Wer kann Ihnen sagen, ob Ihre Predigt "gut" war oder nicht?
- Suchen Sie in Ihrem Erfahrungsbereich nach Erlebnissen mit Gemeinde, die Luthers Vision bestätigen oder ihr entgegenstehen!

1.3.4 Kirchenrecht

Das Kirchenrecht spielt in den Debatten zum Gemeindeaufbau eine marginale Rolle. Das verwundert. Ich meine, daß das Kirchenrecht nicht nur die kirchliche Praxis bestimmt, sondern daß aus dem Kirchenrecht auch wichtige Züge im Selbstbild evangelischer Kirchen zu erheben sind.

P An dieser Stelle kann es nicht um materiale Kenntnisse im Kirchenrecht gehen. Aber die grundsätzliche Frage nach dem Verhältnis von Kirche und Recht ist im oikodomischen Kontext unbedingt zu diskutieren.

📖 Albert Stein, Evangelisches Kirchenrecht. Ein Lernbuch, Neuwied/Darmstadt [2]1985, S. 9-19.

- Skizzieren Sie den Stellenwert des Kirchenrechts in der römisch-katholischen Kirche!
- "Das Wesen der Kirche ist geistlich, das Wesen des Rechtes ist weltlich. Das Wesen des Kirchenrechtes steht mit dem Wesen der Kirche in Widerspruch." Deuten Sie die berühmten Sätze, mit denen Rudolph Sohm (1841-1917) den ersten Band seines Werkes zum Kirchenrecht abschließt, als Ausdruck eines protestantischen Problems!
- Begründen Sie ein funktionales Verständnis von Kirchenrecht und setzen Sie es ab von einem konsekutiven oder additiven Verständnis!

PT-Wörterbuch
- Kirchenrecht - Staatskirchenrecht
- ius divinum - ius humanum
- Verständnis von Kirchenrecht: konsekutiv - additiv - funktional
- Geistkirche - Rechtskirche

1.3.5 Pastorales Leitbild

Im Rahmen einer erneuerten Pastoraltheologie (☞ 12.3.1) wird das Verhältnis von Person und Amt des Pfarrers bzw. der Pfarrerin reflektiert.
Stets ist damit auch das Verhältnis zur Gemeinde im Blick. Person, Amt
und Gemeinde treffen sich in dem, was man neuerdings "Leitbild" nennt.
Ein Leitbild soll auf dem Boden größtmöglicher Akzeptanz den gemeinsamen Einsatz von Menschen für eine Sache motivieren und profilieren.
In der Gemeindearbeit des Pfarrers oder der Pfarrerin sind immer Leitbilder wirksam. Das gilt auch und gerade dann, wenn sie unbewußt bleiben.
Es ist für den Gemeindeaufbau unerläßlich, die Frage nach dem pastoralen Leitbild explizit zu bearbeiten.

Manfred Josuttis hat in seinem jüngsten Entwurf einer zeitgemäßen Pastoraltheologie ein neues Leitbild zur Diskussion gestellt. Mit seinem pro-
vokativen Vorschlag möchte ich die Frage nach dem pastoralen Leitbild
exemplarisch in der oikodomischen Debatte verorten.

K Erfahrungsgemäß stößt der folgende Text auf Widerstand bei Studierenden. Es ist offensichtlich schwer, sich von dem Anspruch, der in dem Leitbild vom Führer bzw. der Führerin steckt, so zu distanzieren, daß sich darüber
einigermaßen abgewogen diskutieren läßt. Lassen Sie sich durch Josuttis' Ausführungen dazu anregen, selbst nach einem zeitgemäßen Leitbild für Ihre eigene
(künftige) pastorale Existenz zu fragen!

📖 Manfred Josuttis, Die Einführung in das Leben. Pastoraltheologie zwischen
Phänomologie und Spiritualität, Gütersloh 1996, S. 11-20.

- Verorten Sie die Leitbilder vom Zeugen und vom Helfer in ihrem Entstehungs-
  kontext!

- Was versteht Josuttis unter der Wirklichkeit des "Heiligen"?

- "Symbole vergegenwärtigen eine Realität. Rituale führen in eine Wirklichkeit,
  die transrational, aber auch transsubjektiv ist, und sprengen damit die hermeneutische wie die tiefenpsychologische Perspektive" (S. 19). Beschreiben Sie
  Zugänge zu dieser eigentümlichen Wirklichkeit!

- Wie gehen Sie damit um, daß "der Führer" in Deutschland und der Welt historisch und sprachlich ein massives Problem darstellt?

T Zeuge und Helfer sind nicht die einzigen Leitbilder, die in der Tradition wirksam waren und sind.

- Suchen Sie nach anderen Leitbildern, die Ihnen aus Geschichte und Gegenwart einfallen! Beispiele: Hirte, Erzieher, Manager ...

- Überlegen Sie sich versuchsweise ein Leitbild, das für Sie paßt, das Ihrer Aufgabe als Pfarrer oder Pfarrerin präzise entspricht und das eine Antwort auf die
  aktuellen Herausforderungen darstellt!

PT-Wörterbuch
- Pfarrer/in als Führer/in (Manfred Josuttis)
- Pfarrer als Zeuge
- Pfarrer als Helfer

1.3.6 Macht

Ein Thema wird in Publikationen zum Gemeindeaufbau mehr verschwiegen oder verdrängt als bearbeitet: das Thema der Macht. Das Evangelium verpflichtet zum Dienen, das "Unternehmen Kirche" (☞ 1.2.10) erfordert den Umgang mit Macht. Der klassische Scheinausweg aus dem Dilemma: Macht ausüben und von Demut reden.

K Ich weise Sie unter der Thematik von Amt und Person auf das Problem der Macht hin. Damit ist zwar strukturelle Macht in der Kirche nicht im Blick. Dafür aber könnte das komplexe Thema durch die Fokussierung auf die pastorale Existenz faßbarer werden. Manfred Josuttis hat auf bedrängend offene Weise die Phänomene der Macht im Verhältnis von Pfarrer/in und Gemeinde ins Bewußtsein gerückt.

📖 Manfred Josuttis, [Der Pfarrer und die Macht], in: ders., Der Pfarrer ist anders. Aspekte einer zeitgenössischen Pastoraltheologie, München 1982, S. 70-88.

- Schildern Sie Phänomene pastoraler Existenz "zwischen Allmachtsträumen und Ohnmachtserfahrungen" (S. 70) auf den klassischen Feldern pastoralen Handelns!

- Impuls: "Das Wissen, das man in der Theologie suchen kann, ist ein 'mächtiges' Wissen, weil es übermenschliches, auf Offenbarung beruhendes Wissen sein soll" (S. 73).

- Beschreiben Sie das für alle helfenden Berufe wichtige "Helfer-Syndrom" (☞ 6.3.5)!

PT-Wörterbuch
- Allmachtsträume - Ohnmachtserfahrungen
- Helfer-Syndrom

1.3.7 Volkskirche

Eine Eigenart von Kirche in Deutschland besteht in den Verhältnissen, die wir mit dem Begriff "Volkskirche" benennen. Der Begriff ist in aller Mund. Die Volkskirche in Deutschland wird ebenso heftig verteidigt wie kritisiert. Was aber ist gemeint, wenn wir von "Volkskirche" reden?

P Wolfgang Huber hat einen Artikel geschrieben, der, wie es oft geschieht, eher beiläufig erschienen und dann zum Referenztext geworden ist. Wir sind ihm bereits in anderer Perspektive begegnet (☞ 1.3.2). Jetzt soll es darum gehen, daß Sie mit Hilfe dieses Artikels zu einem differenzierten Gebrauch des Begriffes "Volkskirche" finden.

📖 Wolfgang Huber, Welche Volkskirche meinen wir? Ein Schlüsselbegriff gegenwärtigen Kirchenverständnisses im Licht der Barmer Theologischen Erklärung, in: ders., Folgen christlicher Freiheit. Ethik und Theorie der Kirche im Horizont der Barmer Theologischen Erklärung, Neukirchen-Vluyn ²1985, S. 131-145 [entspricht weitgehend der Erstveröffentlichung: LM 14 (1975) 481-486].

- Impuls: "Aus einem nach vorn gerichteten wurde ein nach rückwärts gewandtes Losungswort" (S. 139).

- Diskutieren Sie die vier Impulse oder Chancen (S. 144 f.), die Huber der Tradition des Begriffs für die Gegenwart entnimmt!

- Impuls: Für ein an der Barmer Theologischen Erklärung orientiertes "Kirchen-

verständnis kann der Begriff der Volkskirche kaum auf Dauer tragende Bedeutung haben; wie lange er noch als Hilfsbegriff vonnöten ist, bleibt eine offene - und zweitrangige - Frage" (S. 145).

PT-Wörterbuch
- "Volkskirche"
- Zusammenschluß bruderschaftlicher Gemeinden: Kirche durch das Volk
- Sozialtheokratie: Kirche hin zum Volk
- Nationalkirche: Kirche eines Volks
- Institution pfarramtlicher Versorgung: Kirche für das Volk
- Gesellschaftskirche: Kirche für das Volksganze

Ein Phänomen kennzeichnet seit den siebziger Jahren die volkskirchlichen Verhältnisse in Deutschland: daß die Kirchenmitglieder mit den Mitteln der Demoskopie befragt werden. Uns ist es längst selbstverständlich
geworden, Aussagen über Kirche und Gesellschaft auch auf Ergebnisse
der Demoskopie zu gründen.

K Einen unüblichen Blick auf die längst üblichen Mitgliedschaftsstudien der
EKD hat Joachim Matthes geworfen. Er ist der Kritiksucht unverdächtig. Als
Soziologe hat er sich an den drei großen EKD-Studien beteiligt. Inzwischen lebt
er zeitweise in Singapur und kann die deutschen Verhältnisse auch mit den Augen seiner asiatischen Gesprächspartner sehen.

📖 Joachim Matthes, Die Mitgliedschaftsstudien der EKD im Spiegel asiatischer
Gesprächspartner: PTh 85 (1996) 142-156.

- Diskutieren Sie die "Frage, warum man den Versuch einer religiösen Selbstvergewisserung gerade über eine Umfrage betreibe, mit den Mitteln eines
  standardisierten Fragebogens zudem" (S. 143)!
- Impuls: "Die Amtskirche und jene, die sie professionell, aber auch als Anhän-
  gerschaft der Hochverbundenen ausmachen, blicken auf die Welt der eher Di-
  stanzierten als die Welt *des* Alltäglichen, in dem sich das Christliche verdünnt
  oder gar verliert" (S. 150).
- Impuls: Die "in den Augen der Theologen und Kirchenvertreter als so bedau-
  erlich schwach erscheinende Beteiligung am gottesdienstlichen Leben ist ein
  altes, uraltes Problem der Christentumsgeschichte, angelegt im asymmetri-
  schen Veranstaltungscharakter der christlichen Kirche und in der Lehrhaftig-
  keit ihrer Verkündigung" (S. 154).
- Impuls: "Wer das kirchliche Selbstverständnis und dessen Alltäglichkeit zur
  Heimat für alle Christen erklärt, wird jene Fremdheit in der Heimat erzeugen
  helfen, deren Unbestimmtheit und Unheimlichkeit man dann zum Anlaß nehmen kann, sich von ihr zu verabschieden" (S. 154).

PT-Wörterbuch
- Mitgliedschaftsstudien der EKD
  - Wie stabil ist die Kirche? (1972)
  - Was wird aus der Kirche? (1982)
  - Fremde Heimat Kirche (1992)
- Amtskirche
- Kasualien als lebensweltliche Andockstellen

Wenn gegenwärtig die volkskirchlichen Verhältnisse kritisiert werden,
dann stehen als Gegenmodell oft genug die USA mit ihren Freiwilligkeits-
Kirchen im Hintergrund.

K Der folgende Text informiert auf dem Hintergrund persönlicher Erfahrungen ebenso wie aus der Kenntnis einschlägiger Literatur über die kirchlichen Verhältnisse in den USA. Das Problem einer Übertragung US-amerikanischer Kirchenmuster auf deutsche Verhältnisse wird nur am Rande benannt. Information ist das Hauptziel des Textes, und Sie sollten ihn mit dieser Zielsetzung lesen.

📖 Heinrich W. Grosse, Kirchengemeinden in den USA: PTh 79 (1990) 544-559.

- Inwiefern stellen die US-amerikanischen Kirchenverhältnisse "im Blick auf bei uns bestehende Strukturen, Denk- und Handlungsmuster eine Herausforderung dar" (S. 559)?

PT-Wörterbuch   • Freiwilligkeits-Gemeinden
                     • Territorial- und Parochieprinzip

1.3.8 Erlebnisgesellschaft

Kirche und Gemeinde existieren nicht im leeren Raum. Sie sind vielfältig auf Gesellschaft bezogen. Das mag mehr abgrenzend oder mehr anknüpfend geschehen. Beziehungen zwischen Kirche und Gesellschaft bestehen immer.

Soziologische Bestandsaufnahmen von Gesellschaft haben immer wieder die praktisch-theologischen Debatten bestimmt. Gegenwärtig ist es vor allem eine kultursoziologische Analyse, die in der Praktischen Theologie diskutiert wird: die "Erlebnisgesellschaft" von Gerhard Schulze. Seine Stichworte sind allerorten so präsent, daß Sie sich unbedingt ein Bild machen sollten von Schulzes "Erlebnisgesellschaft".

Schulze charakterisiert unsere Gesellschaft als "Erlebnisgesellschaft". Während es in der Nachkriegszeit um das Überleben ging, gehe es in den aktuellen Überflußgesellschaften des Westens um das Erleben des Lebens, und zwar um ein möglichst gutes Erleben des Lebens ("Projekt des schönen Lebens").

Die Erlebnisgesellschaft bestimmt sich nicht mehr durch herkömmliche soziale Unterschiede wie Schichten oder Klassen. Traditionelle Lebensformen, etwa die Familie, verlieren frühzeitig an Bindekraft. Die Erlebnisorientierung ist subjektbestimmt. Aus der Vielfalt der Lebensmöglichkeiten wählt das einzelne Subjekt seinen (durchaus wandlungsfähigen) Lebensentwurf. Die Erlebnisqualität für das Innenleben des Subjekts entscheidet die Wahl ("Erlebnisrationalität"). Die herkömmliche außengeleitete Überlebensorientierung weicht einer innengeleiteten Erlebnisorientierung.

Die Erlebnisgesellschaft bestimmt sich durch "Geschmacksmilieus", zu denen sich die aus den herkömmlichen Bindungen entlassenen Subjekte zusammenfinden. Nicht mehr soziale Herkunft und Stand bestimmen den gesellschaftlichen Ort, sondern Lebensgefühl und Lebensweise.

Lebensgefühl und Lebensweise kennzeichnet Schulze alltagsästhetisch. "Alltagsästhetisch" heißt: So gestalten Menschen ihren Alltag. Schulze benennt alltagsästhetische Schemata. Das *Hochkulturschema* zeichnet sich unter anderem dadurch aus, daß sich die Menschen für klassische Musik interessieren, für Kunstausstellungen, Theater, Literatur; Perfektion ist zur Lebensphilosophie geworden. Das *Trivialschema* ist auch bestimmt durch Blasmusik, deutschen Schlager, Arztroman, Heimatroman; die herrschende Lebensphilosophie steht unter dem Stichwort der Harmonie. Das *Spannungsschema* umfaßt Rock und Pop, Blues und andere Musikstile, Kino, Diskotheken, Comics etc.; Narzißmus ist die lebensphilosophische Grundhaltung (für *mich* muß es jetzt spannend sein).

K Unter anderem nach Nähe und Distanz zu den alltagsästhetischen Schemata bestimmen sich die fünf sozialen Milieus. Mindestens zu diesem Punkt sollten Sie Schulzes voluminöses Werk in die Hand nehmen:

📖 Gerhard Schulze, Die Erlebnisgesellschaft. Kultursoziologie der Gegenwart, Frankfurt/New York 1992, S. 291, 300, 311, 321, 330.

• Machen Sie sich anhand der schematischen Darstellungen bei Schulze ein möglichst lebensnahes Bild von den sozialen Milieus!

PT-Wörterbuch
- Erlebnisgesellschaft (Gerhard Schulze)
- Projekt des schönen Lebens
- Erlebnisrationalität
- alltagsästhetisch
- Hochkultur-, Trivial-, Spannungsschema
- Niveau-, Harmonie-, Integrations-, Selbstverwirklichungs-, Unterhaltungsmilieu

T Seit ihrem Erscheinen hat Schulzes "Erlebnisgesellschaft" der Praktischen Theologie zu wichtigen Einsichten verholfen. Wilfried Engemann provoziert das Nachdenken durch eine, wie er selbst sagt, "waghalsige Simplifizierung":

"Was kann es eigentlich für den gelangweilten Menschen der Erlebnisgesellschaft Aufregenderes geben, als sich mit der christlichen Offenbarung als einem Erschließungsgeschehen konfrontiert zu sehen, das ihm den Blick für noch nicht Wahrgenommenes öffnet, ihm dabei seine Wirklichkeit in einem neuen Licht zeigt und so in das Gefüge seiner Beziehung zu Gott, zu sich selbst und zur Welt eingreift?"

Wilfried Engemann, Der "moderne Mensch" - Abschied von einem Klischee. Fragen zur Problematik der kulturanthropologischen Prämissen Praktischer Theologie und kirchlichen Handelns heute: WzM 48 (1996) 447-458, hier S. 7 f.

• Lassen Sie sich durch Engemanns These zu eigenen Wechselgängen zwischen Erlebnisgesellschaft und Kirche provozieren!

• Prüfen Sie den allsonntäglichen Gottesdienst unter alltagsästhetischen Gesichtspunkten!

1.3.9 Religion

"Religion", einst von der Dialektischen Theologie mit Verdikt belegt, ist längst wieder zu einer wichtigen Bezugsgröße von Kirche und Theologie geworden. Wie auch immer man in den einzelnen Entwürfen "Religion" bestimmt, eines ist ihnen gemeinsam: Kirche und Religion sind nicht deckungsgleich. Die Religion gilt als der wesentlich weitere Bereich, auf den sich Kirche zu beziehen habe, wenn sie nicht weiter ins religiöse und gesellschaftliche Abseits geraten will.

K Wilhelm Gräb hat seine Praktische Theologie (☞ 12.2.7) wesentlich im Horizont gelebter Religion entworfen. Er kann als repräsentativ angesehen werden für vielfältige Bestrebungen, Kirche und Religion neu in Beziehung zu setzen. Ich habe den folgenden Text aus dem Gesamtentwurf einer Praktischen Theologie ausgesucht, weil er am besten in die oikodomische Thematik paßt. Gräb fragt nach der Aufgabe der Kirche in einer massiv von Religiosität geprägten Welt.

📖 Wilhelm Gräb, [Kirche als Ort religiöser Deutungskultur], in: ders., Lebensgeschichten - Lebensentwürfe - Sinndeutungen. Eine Praktische Theologie gelebter Religion, Gütersloh 1998, S. 79-99.

- "Kirche und Religion decken sich durchaus nicht" (S. 80). Explizieren Sie den Satz von Ernst Troeltsch (1865-1923) mit Blick auf die plurale Gesellschaft der Gegenwart!

- Nennen Sie Phänomene, in denen Religion außerhalb von Kirche greifbar wird!

- Explizieren Sie an Beispielen Situationen kleiner, mittlerer und großer Transzendenzen (vgl. S. 87)!

- Prüfen Sie durch den gesamten Text (bes. S. 94-99), inwieweit der "Auslegungszusammenhang des Evangeliums" (S. 91) die "lebenskundliche Deutungskompetenz" (S. 91) der Kirche bestimmt!

- Wie stellt sich Religion als Religion einzelner Subjekte dar? Wie sehen Sie bei Gräb die individuelle Religiosität mit der gemeinschaftlichen Religionspraxis der Kirche vermittelt?

PT-Wörterbuch
- Kirche als Ort religiöser Deutungskultur (Wilhelm Gräb)
- Alltagskultur
- kleine - mittlere - große Transzendenzen
- lebenskundliche Deutungskompetenz

1.3.10 Kirche in der Stadt

Es verwundert, daß in den meisten Publikationen zum Gemeindeaufbau die Arbeit in den Citykirchen nicht behandelt wird. In den Kirchen, die sich nach ihrer Lage als Citykirchen ausweisen und in denen diese Lage zum Programm gemacht wird, zeichnen sich deutlich Merkmale künftiger kirchlicher Arbeit in der modernen Gesellschaft ab.

K Wolfgang Grünberg widmet sich mit seiner Hamburger "Arbeitsstelle Kirche und Stadt" seit längerem dem Phänomen und Programm von Citykirche. Der folgende Text stellt eine Reihe von wichtigen Gesichtspunkten zusammen.

📖 Wolfgang Grünberg, Die Gastlichkeit des Gotteshauses. Perspektiven der City-Kirchenarbeit, in: City-Kirchen. Bilanz und Perspektiven, = Kirche in der Stadt, Bd. 5, Hamburg 1995, S. 162-175.

- Impuls: Citykirchen "bergen ein Repertoire an Geschichten und Verweisungszusammenhängen, welche als Alternativen zu den kommerziellen Tempeln, Verwaltungssitzen, aber auch zur Wohnwelt geachtet und gesucht werden" (S. 164).

- Kennzeichnen Sie Stadtkirchen als "Kristallisationsorte" (S. 168) stadtbürgerlichen Bewußtseins!
- Machen Sie sich den Unterschied von klassischer Parochie und Gemeinde in der Citykirche klar! Warum gab und gibt es die "unselige Konkurrenz zwischen City-Kirche und Gemeindekirche" (S. 169)?
- Impuls: "Es zeigt sich ..., daß stilprägende 'Leitkulte' wichtig sind" (S. 172).
- Impuls: "Die Vergegenwärtigung von Tradition, der Prozeß des Erinnerns, ist eine tragende Ressource der Stadtkirchenarbeit" (S. 173).

PT-Wörterbuch
- Citykirche
- Citykirche - Gemeindekirche/Parochie
- Stadtkirchenarbeit

PTips

Kirchenaustritt erzeugt bei denen, die in der Kirche bleiben, oft Abwehr und Unverständnis. Jan Hermelink hat das Phänomen wohltuend umsichtig beschrieben:

📖 Jan Hermelink, Gefangen in der Geschichte? Zur praktisch-theologischen Wahrnehmung des Kirchenaustritts: PTh 89 (2000) 36-52.

Dem schwierigen Verhältnis von kirchlichem Amt und Priestertum aller Gläubigen widmet sich das Buch von Bernhard Petry. Die gerne hinter geistlichen Formeln verdeckte Leitungsproblematik in der Kirche wird offengelegt. Organisationstheoretische Einsichten werden in die theologischen Überlegungen integriert. Gebiete wie Gemeindeaufbau und Pastoraltheologie, die weithin getrennt voneinander diskutiert werden, kann Petry in der Perspektive von Leitung miteinander verknüpfen. Eine "Theologie der Zusammenarbeit", die er in Umrissen entwirft, wird hoffentlich einen kräftigen Anstoß geben, die herkömmliche Fixierung auf das kirchliche Amt aufzugeben und alle Mitarbeitenden theologisch zu ihrem Recht kommen zu lassen:

📖 Bernhard Petry, Leiten in der Ortsgemeinde. Allgemeines Priestertum und kirchliches Amt - Bausteine einer Theologie der Zusammenarbeit, Gütersloh 2001.

2 Gottesdienst
Liturgik

2.0 Literatur

Wenn Sie gezielt nach Information oder nach Darstellung bestimmter Probleme im Zusammenhang suchen, dann können Sie zu folgenden Werken greifen:

📖 Christian Grethlein, Abriß der Liturgik. Ein Studienbuch zur Gottesdienstgestaltung, Gütersloh ²1991.

📖 Rainer Volp, Liturgik. Die Kunst, Gott zu feiern, 2 Bde., Gütersloh 1992/94.

📖 Rupert Berger, Neues Pastoralliturgisches Handlexikon, Freiburg/Br. u.a. 1999.

📖 Handbuch der Liturgik, hg. v. Hans-Christoph Schmidt-Lauber u. Karl-Heinrich Bieritz, Göttingen/Leipzig 1995.

2.1 Hinführung

2.1.1 Phänomen

Die Liturgik hat vielfältig versucht, das Phänomen Gottesdienst in wissenschaftlicher Sprache zu fassen. Bevor wir uns solchen Versuchen zuwenden, möchte ich Ihnen die lebensnahen Worte nicht vorenthalten, die ein russischer Schriftsteller für das Phänomen Gottesdienst gefunden hat:

"Lara war nicht fromm. Sie glaubte nicht an kirchliche Dogmen und Riten. Aber manchmal bedurfte sie einer gewissen inneren Musik, um das Leben ertragen zu können. Diese Musik konnte man nicht aus eigener Kraft bei jeder Gelegenheit komponieren. Lara fand etwas von dieser Musik in Gottes Wort über das Leben. Und sie ging deshalb in die Kirche, um hierbei weinen zu können."

Boris Pasternak, Doktor Schiwago, Frankfurt/M. 1958, S. 62 (Erstes Buch, Ein Mädchen aus anderen Kreisen, Kap. 17).

Der russisch-orthodoxe Gottesdienst, den Boris Pasternak im Umfeld des Zitats schildert, ist ein Gottesdienst wie unzählige andere auch, quer durch die Konfessionen: eine Routineveranstaltung, wenig sorgfältig im Vollzug, mit allen Anzeichen eines starren Ritualismus, alles andere als ein idealer Gottesdienst vom liturgischen Reißbrett. Aber die Frau, Lara, kann ihr Leben darin bergen. Dieser Gottesdienst bedeutet wohltuende Ritualität, selbstverständliche Affektivität; er gleicht einem musikalischen Kunstwerk, ist Vollzug von Religion jenseits streng fixierter Bekenntnisstände, jenseits von Metaphysik und Moral. Wichtige Anliegen der neueren liturgischen Diskussion lassen sich mühelos in diesem Zitat auffinden:

2.1.2 Überblick

Die folgende Typologie von Gottesdienst eignet sich gut für eine erste Übersicht. Es geht dabei nicht um konkrete Gottesdienstformen, sondern um Grundtypen von Gottesdienst, denen "ein jeweils verschiedenes und manchmal sogar kontroverses Gottes-, Menschen- und Weltverständnis zugrundeliegt" (Josuttis, s.u., S. 147).

P Manfred Josuttis ist, gerade in seinen früheren Aufsätzen, immer hilfreich, wenn man nach Typisierungen sucht. Er hat einst vier Typen von christlichem Gottesdienst in der Gegenwart herauspräpariert:

📖 Manfred Josuttis, Praxis des Evangeliums zwischen Politik und Religion. Grundprobleme der Praktischen Theologie [1974], München ⁴1988, S. 143-147 [aus: Das Ziel des Gottesdienstes. Aktion oder Feier?].

- Zeichnen Sie die Konturen der vier Typen so klar nach, daß Sie damit arbeiten können! Notieren Sie jeweils charakteristische Begriffe und Formulierungen!
- Gottesdienst ist inszeniertes Evangelium (☞ 2.2.6). Das Evangelium diktiert nicht Gesetz, sondern eröffnet Freiheit. Deklinieren Sie die vier Gottesdienstkonzeptionen von Josuttis durch nach dem Muster: "Der Gottesdienst eröffnet Freiheit, indem ..."
- Halten Sie die Typologie (immerhin aus den siebziger Jahren) für vollständig? Wenn nicht, dann fügen Sie einen fünften oder sechsten Typ hinzu!

PT-Wörterbuch   • Grundtypen von Gottesdienst
                                   – kultisch
                                   – kerygmatisch
                                   – politisch
                                   – kreativ

2.1.3 Problem

Die liturgische Diskussion im deutschen Protestantismus ist aktuell und wohl noch für geraume Zeit von den Bemühungen um die Erneuerte Agende (☞ 2.3.5) bestimmt. Es geht dabei um weit mehr als nur um die Frage, in welchen Formen sich der evangelische Gottesdienst der Zukunft darstellen solle. Es geht immer auch um die prinzipielle Frage, was denn Gottesdienst sei.

Eine grundlegende Spannung zeichnet sich ab: Wird der Gottesdienst von seinen Akteuren geschaffen (Kreation) oder handelt es sich um einen Vollzug, in den ich eintrete (Tradition)? Dabei geht es nicht um ein Entweder-Oder: Tradition ohne Kreation wäre Traditionalismus, Kreation ohne Tradition wäre Aktionismus. Beide Begriffe geben vielmehr einen Spannungsbogen vor, auf dem sich mögliche Gottesdienstverständnisse ansiedeln.

K Manfred Josuttis arbeitet die angedeutete Alternative auf anregende Weise heraus, nämlich in einer scharfen Attacke auf die Erneuerte Agende. Wir werden später sehen, wie ihn dabei sein eigener Entwurf von Gottesdienst als "Weg in das Leben" leitet (☞ 2.2.8). Auch die Erneuerte Agende und ihre Anliegen werden wir noch eigens zum Thema machen (☞ 2.3.5). Sie müssen sich also aus dem vorgeschlagenen Text noch nicht eingehend über Josuttis' eigene Konzeption und die Erneuerte Agende informieren. An dieser Stelle geht es darum, daß Sie am Beispiel einer wichtigen Kontroverse den Spannungsbogen von Tradition und Kreation ein wenig konkretisieren.

📖 Manfred Josuttis, Die Erneuerte Agende und die agendarische Erneuerung: PTh 80 (1991) 504-516.

- Die Spannung von Kreation und Tradition spiegelt sich bei Josuttis in der Spannung zwischen der Erneuerten Agende und der abendländischen Messe etwa in Form der bisherigen Agende I. Ich habe die Spannung von Kreation und Tradition durch den Aufsatz verfolgt. Es geht an dieser Stelle noch nicht um liturgischen Lernstoff. Vielmehr sollen Sie anhand der von mir gefundenen Spuren Ihr eigenes Bild von der Spannung zwischen Kreation und Tradition präzisieren (GD = Gottesdienst).

	Kreation	Tradition
S. 505	permanente GD-Gestaltung	exemplarische GD-Gestalt
S. 507	Eröffnung von Spiel-Räumen	Einhaltung von Spiel-Regeln
S. 510	von Menschen gemacht	göttliche Stiftung
S. 510	Tugend der Vielförmigkeit	verbindliche GD-Ordnung
S. 511 f.	Evangelium → GD	GD → Evangelium
S. 512 f.	Struktur	Dramaturgie
S. 514 f.	Tradition - Situation (Weltgeschichte)	Ordinarium - Proprium (Heilsgeschichte)
S. 515	Modell: Predigt	Modell: Kultus
S. 515 f.	Aktualität	Traumzeit

PT-Wörterbuch   • Spannungsbogen Tradition - Kreation

2.2   Konzeptionen

2.2.1 Gespräch mit Gott

Eine eher beiläufige Kanzelbemerkung Luthers avancierte zu der vermutlich am häufigsten genannten Gottesdienstdefinition im Protestantismus. Bei der Einweihung der Schloßkirche zu Torgau am 5. Oktober 1544 fielen die berühmten Worte:

"Meine lieben Freunde, wir wollen jetzt dies neue Haus einsegnen und unserem Herrn Jesus Christus weihen. Das gebührt nicht mir allein, sondern ihr sollt auch zugleich mit angreifen, auf daß dieses neue Haus dahin gerichtet werde, daß nichts anderes darin geschehe, als *daß unser lieber Herr selbst mit uns rede durch sein heiliges Wort und wir umgekehrt mit ihm reden durch unser Gebet und Lobgesang*".

in: Luther Deutsch, hg. v. Kurt Aland, Göttingen [3]1983, Bd. 8, S. 440 [Hervorhebung M.N.].

Das also sei evangelischer Gottesdienst: Wort Gottes und Antwort des Menschen. Luthers Bestimmung besticht durch geniale Einfachheit. Die Formel war geeignet, positiv das Wesen des Gottesdienstes anzugeben und zugleich die Abgrenzung zu vollziehen gegenüber einer als Opferritual verstandenen katholischen Messe. In der Folge freilich erlitt diese Formel ein ähnliches Schicksal wie die reformatorische Konzeption vom Wort Gottes: Aus dem Gottesdienst als einem dialogischen Geschehen im Machtfeld des Heiligen Geistes wurde ein von Pastoren dominierter Wortwechsel.

2 Gottesdienst

K Einfach und einfühlsam hat Karl-Heinrich Bieritz die positiven Implikationen der Luther-Formel herausgestellt. Stören Sie sich nicht am Untertitel des Büchleins! Es bietet sachgerechte Information auch für Theologinnen und Theologen.

📖 Karl-Heinrich Bieritz, Im Blickpunkt: Gottesdienst. Theologische Informationen für Nichttheologen, Berlin ²1987, S. 38-42.

- Lesen Sie den Text gründlich und machen Sie sich eine Stichwortliste von Kennzeichen des evangelischen Gottesdienstes, die in Luthers Formel (vielleicht ein wenig versteckt) enthalten sind!

- Machen Sie sich insbesondere klar, inwiefern sich die einzelnen Elemente des Gottesdienstes nicht säuberlich auf Wort und Antwort verteilen lassen!

T Manfred Josuttis (☞ 2.1.3) hatte beklagt, evangelischer Gottesdienst werde in falscher Weise vom Paradigma der Predigt her verstanden; Gottesdienst sei etwas prinzipiell anderes als Predigt.

📖 Manfred Josuttis, Die Erneuerte Agende und die agendarische Erneuerung: PTh 80 (1991) 504-516, hier: S. 514 ff.

- Worin liegt das Hauptproblem des Predigtparadigmas?

- Könnte man sagen, Luthers Formel begünstige die problematischen Implikationen des Predigtparadigmas?

PT-Wörterbuch
- Gottesdienst: "... daß unser lieber Herr selbst mit uns rede durch sein heiliges Wort und wir umgekehrt mit ihm reden durch unser Gebet und Lobgesang" (Martin Luther)

2.2.2 Darstellendes Handeln

Die Theorie des Gottesdienstes, welche die aktuelle Diskussion am meisten anregt und prägt, ist die von Friedrich Schleiermacher (1768-1834). Wo immer der Gottesdienst als Fest konzipiert wird, steht Schleiermacher Pate. In der Homiletik wird uns Schleiermachers Gottesdienst wieder begegnen, und zwar als eine Veranstaltung zur "Zirkulation des religiösen Bewußtseins" (☞ 3.2.1). An dieser Stelle sollen der Gottesdienst als Fest und gottesdienstliches Handeln als "darstellendes Handeln" in den Blick kommen.

P Ich habe einen Text ausgewählt, der Schleiermacher bereits auf die Fragestellungen der modernen Liturgik hin referiert. Der Text ist nicht einfach zu lesen; Sie müssen sich nicht in alle Details versenken. Lassen Sie sich durch meine Fragen leiten!

📖 Dietrich Rössler, Unterbrechungen des Lebens. Zur Theorie des Festes bei Schleiermacher, in: "... in der Schar derer, die da feiern". Feste als Gegenstand praktisch-theologischer Reflexion, FS Friedrich Wintzer, hg. v. Peter Cornehl u.a., Göttingen 1993, S. 33-40.

- Benennen Sie die fundamentale Differenz zwischen dem darstellenden und dem wirksamen Handeln! Suchen Sie nach anderen Begriffen für "darstellendes" Handeln!

- Beschreiben Sie den Gottesdienst als Fest und heilsame Unterbrechung des Lebens!

- Inwiefern hat das darstellende Handeln "eschatologische Züge" (S. 37)?
- Inwiefern sind gerade künstlerische Mittel dem liturgischen Handeln angemessen?

PT-Wörterbuch
- Gottesdienst als "darstellendes Handeln"
  (Friedrich Schleiermacher)
- wirksames ≠ darstellendes Handeln
- Fest als heilsame Unterbrechung des Lebens

2.2.3 Heilsgegenwart

Die Konzeption von Peter Brunner liegt der liturgischen Reformarbeit
nach dem Krieg zugrunde. Das wird schon durch den Ort deutlich, an
dem Brunners Lehre vom Gottesdienst erstmals publiziert wurde. Sie erschien im ersten Band des insgesamt fünfbändigen Standardwerkes
"Leiturgia" (1954-1970), das die Agendenarbeit der fünfziger Jahre wissenschaftlich grundierte und das erst mit dem "Handbuch der Liturgik"
(1995) eine gewisse Ablösung fand. Peter Brunners Lehre vom Gottesdienst wurde zur gleichsam kirchenamtlichen Theologie des Gottesdienstes im lutherischen Raum.

K Wer wissen will, wie eine dogmatisch-normative Bestimmung dessen aussieht, was man gerne als "das Wesen" des Gottesdienstes bezeichnete,
der findet sie klassisch ausgebildet bei Peter Brunner. Zugleich wird deutlich, wie
die Liturgik beschaffen war, gegen die sich dann etwa ein Ernst Lange mit seinem Konzept abzusetzen suchte.

📖 Peter Brunner, Zur Lehre vom Gottesdienst der im Namen Jesu versammelten Gemeinde [1954], Neudruck mit einem Vorwort von Joachim Stalmann, Hannover 1993 (seitengleich mit der Originalausgabe), hier: S. 116-119 [Die dogmatische Ortsbestimmung des Gottesdienstes].

- Gegen welche anderen Weisen von Ortsbestimmung grenzt sich Brunners
  dezidiert dogmatische Ortsbestimmung ab?
- Wie grenzt sich Brunners "anthropologische" Ortsbestimmung von dem ab,
  was Sie vermutlich bei dem Wort "anthropologisch" assoziiert hätten?
- Die kosmologische Ortsbestimmung mag Ihnen zunächst sehr fremd vorkom-
  men. Überlegen Sie, ob sich dieser Bestimmung im Zeitalter einer ökologisch
  geschärften Weltwahrnehmung nicht auch sehr aktuelle Aspekte abgewinnen
  lassen!

Ein gewaltiges Szenario: der Gottesdienst als Mitte und Fokus von Heils-
geschichte und Lebensgeschichte, von sichtbarer und unsichtbarer Welt.
Die Weltpräsenz Christi haftet an Wort und Sakrament; das ist seine
Heilsgegenwart. So ist der Gottesdienst nicht die einzige, wohl aber die
einzigartige und für Christen unersetzliche Weise, wie Christus in der
Welt gegenwärtig ist.

Diese Sicht hat Auswirkungen auf das Verhältnis von Gottesdienst und
Alltag. Was uns bei Ernst Lange begegnen wird (☞ 2.2.4), die wesentliche Verschränkung von Gemeindegottesdienst und Lebensgottesdienst,

ist bei Peter Brunner mit einer stufenden Wertung versehen: Der Gemeindegottesdienst ist Gefäß des Ewigen, während der Lebensgottesdienst ("Lebensgehorsam des Wandels") seinen Sinn nur in dieser Weltzeit findet.

PT-Wörterbuch	• dogmatische Ortsbestimmung (Peter Brunner)
	  – heilsökonomisch
	  – anthropologisch
	  – kosmologisch
	• Gottesdienst der versammelten Gemeinde - Lebensgehorsam des Wandels

2.2.4 Gottesdienst im Alltag

Ernst Lange (1927-1974) hat ein Anliegen zum Ausgangspunkt seiner Überlegungen gemacht: wie gottesdienstliche Feier und Alltag so zusammengelebt und zusammengedacht werden können, daß die eine Wirklichkeit nicht doch wieder in einen sakralen und einen profanen Bereich zerfällt.

Es handelt sich keineswegs nur um historische Frontstellungen der Liturgik, wenn Lange sich etwa gegen Peter Brunner (☞ 2.2.3) wendet. Auch aktuell stoßen wir in Kirche und Theologie noch immer auf die Vorstellung, das Heil nehme seinen Weg vom Binnenbereich Gottesdienst hinaus in die Welt. Demgegenüber vertritt Lange leidenschaftlich die These, mit Christus und dem Anbruch des Reiches Gottes sei eine Zweiteilung der Wirklichkeit in einen sakralen und einen profanen Bereich ein für allemal hinfällig.

P In der folgenden Passage wendet sich Lange gegen das liturgische Denkmuster, in der Liturgie werde das Heilsgeschehen vergegenwärtigt (repräsentiert). Katholische Liturgik ist ebenso im Visier der Kritik wie Peter Brunner auf evangelischer Seite.

📖 Ernst Lange, Chancen des Alltags. Überlegungen zur Funktion des christlichen Gottesdienstes in der Gegenwart, Stuttgart/Gelnhausen 1965, S. 162-165 [Sühne und Vergegenwärtigung?].

• Wo liegt präzise der Grund, warum Gottesdienst nicht im Denkmuster von "Vergegenwärtigung" beschrieben werden kann?

• Beschreiben Sie das Verhältnis Kirche - Welt in der Perspektive einer Repräsentations-Liturgik!

Um dem Zerfall der Wirklichkeit konzeptionell zu begegnen, entwickelt Lange sein Modell von Gemeinde, die sich in zwei "Phasen" vollzieht: als Ekklesia und Diaspora, in Versammlung und Zerstreuung. Ob Christen gottesdienstlich beieinander sind (Ekklesia) oder je einzeln an ihren Lebensorten (Diaspora), in beiden Phasen verwirklicht und konkretisiert sich die Christusherrschaft. Es gibt also kein Innen und kein Außen, wie es die Formel von Sammlung und Sendung suggeriert, sondern nur den einen Gottesdienst der Gemeinde in seinen zwei Phasen.

P Die folgenden Ausführungen von Lange erläutern noch einmal die Dialektik von Ekklesia und Diaspora. Sie machen darüber hinaus deutlich, wie Liturgik und Oikodomik (☞ 1.2.3) miteinander zusammenhängen.

📖 Ernst Lange, aaO., S. 146-151 [Die Zweiphasigkeit des Gottesdienstes der Gemeinde; Innen- und Außenfunktionen].

- Der Gottesdienst der Gemeinde findet statt "gleichsam im Tor, im ständigen Übergang von der Ekklesia in die Diaspora und von der Diaspora in die Ekklesia" (S. 147). Interpretieren Sie den Satz!

- Zeichnen Sie die oikodomischen Konsequenzen des neuen Verständnisses von Gemeinde und Gottesdienst für das Verhältnis von Amt und Ehrenamt (Pfarrer - "Laien") nach!

PT-Wörterbuch
- heilig - profan
- Vergegenwärtigung des Heils (Repräsentation)
- Zweiphasigkeit des Gottesdienstes: Ekklesia - Diaspora (Ernst Lange)

2.2.5 Messianisches Fest

Jürgen Moltmann hatte mit seiner "Theologie der Hoffnung" (1964) einen markanten Auftakt für eine Reformulierung der gesamten Theologie in politischer Perspektive gesetzt. In seiner Ekklesiologie von 1975 kommt der Gottesdienst ausführlich zur Sprache. Aktuell droht uns vor lauter Freude über die Neuentdeckung der Ästhetik die politische Dimension des Gottesdienstes aus dem Blick zu geraten. Es macht Sinn, wieder auf die eminent theologischen Begründungen Jürgen Moltmanns für einen Gottesdienst mit politischen Implikationen zu achten.

K Selbstverständlich ist der gesamte Abschnitt über den Gottesdienst nützlich zu lesen. Zur Straffung der Lektüre treffe ich daraus noch einmal eine Auswahl.

📖 Jürgen Moltmann, Kirche in der Kraft des Geistes. Ein Beitrag zur messianischen Ekklesiologie, München 1975, S. 287-302, hier besonders: S. 287-294.

- Wie ist der Ort des christlichen Gottesdienstes in der Geschichte des Reiches Gottes zu bestimmen?

- Erläutern Sie die These, daß bestimmte Dissonanzen zur Harmonie des Gottesdienstes gehören (S. 288)!

- Vollziehen Sie Moltmanns Kritik an einer rein funktionalen Analyse des Gottesdienstes als Ritual nach!

- Sammeln Sie Beobachtungen dafür, daß der Sonntag und der Gottesdienst als Fest in den Sog unangemessener Funktionalisierungen geraten sind!

- Bringen Sie den christlichen Gottesdienst auf dem Hintergrund einer allgegenwärtigen "Coca-Cola-Philosophie" (S. 293) als messianisches Fest zur Geltung!

Moltmann markiert den festlichen Überschuß des Gottesdienstes gegenüber dem auf bestimmte Funktionen reduzierten Ritual. Fulbert Steffensky spricht an dieser Stelle von einer "Poesie ohne Zwecke".

2 Gottesdienst

K Steffensky hat in einem leichten, anschaulichen Text mit einprägsamen Formulierungen den Gottesdienst als Poesie ohne Zwecke beschrieben.

📖 Fulbert Steffensky, Gottesdienst. Poesie ohne Zwecke [1984], in: ders., Feier des Lebens. Spiritualität im Alltag, Stuttgart ⁴1988, S. 91-101.

- Erläutern Sie, warum das Ideal der Durchsichtigkeit und Verstehbarkeit im Blick auf den Gottesdienst problematisch ist!
- Was macht die Besonderheit eines Lernens aus, "das die Übereinstimmung mit Ideen, Menschen, Bildern und Geschichten sucht" (S. 97)?
- Bringen Sie den Gottesdienst als Poesie gegen einen Gottesdienst als Lehre oder Appell (S. 98) zur Geltung!

PT-Wörterbuch
- Gottesdienst als messianisches Fest (Jürgen Moltmann)
- Poesie ohne Zwecke (Fulbert Steffensky)

2.2.6 Dramatisches Kunstwerk

Seit den achtziger Jahren wurde die Ästhetik zu einer wichtigen generellen Perspektive der Praktischen Theologie (☞ 12.1.2). Der neuen Gesamtperspektive korrespondieren Einsichten in den Teildisziplinen. 1984 hat Gerhard Marcel Martin, angeregt durch Umberto Eco, die Predigt als "offenes Kunstwerk" (☞ 3.2.6) beschrieben. Wenig später brachte Karl-Heinrich Bieritz dieses Deutemuster liturgisch zur Geltung:

📖 Karl-Heinrich Bieritz, Gottesdienst als 'offenes Kunstwerk'? Zur Dramaturgie des Gottesdienstes: PTh 75 (1986) 358-373.

Daß es sinnvoll ist, den Gottesdienst als ein Kunstwerk in Analogie zum Bühnendrama zu verstehen, wird heute kaum mehr bestritten.

P Auf dem Hintergrund der These, daß der Gottesdienst ein Kunstwerk darstellt, hat Albrecht Grözinger nach möglichen Problemhorizonten dieser These gefragt.

📖 Albrecht Grözinger, Der Gottesdienst als Kunstwerk: PTh 81 (1992) 443-453.

- Beschreiben Sie, wie der Gottesdienst von "der Vision des gelungenen Gesamtkunstwerks" (S. 446) lebt!
- Ziehen Sie die Linie von Schleiermachers Liturgik (☞ 2.2.2) zur Konzeption vom Gottesdienst als Kunstwerk!
- Worin zeigt sich der "Eigensinn des Ästhetischen" (S. 447) im Gottesdienst als Gesamtkunstwerk?
- Worin besteht die "ästhetische Dimension" (S. 448) der Wirklichkeit und was ist die Aufgabe der Ästhetik?
- Inwiefern muß christlicher Gottesdienst einer "Ästhetik der Differenz" (S. 450) gehorchen?

Wenn der Gottesdienst einmal als Kunstwerk in Analogie zum Bühnenwerk verstanden wird, dann kommen auch andere Begriffe aus der Theatersprache ins Spiel. Man kann beispielsweise den Gottesdienst mit der "Aufführung" (engl. performance) eines Stückes vergleichen oder mit der "Inszenierung", d.h. mit der Konzeption, die sich in der Aufführung realisiert. Wenn man bei "Inszenierung" ein "in Szene setzen" mithört, dann kommen "Inszenierung" und "Aufführung" fast zur Deckung (☞ 3.2.6). Gottesdienst wäre demnach zu verstehen als Inszenierung oder Performance des Evangeliums.

Wer sich für die Analogie zum Theater interessiert, sich aber auch mit theologischen Vorbehalten gegen die Theaterterminologie (☞ 11.3.5) in der Liturgik beschäftigen möchte, der sollte zu dem folgenden Text greifen:

📖 Michael Meyer-Blanck, Inszenierung des Evangeliums. Ein kurzer Gang durch den Sonntagsgottesdienst nach der Erneuerten Agende, Göttingen 1997, bes. S. 17-19.

PT-Wörterbuch
- Gesamtkunstwerk (Richard Wagner)
- Eigensinn des Ästhetischen
- Ästhetik der Differenz
- Aufführung (performance)
- Inszenierung (des Evangeliums)

2.2.7 Politischer Gottesdienst

Der politische Gottesdienst ist fast vollständig in den Hintergrund des liturgischen Diskurses gerückt. Analoges läßt sich bei der politischen Predigt beobachten. Das verwundert, haben doch politische Gottesdienste und politische Predigten während der Wendeereignisse in Deutschland eine wichtige Rolle gespielt.

K Jürgen Ziemer zeigt auf, wie Gottesdienst seinem Wesen nach politisch ist und wie sich die politischen Gottesdienste der Wendezeit in eine Tradition des politischen Gottesdienstes einreihen.

📖 Jürgen Ziemer, Gottesdienst und Politik - Zur Liturgie der Friedensgebete, in: Herausforderung: Gottesdienst, hg. v. Reinhold Morath u. Wolfgang Ratzmann, Berlin 1997, S. 181-199.

- Impuls: "Der Gottesdienst kann nicht nicht politisch sein" (S. 182).
- Was kennzeichnet die neueren Formen von politischem Gottesdienst? Prägen Sie sich von den Beispielen insbesondere das Politische Nachtgebet ein!
- Erläutern Sie die Taizé-Formel von "Kampf und Kontemplation"!
- Entfalten Sie das Fürbittgebet als selbstverständlichen Ort des Politischen im Gottesdienst!

PT-Wörterbuch
- Funktionen von politischem Gottesdienst
  - feierlich-bestätigend
  - kritisch-assistierend
  - prophetisch-verändernd
- Politisches Nachtgebet
- Kampf und Kontemplation (Taizé)

2 Gottesdienst

2.2.8 Heilige Handlung

Manfred Josuttis hat 1991 eine ausführliche Liturgik veröffentlicht:

📖 Manfred Josuttis, Der Weg in das Leben. Eine Einführung in den Gottesdienst auf verhaltenswissenschaftlicher Grundlage [1991], München ²1993.

In dem Buch begründet er sein verhaltenswissenschaftliches Vorgehen und interpretiert den Ablauf von Gottesdienst nach dem Meßtypus auf dem Hintergrund seiner Konzeption.

P Die Konzeption selbst freilich zeichnet sich an anderer Stelle übersichtlicher ab. In seinem jüngsten Buch zur Pastoraltheologie beschreibt Josuttis das gottesdienstliche Geschehen als Aufgabe der Pfarrerinnen und Pfarrer:

📖 Manfred Josuttis, Die Einführung in das Leben. Pastoraltheologie zwischen Phänomenologie und Spiritualität, Gütersloh 1996, S. 85-101 [Die heilige Handlung].

- Diskutieren Sie den Gottesdienst "als religiöses Ritual, das ... in bestimmte Wirklichkeiten hineinführt: in die verborgene und verbotene Zone des Heiligen" (S. 95)!

- Inwiefern nimmt Manfred Josuttis mit seinem Konzept der heiligen Handlung "unter veränderten Bedingungen den Ansatz der dialektischen Theologie wieder auf" (S. 85)?

- Das gottesdienstliche Ritual in den Perspektiven von Bedeutung, Ausdruck und Wirkung (vgl. S. 96): Deklinieren Sie die unterschiedlichen Perspektiven an den Beispielen von Gebet und Segen durch!

- "Religion als menschliche Arbeit im Machtbereich des Heiligen" ist "zunächst nichts anderes als ein Handwerk" (S. 96). Verdeutlichen Sie den Satz mit Beispielen!

- Wer sich auf den Gottesdienst sachgemäß einstellen will, muß "die Wahrheit theologischer Richtigkeiten und die Wirklichkeit psychischer Aufgeregtheiten hinter sich lassen" (S. 100 f.). Interpretieren Sie den Satz, indem Sie ihn positiv fortführen!

Josuttis verwendet zur Kennzeichnung der spezifischen Wirklichkeit, um die es in der Religion geht, den Begriff des "Heiligen". Damit knüpft er an das berühmte Buch des Religionswissenschaftlers Rudolf Otto "Das Heilige" von 1917 an.

K Rudolf Ottos Buch wird, im Schatten einer formelhaft repetierten Wort-Gottes-Theologie, von Studierenden in der Regel skeptisch beurteilt. Ein solch schnelles Urteil hat dieses wichtige Buch aber nicht verdient. Es lohnt sich, wenigstens ein paar Seiten selbst zu lesen. Ich schlage als Lektüre die Seiten vor, auf denen Otto seinen Begriff des "Heiligen" einführt:

📖 Rudolf Otto, Das Heilige. Über das Irrationale in der Idee des Göttlichen und sein Verhältnis zum Rationalen [1917], München 1979, S. 5-7 [Kap. 2: Das Numinose].

- Formulieren Sie mögliche theologische Bedenken gegen das Numinose als Grunddatum aller Religion!

- Welche Gründe gibt es Ihrer Ansicht nach, daß man, wie Manfred Josuttis, jenen alten Begriff wieder theologisch fruchtbar macht?

PT-Wörterbuch • Gottesdienst als heilige Handlung (Manfred Josuttis)
              • Perspektiven: Bedeutung - Ausdruck - Wirkung
              • das Heilige / das Numinose (Rudolf Otto)

2.3   Perspektiven

2.3.1 Aufbau und Elemente

Sie wissen alle, wie ein normaler Sonntagsgottesdienst abläuft. Insofern bringt dieser Abschnitt nichts Neues. Es kann aber gut sein, daß das Erleben vieler Gottesdienste für Sie noch nicht in ein gegliedertes und reproduzierbares Bild vom liturgischen Ablauf mündete. Es ist also sinnvoll, sich den Aufbau eines Gottesdienstes nach seiner Struktur und nach den wichtigsten Einzelelementen klarzumachen.

Was wir hier behandeln, ist die Form der abendländischen Messe. Insofern ist zwischen einer römisch-katholischen Messe und einem lutherischen Gottesdienst (mit Abendmahl) kein Unterschied. Ich weise vor allem die Musikfreunde unter Ihnen auf die vertonten Messen der Musikgeschichte hin. Ob Sie Bachs h-moll-Messe, Mozarts Krönungsmesse oder Beethovens Missa solemnis nehmen, immer stellt sich die Abfolge der einzelnen Stücke, die prinzipiell als Teile der Meßliturgie gedacht sind, folgendermaßen dar:

1. *Kyrie*
2. *Gloria*
3. *Credo*
4. *Sanctus*
5. *Agnus Dei*

Hinweis: Beim Credo ist in diesem Zusammenhang immer das Glaubensbekenntnis von Nizäa-Konstantinopel gemeint. Es stellt im Unterschied zu dem evangelisch zur Regel gewordenen Apostolischen Glaubensbekenntnis das eigentlich ökumenische Credo der Kirche dar.

Diese fünf Stücke der Messe lassen sich den vier großen Phasen des Gottesdienstes zuordnen, wie sie uns im Prozeß der Erneuerten Agende (☞ 2.3.5) vertraut geworden sind und wie sie sich im liturgischen Teil des Evangelischen Gesangbuches (EG) etwa in Bayern oder Thüringen finden. Ich stelle jetzt den Gottesdienst mit den wichtigsten Elementen in der Übersicht dar, wobei die fünf Stücke der vertonten Messe kursiv erscheinen. Ich weise darauf hin, daß diese Übersicht (☞ PT-Wörterbuch) keinen lückenlosen Ablauf des Gottesdienstes bietet. Es fehlen beispielsweise die meisten Lieder oder die Musik zum Eingang. Auch die hier gebotene Reihenfolge ist nicht in jeder Weise bindend (z.B. Fürbitten). Die Übersicht soll lediglich die wichtigsten Stücke der Liturgie im dramaturgischen Zusammenhang darstellen.

P Der Gottesdienst ist ein komplexes Gebilde. Sie müssen darüber Bescheid wissen, gehört doch der Gottesdienst zu den Hauptaufgaben eines Pfarrers oder einer Pfarrerin. Hier beginnt das "Handwerk" im pastoralen Beruf, von dem

Manfred Josuttis zu Recht spricht (☞ 2.2.8). Ich schlage vor, daß Sie sich mit Hilfe des übersichtlichen Textes von Joachim Stalmann kundig machen.

📖 Joachim Stalmann, Tagesordnungspunkt Gottesdienst, Neuausgabe, Hannover [5]1994, S. 94-168.

- Lassen Sie sich von Joachim Stalmann durch den Gottesdienst führen! Dabei müssen Sie keineswegs alle Details aufnehmen. Aber Sie sollten alle Elemente, die in der folgenden Übersicht (☞ PT-Wörterbuch) angegeben sind, in ihrer Funktion für die Dramaturgie des Gottesdienstes zuverlässig beschreiben können.

PT-Wörterbuch

A   Eröffnung und Anrufung
Salutation
Confiteor/Vorbereitungsgebet
Introitus
Kyrie
Gloria
Kollektengebet/Gebet des Tages

B   Verkündigung und Bekenntnis
Lesung (AT)
Lied
Lesung (Epistel)
Graduallied/Wochenlied
Lesung (Evangelium)
Credo
Predigt
Fürbitten

C   Abendmahl
Gabenbereitung
Präfation
Sanctus
Epiklese
Einsetzungsworte
Anamnese
Vaterunser
Friedensgruß
Agnus Dei
Austeilung
Danksagung

D   Sendung und Segen
Abkündigungen
Segen

Für das Verständnis von Liturgie wesentlich ist der Zweitakt von Ordinarium und Proprium; er stellt gewissermaßen den Herzschlag der Liturgie dar. Dieser Zweitakt vermittelt die kirchenjahreszeitlich geprägten Stücke (Proprium) mit denen, die unabhängig vom Kirchenjahr (Ordinarium) die Dramaturgie der Messe bestimmen. Wer diesen Zweitakt nicht wahrnimmt, verwechselt allzu leicht den Gottesdienst mit dem "liturgischen

Großraumbüro", das Fulbert Steffensky so eindrücklich vor Augen gestellt hat (☞ 2.2.5). Gottesdienst erscheint dann als konstruierbar im Sinne jenes Ideals der Durchsichtigkeit und Verstehbarkeit.

T Machen Sie sich zunächst wieder mit Hilfe von Joachim Stalmann klar, was das Begriffspaar Ordinarium - Proprium bedeutet (Stalmann, s.o., S. 91 f.)

- Gehen Sie nun den Ablauf des Gottesdienstes nach der Übersicht im PT-Wörterbuch durch und markieren Sie die Elemente jeweils als Teil des Ordinariums oder des Propriums!

- Beschreiben Sie die Dialektik von Ordinarium und Proprium als eine Weise, wie die Dialektik von Tradition und Kreation (☞ 2.1.3) sinnvoll als Gottesdienstpraxis wahrgenommen wird!

PT-Wörterbuch   •   Ordinarium - Proprium

2.3.2 Urchristentum

Dem Neuen Testament ist keine urchristliche Liturgik zu entnehmen. An keiner Stelle werden wir hinreichend über Aufbau und Verlauf urchristlicher Gottesdienste in Kenntnis gesetzt. Wir sind weitgehend auf historische Rekonstruktion angewiesen. Dennoch sind biblische Begründungslinien unerläßlich, wenn wir nach theologischen Essentials für den christlichen Gottesdienst Ausschau halten.

P Ich gehe davon aus, daß Ihnen aus der neutestamentlichen Exegese bereits Einsichten über den urchristlichen Gottesdienst erwachsen sind. Insofern sollte der folgende Aufsatz für Sie zu einem guten Teil Wiederholung sein. Er stellt eine gelungene Summe dar. Sie sollen sich daraus holen, was im Moment für unseren Elementargang durch die Liturgik wichtig ist. Die Ausführungen zum Taufgottesdienst beispielsweise sind an dieser Stelle unseres Curriculums nicht relevant (☞ 2.3.14 Taufe).

📖 Jürgen Roloff, Der Gottesdienst im Urchristentum, in: Handbuch der Liturgik, hg. v. Hans-Christoph Schmidt-Lauber u. Karl-Heinrich Bieritz, Leipzig/Göttingen 1995, S. 43-71.

- Skizzieren Sie in wenigen Punkten Jesu Stellung zum jüdischen Gottesdienst!

- Inwiefern sprengt Jesu Botschaft vom Anbruch des Reiches Gottes den Rahmen des Synagogengottesdienstes?

- Reflektieren Sie urchristliche Bezeichnungen für den eucharistischen Gottesdienst (S. 49) nach ihrem jeweiligen Spezifikum!

- Skizzieren Sie den urchristlichen Gottesdienst in seinen wichtigsten Elementen (Wortteil und Eucharistie, vgl. S. 49-53)!

- Was ist die "Agape"?

- Den theologischen Konstanten (S. 57-60) eignet "ein hoher Grad von Verbindlichkeit" (S. 57); sie sind für alles liturgische Nachdenken wichtig. Prägen Sie sich diese vier Konstanten mit je einer biblischen Belegstelle ein!

2 Gottesdienst

PT-Wörterbuch
- urchristliche Bezeichnungen für den eucharistischen Gottesdienst
  - Brotbrechen
  - Herrenmahl
  - Eucharistie
- Agape
- theologische Konstanten
  - Dankgebet
  - Anamnese
  - Gemeinschaftsbezug
  - eschatologische Ausrichtung

2.3.3 Reformation

Die Reformation hat über das hinweg, was sie als Verirrungen der Papstkirche ansah, die biblischen Essentials wieder zur Gestaltungsnorm für den Gottesdienst erhoben. Der reformierte Protestantismus war im Bestreben, einen schriftgemäßen Gottesdienst zu etablieren, radikaler als der lutherische. Es kam, in Anlehnung an den mittelalterlichen Predigtgottesdienst, zur Ausbildung eines Gottesdienstes, in dem die Predigt von Lesungen, Gebeten und bibelgebundenen Liedern (Psalmlieder) umrahmt wurde. Diese Gottesdienstform darf nicht aus einseitig lutherischer Sicht als defizitär gewertet werden. Das macht die Erneuerte Agende (☞ 2.3.5) deutlich, indem sie neben der Messe als Grundform I den originären Predigtgottesdienst als Grundform II anbietet. Dieser Typus von Predigtgottesdienst darf nicht verwechselt werden mit dem Meßgottesdienst ohne Abendmahl, wie er im lutherischen Bereich auch zur Normalform werden konnte.

> Wer sich für die Entwicklung des reformierten Gottesdienstes auf dem Hintergrund der Bemühungen um eine Erneuerte Agende interessiert, sollte sich mit folgendem Text informieren:
>
> ▯ Frieder Schulz, Eine bedeutsame Agendenreform. Der Gemeindegottesdienst im neuen Entwurf "Reformierte Liturgie" 1998 im Vergleich zum Evangelischen Gottesdienstbuch ("Erneuerte Agende") 1998: LJ 49 (1999) 115-122.

Luther war kein Liturgiker. Seinen Impulsen für die Gestalt evangelischen Gottesdienstes eignete eher etwas Zufälliges. Keiner dieser Impulse wurde in den lutherischen Kirchen vollständig in agendarische Form gegossen und regelmäßig durchgeführt. Dennoch ist die Entwicklung lutherischer Liturgie und Liturgik ohne Luthers Anstöße nicht denkbar.

> **P** Helmar Junghans nimmt als Reformationshistoriker Luthers liturgische Arbeit in den Blick und versucht sie auf einem Spannungsbogen zwischen Konzept und Verlegenheit zu verorten.
>
> ▯ Helmar Junghans, Luthers Gottesdienstreform - Konzept oder Verlegenheit?, in: Herausforderung: Gottesdienst, hg. v. Reinhold Morath u. Wolfgang Ratzmann, Berlin 1997, S. 77-92.
>
> - Entwickeln Sie, wie reformatorische Grundeinsichten aus der Kritik an der Messe entstanden!

- Der Text informiert über die zwei wichtigsten liturgischen Schriften Luthers, die "Formula missae et communionis" (1523) und die "Deutsche Messe" (1526). Ordnen Sie die Informationen im laufenden Text zu einem konturierten Bild der beiden Luther-Schriften!
- Inwiefern bedeutete die "Deutsche Messe" einen starken Impuls für die Kirchenmusik?
- Geben Sie Belege für die Zielgruppenorientierung von Luthers Liturgik!

PT-Wörterbuch
- Luthers liturgische Hauptschriften
  - Formula missae et communionis, 1523
  - Deutsche Messe, 1526
- Opfercharakter der spätmittelalterlichen Messe
- "Dritte Weise" des Gottesdienstes für die, "die mit Ernst Christen sein wollen" (Deutsche Messe)

2.3.4 Liturgische Bewegungen

Die liturgische Arbeit im 20. Jahrhundert wurde erheblich geprägt durch liturgische Bewegungen in beiden großen Kirchen. Auf katholischer Seite wird uns Romano Guardini (☞ 2.3.6) als Repräsentant liturgischer Erneuerung begegnen. Auf evangelischer Seite haben vor allem die Bewegungen von Berneuchen und Alpirsbach erheblichen Einfluß auf die Entwicklung des gottesdienstlichen Bewußtseins gewonnen. Was an den liturgischen Bewegungen besonders beeindruckt, ist ihre spirituelle Weite. Es ging nie nur um den Gottesdienst, sondern um die Gestaltung des gesamten Lebens aus dem Glauben (☞ 9). Wie Glaube und Leben ihre Wurzel und ihre Mitte im liturgisch geordneten Gottesdienst der Kirche finden - das war die eigentliche Bewegung in den Bewegungen.

K Friedemann Merkel hat die Bewegungen übersichtlich und klar beschrieben. Sie können mit dem Text nicht nur speziell liturgisches Wissen vertiefen, sondern auch Ihre kirchen- und theologiegeschichtliche Kenntnis des 20. Jahrhunderts erweitern.

📖 Friedemann Merkel, Liturgische Bewegungen in der evangelischen Kirche im 20. Jahrhundert [1983], in: ders., Sagen - Hören - Loben. Studien zu Gottesdienst und Predigt, Göttingen 1992, S. 117-132.

- Machen Sie sich die Hauptanliegen der verschiedenen Bewegungen klar! Was eint, was unterscheidet sie?
- Welche Anregungen zur Lebensgestaltung aus dem Glauben (Spiritualität) können Sie den Ausführungen zu den einzelnen Bewegungen entnehmen?
- Wo sehen Sie Impulse aus der Gesamtheit der Bewegungen, die bis in die neueste liturgische Arbeit hinein (Erneuerte Agende) wirksam sind?

PT-Wörterbuch
- ältere liturgische Bewegung (Friedrich Spitta, Julius Smend)
- Hochkirchliche Bewegung (Friedrich Heiler)
- Berneuchen (Wilhelm Stählin, Karl Bernhard Ritter)
- Alpirsbach (Friedrich Buchholz, Richard Gölz)

2 Gottesdienst

2.3.5 Erneuerte Agende

Gegenwärtig bestimmt das Projekt einer Erneuerten Agende die Bemühungen um den evangelischen Gottesdienst in Deutschland (VELKD und EKU). Eine wichtige Station war das sog. Strukturpapier der Lutherischen Liturgischen Konferenz (LLK) von 1974. Mit dem 1. Advent 1999 hat der Prozeß der Erneuerten Agende (jedenfalls prinzipiell) seine maßgebliche Form im Evangelischen Gottesdienstbuch gefunden. Faktisch differiert der aktuelle Stand des liturgischen Erneuerungsprozesses je nach Landeskirche. Der Prozeß der Rezeption des Gottesdienstbuches war zum Zeitpunkt der Fertigstellung des Grundwissens noch nicht abgeschlossen. Wer sich für den Weg vom Vorentwurf der Erneuerten Agende zum Gottesdienstbuch interessiert, kann vorläufig zu folgendem Text greifen:

> 📖 Frieder Schulz, Einführung in die Endfassung der Erneuerten Agende (Gottesdienstbuch) als Fortschreibung des Vorentwurfs. Ein Überblick, in: Erneuerte Agende im Jahr 2000?, hg. v. Jörg Neijenhuis, Leipzig 1998, S. 9-21.

Insgesamt aber dürfte es vorerst genügen, wenn Sie die Ziele und Wege des Prozesses einer Erneuerten Agende verstehen und reflektieren.

P Sie müssen nicht bis in die Details der Erneuerten Agende Bescheid wissen. Aber Sie sollten in Umrissen über die wichtigste Liturgiereform seit den fünfziger Jahren Auskunft gegen können. Der Aufsatz von Schmidt-Lauber ist überaus informativ; der Verfasser hat selbst den Prozeß der Erneuerten Agende mit wichtigen Impulsen versehen.

> 📖 Hans-Christoph Schmidt-Lauber, Auf dem Weg zur Erneuerten Agende - Chancen und Probleme der zweiten Liturgiereform nach 1945, in: ders., Die Zukunft des Gottesdienstes. Von der Notwendigkeit lebendiger Liturgie, Stuttgart 1990, S. 111-131.

- Entfalten Sie die drei Gründe, die Schmidt-Lauber für die Notwendigkeit einer Agendenreform anführt (S. 114-118)!
- Machen Sie sich die Dialektik von Grundstruktur und Ausformungsvarianten klar! Geben Sie die Grundstruktur in den vier Schritten der Erneuerten Agende wieder!
- Geben Sie Auskunft über die wichtigsten Zielvorstellungen der Erneuerten Agende (S. 119-122)!
- Charakterisieren Sie Grundform I und Grundform II!
- Geben Sie zwei oder drei Beispiele für wichtige Änderungen gegenüber der herkömmlichen agendarischen Form des Gottesdienstes!

PT-Wörterbuch
- Strukturpapier der LLK (1974)
- Erneuerte Agende
- Grundstruktur - Ausformungsvarianten
- Grundform I - Grundform II
- Struktur des Gottesdienstes
    - A. Eröffnung und Anrufung
    - B. Verkündigung und Bekenntnis
    - C. Abendmahl
    - D. Sendung und Segen
- Evangelisches Gottesdienstbuch

2.3.6 Symbol und Ritual

Lange Zeit galt der Begriff "Ritual" (protestantischerseits) als Unwort zur Beschreibung dessen, was im christlichen Gottesdienst geschieht und was ihn durchaus auch mit kultischen Vollzügen in anderen Religionen verbindet. Die Wende im praktisch-theologischen Diskurs markiert das Buch von Werner Jetter mit dem bezeichnenden Titel "Symbol und Ritual. Anthropologische Elemente im Gottesdienst" (Göttingen 1978). Die Diskussion um Symbol und Ritual ist deutlicher Ausdruck der Abkehr von einer dogmatisch-präskriptiven Liturgik. Es eröffneten sich nun auch anthropologische Begründungslinien, wesentlich inspiriert durch humanwissenschaftliche Erkenntnisse. Ohne die Perspektive von Symbol und Ritual ist moderne Liturgik nicht mehr denkbar.

Was über das Ritual zu sagen ist, gilt analog für das Symbol. Schon der Buchtitel von Werner Jetter hatte Symbol und Ritual zu einer Art Doppelbegriff zusammengebunden. Seine Bestimmung lautet: "Rituale sind wiederholbare Handlungsmuster von symbolischem Charakter" (Symbol und Ritual, S. 22). Das möchte ich an einem Beispiel erläutern:

Die Salutation im Gottesdienst ist ein allsonntägliches Ritual: "Der Herr sei mit *euch*" - "und mit *deinem* Geist". Das ist zunächst ein Ritual der Begrüßung auf anthropologischer Ebene: Liturg/Liturgin und Gemeinde begrüßen sich. Zugleich aber symbolisiert sich in diesem Wechselgruß eine andere, unanschauliche Wirklichkeit, nämlich die Wirklichkeit des erhöhten Herrn: "Der *Herr* sei mit euch!"

P   Der folgende Aufsatz von Manfred Josuttis referiert präzise die humanwissenschaftlichen Erkenntnisse, die für die Diskussion unverzichtbar geworden sind.

📖 Manfred Josuttis, Der Gottesdienst als Ritual, in: Friedrich Wintzer u.a., Praktische Theologie, Neukirchen-Vluyn [5]1997, S. 43-57.

- Machen Sie sich die Theorien von Freud, Erikson und Goffman/Mead in ihrer Bedeutung für das Verständnis des Gottesdienstes klar!
- Nennen Sie, ohne Fixierung auf eine bestimmte Ritualtheorie, einige positive Funktionen des Rituals!
- "Der Gottesdienst sagt explizit, was die Party soll" (S. 54)! Interpretieren Sie den Satz!
- Welche spezifisch theologischen Einwände gegen den Satz "Der Gottesdienst ist ein Ritual" (S. 44) wären denkbar?

PT-Wörterbuch
- Symbol und Ritual
- Ritual und Zwangsneurose (Sigmund Freud)
- Ritual und Urvertrauen (Erik H. Erikson)
- Ritual und Interaktion (Erving Goffman/George H. Mead)

Nach der Lektüre des Textes von Josuttis mag es scheinen, als sei die Entdeckung von Symbol und Ritual allein den Humanwissenschaften zu verdanken. Das stimmt so nicht. Eigentlich handelte es sich in den siebziger Jahren um eine empirische Neuentdeckung von liturgischen Einsichten, die weit älter sind und theologisch-philosophischen Überlegungen

2 Gottesdienst

entsprangen. Die liturgischen Reformbewegungen im 20. Jahrhundert haben wir bereits in den Blick genommen (☞ 2.3.4). An dieser Stelle möchte ich auf einen Mann aufmerksam machen, der die Liturgik in diesem Jahrhundert geprägt hat, obwohl er nicht eigentlich Liturgiewissenschaftler war: der katholische Religionsphilosoph Romano Guardini (1885-1968). Er hat nach dem ersten Weltkrieg für ein neues Verständnis von Liturgie geworben. Leitend war ihm ein Verständnis von Liturgie als Symbolhandlung: "Ein Symbol entsteht, wenn etwas Innerliches, Geistiges seinen Ausdruck im Äußerlichen, Körperlichen findet" (Vom Geist der Liturgie, 1918).

K Ich habe keinen originalen Text von Guardini ausgewählt; es wäre zu aufwendig, sich durch die zeitgebundene Sprache und Vorstellungswelt zu arbeiten. Peter Cornehl hat eine mustergültige "Relecture" von Guardinis liturgischem Programm vorgenommen, d.h. eine engagierte, durchaus positionelle Aufnahme und Neubewertung eines alten Textes. Er entwickelt die Konturen von Guardinis Programm so, daß sofort Impulse für die aktuelle liturgische Diskussion erkennbar werden.

📖 Peter Cornehl, Liturgische Bildung und Ausbildung, in: Erneuerung des Gottesdienstes, hg. v. Friedrich-Otto Scharbau, Hannover 1990, S. 37-78, hier: S. 38-56 ["Liturgische Bildung" - eine "Relecture" der frühen Schriften Romano Guardinis].

- Entfalten Sie mit Guardini Liturgie als Symbolhandlung!
- Formulieren Sie mit eigenen Worten, welche Art von Liturgie sich unter den Stichworten Symbol, Ordnung und Stil abzeichnet und markieren Sie die Differenz zu dem, was Ihnen selbst als ideale Liturgie vorschwebt!

T Ich habe als Grundproblem der modernen Liturgik die Dialektik von Kreation und Tradition benannt (☞ 2.1.3). Guardinis strenges Liturgiekonzept kann gut verdeutlichen, wie Liturgie als ein Vollzug aussieht, in den wir eintreten (Tradition). Wenn man Guardini modern interpretiert, wie Peter Cornehl es tut, muß Kreation keineswegs ausgeschlossen sein.

- "Wir betreten ein Haus, das wir nicht gebaut haben" (Cornehl, aaO., S. 46). Interpretieren Sie den Satz auf dem Hintergrund der Dialektik von Kreation und Tradition!

PT-Wörterbuch • Liturgie als Symbolhandlung (Romano Guardini)
• Symbol - Ordnung - Form/Stil

2.3.7 Kirchenjahr

Gottesdienst steht im Schnittpunkt verschiedener Zeiten. Ich nenne die wichtigsten:

- der Sonntag als Tag der Auferstehung
- das Kirchenjahr
- das Naturjahr
- das Kalenderjahr
- die aktuell-historische Zeit
- die Zeit Gottes zwischen Schöpfung und Eschaton

Wir werden auf den Gottesdienst im Schnittpunkt verschiedener Zeiten zurückkommen (☞ 10.3.3, ☞ 10.3.4). An dieser Stelle sollen Sie sich elementare Kenntnisse über das Kirchenjahr aneignen.

P Joachim Stalmann hat wieder solide Information in erfreulicher Kürze zusammengestellt. Was er hier darbietet, gehört zur liturgischen Allgemeinbildung.

📖 Joachim Stalmann, Tagesordnungspunkt Gottesdienst, Neuausgabe, Hannover [5]1994, S. 174-182.

- Rekonstruieren Sie das Kirchenjahr vom Sonntag als dem Urdatum über den Osterfestkreis bis zum Weihnachtsfestkreis!
- Machen Sie sich die Schnittstellen zwischen den beiden Festkreisen und ihre kalendarischen Modifikationen klar!
- Rekonstruieren Sie die Festzeiten nach dem Dreitakt von Vorbereitung, Festzeit und nachfestlicher Zeit!
- Machen Sie sich die Bedeutung der liturgischen Farben klar! Gehen Sie in Gedanken das Kirchenjahr durch und fragen Sie nach der spezifischen Färbung der Feste und Zeiten!
- Wo machen sich die liturgischen Farben im Gottesdienst bemerkbar?

PT-Wörterbuch
- Kirchenjahr - Naturjahr - Kalenderjahr
- Sonntag
- Osterfestkreis
- Weihnachtsfestkreis
- Vorbereitung - Festzeit - nachfestliche Zeit
- Epiphanias
- Trinitatis
- Ende des Kirchenjahres: Volkstrauertag - Buß- u. Bettag - Ewigkeitssonntag
- liturgische Farben

2.3.8 Kirchenraum

Über den Raum als Ort von Religion wird an anderer Stelle eingehender und im Kontext neuer ästhetischer Aufmerksamkeit nachzudenken sein (☞ 11.3.3). An dieser Stelle sollen Sie wieder elementar-handwerklich den Kirchenraum als den Ort des Gottesdienstes wahrnehmen.

K Es gibt inzwischen anderes und mehr zu sagen über die Gestaltung von Kirchenräumen. Aber die Rummelsberger Grundsätze sind klassisch geworden. Als nach dem Krieg ein enormer Bedarf an Neubau und Neugestaltung von Kirchenräumen bestand, hat der Evangelische Kirchenbautag 1951 in Rummelsberg Grundsätze verabschiedet, die in den Bauprogrammen vieler Kirchen ihren Niederschlag gefunden haben. Diese Grundsätze formulieren eine alte Einsicht der Liturgik, daß der Raum den Erfordernissen der Liturgie zu gehorchen habe. Der Text hilft Ihnen, Ihre Kenntnisse vom Gottesdienst und seiner Dramaturgie an den Gegebenheiten des Raums zu wiederholen.

📖 Rummelsberger Grundsätze [1951], abgedruckt in: Leiturgia I, Kassel 1954, S. 409-413.

2 Gottesdienst

- Was können Sie den Rummelsberger Grundsätzen über den damaligen Stand des liturgische Diskurses entnehmen?

- Explizieren und beurteilen Sie die Unterscheidung von "heilig" und "profan", die den Grundsätzen zugrundeliegt!

- Inwiefern geht es bei der räumlichen Anordnung von Kanzel und Altar um das Konzept lutherischen Gottesdienstes?

- Beschreiben Sie die Rolle der Kirchenmusik, wie man sie ihr damals für den Gottesdienst zugedacht hatte!

- Gehen Sie in eine beliebige Kirche in Ihrer Nähe und explizieren Sie aus den räumlichen Gegebenheiten das "eingebaute" Liturgieverständnis!

PT-Wörterbuch   • Rummelsberger Grundsätze (1951)

2.3.9 Kirchenmusik

Es war nie bestritten, daß die Kirchenmusik einen integralen Bestandteil des lutherischen Gottesdienstes darstellt. Umstritten war und ist, wie und mit welchem Maß von Eigenverantwortung sie den Gottesdienst mitgestalten soll. Bis heute muß die Kirchenmusik darum kämpfen, nicht nur als Ausschmückung des Pastorengottesdienstes gewertet zu werden. Die kirchenmusikalische Bildung von Pfarrerinnen und Pfarrern ist dem Zufall überlassen und demzufolge oft gering. Ich hoffe, daß die Konzeption des Gottesdienstes als Kunstwerk (☞ 2.2.6) sich durchsetzt und daß sich so die strukturellen Voraussetzungen für einen Dialog Theologie - Kirchenmusik verbessern.

Gustav A. Krieg hat wichtige Gründe genannt, warum der Dialog zwischen Theologie und Musik so schwierig geworden ist.

    📖 Gustav A. Krieg, Grundprobleme theologischer Musikbetrachtung: PTh 77 (1988) 240-253.

Auf der Seite der Theologie nennt er drei Gründe:

1. Die protestantische Theologie sei maßgeblich geprägt durch das gesprochene und geschriebene Wort.

2. Die Theologie sehe ihre Aufgabe darin, die Gedanken Gottes im Gegenüber zur Welt, also auch im Gegenüber zur Musik als einem Stück Welt zur Sprache zu bringen.

3. Die Theologie der (damaligen) Gegenwart sei geprägt von einer Vorherrschaft gesellschaftlich orientierter Fragestellungen.

Auf der Seite der Musik gibt es vor allem das Problem der Autonomie der Kunst. Die Kunst, auch die Kunst in der Kirche, läßt sich nicht mehr so einfach wie in früheren Zeiten theologisch vereinnahmen: "Der Komponist ist mit seiner Musik autonom geworden; er geht Wege, die sich mit den Wegen der Theologen nur noch gelegentlich kreuzen" (Krieg, aaO., S. 242).

Es kann nicht mehr darum gehen, die Theologie musikalisch zu schmükken oder die Musik theologisch zu erklären. Es geht vielmehr darum, daß sich Theologie und Musik angesichts neuer Herausforderungen auf einen echten Dialog einlassen (☞ 11.3.2).

> **K** Als Lektüre habe ich einen Text gewählt, der unmittelbar an praktische Aufgaben, Erfahrungen und Fragestellungen im Spannungsfeld von Musik und Theologie heranführt. Er mag Ihr eigenes Fragen in Sachen Kirchenmusik anregen; mehr ist in der Kürze dieses Grundwissens nicht möglich.
>
> 📖 Gert Otto, Musik und Predigt, in: ders., Predigt als rhetorische Aufgabe. Homiletische Perspektiven, Neukirchen-Vluyn 1987, S. 128-136.
>
> - Machen Sie sich klar, inwiefern "ein bestimmtes Gottesdienst- und Predigtverständnis" (S. 128) die Musik nur als ungleichgewichtig gegenüber der Theologie erscheinen lassen kann!
> - Gert Otto schreibt, für einen gleichgewichtigen Dialog zwischen Musik und Theologie sei "die musikalisch-ästhetische Dimension der Verkündigung und des Gottesdienstes" (S. 128) zu entdecken. Machen Sie sich klar, inwiefern Gottesdienst und Predigt (☞ 2.2.6, ☞ 3.2.6) ästhetische Phänomene sind oder sein sollten!
> - Musik ist "abstrakt", indem sie konkrete Sprache "transzendiert". "Am dichtesten bei jenem 'abstrakten' Charakter der Musik steht im sprachlichen Bereich vermutlich die Sprach- und Bildwelt der Symbole" (S. 135). Interpretieren Sie diesen Gedanken von Gert Otto im Blick auf eine Konvergenz von Musik und Predigt!

PT-Wörterbuch
- Autonomie der Kunst
- musikalisch-ästhetische Dimension von Gottesdienst und Verkündigung

2.3.10 Gesangbuch

Die Einführung des neuen Evangelischen Gesangbuchs (EG) hat das Gesangbuch als ein Grundmedium evangelischen Glaubens wieder neu ins Bewußtsein gerückt. Die Frage, wo in diesem Grundwissen das Gesangbuch seinen Ort finden solle, stellt vor Entscheidungen. Sehe ich das Gesangbuch primär als Medium gottesdienstlichen Gemeindegesangs, dann könnte ich es bei der Kirchenmusik (☞ 2.3.9) verorten. Sehe ich es als hervorragendes Erbauungsbuch des Protestantismus, dann wäre sein Ort auch dort, wo über Spiritualität (☞ 9) gehandelt wird. Als Medien-Ereignis hat es in der Publizistik einen Ort (☞ 7.3.1). Da ich denke, daß der gottesdienstliche Gebrauch gemeinhin als der primäre Gebrauch wahrgenommen wird, habe ich dem Gesangbuch zunächst einen Ort in der Liturgik gegeben, ohne es freilich einlinig der Kirchenmusik zu subsumieren.

> **K** Der Aufsatz von Martin Rößler informiert solide über Grundlinien einer Gesangbuchkunde. Er hat historische Tiefenschärfe, ohne sich in Details der Gesangbuchgeschichte zu verlieren. Die neueste Entwicklung zum EG ist von dem Aufsatz noch nicht erfaßt. Aber es lohnt sich, den Text von Martin Rößler sozusagen mit dem EG vor Augen zu lesen.
>
> 📖 Martin Rößler, Das Gesangbuch - Fundament und Instrument der Frömmigkeit: ZThK 79 (1982) 107-126.

(Randtext: 2 Gottesdienst)

- Informieren Sie sich über Typen von Gesangbuch im Zeitalter der Reformation!
- Reformulieren Sie eigenständig die vier fundamentalen Kennzeichen des Gesangbuchs im Protestantismus!
- Nehmen Sie Ihr EG her und gehen Sie der Spur der vier Kennzeichen nach!

PT-Wörterbuch
- Kennzeichen von Gesangbuch im Protestantismus
  - die gesungene Bibel
  - das klingende Kirchenjahr
  - der tönende Katechismus
  - das musikalisch-textliche Andachtsbuch

2.3.11 Kindergottesdienst

Viele von Ihnen sind selbstverständlich mit dem Kindergottesdienst aufgewachsen. Der Kindergottesdienst gehört in vielen Gemeinden noch immer zur Normalität des Gemeindelebens.

Die scheinbare Normalität verdeckt prinzipielle liturgische und theologische Fragen. Wie, so eine ekklesiologische Frage, wird die Gemeinde mit ihrer Kindergottesdienstpraxis der Tatsache gerecht, daß die Kinder in der Regel getauft und damit prinzipiell zu vollgültigen Gliedern der Gemeinde erklärt wurden? Wie, so eine genuin liturgische Frage, müßte ein normaler Gemeindegottesdienst aussehen, in dem Kinder gut und gerne dabeisein können? Bevor wir am Familiengottesdienst (☞ 2.3.12) eine mögliche Antwort auf diese Fragen studieren, soll der Kindergottesdienst eigens thematisiert werden.

K Natürlich ist es nützlich, den ganzen Artikel von Gottfried Adam zu lesen. Wenn Sie aber unter Zeitdruck stehen, empfehle ich auf jeden Fall den Abschnitt zur Geschichte des Kindergottesdienstes (S. 281-292). Es geht nicht um historisches Wissen an sich, sondern um so etwas wie eine historische Aufrauhung kindergottesdienstlicher Normalität.

📖 Gottfried Adam, Kindergottesdienst, in: Gemeindepädagogisches Kompendium, hg. v. Gottfried Adam und Rainer Lachmann, Göttingen ²1994, S. 279-313.

- Machen Sie sich an der Geschichte des Kindergottesdienstes klar, wo und mit welchen Begründungen Sie ihn in einem Grundwissen der Praktischen Theologie verorten würden! Beispiele: Oikodomik, Liturgik, Religionspädagogik, Diakonik?
- Überlegen Sie insbesondere, wie sich eine Verortung des Kindergottesdienstes auf dem Spannungsbogen zwischen Liturgik und Religionspädagogik jeweils auf seine Gestaltung auswirken würde!

PT-Wörterbuch
- Konzepte von Kindergottesdienst
  - diakonisch-elementarpädagogisches Konzept (England)
  - gemeindemissionarisches Konzept (Sonntagsschule USA)
  - Sonntagsschule als Kindergottesdienst (Deutschland)
  - liturgisches Konzept seit den dreißiger Jahren
  - religionspädagogisch-themenorientierter Ansatz seit 1970

2.3.12 Gottesdienste in neuer Gestalt

Ein wichtiger Beweggrund für den Prozeß einer Erneuerten Agende (☞ 2.3.5) waren die Erfahrungen, die der evangelischen Liturgik aus den gottesdienstlichen Experimenten seit Ende der sechziger Jahre zugewachsen sind. Alternativ zum Gottesdienst nach Agende hatten sich Gottesdienste in neuer Gestalt herausgebildet. Zu den bis heute wirksamen Formen gehören Feierabendmahl und Familiengottesdienst.

Feierabendmahl

K Beim Kirchentag 1979 in Nürnberg machte das Feierabendmahl Schlagzeilen; es prägte jenen Kirchentag nach innen und nach außen. In einer Zwischenbilanz hält Georg Kugler, einer der Initiatoren des Feierabendmahls, fest, was daran bemerkenswert und nach mancherlei Experimenten unverzichtbar erscheint. Inzwischen hat das Feierabendmahl an Kraft in den Gemeinden verloren. Machen Sie sich beim Lesen klar, welche gottesdienstliche Revolution es damals im Kontext protestantischer Abendmahlfrömmigkeit bedeutete!

📖 Georg Kugler, Feierabendmahl. Zwischenbilanz - Gestaltungsvorschläge - Modelle, Gütersloh 1981, S. 71-80 [Ein Mahl in vielen Formen].

- Das Feierabendmahl als "Fest im Fest" (S. 73): Ordnen Sie diese These ein in das, was Sie über liturgische Konzeptionen wissen (bes. ☞ 2.2.2)!
- Was sind bei aller Freiheit liturgischer Gestaltung die unverzichtbaren Merkmale (Kriterien), die das Feierabendmahl als Herrenmahl kenntlich werden lassen? Fragen Sie, ob diese Kriterien zutreffen und ob sie ausreichen!
- Beschreiben und beurteilen Sie das Anliegen, das Herrenmahl wieder mit einem Sättigungsmahl (Agape) zu verbinden (☞ 2.3.2)!
- Beschreiben Sie anschaulich die theologische Spannweite des Feierabendmahls mit den Begriffspaaren Lobpreis und Weltverantwortung, Kommunion und Kommunikation, Herrenmahl und Sättigungsmahl (S. 79)!

PT-Wörterbuch	• Feierabendmahl als Fest im Fest (Georg Kugler)
	• Kriterien der Eindeutigkeit
	– Bezug auf die Stiftung Jesu Christi
	– Elemente Brot und Wein
	– Unterscheidung von Herren- und Sättigungsmahl
	• Kennzeichen (theologische Spannweite):
	– Lobpreis - Weltverantwortung
	– Kommunion - Kommunikation
	– Herrenmahl - Sättigungsmahl

Familiengottesdienst

Während sich die Attraktivität des Feierabendmahls etwas abgeschwächt zu haben scheint, hat sich der Familiengottesdienst längst als Element des gottesdienstlichen Normalprogramms in den Gemeinden etabliert. Ich gehe davon aus, daß Sie selbst genug Anschauung davon haben. Deshalb wähle ich für die Lektüre eine eher konzeptionelle Passage aus.

K Bei einer gottesdienstlichen Normalität, wie sie der Familiengottesdienst inzwischen darstellt, ist es sinnvoll, auf seine Anfänge und die damit verbundenen Aufbrüche zurückzublicken. Dieser Blick hilft, das innovatorische Potential im scheinbar Vertrauten wahrzunehmen.

📖 Georg Kugler, Familiengottesdienste. Entwürfe - Modelle - Einfälle, Gütersloh 1973, S. 11-21.

- Was ist konzeptionell neu, wenn Kugler in Analogie zum Fernsehen von einem "zweiten Programm" (bzw. dritten Programm) im gottesdienstlichen Angebot einer Gemeinde redet?
- In dem Lektüretext werden nur kurz die Bezüge im Gefüge Kindergottesdienst - Hauptgottesdienst - Familiengottesdienst - Gemeindearbeit erwähnt. Nehmen Sie die paar Impulse zum Anlaß, selbst konzeptionell über sinnvolle Zuordnungen nachzudenken!
- Die Zielvorstellungen für den Familiengottesdienst (S. 18 f.) formulieren zugleich Impulse für den normalen Gottesdienst der Gemeinde. Können Sie in Ihrem Erleben von Gottesdienst solche Impulse benennen?
- Prüfen Sie an Ihren Erfahrungen, ob die faktischen Grenzen für gottesdienstliche Veränderungen (S. 19 ff.) auch heute noch so wie seinerzeit von Georg Kugler zu beschreiben wären!

PT-Wörterbuch
- zweites bzw. drittes Programm (Georg Kugler)
- Familiengottesdienst
- Zielvorstellungen: Gottesdienst als ...
  - Gesprächseröffnung
  - Einübung in Partnerschaft
  - Demonstration
  - Fest der Narren

2.3.13 Frauenliturgie

In die Erneuerte Agende (Gottesdienstbuch) sind ausdrücklich auch liturgische Impulse aus der Frauenbewegung aufgenommen worden. Das geschah vor allem im Blick auf die gottesdienstliche Sprache, deren einseitig männliche Prägung man aufzuweiten suchte. Aus der Frauenbewegung kommen freilich auch Anregungen, die über den Rahmen der Erneuerten Agende hinausgehen. In diesem Grundwissen möchte ich Sie zu Entdeckungen anregen, die auf den normalen Gottesdienst ein neues Licht werfen.

K In einem Grundsatzartikel hat Andrea Schulenburg den feministischen Hintergrund gezeichnet, auf dem das Experiment von Frauenliturgien erst verständlich wird. Der Artikel ist gut geschrieben und spannend zu lesen. Ich konzentriere mich mit meinen Fragen auf die Punkte, die liturgisch impulsgebend sein könnten.

📖 Andrea Schulenburg, Feministische Spiritualität. Auf dem Weg zu einer befreienden Praxis, in: Meine Seele sieht das Land der Freiheit. Feministische Liturgien - Modelle für die Praxis, hg. v. Christine Hojenski u.a., Münster 1990, S. 20-42.

- Lesen Sie die Abschnitte IV und V (S. 28-39)! Prüfen Sie, ob meine Fokussierung auf fünf Stichworte und meine eigenen Formulierungen das treffen, was die Verfasserin intendiert! Finden Sie gegebenenfalls eigene Formulierungen, die das Anliegen besser auf den Punkt bringen!

Stichwort (positiv)	Abgrenzung (negativ)
Zweckfreiheit	gegen liturgische Zementierung von Rollenverhalten
Ganzheit	gegen Ausblendung von Lebensbezügen und Teilen der Persönlichkeit
Selbstbewußtsein	gegen falsche Demut und neurotisierendes Kleinmachen des Menschen
Körperlichkeit	gegen die gottesdienstliche Ausblendung des Körpers
Sprachlichkeit	gegen das Wirklichkeitsdiktat männlich geprägter Sprache

K Der folgende Text übersetzt Impulse feministischer Spiritualität in Anregungen zur liturgischen Gestaltung. Es handelt sich in meinen Augen um Anregungen, die im Prinzip jeden Gottesdienst bereichern könnten.

📖 Wenn Himmel und Erde sich berühren. Texte, Lieder und Anregungen für Frauenliturgien, hg. v. Brigitte Enzner-Probst und Andrea Felsenstein-Roßberg, Gütersloh 1993, S. 13-25.

* Lesen Sie den Text und beurteilen Sie die einzelnen Anliegen! Beachten Sie insbesondere die biblischen Bezüge!

PT-Wörterbuch
* Impulse feministischer Spiritualität
    - Zweckfreiheit
    - Ganzheit
    - Selbstbewußtsein
    - Körperlichkeit
    - Sprachlichkeit
* inklusive Sprache
* meditativer Tanz

2.3.14 Taufe

Die Taufe gehört zu den Kasualien (☞ 4.3.14), die eigentlich alle auch als Phänomene der Liturgik zur Sprache kommen müßten. Im Grundwissen werden sie jedoch an verschiedenen Orten und unter jeweils verschiedenen Gesichtspunkten thematisiert (☞ 4.3.15 Seelsorge im Machtbereich des Todes, ☞ 5.3.12 Konfirmandenarbeit, ☞ 10.3.5 Trauung als Passageritual). Hier soll die Grundkasualie der Kirche, die Taufe, in spezifisch liturgischer Perspektive behandelt werden. Die Taufe hat von allen Kasualien die größte Vielfalt an gottesdienstlichen Gestaltungselementen ausgebildet.

P Der folgende Text geht aus von den Erfahrungen, die neuerdings mit der Taufe Erwachsener gemacht werden. Dabei kommen Perspektiven zur Geltung, die beim dominierenden Paradigma der Säuglingstaufe in den Hintergrund getreten waren. Zugleich liefert der Artikel mit den drei Perspektiven (mystisch - sozial - biographisch) begriffliches Handwerkszeug, das nicht nur bei der Taufe Anwendung finden kann. Bei jeder Kasualie können Sie nach deren mystischer, sozialer und biographischer Perspektive fragen.

📖 Martin Nicol, Eine Taufe - Vielfalt der Deutungen. Ritus, Biographie und Theologie bei der Taufe Erwachsener, in: Erwachsene taufen, hg. v. Hans Gerhard Maser u. Johannes Opp, Gütersloh 1995, S. 28-39.

- Was ist mit den drei Perspektiven gemeint? Die Bestimmung "mystisch" ist vielleicht nicht ganz glücklich gewählt. Aber das Adjektiv "theologisch" hätte die anderen beiden Perspektiven als untheologisch qualifiziert. So fällt mir noch immer nichts Besseres ein als eben "mystisch".

- Legen Sie sich zu jeder Perspektive einen markanten, Ihnen wirklich einleuchtenden biblischen Beleg zurecht!

- Informieren Sie sich über die symbolischen Elemente im Taufhandeln der Kirche (evtl. auch mit Hilfe eines Lexikons)! Merken Sie sich vor allem diejenigen Symbolriten, die über den Wasserritus hinaus aktuell gebräuchlich sind (☞ 2.3.15 PT-Wörterbuch)!

PT-Wörterbuch
- Elemente des Taufgottesdienstes nach dem NT
  - Wasserritus
  - Taufe "im Namen Jesu Christi"
  - Handauflegung
  - Hymnen
  - Bekenntnis
  - Frage nach Taufhindernissen
- drei Perspektiven von Kasualien
  - mystisch
  - sozial
  - biographisch

Sie sollten die drei Perspektiven nicht nur wissen, sondern auch anwenden. Nehmen Sie zu diesem Zweck die aktuelle lutherische Agende für die Taufe her! Ich beziehe mich hier auf die Ausgabe für Bayern. Sie können die Aufgabe aber auch mit der aktuellen Taufagende Ihrer Landeskirche durchführen. Zugleich beziehe ich mich auf die konventionellste, sozusagen die Standardform des Taufgottesdienstes.

📖 Agende für Evangelisch-Lutherische Kirchen und Gemeinden, Band III: Die Amtshandlungen, Teil 1: Die Taufe, hg. v. der Kirchenleitung der VELKD, Ausgabe Bayern, Hannover 1988, S. 21-49.

- Gehen Sie den Ablauf der Taufe durch und markieren Sie die einzelnen Elemente, ob sie primär der mystischen, sozialen oder biographischen Perspektive zuzuordnen sind! Sie können natürlich auch Doppelmarkierungen vornehmen.

2.3.15 Ökumene

Es gibt kaum eine Disziplin der Praktischen Theologie, in der von evangelischer Seite ökumenischer gearbeitet wird als in der Liturgik. Die evangelische Liturgik zieht Gewinn daraus, daß es im katholischen Bereich an jeder theologischen Fakultät einen liturgiewissenschaftlichen Lehrstuhl gibt. Mit dem von der VELKD getragenen Liturgiewissenschaftlichen Institut in Leipzig (1994) wurde nun auch evangelischerseits ein Schritt in diese Richtung unternommen. Weltweite Erfahrungen mit Liturgie, die sich keineswegs auf den Katholizismus beschränken, sind in den Prozeß der Erneuerten Agende eingegangen. Immer weniger eignet sich Liturgie zur symbolischen Demonstration konfessionellen Sonderbewußtseins. An dieser Stelle im Grundwissen konzentrieren wir uns exemplarisch auf den Austausch mit römisch-katholischer Liturgie und Liturgiewissenschaft.

K Der folgende Text zeigt auf, welche Einflüsse im einzelnen vom katholischen auf den evangelischen Gottesdienst ausgegangen sind. Historische Perspektiven werden verläßlich eingebracht. Gottesdienstformen, die wir bisher noch nicht im Blick hatten, kommen neben dem Hauptgottesdienst zur Sprache. Sie können aus dem Text viel Neues erfahren, gleichzeitig aber bereits erworbenes Wissen rekapitulieren. Insofern eignet sich der Text auch gut als Abschluß des liturgischen Curriculums.

📖 Frieder Schulz, Gottesdienstreform im ökumenischen Kontext. Katholische Einflüsse auf den evangelischen Gottesdienst: LJ 47 (1997) 202-220.

- Generelle Aufgabe: Lesen Sie den Text so, daß Sie über die im PT-Wörterbuch aufgeführten Begriffe Auskunft geben können!

- Skizzieren und beurteilen Sie die Liturgik der Reformationszeit als "regionbezogene liturgische Pragmatik" (S. 204)!

- Wiederholen Sie Ihre Erkenntnisse zur Taufe (☞ 2.3.14) und machen Sie sich klar, wo in der gegenwärtigen Praxis ökumenische Einflüsse vorliegen!

- Nennen Sie einige ökumenische Neuerungen in der Erneuerten Agende!

- Geben Sie Hinweise auf andere als römisch-katholische Einflüsse aus der Ökumene!

- Informieren Sie sich bereits im Vorgriff über die Ordnung der Schriftlesungen (☞ 3.3.9 Predigt im Kirchenjahr) und problematisieren Sie diese Ordnung auf ökumenischem Hintergrund (vgl. S. 216)!

PT-Wörterbuch
- spätmittelalterlicher Kanzelgottesdienst → oberdeutscher Predigtgottesdienst
- Symbolriten in der Taufe
  - Bezeichnung mit dem Kreuz
  - Taufkerze
  - Taufgewand
  - Hefata-Ritus
  - Taufsalbung
- liturgische Gesten
- Osternacht
- Krankensegnung - Krankensalbung - letzte Ölung
- Bestattungsformel
- Tagzeitengebet (Stundengebet)
- Martyrologium - Evangelischer Namenkalender
- liturgische Gewänder (Albe/Stola - Talar)

PTips

Einen (ostdeutschen) Blick auf den Prozeß der Erneuerten Agende wirft Karl-Heinrich Bieritz. Er erzählt aus der Geschichte und würdigt das Ergebnis (Gottesdienstbuch):

📖 Karl-Heinrich Bieritz, Das neue Evangelische Gottesdienstbuch: LJ 50 (2000) 20-40.

2 Gottesdienst

3   Predigt
Homiletik

3.0   Literatur

Wenn Sie gezielt nach Information oder nach Darstellung bestimmter Probleme im Zusammenhang suchen, dann können Sie zu folgenden Werken greifen:

📖 Karl-Heinrich Bieritz u.a., Handbuch der Predigt, Berlin 1990.

📖 Concise Encyclopedia of Preaching, hg. v. William H. Willimon u. Richard Lischer, Louisville/USA 1995.

📖 Hans-Martin Müller, Homiletik, Berlin/New York 1996.

3.1   Hinführung

3.1.1   Phänomen

Mit Predigt haben Sie und habe ich schon eine ganze Menge erlebt, im Guten wie im Schlechten. Predigen ist ebenso wie Predigthören ein Lebensvorgang und damit eine Sache, an welcher der Affekt heftig beteiligt ist. Predigen kann faszinieren. Einer, der es wissen muß, schreibt im Blick auf seine eigene Predigttätigkeit:

"Vier Dinge tue ich leidenschaftlich gern: das Aquarellmalen, das Skilaufen, das Bäumefällen und das Predigen. Eine Leidenschaft empfindet man als schön, beglückend, sie eröffnet Seligkeit: ein weißes Blatt, ein Pinsel und Farben, Farben vor allem, eine neue Welt entsteht, und man ist dabei. – Ein Steilhang, Pulverschnee. Von den Brettern getragen scheint man die Schwerkraft zu verlieren, man fährt und fährt, Herr über Raum und Zeit, frei von aller Erde und doch mitten drin, stiebend im Schnee. – Ein stolzer Baum, Widerstand leistend, ein kleiner Schlachtplan wird erforderlich, ihn anzugehen, List und dann vor allem Zähigkeit; denn der Bursche kann sich wehren, es wird Augenblicke geben, wo er unbesieglich scheint, bis sein Stolz krachend niedergeht. – Das Malen, Skilaufen, Bäumefällen meine Leidenschaft - auch das Predigen. Die Seligkeit, die es eröffnet, ist nicht zu beschreiben: Die drei genannten Tätigkeiten gelten mir als Metaphern für das Predigen ..."

Rudolf Bohren, Predigtlehre [1971], München 41980, S. 17.

Die Homiletik hat sich fast ausschließlich den Schwierigkeiten der Kanzelrede gewidmet. Es tut gut, daß mit Bohren einer so begeistert vom Predigen redet.

K   Sie sollten zu Beginn des Durchgangs durch die Homiletik das ganze Einleitungskapitel aus Bohrens Predigtlehre lesen. Der Text bringt vor aller Reflexion schlicht Leidenschaft zur Sprache: Lust nämlich und Leiden an der Predigt.

📖 Rudolf Bohren, Predigtlehre [1971], München 41980, S. 17-27.

• Achten Sie auf den ästhetischen Horizont, den Bohren seiner Homiletik schon mit dem ersten Kapitel eröffnet!

• Impuls: "Ich warte auf die Predigt, die eine Musik der Heimkehr intoniert und mit den Verlorenen anfängt, fröhlich zu sein" (S. 24).

- Impuls: "So warte ich auf eine Predigt, in der einer sein Leben wagt, um Leben zu retten" (S. 24).

3.1.2 Überblick

Über das weite Feld der Homiletik müssen wir uns zunächst einen Überblick verschaffen. Es gibt eine klassische Einteilung des homiletischen Stoffes, die auf Alexander Schweizer (Homiletik, 1848) zurückgeht. Ihr Einfluß wirkt bis heute nach. In der Sache geht es um die drei Perspektiven der prinzipiellen, der materialen und der formalen Homiletik.

	prinzipielle Homiletik	materiale Homiletik	formale Homiletik
Leitfrage	Was ist die Predigt?	Wovon handelt die Predigt?	Wie sieht eine Predigt aus?
Stichwort	Wesen	Inhalt	Form
Bezugswissenschaft	Dogmatik	Bibelwissenschaft	Rhetorik

Die dreifache Einteilung hilft, wenn man an den komplexen Stoff der Homiletik herantritt und sich einen ersten Überblick verschaffen will. Sehr bald freilich wird man entdecken, daß die klassische Einteilung keine Vollständigkeit garantiert. Man wird auf neue Gesichtspunkte stoßen, die gesonderte Aufmerksamkeit beanspruchen.

T Nehmen Sie das Inhaltsverzeichnis im Kompendium von Hans Werner Dannowski zur Hand! Sie werden entdecken, daß dieses Kompendium den homiletischen Stoff nach sechs Fragestellungen bzw. Problembereichen einteilt.

📖 Hans Werner Dannowski, Kompendium der Predigtlehre, Gütersloh 1985.

- Machen Sie sich am Inhaltsverzeichnis klar, was mit den Fragestellungen im einzelnen gemeint ist!
- Versuchen Sie die sechs Fragestellungen von Dannowski in die drei Kategorien nach Schweizer einzuordnen!

Sie stellen fest, daß es mindestens zwei Fragestellungen gibt, die in der klassischen Dreiteilung nicht so ohne weiteres unterzubringen sind, nämlich die Frage nach der Person des Predigers und die Frage nach den Hörern. Das sind Fragestellungen, die so, wie sie uns inzwischen vertraut sind, erst seit der sogenannten empirischen Wende der Praktischen Theologie gestellt werden.

T Aufschlußreich ist das homiletische Denken von Wolfgang Trillhaas, weil es sich zu verschiedenen theologischen Epochen in zwei deutlich voneinander unterschiedenen Lehrbüchern niedergeschlagen hat.

📖 Wolfgang Trillhaas, Evangelische Predigtlehre [1935], München [5]1964.

📖 Wolfgang Trillhaas, Einführung in die Predigtlehre, Darmstadt 1974.

- Beschreiben Sie anhand des Inhaltsverzeichnisses der früheren Homiletik, worin der Verfasser über die klassische Dreiteilung hinausgeht!
- Beobachten Sie am Inhaltsverzeichnis der zweiten Homiletik von Trillhaas (1974), wie moderne Einsichten die alte Anordnung sprengen!

Es ist offensichtlich, daß neue Fragestellungen neue Anordnungen des homiletischen Stoffes erfordern. So ist in der späteren Homiletik von Wolfgang Trillhaas die alte Dreiteilung ganz aufgegeben; die Frage nach den wirklichen Hörern bestimmt die Darstellung von Anfang an.

3.1.3 Problem

Nun ist Unvollständigkeit aber nicht das primäre Problem, das sich mit jener alten Dreiteilung verbindet. Selbst wenn es gelingen sollte, alle relevanten Gesichtspunkte einer modernen Homiletik in dem klassischen Schema unterzubringen, bliebe noch immer ein grundlegendes Problem. Es besteht darin, daß durch jene Einteilung der Eindruck erweckt wird, der prinzipielle, der materiale und der formale Aspekt seien unabhängig voneinander zu bestimmen.

Wir stoßen im Zusammenhang mit diesem Problem auf ein Vorurteil, das Predigt und Homiletik noch immer wie ein Schatten begleitet. Weder im Bereich der Kirche noch im Bereich der Theologie ist es bis heute gelungen, diesen Schatten gründlich abzuschütteln. Das Vorurteil besteht darin, daß Inhalt und Form der Predigt separat bestimmbar erscheinen. Dabei kommt üblicherweise der Bestimmung des Inhalts theologische Würde zu, während die Bestimmung der Form scheinbar äußerlichen Vorgehensweisen wie der Rhetorik zugeordnet wird. Eine typisch deutsche Rhetorikverachtung äußert sich so: Es gibt den Inhalt, der allein wesentlich ist, und die Form, die als etwas Äußerliches, mitunter Gefährliches oder Verführerisches hinzukommt.

> Walter Jens, der Rhetorikprofessor, hat die Probleme insbesondere der Deutschen mit der Rhetorik lesenswert dargestellt (Von deutscher Rede). Den versammelten Pastorinnen und Pastoren hat Jens einst auf dem deutschen Pfarrertag in München 1976 deutliche Worte zur Kanzelrede zugemutet.
>
> 📖 Walter Jens, Von deutscher Rede, in: ders., Von deutscher Rede, München 1983, S. 24-53.
>
> 📖 Walter Jens, Die Kanzelrede - hohe Kunst der Manipulation, in: Manipulation in der Kirche?, hg. v. Erhard Domay, Gütersloh 1977, S. 51-75.

Im Kern geht es um das Problem, wie Form und Inhalt einander zugeordnet werden.

P Mit genuin theologischen Argumenten plädiert Rudolf Bohren für eine integrale Einheit von Inhalt und Form im Reden von Gott.

📖 Rudolf Bohren, Predigtlehre [1971], München [4]1980, S. 57-61.

- Formulieren Sie mit Bohren die Problematik, die in der Trennung zwischen einer materialen und einer formalen Homiletik beschlossen liegt!
- Versuchen Sie mit einem Blick auf das Inhaltsverzeichnis (dritter Teil) Bohrens Ansatz bei den "Zeitformen des Wortes Gottes" in Umrissen nachzuvollziehen!
- Inwiefern kann eine Orientierung der Homiletik an moderner Literatur zu einer integrativen Wahrnehmung von Form und Inhalt der Predigt anleiten?

Ich selbst richte, um Form und Inhalt in ihrer Einheit zu erfassen, den Blick weit stärker als Bohren auf den Vollzug der Predigt. Das vielschichtige Phänomen der gehaltenen, der erlebten und zuweilen auch erlittenen Predigt nenne ich, eine ältere theologische Sprachtradition aufgreifend, das "Ereignis". Die theologische Komponente in dem Begriff "Ereignis" (Gotteswort in menschlicher Kommunikation) ist an dieser Stelle noch gar nicht so wichtig. Wichtig ist, daß im Predigtereignis Form und Inhalt immer schon beieinander sind. *Was* ich in der Predigt höre, ist nicht zu trennen von der Weise, *wie* es die Predigerin sagt und ich es aufnehme. Ich kann keinen abstrakten "Inhalt" mehr trennen von der Weise, wie die Hörenden mit Predigt und Predigerin zurechtkommen oder auch nicht zurechtkommen. Damit wird Predigt endgültig nicht mehr als ein Schreibtischprodukt angesehen, sondern als ein Lebensphänomen gewürdigt, in dem Inhalt und Form, wie in allen Lebensphänomenen, immer schon miteinander verwachsen sind.

> Die hermeneutische Bedeutung des "Ereignisses" habe ich am Beispiel von Beethovens Klaviersonaten und Joachim Kaisers diesbezüglichen Reflexionen aufzuzeigen versucht. Vielleicht kann Ihnen dieser scheinbar fachfremde Aufsatz helfen zu verstehen, welche Bedeutung der Frage nach Form und Inhalt bis in die biblische Hermeneutik hinein zukommt.
>
> 📖 Martin Nicol, Musikalische Hermeneutik. Hinweis auf das Ereignis in der Schriftauslegung: PTh 80 (1991) 230-238.

Die landläufig noch immer anzutreffende homiletische Wegbeschreibung "Vom Text zur Predigt" nimmt die unsachgemäße Trennung von Form und Inhalt auf. Sie suggeriert, es könne zuerst die Botschaft des Textes bestimmt und dann in nachgeordneten Schritten nach Sprachgestalt und Predigtsituation gefragt werden.

In der homiletischen Theorie hat das lineare Modell "Vom Text zur Predigt" zugunsten zirkulärer Modelle (☞ 3.3.10) mehr oder minder ausgedient. Lassen Sie Ihre homiletische Lektüre von der Frage nach zutreffenden Bestimmungen des Verhältnisses von Inhalt und Form, von Text und Situation, von Bibel und Hörer begleitet sein!

PT-Wörterbuch
- prinzipielle, materiale, formale Homiletik
- Inhalt & Form
- Predigt als "Ereignis"
- homiletische Wegbeschreibungen: linear - zirkulär

3.2   Konzeptionen

3.2.1 Sprachwerdung von Religiosität

Das Nachdenken über Predigt ist fast so alt wie die Predigt selbst. Die Geschichte der Homiletik als Teil einer wissenschaftlich konzipierten Praktischen Theologie beginnt jedoch erst mit Friedrich Schleiermacher (1768-1834). Er hat homiletische Weichenstellungen vorgenommen und

Probleme angezeigt, an denen keine moderne Homiletik vorbeikommt.

Die Predigt ist für Schleiermacher integraler Bestandteil des Gottesdienstes. Sie ist damit selbst ein Moment in der "Zirkulation des religiösen Bewußtseins", die den Gottesdienst ausmacht. In der Predigt spricht sich das religiöse Gefühl aus. Es findet so zu Sprache, daß es anderen möglich wird, sich mit ihrer Religiosität in dem Sprachgebilde Predigt wiederzufinden. Die Predigt ist also sprachliche "Darstellung" (☞ 2.2.2) der im Gottesdienst zirkulierenden Religiosität. Friedrich Wintzer spricht zutreffend von der "Sprachwerdung eines religiösen Seinszustandes" (Die Homiletik seit Schleiermacher, Göttingen 1969, S. 18).

P Es ist unerläßlich, wenigstens kürzere Passagen von Schleiermacher selbst gelesen zu haben, auch wenn seine Diktion nicht leicht zu verstehen ist. Halten Sie sich für die folgende Lektüre aus seiner Praktischen Theologie (posthum 1850) an die Leitfragen!

📖 Friedrich Schleiermacher, [Einleitende Bemerkungen zur Theorie der religiösen Rede], in: Predigt. Texte zum Verständnis und zur Praxis der Predigt in der Neuzeit, hg. v. Friedrich Wintzer, München 1989, S. 49-57.

- Was alles kann Gegenstand religiöser Rede werden? Benennen Sie das Kriterium!
- Beschreiben Sie die mehrfache Spannung, in der Schleiermacher den Prediger wirken sieht!
- Beschreiben Sie Schleiermachers Predigtverständnis am Begriff der "Erbauung"!
- Was müßte sich in der aktuellen homiletischen Situation (Kanzelrede, Ausbildung, Theorie) ändern, wenn die Predigt entschlossen als Kunstwerk und der Prediger oder die Predigerin als Künstler bzw. Künstlerin verstanden würden?

Schleiermacher regt die aktuelle praktisch-theologische Diskussion mehr auf liturgischem als auf homiletischem Gebiet an. Aber gerade die Verknüpfungen sind interessant. Sein neuartiges Verständnis vom Gottesdienst als Feier (☞ 2.2.2) ermöglicht ein Verständnis von Predigt, das bis heute übliche Zielsetzungen hinter sich läßt: Indem Predigt als Darstellung von Religiosität der "Erbauung" dient, ist sie eben nicht oder jedenfalls nicht mehr in erster Linie Belehrung (Metaphysik) oder Aufforderung zum Handeln (Moral). Predigt ist selbst ein Moment von Religion, die nach Schleiermacher eine eigene Wirklichkeit jenseits von Metaphysik und Moral darstellt: "Ihr Wesen ist weder Denken noch Handeln, sondern Anschauung und Gefühl" (Über die Religion. Reden an die Gebildeten unter ihren Verächtern, Berlin 1799, 2. Rede).

K Wichtig für die Geschichte der Homiletik wie auch für jede aktuelle Predigtpraxis ist die Frage nach den Adressaten. Schleiermacher hat dazu vielfach wiederholte und bedachte Sätze geäußert:

📖 Friedrich Schleiermacher, [Die gottesdienstliche Gemeindepredigt als Rede an Christen], in: Predigt. Texte zum Verständnis und zur Praxis der Predigt in der Neuzeit, hg. v. Friedrich Wintzer, München 1989, S. 49.

3 Predigt

- Kennzeichnen Sie den Unterschied zwischen Missions- und Gemeindepredigt!

- "Vielleicht kommt auch die Sache dadurch wieder zu Stande, daß man sie voraussetzt; wenigstens gibt es nichts Verderblicheres für unsere religiösen Vorträge, als das Schwanken zwischen jenen beiden Ansichten, ob wir als zu Christen reden sollen oder als zu Nichtchristen." Interpretieren Sie den Satz!

- Überlegen Sie, wo Sie in letzter Zeit dem Phänomen begegnet sind, daß der Prediger oder die Predigerin sich missionarisch an Menschen wendet, die im Gottesdienst gar nicht anwesend sind!

T Die folgende Zusammenfassung von Dietrich Rössler (Grundriß der Praktischen Theologie, Berlin/New York, [2]1994, S. 372) zu Schleiermachers Predigtverständnis habe ich als fraktionierte Definition gestaltet.

"Predigt ist ...

* die Mitteilung des zum Gedanken gewordenen *frommen Selbstbewußtseins* mit dem Ziel,

* das religiöse Bewußtsein der Gemeinde *als das durch Jesus Christus begründete Bewußtsein der Gnade* zu stärken

* und die Teilnahme am Gesamtleben der Christen, *wie es aus dem Wirken des Heiligen Geistes hervorgeht*, zu vertiefen."

Sie sollen nun Ihr homiletisches Wissen in etwas anderer Strukturierung als bisher formulieren.

- Erklären Sie die einzelnen Punkte! Bringen Sie (insbesondere zu den von mir *kursiv* gedruckten Passagen) Wissen ein, das Sie in der Systematischen Theologie über Schleiermachers Denken bereits erworben haben!

PT-Wörterbuch
- Predigt als sprachliche "Darstellung" gottesdienstlich zirkulierender Religiosität (Friedrich Schleiermacher)
- Gottesdienst als Zirkulation des religiösen Bewußtseins
- "Erbauung" als Belebung des religiösen Bewußtseins der Gemeinde
- Missionspredigt ≠ Gemeindepredigt

3.2.2 Gotteswort und Menschenwort

Sicher ist es ein großer und grober Sprung, wenn ich als nächsten Text bereits Karl Barth zur Lektüre empfehle. Zu viel gibt es dazwischen, was durchaus der Rede und der Lektüre wert wäre. Dennoch ist der große Sprung nicht nur von den examensnotwendigen Beschränkungen diktiert. Karl Barth hat sich zeitlebens mit Schleiermacher kritisch auseinandergesetzt. Dabei war es immer wieder der Prediger Schleiermacher, der ihm Bewunderung abnötigte. Ob bei dieser Leidenschaft fürs Predigen auch die richtige Theologie im Spiel war, blieb für Karl Barth immer fraglich. Barth über den Kollegen im Predigtamt:

"... alles Fragwürdige, was wir aus den Reden über die Religion und aus der Glaubenslehre über Schleiermachers grundsätzliche Auffassung dieses Amtes wissen: daß es sich nämlich dabei entscheidend um eine 'Selbstmitteilung' des Predigers handle – ändert nichts daran, daß Schleiermacher dieses Amt mit oder ohne die richtigste Auffassung jedenfalls mit einer bemerkenswerten Treue versehen hat."

Karl Barth, Die protestantische Theologie im 19. Jahrhundert, Zürich [5]1985, S. 384.

Wie bestimmt Barth Predigt und Predigtaufgabe charakteristisch anders als Schleiermacher, sein "alter Freund-Feind" (Barth, 1968)?

P In den Jahren 1922-1924 äußerte sich Barth mit drei klassischen Aufsätzen zum Problem der Predigt. Hier schlage ich den letzten Text der Trias zur Lektüre vor.

📖 Karl Barth, Menschenwort und Gotteswort in der christlichen Predigt [1924], in: Predigt. Texte zum Verständnis und zur Praxis der Predigt in der Neuzeit, hg. v. Friedrich Wintzer, München 1989, S. 95-116.

- Worum geht es Karl Barth? Fassen Sie den heftigen Affekt, der den gesamten Aufsatz durchzieht, in Worte!
- Praedicatio verbi Dei est verbum Dei. Lernen Sie die Predigtdefinition von Heinrich Bullinger auswendig! Versuchen Sie, zunächst noch ohne Karl Barths Einhilfe, ihre Aussagerichtung zu bestimmen, und formulieren Sie mögliche Problemhorizonte!
- Bringen Sie die drei Linien, mit denen Barth die Definition Bullingers aktualisiert (S. 95-98), auf knappe Begriffe!
- Was ist nach Barth Wort Gottes als "Ereignis" (S. 99, ☞ 3.1.3)?
- Klären Sie für sich Barths Denkfigur von der dreifachen Gestalt des Wortes Gottes (S. 103)!
- Wie bestimmt Barth die Situation derer, die die Predigt hören?
- Was unterscheidet Barths "Schrifttheologie" (S. 113) von historischer Exegese?

Ab 1924 begegnet bei Barth immer wieder eine Doppelstruktur der Problembeschreibung.

Gut und verständlich herausgearbeitet hat diese Doppelstruktur Axel Denecke. Das Buch beschreibt insgesamt sehr anschaulich, wie Barths neuartige Theologie aus einer existentiell erfahrenen Predigtnot heraus entstanden ist.

📖 Axel Denecke, Gottes Wort als Menschenwort. Karl Barths Predigtpraxis - Quelle seiner Theologie, Hannover 1989, S. 145-149.

In ihrer schärfsten Form würde die doppelte Problembeschreibung lauten:

1. Menschenwort kann *nie* Gotteswort sein.
2. Menschenwort in der Predigt *ist* Gottes Wort.

T Reformulieren Sie Ihr Wissen über Barth anhand seiner berühmten Doppeldefinition von Predigt! Erklären Sie theologisch (!) die Doppelstruktur und erläutern Sie dann die einzelnen Elemente der Definition! Das Zitat findet sich in Barths Predigtlehre (Homiletik, Zürich 1966, S. 30), die nach einer studentischen Seminarmitschrift (Bonn, WS 1932 und SS 1933) herausgegeben wurde.

"1. Die Predigt ist Gottes Wort, gesprochen von ihm selbst unter Inanspruchnahme des Dienstes der in freier Rede stattfindenden, Menschen der Gegenwart angehenden Erklärung eines biblischen Textes durch einen in der ihrem Auftrag gehorsamen Kirche dazu Berufenen.

2. Die Predigt ist der der Kirche befohlene Versuch, dem Worte Gottes selbst durch einen dazu Berufenen so zu dienen, daß ein biblischer Text Menschen der Gegenwart als gerade sie angehend in freier Rede erklärt wird als Ankündigung dessen, was sie von Gott selbst zu hören haben."

PT-Wörterbuch
- Praedicatio verbi Dei est verbum Dei: Die Predigt des Wortes Gottes ist Wort Gottes (Heinrich Bullinger)
- dreifache Gestalt des Wortes Gottes: Offenbarung - Heilige Schrift - Predigt

3.2.3 Gespräch mit dem Hörer

Die gesamte Praktische Theologie hat von Ernst Lange (1927-1974) um die Zeit der empirischen Wende entscheidende Anstöße empfangen.

PErnst Lange hat auch die homiletische Diskussion stark beeinflußt. Die "Predigtstudien", eine bis heute erfolgreiche Reihe von Predigthilfen, mit ihrem neuartigen, hörer- und situationsbezogenen Konzept, gehen auf seine Initiative zurück (☞ 3.3.10). Galt er damals vielen als scharfer Kritiker der homiletischen Axiome aus der Dialektischen Theologie, so sieht man heute wieder, wie sehr er dem Anliegen einer Wort-Gottes-Theologie verpflichtet blieb.

📖 Ernst Lange, Zur Aufgabe christlicher Rede [1968], in: Predigt. Texte zum Verständnis und zur Praxis der Predigt in der Neuzeit, hg. v. Friedrich Wintzer, München 1989, S. 192-207.

- Was ist Langes Experiment einer "Ladenkirche"?
- Was meint das alte homiletische Schema explicatio - applicatio (vgl. S. 193)? Warum hält Lange es für unbefriedigend, falsch und gefährlich (S. 198)?
- Nennen Sie mit Lange drei wesentliche Funktionen der Predigt (S. 202 f.) und machen Sie sich mit eigenen Worten deren Bedeutung klar!
- Benennen und beurteilen Sie die zwei Funktionen (S. 205 f.) des Bibeltextes für die Predigt!

Ernst Lange hat die akademische Diskussion angeregt. Er tat dies als ein Mann, dessen Engagement in erster Linie der kirchlichen Praxis galt. Er war offenbar ein Mensch, dem zu begegnen sich lohnte.

Wer sich für die Person und das Wirken Ernst Langes näher interessiert, sei auf die einfühlsam geschriebene Biographie von Werner Simpfendörfer verwiesen. Das Buch (mit Abbildungen) läßt sich gut auch nur abschnittsweise lesen:

📖 Werner Simpfendörfer, Ernst Lange. Versuch eines Porträts, Berlin 1997.

TReformulieren Sie Ihr Wissen! Erläutern Sie Schritt für Schritt und möglichst mit eigenen Worten an der fraktionierten Definition (Lange, aaO., S. 205), was Ernst Langes Predigtverständnis ausmacht!

Predigt ist ...
* "Rede
* mit dem Hörer
* über sein Leben
* im Licht der Verheißung".

PT-Wörterbuch
- explicatio - applicatio
- Wirkungsgeschichte
- Predigteinfall
- hermeneutischer Zirkel
- "Rede mit dem Hörer über sein Leben im Licht der Verheißung" (Ernst Lange)

3.2.4 Predigen in der Kraft des Geistes

Rudolf Bohrens "Predigtlehre" (1971) ist noch heute als genialer Wurf kenntlich. Sie ist gut geschrieben und läßt von der ersten bis zur letzten Seite eine selten gewordene Leidenschaft fürs Predigen spüren. Das Buch kam zu spät. Es kam zu einer Zeit, in der die Praktische Theologie sich von den theologischen Denkmustern der Dialektischen Theologie abwandte, um sich mit großer Entschlossenheit neuen Herausforderungen zu stellen (empirische Wende, ☞ 12.1.2). Bohrens Buch wurde von vielen nur wahrgenommen als letzter Ausläufer der Wort-Gottes-Theologie. So wurden beispielsweise die rhetorikfeindlichen Töne Bohrens gehört, aber nicht erkannt, daß sich hier eine neuartige, an der biblischen ebenso wie an der dichterischen Sprache orientierte Rhetorik abzeichnete. Dennoch avancierte diese Predigtlehre zum Klassiker. Bis heute hat keine deutschsprachige Predigtlehre wieder vermocht, Theologie und homiletisches Handwerk zu einem ähnlich geschlossenen Entwurf zu vereinen.

P Bohren versucht Menschenwort und Gotteswort in pneumatologischer Perspektive zu verknüpfen. Vor einer Definition freilich scheut er sich mit theologischer Begründung: "Ein Wunder darf nicht durch eine Definition zum vorherein kanalisiert werden" (S. 51).

📖 Rudolf Bohren, [Die Bedeutung der Pneumatologie für die Homiletik], in: ders., Predigtlehre [1971], München ⁴1980, S. 73-82.

- Welche Problematik läßt Bohren zur Pneumatologie als dem theologischen Deuterahmen für das Predigen greifen?
- Beschreiben Sie Bohrens Ansatz unter dem Stichwort der "theonomen Reziprozität" (S. 76)!
- Erläutern Sie den Satz "Unter dem Gesichtspunkt der Pneumatologie ist alles Machbare auch wunderbar" (S. 77)!
- Erläutern Sie den Satz "Gegenüber der Monotonie Jesu ... steht die Polyphonie des Geistes" (S. 79)!
- Welchen homiletischen "Mehrwert" bietet die Pneumatologie gegenüber der Christologie? Greifen Sie zwei oder drei Punkte heraus, die Ihnen wichtig scheinen!

Bohrens Buch steckt voller Anregungen. Manche Visionen, die der Verfasser damals hatte, werden erst heute, unter ästhetischem Etikett, von der Homiletik eingeholt.

PT-Wörterbuch
- empirische Wende
- theonome Reziprozität
- Klerikalismus
- profan - sakral
- in der Kraft des Geistes kunstvoll verkündigen (Rudolf Bohren)

3 Predigt

3.2.5 Predigt als Rede

Einer der wichtigsten Anstöße für die Erneuerung der Homiletik war die Wiederentdeckung der Rhetorik. Im Gefolge der Dialektischen Theologie war jede Diskussion über Rhetorik dem Verdacht zum Opfer gefallen, hier werde das souveräne Wort Gottes menschlicher Technik ausgeliefert. Manfred Josuttis und Gert Otto haben die Diskussion wieder eröffnet. Insbesondere Gert Otto (☞ 3.3.10) hat mit seiner Programmschrift "Predigt als Rede" (Stuttgart u.a. 1976) die Gemüter erregt. Worum geht es?

P Albrecht Grözinger gehört zu den Vertretern einer rhetorischen Homiletik. Er versteht Rhetorik als notwendige Dimension einer sprachlich-kommunikativen Bemühung um Wahrheit. Der folgende Aufsatz gibt nicht so sehr seine eigene Position wieder, sondern informiert über den damaligen Stand der Diskussion. Die Alternative, die Grözinger aufzeigt, ist nach wie vor relevant.

☐ Albrecht Grözinger, Das Verständnis von Rhetorik in der Homiletik. Bemerkungen zum Stand der Diskussion: ThPr 14 (1979) 265-274.

- Erklären Sie präzise den Unterschied zwischen "instrumenteller" und "hermeneutischer" Rhetorik!
- Explizieren Sie theologische Vorbehalte gegenüber der Rhetorik!
- Verdeutlichen Sie den Zusammenhang zwischen Wahrheit und Rhetorik!
- Wie könnte sich eine rhetorische Orientierung der Homiletik konkret auf die Predigtarbeit auswirken?

PT-Wörterbuch   • instrumentelle ≠ hermeneutische Rhetorik
                   • Konsensustheorie der Wahrheit
                   • herrschaftsfreie Diskussion

3.2.6 Offenes Kunstwerk

Kennzeichnend für die aktuelle Praktische Theologie ist eine Hinwendung zur Ästhetik. Phänomene aus dem Bereich der Kunst bereichern zunehmend den Horizont praktisch-theologischer Reflexion (☞ 11, ☞ 12.1.2). Für die Homiletik bedeutet die ästhetische Ausrichtung möglicherweise den deutlichsten Neueinsatz seit der Wort-Gottes-Homiletik der Dialektischen Theologie und der hörerorientierten Homiletik seit der empirischen Wende.

P Einen markanten Impuls setzte die Marburger Antrittsvorlesung von Gerhard Marcel Martin. Veröffentlicht wurde sie zusammen mit einer Entgegnung von Henning Schröer - Beginn einer Diskussion, deren Fragestellungen bis heute offen sind.

☐ Gerhard Marcel Martin, Predigt als "offenes Kunstwerk"? Zum Dialog zwischen Homiletik und Rezeptionsästhetik: EvTh 44 (1984) 46-58.

- Beschreiben Sie das Kommunikationsproblem, auf das Martin mit seinem Text zu antworten sucht!
- Wie wird die Beteiligung der Hörenden am offenen Kunstwerk Predigt beschrieben?

- Impuls: "Das Gesetz als Gesetz zwingt in die Konsequenz, das Evangelium setzt frei, läßt leben im Bereich der Liebe, die wesensmäßig inkonsequent ist. In diesem Sinn löst Evangelium Eindeutigkeit gerade auf" (S. 51).
- Wie begegnet Martin dem Vorwurf der Beliebigkeit?
- Inwiefern widerspricht die Konzeption vom offenen Kunstwerk geläufigen Konzeptionen von Predigt?

Die Idee vom "offenen Kunstwerk" der Predigt ist fruchtbar. Sie macht aus der scheinbaren Not, daß die vom Prediger intendierte Botschaft ohnehin nicht oder nur erheblich verändert bei den Hörenden ankommt (☞ 3.3.6), eine Tugend. Jetzt läßt das offene Kunstwerk Predigt den Hörenden Raum, sich mit ihrem eigenen Erleben im Deutehorizont des Evangeliums zu bewegen. Darüber hinaus läßt Predigt als offenes Kunstwerk nach Predigtweisen und Sprachgestalten fragen, die sich von der üblichen diskursiven Predigt unterscheiden. Martin hat mit seinem Hinweis auf die narrative Predigt nur einen Anfang gemacht.

PT-Wörterbuch
- Predigt als offenes Kunstwerk (Gerhard M. Martin)
- Rezeptionsästhetik
- Skopus
- Homilie
- narrative Predigt

Die ästhetische Wende in der Homiletik hat erhebliche bibelhermeneutische Konsequenzen. Neuerdings ist, aus dem angelsächsischen Bereich kommend, der Begriff der "Aufführung" (performance) bzw. "Inszenierung" wichtig geworden: Bibelworte werden nicht auf eine irgendwie in ihnen beschlossene Bedeutung hin ausgelegt, sondern "inszeniert", d.h. mit einer Vielfalt von Methoden so "in Szene gesetzt", daß sich im kommunikativen Prozeß einer solchen Performance Bedeutung ereignet und Sinn erschließt. Der Begriff der "performance" kommt aus der Bühnensprache. Das mag befremden (☞ 11.3.5). Sie sollten sich aber klarmachen, daß es kaum Ernsthafteres gibt als eine seriöse Bühneninszenierung.

P Henning Luther hat einen kurzen Text verfaßt, der fast schon programmatisch Predigt als Inszenierung beschreibt:

📖 Henning Luther, Spätmodern predigen, in: ders., Frech achtet die Liebe das Kleine. Biblische Texte in Szene setzen. Spätmoderne Predigten, Stuttgart 1991, S. 10-14.

- Was ist ein "Verständnis der Auslegung nach dem Repräsentationsmodell der Bedeutung" (S. 11), und wo ist Ihnen so etwas schon begegnet?
- Worin kritisiert Luther die klassische Predigtdefinition von Heinrich Bullinger?
- Wie ist die Bedeutung eines Textes zu fassen, wenn sie nicht im Text liegt "wie der Keks in der Keksschachtel" (S. 11)?

Der kurze Text von Henning Luther vereinigt eine ganze Reihe von Einsichten und Anregungen moderner Homiletik. Gleichwohl hinterläßt er auch Fragen nach der Konsequenz des Ansatzes.

T Der soeben bedachte Text von Henning Luther ist so angenehm kurz, daß es sich lohnt, ihn noch ein wenig durchzudeklinieren:

- Wie kommen bei Henning Luther die Anliegen von Schleiermachers Konzept bis zur rhetorischen Homiletik (☞ 3.2.1-5) zur Geltung - oder eben auch nicht? Fragen Sie für jedes Konzept, das Sie kennengelernt haben, einzeln nach!
- Wie würden Sie die genuin theologische Komponente in Luthers Konzeption verstärken?

PT-Wörterbuch
- Inszenierung (von Bibeltexten)
- Repräsentationsmodell (der Bedeutung)

3.2.7 New Homiletic in den USA

Sie haben bisher deutschsprachige Konzeptionen der Homiletik kennengelernt. Das mag für ein Grundwissen Praktische Theologie genügen. Niemand wird Sie im Examen nach Homiletik außerhalb des deutschen Sprachraums fragen. Aber das homiletische Nachdenken geht weiter, und vieles spricht dafür, daß es internationaler weitergehen wird als bisher. Die folgenden Hinweise sind für Studierende gedacht, die Zeit und Lust haben, den homiletischen Blick in die Ferne schweifen zu lassen.

In den USA arbeitet man seit Ende der sechziger Jahre an der sog. Neuen Homiletik (new homiletic). Die rhetorisch-ästhetisch akzentuierte Neuorientierung geschah bezeichnenderweise so, daß von Anfang an der Predigtvollzug als "Ereignis" (event) unter dezidiert theologischem Vorzeichen wahrgenommen wurde.

> Ich habe mich mehrmals in den USA umgesehen. Meine Beobachtungen vor Ort und die Ergebnisse meiner Lektüre habe ich in einem Aufsatz zusammengefaßt:
>
> 📖 Martin Nicol, Preaching from Within. Homiletische Positionslichter aus Nordamerika: PTh 86 (1997) 295-309.

Die Wende besteht im Kern darin, daß man sich auf breiter Basis vom herrschenden deduktiven Predigtmodell abwandte, um die Möglichkeiten induktiver Predigtmodelle auszuloten. Deduktive und induktive Predigt unterscheiden sich bis in die Details des homiletischen Handwerks (Aufbau, Sprachgestalt, Vortrag etc.). Vor allem aber unterscheiden sie sich in der Zielsetzung: eine Wahrheit des Glaubens erklären (deduktiv) - Erfahrungen des Glaubens teilen (induktiv). Die deduktive Predigt geht von einer vorgängigen Wahrheit aus, deren Spur mit Argumenten und Beispielen bis in das Leben der Hörenden hinein verfolgt wird. Die induktive Predigt hingegen bringt Erfahrungen zur Sprache und ermöglicht auf diese Weise Einsichten. Ihr Gegenstand ist nicht länger ein Satz, den ich zu kapieren habe, sondern ein Stück Leben, das sich ereignet.

PT-Wörterbuch
- deduktives Predigtmodell
- induktives Predigtmodell

3.3 Perspektiven

3.3.1 Text oder Thema

Gegenwärtig wird nicht im großen Stil über die Frage diskutiert, ob und inwieweit die an einen Bibeltext gebundene Predigt den Regelfall der Kanzelrede darstellen sollte. Die Textpredigt ist in beiden Konfessionen die regelmäßige Herausforderung gottesdienstlicher Predigt.

Zunächst ist schlicht festzuhalten, daß es die Themapredigt immer gegeben hat und weiter gibt. Ein klassisches Beispiel sind Luthers Invocavit-Predigten von 1522. Die Qualität einer Predigt als Verkündigung entscheidet sich nicht daran, ob ein bestimmter Bibeltext als Predigttext fungiert und in dieser Funktion zur Verlesung kommt (Textbindung). Zu unterscheiden ist die *Text*bindung einer Predigt von ihrer prinzipiellen *Schrift*bindung. In diesem Sinn waren Luthers Invocavit-Predigten mit ihren reichen biblischen Bezügen nicht text-, wohl aber schriftgebunden.

> Der folgende Beitrag diskutiert solide die Frage "Text und/oder Themapredigt":
>
> 📖 Friedrich Wintzer, Textpredigt und Themapredigt, in: Friedrich Wintzer u.a., Praktische Theologie, Neukirchen-Vluyn [5]1997, S. 86-97.

Die Textpredigt stellt den gottesdienstlichen Normalfall dar. Dennoch lohnt es sich, diese scheinbare Selbstverständlichkeit zu hinterfragen. Man sollte Gründe angeben können, warum die Textbindung der gottesdienstlichen Predigt in der Regel eine gute Sache ist. Wer keine Gründe angeben kann, überläßt sich dem, so Manfred Josuttis, "beinahe unheimlichen Konsens" (s.u., 385), daß eine evangelische Predigt eben anhand eines biblischen Textes ausgearbeitet und gehalten wird.

> Manfred Josuttis wollte dem Begründungsnotstand, der sich möglicherweise hinter einem solchen Konsens verbirgt, abhelfen, indem er fünf Funktionen des Bibeltextes für die Predigt benannte:
>
> 📖 Manfred Josuttis, Die Bibel als Basis der Predigt, in: "Wenn nicht jetzt, wann dann?", FS Hans-Joachim Kraus, hg. v. Hans-Georg Geyer u.a., Neukirchen-Vluyn 1983, S. 385-393.

Anliegen von Josuttis war es, gegenüber den traditionellen Funktionen (normativ und autoritativ) auch andere Funktionen des Textes für die Predigt in den Blick zu bekommen. Ich referiere seine fünf Gesichtspunkte:

1. *Normative Funktion:* Der Text schützt die Predigt vor dem Prediger und seinen privaten Einfällen.

2. *Autoritative Funktion:* Der Text verleiht der Predigt Autorität gegenüber der Gemeinde.

3. *Kreative Funktion:* Im Prozeß der Predigtvorbereitung wirkt der Bibeltext bis ins Sprachvermögen hinein auf doppelte Weise kreativ, nämlich als Quelle der Inspiration und als kritische Instanz.

4. *Kommunikative Funktion:* Der Text stellt für Prediger und Gemeinde die akzeptierte Plattform der Kommunikation dar.

3 Predigt

5. *Identitätsstiftende Funktion:* Der Bezug auf die biblische Tradition gehört zu den festen Kennzeichen der christlichen Gemeinde gegenüber anderen Versammlungen und Gruppierungen.

PT-Wörterbuch
- Textbindung ≠ Schriftbindung
- Funktionen des Bibeltextes
  - normativ
  - autoritativ
  - kreativ
  - kommunikativ
  - identitätsstiftend

3.3.2 Predigt des Alten Testaments

Das Problem einer homiletischen Hermeneutik verdichtet sich in der Frage, wie christlich über alttestamentliche Texte zu predigen sei. Vor allem vier Prämissen sind es, unter denen das Alte Testament überhaupt erst zu einem Problem der Verkündigung wird:

1. *Theologisch:* Das Alte Testament gehört in gleicher Weise wie das Neue Testament zum Kanon der christlichen Bibel.

2. *Interreligiös:* Das Alte Testament bzw. die Hebräische Bibel ist integraler Teil der christlichen Bibel, aber zugleich das heilige Buch des Judentums.

3. *Historisch:* In der üblichen Zeitstrahl-Perspektive rückt das Alte Testament *vor* das Auftreten Jesu von Nazareth.

4. *Zivilisatorisch:* Das Alte Testament enthält weit mehr als das Neue Testament Vorstellungen, die dem modernen Bewußtsein als Ausdruck vergangener soziokultureller Zustände erscheinen.

PT-Wörterbuch
- Problemperspektiven für christliche Predigt des AT
  - theologisch
  - interreligiös
  - historisch
  - zivilisatorisch

Es gibt klassische Modelle der Zuordnung von Altem und Neuem Testament. Um christologische Auslegungsmodelle handelt es sich dabei immer, insofern das Christusereignis zum Fixpunkt einer hermeneutischen Verortung des Alten Testaments gemacht wird. Um klassische Modelle handelt es sich insofern, als sie sich daran orientieren, wie das Alte Testament bereits im Neuen Testament aufgenommen wird. Ich charakterisiere die Modelle und gebe jeweils einen biblischen Beleg:

1. *Verheißung und Erfüllung:* Das Alte Testament und die in ihm zur Sprache kommenden Geschichte wird verstanden als ein offener Traditionsprozeß, der erst im Christusereignis sein Ziel findet.
   Bibel: Jes 61,1f. → Lk 4,16-21 (Jesu Predigt in Nazareth)

2. *Antithetische Auslegung:* Altes und Neues Testament verhalten sich zueinander wie Gesetz und Evangelium.
   Bibel: Ex 21,24 → Mt 5,38-42 (Bergpredigt: Vom Vergelten)

3. *Typologische Auslegung:* Ereignisse oder Personen im Alten Testament werden als Präfigurationen neutestamentlicher Gegebenheiten gedeutet.

Bibel: Gen 7,7 → 1Petr 3,20 f. (Sintflut - Taufe)

4. *Allegorische Auslegung:* Unverständliche oder theologisch scheinbar unergiebige Sachverhalte im Alten Testament werden in einem übertragenen Sinn auf Christus-wirklichkeit gedeutet.

Bibel: Ex 17,6 → 1Kor 10,4 (Christus - der geistliche Fels)

5. *Christologische Auslegung* (im engeren Sinn): Viele alttestamentliche Texte spre-chen, so die Vorstellung, *direkt* oder im Literalsinn (also nicht erst in der Perspektive der Auslegung) von Christus.

Bibel: Ps 16,8-11 → Apg 2,25-28 (David spricht von Christus und der Auferstehung)

PT-Wörterbuch   • Traditionelle Modelle der Zuordnung AT - NT
  – Verheißung und Erfüllung
  – antithetische Auslegung
  – typologische Auslegung
  – allegorische Auslegung
  – christologische Auslegung (im engeren Sinn)

Horst Dietrich Preuß ist den verschiedenen Modellen im Kontext damaliger Theologie nachgegangen:

📖 Horst Dietrich Preuß, Das Alte Testament in der Verkündigung der Kirche [1968], in: Homiletisches Lesebuch, hg. v. Albrecht Beutel u.a., [2]1989, S. 125-140.

In Predigten der Gegenwart werden Sie alle Modelle in mehr oder minder modifizierter Form antreffen. Eine Ausnahme stellt die christologische Auslegung im engeren Sinn dar; sie ist im Banne der Historisierung unse-res Umgangs mit Texten weitgehend verschwunden. Die Allegorese hat, allem exegetischen Einspruch zum Trotz, auf der Kanzel stets fröhlich überlebt.

Ich bin überzeugt, daß die Frage nach der christologischen Auslegung des Alten Testaments eine zentrale Frage der Homiletik darstellt. Im Ver-such, sie zu beantworten, stellt sich verschärft die prinzipielle Frage, wie sich Predigt im Spannungsfeld von Bibel und Leben (Weltwirklichkeit) zu verorten habe.

Einen eigenen Vorschlag für eine auf die ganze Bibel bezogene homileti-sche Hermeneutik stelle ich in fünf Thesen zur Diskussion:

1. Predigen bedeutet nicht, über einen Text zu reden, sondern Leben zu deuten.

2. In der Predigt deute ich Leben als Wirkbereich Gottes.

3. Die biblischen Worte, Bilder und Geschichten sind Gottes Seh- und Sprechhilfe für sein Wirken im Leben.

4. Dem Glauben an den dreieinigen Gott stellt sich Leben zugleich als Christi Wirkbe-reich dar.

5. Die Worte, Bilder und Geschichten der gesamten Bibel bringen Leben als Wirkbe-reich Christi zur Sprache.

T Ich weiß aus Erfahrung im Seminar, daß meine Thesen Widerstand provozieren. Aber gerade deshalb meine ich, sie seien geeignet, eine Diskussion anzustoßen.

- Spielen Sie die Thesen am Beispiel eines alttestamentlichen Textes durch! Als Beispiel schlage ich einen Text vor, der als Taufspruch eine herausragende Rolle spielt: "Fürchte dich nicht, denn ich habe dich erlöst; ich habe dich bei deinem Namen gerufen; du bist mein!" (Jes 43,1).
- Vergleichen Sie meinen hermeneutischen Vorschlag mit dem rezeptionsorientierten Ansatz eines Henning Luther, der davon ausgeht, daß die Bedeutung eines Textes nicht im Text liegt "wie der Keks in der Keksschachtel" (☞ 3.2.6)!

Ich meine, daß die Thesen trotz ihrer Schärfe zu einer Entkrampfung des Problems beitragen könnten. Die Predigt muß Christus nicht ins Alte Testament hineintragen und erst recht nicht in die Welt. Er ist, so die Entdeckung des Glaubens, längst da - nicht in Texten, sondern im Leben. Wenn ich entdeckt habe, wie Christus in Leben und Welt am Werk ist, dann kann ich nicht mehr so tun, als ob es im Deutehorizont eines alttestamentlichen Predigttextes auf einmal nicht so sei. Weil Christus längst da ist und diese Gegenwart im Gottesdienst gleich zu Beginn zur Sprache gebracht wurde ("*Der Herr* sei mit euch"), darum kann ich christologisch predigen - auch ohne in allen Fällen Christus beim Namen zu nennen.

Wesentlich am Umgang des "Hermeneuten" Jesus selbst mit dem Alten Testament orientiert sich Christian Möller. Er bietet in einer kleinen Schrift ausgeführte Thesen zum Problem und eine Predigt über Jes 43,1-7:

📖 Christian Möller, Von der Schwierigkeit, "homiletisch" zu predigen, und der besonderen Schwierigkeit, alttestamentliche Texte zu predigen, Waltrop 1991.

Im Rahmen meiner thetisch umrissenen Hermeneutik wird die Frage nach der christologischen Auslegung des Alten Testaments zum exemplarischen Fall der weiteren Frage nach dem Verhältnis von Glaube und Weltwahrnehmung. Die Deutung von Leben und Weltwirklichkeit als Wirkbereich Gottes bzw. Christi wird aber in aller Regel nicht aufgehen wie eine Gleichung. Die Predigt sollte in Sprechweisen, die sie vorzugsweise der Bibel selbst entnehmen kann, Differenzerfahrungen zur Sprache bringen.

Ich nenne zwei Sprechweisen, wie sie in der Kanzelrede als Alternative zu dem üblichen diskursiven Reden da und dort wiedergewonnen werden: Die *Klage* wagt Worte da, wo die Differenz zwischen unserer Erfahrung von Wirklichkeit und dem biblisch bezeugten Wirken Gottes nicht mehr überbrückbar erscheint, und der *Hymnus* ist so kühn, erwartete Gotteswirklichkeit mitten in einer schmerzlich anders erlebten Weltwirklichkeit als bereits gegenwärtig anzusagen.

Neuere Bemühungen um eine angemessene Würdigung des Alten Testaments entdecken seinen sprachlichen und thematischen "Überschuß" (Mildenberger) gegenüber dem Neuen Testament. Homiletisch formuliert: Ohne das Alte Testament bliebe die Verkündigung inhaltlich unvollständig, sprachlich würde sie verarmen.

P Schön bringt Friedrich Mildenberger gegenüber den eher defizitfixierten entwicklungsgeschichtlichen Modellen den Überschuß des Alten Testaments zur Geltung. Das "Noch nicht" traditioneller Zuordnungsmodelle wandelt sich in dieser Perspektive zum "Mehr als".

📖 Friedrich Mildenberger, Kleine Predigtlehre, Stuttgart u.a. 1984, S. 101-105.

• Benennen und konkretisieren Sie mit Mildenberger den inhaltlichen und sprachlichen Überschuß des Alten Testaments!

• Erweitern Sie aus Ihrer eigenen Kenntnis die Hinweise Mildenbergers!

PT-Wörterbuch   • "Überschuß" des AT (Friedrich Mildenberger)
    – inhaltlich: Politik, Natur ...
    – sprachlich: Klage, Weisheit ...

3.3.3 Persönlichkeit

Im Banne einer Theologie des Wortes Gottes klang die Frage nach der Subjektivität des Predigers allenfalls vereinzelt an. Erst mit der empirischen Wende der Praktischen Theologie wurde auch der Predigtvorgang der unbefangenen Wahrnehmung zugänglich. Wir bedenken hier das Problem in psychologischer (☞ 3.3.3), rhetorischer (☞ 3.3.4) und pastoraltheologischer (☞ 3.3.5) Perspektive.

Einen klassischen Aufsatz hat seinerzeit (1972) der Psychoanalytiker Fritz Riemann geschrieben. Analog zu seinen Grundformen der Angst unterschied er vier Typen von Predigerpersönlichkeit.

K Ein Problem bei der Lektüre des Aufsatzes von Fritz Riemann besteht darin, daß er zur Kennzeichnung der Persönlichkeitstypen Begriffe verwendet, die ihren ursprünglichen Ort in der Psychopathologie haben. Insofern kann der Eindruck entstehen, es handle sich bei den Charakterisierungen um Krankheitsbilder. Wenn dieses Mißverständnis ausgeräumt ist, dann ist der Aufsatz noch immer nützlich, um die Schwächen, vor allem aber die Stärken der eigenen Persönlichkeit deutlicher in den Blick zu bekommen. Von beidem, Stärken und Schwächen, wird die Predigt in jedem Fall bestimmt sein. Im übrigen wird kein Mensch definitiv nur dem einen Typ zuzuordnen sein. Blicken Sie auf sich selbst, weniger auf andere!

📖 Fritz Riemann, Die Persönlichkeit des Predigers aus tiefenpsychologischer Sicht [1972], in: Perspektiven der Pastoralpsychologie, hg. v. Richard Riess, Göttingen 1974, S. 152-166.

• Lesen Sie den Aufsatz und machen Sie dabei die Verkürzungen im folgenden Schema wieder rückgängig! Das Schema ist lediglich eine Lesehilfe. Füllen Sie das Skelett der Begriffe mit dem Fleisch der Anschauung!

Aufgabe	Einordnung	Selbstwerdung	Veränderung	Bewahrung
Angst (vor)	Ich-Verlust	Isolierung	Wandel	Bindung
Persönlichkeit	*schizoid*	*depressiv*	*zwanghaft*	*hysterisch*
Fokus	Erkenntnis	Liebe	Gesetz	Freiheit
Typ	Freidenker	Seelsorger	Machtmensch	Star
Stärke	intellektuell klar	einfühlsam	verläßlich	mitreißend
Schwäche	emotional distanziert	konfliktscheu	autoritär	unzuverlässig

PT-Wörterbuch   • Typen der Predigerpersönlichkeit (Fritz Riemann)
  – schizoid
  – depressiv
  – zwanghaft
  – hysterisch

3.3.4 "Ich" auf der Kanzel

Eine klassische Form der Frage nach der Person des Predigers ist die Frage, ob er oder sie denn auf der Kanzel "ich" sagen dürfe. Droht da nicht eine Einmischung der Subjektivität des Predigers in die Objektivität des Wortes Gottes? Die neuere Homiletik, auch durch empirische Beobachtungen klüger geworden, geht von der These aus, daß das Ich des Predigers immer einen bestimmenden Faktor der Predigt darstellt. Auch wenn man das "Ich" explizit vermeidet, ist es im kommunikativen Geschehen der Predigt massiv vorhanden und wirksam. Es dient der Klarheit der Kommunikation und der Authentizität der Predigerin, "ich" zu sagen, wenn man "ich" meint.

K Manfred Josuttis hat dem Problem einen klärenden Aufsatz gewidmet. Er hilft, die möglichen Formen des "Ich" auf der Kanzel bei eigenen und fremden Predigten zu unterscheiden und zu reflektieren.

📖 Manfred Josuttis, Der Prediger in der Predigt. Plädoyer für das Ich auf der Kanzel [1974], in: Predigt. Texte zum Verständnis und zur Praxis der Predigt in der Neuzeit, hg. v. Friedrich Wintzer, München 1989, S. 221-234.

• Nennen Sie den theologischen Grund, der das Mißtrauen gegenüber dem "Ich" auf der Kanzel nährt!

• Nennen Sie kommunikationsstrukturelle Gründe dafür, das "Ich" auf der Kanzel zu gebrauchen!

• Nennen Sie einen psychologischen Grund für das "Ich" auf der Kanzel!

• Erklären Sie die sechs Formen des "Ich" auf der Kanzel in der Sache und weisen Sie jeweils kritisch auf Stärken und Schwächen hin! Merken müssen Sie sich nicht alle sechs Formen. Sie sollten aber mit drei oder vier Formen sicher argumentieren können.

T Personalpronomen auf der Kanzel können Indikatoren für das Selbstverständnis des Predigers oder der Predigerin sein. Häufig anzutreffen ist ein exzessiver Gebrauch des "Wir". Das schließt sprachlich den Prediger mit der Gemeinde zusammen; das Gegenüber von Kanzel und Gemeinde *scheint* überwunden.

• Unterscheiden Sie in Analogie zum Gebrauch des "Ich" verschiedene Fälle für den Gebrauch des "Wir"!

PT-Wörterbuch	• Formen des "Ich" auf der Kanzel (Manfred Josuttis)
	– verifikatorisches Ich
	– konfessorisches Ich
	– biographisches Ich
	– repräsentatives Ich
	– exemplarisches Ich
	– fiktives Ich

3.3.5 Leitbild

Pastoraltheologisch stellt sich die Frage: Wer bin ich als Prediger oder Predigerin? Gegenwärtig werden solche Fragestellungen auch unter dem Begriff des Leitbildes erörtert. Welches Leitbild von Prediger und Predigt habe ich, wenn ich auf die Kanzel steige? Je nach theologischem Lager differieren die Antworten. Manfred Josuttis hat eine Antwort gegeben, die überzogen erscheint, die aber gerade durch ihre überzogene Weise den Blick schärft für eine Dimension des Predigens, die homiletisch leicht übersehen wird.

Josuttis äußert sich zur Predigt in seinem Entwurf einer Pastoraltheologie. Pastoraltheologie ist die Perspektive, mit der die Praktische Theologie Amt und Person des Pfarrers bzw. der Pfarrerin in den Blick nimmt (☞ 1.3.5, ☞ 12.3.1). Wenn, so die Fragestellung bei Josuttis, bestimmten Erscheinungsformen von Wort an sich schon eine Mächtigkeit innewohnt und wenn darüber hinaus der Umgang mit dem heiligen Wort sich im Kräftefeld zwischen Himmel und Erde ereignet, welche Rolle spielt dann der Prediger bzw. die Predigerin? Josuttis entwirft ein Bild vom Pfarrer als einem, wie ich es pointiert nenne, Schamanen des Wortes.

K Lassen Sie sich bei der Lektüre des Aufsatzes nicht von dem ungewohnten, vielleicht auch provozierenden Wortschatz verwirren! Fragen Sie nach der Intention in der Diktion!

📖 Manfred Josuttis, Die Einführung in das Leben. Pastoraltheologie zwischen Phänomenologie und Spiritualität, Gütersloh 1996, S. 102-118 (Das heilvolle Wort).

• Worin besteht, nach Josuttis, der allgemeinhomiletische Konsens über das Ziel der Verkündigung? Differenzieren Sie diesen Konsens nach verschiedenen "Lagern" (S. 104)!

• Kennzeichnen Sie kurz, was Josuttis diesem Konsens entgegensetzt!

• Was versteht Josuttis unter "Ereignis des Evangeliums" (☞ 3.1.3)?

• Beschreiben Sie die Rolle des Predigers oder der Predigerin in diesem Ereignis! Prüfen Sie meine versuchsweise Kennzeichnung als "Schamane des Wortes"!

• Josuttis unterscheidet (S. 112) drei Ebenen im Predigtgeschehen: Inhaltsebene, Beziehungsebene und ...? Benennen und beschreiben Sie letztere Ebene möglicherweise auch anders, als ich es im PT-Wörterbuch tue!

• Wie werten Sie den mehrfachen Verweis auf Rudolf Bohrens Predigtlehre (☞ 3.2.4)?

In einer Zeit, die die Religion neu entdeckt, bringt Josuttis auf seine Weise ein genuin theologisches Anliegen zur Geltung: die durchgängige und erlebnismäßige Gottesbestimmtheit des Verkündigungsgeschehens (Predigt als "Ereignis"). Wie auch immer man zu seinem Bild vom Prediger stehen mag, der Homiletik muß es zu denken geben, daß hier der Predigtvollzug auf eine pneumatologisch-charismatische Weise ernstgenommen wird.

PT-Wörterbuch
- Predigt als "Ereignis des Evangeliums" (Manfred Josuttis)
- Prediger/in als "Schamane des Wortes" (Nicol zu Josuttis)
- drei Ebenen des Predigtgeschehens
  - Inhaltsebene (kognitiv, hermeneutisch)
  - Beziehungsebene (kommunikativ, emotional)
  - göttlich-atmosphärische Ebene (religiös)

3.3.6 Stationen des Hörens

Karl-Wilhelm Dahm hat seinerzeit Ergebnisse der Kommunikationssoziologie auf die Predigt angewandt. Kommunikationsvorgänge, die bis dahin unter dogmatischen Formeln verborgen blieben, wurden nun aufgedeckt. Insbesondere die Beobachtung, daß vieles von dem, was der Prediger sagen möchte, nicht ankommt oder jedenfalls anders aufgenommen wird als beabsichtigt, wurde nun wissenschaftlich beschreibbar.

P Dahm hat in Analogie zur Massenkommunikation nach der Wirkweise von Predigt gefragt. Er untersuchte zuerst die Vorgänge zwischen Sender, Mitteilung und Empfänger, um dann nach den Vorgängen in den Hörenden selbst zu fragen.

☐ Karl-Wilhelm Dahm, Hören und Verstehen. Kommunikationssoziologische Überlegungen zur gegenwärtigen Predigtnot [1970], in: Homiletisches Lesebuch, hg. v. Albrecht Beutel u.a., Tübingen ²1989, S. 242-252.

- Beschreiben Sie aus eigener Anschauung (nicht nach Dahm auswendig lernen!) Faktoren, die Prediger bzw. Predigerin, Predigt und Hörerschaft bestimmen!

- Beschreiben Sie, auch wieder auf dem Hintergrund eigener Erfahrungen, Vorgänge in der Eingangs-, der Auswahl- und der Verarbeitungsstation des Hörens!

- Welche Bedeutung kommt dem Phänomen der "Redundanz" für das Predigen zu?

- Was ist, in der Sicht von Dahm, das Ziel der Predigt?

Die Einsichten Dahms können kaum bestritten werden. Es bleibt die Frage, wie sie zu werten sind und wie damit predigtpraktisch umzugehen ist.

Einige Denkmodelle haben Sie bereits kennengelernt. Im folgenden erinnere ich daran. Sie müssen sich nicht alle drei Modelle vergegenwärtigen, aber doch die, die Sie bereits genauer durchdacht haben.

W Albrecht *Grözinger* (☞ 3.2.5): Eine "instrumentelle Rhetorik" würde versuchen, die Übermittlungsvorgänge effizienter zu gestalten, während eine "hermeneutische Rhetorik" nach neuen Konzepten von Wahrheitsfindung und damit nach neuen Zielbestimmungen von Predigt sucht.

Gerhard Marcel *Martin* (☞ 3.2.6): Er macht aus der Not eine Tugend. Wo Dahm Defizite beim Empfangen der Botschaft wahrnimmt, entdeckt Martin kreative Vorgänge des Verstehens im "offenen Kunstwerk" Predigt.

Manfred *Josuttis* (☞ 3.3.5): Der Hinweis auf eine pneumatologisch verstandene "Dynamik des Evangeliums" ändert die Zielbestimmung von Predigt und rechnet unter neuem Vorzeichen mit produktiven Mißverständnissen.

- Reformulieren Sie die angesprochenen Modelle in der Perspektive des kommunikativen Problems nach Dahm!

PT-Wörterbuch
- Grundmuster von Massenkommunikation: Sender - Mitteilung (+ Medium) - Empfänger
- Stationen des Hörens: Eingangs-, Auswahl- und Verarbeitungsstation
- Redundanz

3.3.7 Inhalts- und Beziehungsebene

Predigt ist Kommunikation, und zwar in der spezifisch monologischen Form der Kanzelrede. Wie bei aller Kommunikation müssen wir auch hier zwei Ebenen unterscheiden: die Sachebene und die Beziehungsebene.

A zu B: "Die Sonne scheint!". Auf der *Inhaltsebene* ist das eine Aussage über die Sonne - eine überflüssige Aussage, weil der Sachverhalt auch für B evident ist. Auf der *Beziehungsebene* dagegen macht der Satz Sinn. Er kann dann bedeuten: "Es geht mir gut - und wie geht es Ihnen?" Über eine vermeintliche Sachaussage geschieht auf der Beziehungsebene der Austausch von Befindlichkeiten.

Viele Kommunikationsstörungen beruhen darauf, daß wir nur das für wesentlich halten, was auf der Inhaltsebene gesagt wird, während sich auf der sprachlich oft nicht explizierten Beziehungsebene das eigentlich kommunikationsbestimmende Geschehen abspielt.

P Hans-Christoph Piper expliziert seine Beobachtungen nicht dezidiert in der Dialektik von Inhalts- und Beziehungsebene. Aber in der Sache geht es genau darum. Piper ist dem Kommunikationsgeschehen in der Predigt nachgegangen. Auf vergleichsweise einfache Weise hat er sichtbar gemacht, wie unausweichlich und wie bestimmend die Person des Predigers in das Predigtgeschehen verwickelt ist. Piper hat, sozusagen im homiletischen Labor, die Beziehungsebene im Predigtvorgang ins Bewußtsein gehoben. Das Setting ist einfach: Eine Gruppe von Menschen reagiert nach bestimmten Fragestellungen auf eine Predigt. Die zwei Fragerichtungen, jeweils an Prediger und Hörer, bezogen sich auf die Botschaft (Inhaltsebene) und auf das Erleben während der Predigt (Beziehungsebene).

⌑ Hans-Christoph Piper, Kommunikation und Kommunikationsstörungen in der Predigt [1976], in: Predigt. Texte zum Verständnis und zur Praxis der Predigt in der Neuzeit, hg. v. Friedrich Wintzer, München 1989, S. 235-244.

- Füllen Sie das Begriffspaar von Inhalts- und Beziehungsebene anhand von Pipers Erfahrungen mit Anschauung!
- Zeigen Sie an Beispielen, wie sich Persönlichkeitsmerkmale des Predigers auf die Hörer auswirken!

3 Predigt

- Impuls: "Die Predigtanalysen zeigen übereinstimmend, daß der Predigthörer ein Bedürfnis nach Kommunikation hat. Er steht damit dem biblischen Denken viel näher als der Prediger, der objektive Wahrheit vermitteln will" (S. 240).

- "Kann der Prediger nicht mit seinem eigenen 'Schatten' kommunizieren, so kann er auch die 'dunklen Seiten' Gottes nicht zulassen" (S. 242). Beschreiben Sie, wie sich Verdrängungen beim Prediger oder der Predigerin auf die Hörenden und damit auf die Kommunikation auswirken!

Hans-Christoph Piper hat einfühlsam aufgezeigt, wie im Predigtgeschehen die Persönlichkeit des Predigers, die mehrschichtige Kommunikation mit den Hörenden und der theologische Gehalt einer Predigt miteinander vernetzt sind (☞ 3.1.3).

PT-Wörterbuch   • Inhalts- und Beziehungsebene

3.3.8 Predigt als freie Rede

Die Frage, ob und inwieweit eine Predigt ohne Bindung an ein Manuskript vorgetragen werden soll, ist an sich eine klassische Frage der formalen Homiletik. Aber selbst in diesem Kontext wird sie kaum noch erörtert. Jörg Rothermundt sah sich seinerzeit genötigt, an ein "verdrängtes Problem" zu erinnern.

Jörg Rothermundt hat als einer der wenigen Homiletiker in jüngerer Zeit das Problem überhaupt thematisiert. Er skizziert die geschichtliche Spur seiner Verdrängung, um dann Vorschläge zu machen, wie mit der freien Rede praktisch umgegangen werden könnte.

Jörg Rothermundt, Predigt als freie Rede. Erinnerung an ein verdrängtes Problem: WPKG 68 (1979) 68-85.

Ich erinnere hier an das alte Problem nicht ausschließlich in der formalen Fragestellung, wie eine Predigt zu halten sei. Vielmehr scheinen sich mir hinter dem Problem der freien Rede weitergehende Überlegungen zum Verständnis von Predigt zu verbergen.

W Ich erinnere an zwei Texte, die nicht zur Pflicht gehörten, die Sie aber vielleicht doch gelesen haben (☞ 3.3.5, ☞ 3.2.7). Die Texte weisen, freilich in einem anders gelagerten Kontext, auf das Problem der freien Rede hin:

Manfred Josuttis, Die Einführung in das Leben. Pastoraltheologie zwischen Phänomenologie und Spiritualität, Gütersloh 1996, S. 102-118.

Martin Nicol, Preaching from Within. Homiletische Positionslichter aus Nordamerika: PTh 86 (1997) 295-309.

- Suchen Sie in den beiden Texten nach Hinweisen auf Predigt als freie Rede!

Im folgenden stelle ich drei Gesichtspunkte zusammen, die zeigen, wie es beim Problem der freien Rede um weit mehr geht als nur um die Frage, ob man die Predigt ablesen oder frei halten solle:

1. Der Hinweis auf die freie Rede intendiert eine andersartige Sprachgestalt von Predigt gegenüber der herkömmlichen Manuskriptrede (⇒ Rothermundt): "Rede" statt "Schreibe".

2. Der Hinweis auf die freie Rede impliziert ein pneumatologisches Verständnis des Predigtgeschehens (⇒ Josuttis): "Schrifterfülltheit einer Predigtperson" statt "Schriftgemäßheit eines ausformulierten Predigtentwurfs".

3. Der Hinweis auf die freie Rede evoziert auf dem Hintergrund der modernen Mediengesellschaft eine neue Kultur des mündlichen Wortes (⇒ Nicol): "zweite Mündlichkeit" statt "Gutenberg-Homiletik".

PT-Wörterbuch
- freie Rede
- Schreibe ≠ Rede

3.3.9 Predigt im Kirchenjahr

Die Predigt hat ihren Ort gewöhnlich im Gottesdienst. Der Gottesdienst ist liturgisch vielfältig vom Kirchenjahr geprägt. Für die Predigtarbeit manifestiert sich diese Prägung zunächst in der Frage, über welchen biblischen Text zu predigen sei.

Für die lutherischen Kirchen in Deutschland wurden die Predigttexte im "Perikopenbuch" festgelegt. Die aktuell gültige Perikopenordnung ist seit 1. Advent 1978 in Kraft. Sie umfaßt sechs reguläre Reihen für sechs aufeinanderfolgende Kirchenjahre. Nach sechs Jahren beginnt der Zyklus von neuem.

Reihe I	Reihe II	Reihe III	Reihe IV	Reihe V	Reihe VI
Evangelientexte	Episteltexte	Evangelientexte	Episteltexte	Evangelientexte	Episteltexte
(zugleich Lesung)	(zugleich Lesung)	+ alttestamentliche Texte	+ alttestamentliche Texte	+ alttestamentliche Texte	+ alttestamentliche Texte

Daneben werden für jeden Sonn- und Feiertag ein Text aus den Psalmen (Ps) und eine Reihe von Marginaltexten (M) angeboten. Unter den Marginaltexten finden sich Texte (auch aus den sog. Apokryphen), die in den regulären Reihen keinen Ort fanden, aber der Predigt für wert erachtet werden. In Ansätzen werden auch Hinweise für eine Lectio continua gegeben. Lectio continua (C) meint die über eine Reihe von Sonntagen fortlaufende Lesung (und Behandlung) eines biblischen Textkomplexes, wie sie vor allem in der reformierten Tradition üblich geworden ist. Zu beachten ist, daß Texte aus der Apostelgeschichte und der Offenbarung als Episteltexte gewertet werden. Die alttestamentlichen Texte wurden in die Reihen III - VI so eingestreut, daß für jeden Sonn- oder Feiertag mindestens ein Text aus dem Alten Testament zur Verfügung steht. Folglich kann auch eine durchgehende alttestamentliche Lesungsreihe (aus den Predigtreihen III-VI) angegeben werden.

> Blättern Sie mit Entdeckerfreude in einem Buch, das lediglich ein Nachschlagewerk zu sein scheint! Sie können bibeltheologische, homiletische und liturgische Entdeckungen machen - oder sich schlicht die Fakten der Perikopenordnung besser einprägen, die ich hier kurz referiert habe.

3 Predigt

📖 Perikopenbuch mit Lektionar, hg. v. der Lutherischen Liturgischen Konferenz Deutschlands, Hannover ⁵1995.

Die Perikopenordnung beruht auf kirchlichen Entscheidungen und wird in Abständen revidiert. In aller Regel spiegelt sich in ihr ein kirchlicher Konsens darüber, welche Texte einem Sonn- oder Feiertag biblisches Gepräge verleihen sollen. Insofern macht es Sinn, einen Predigttext im Wechselspiel mit den anderen Texten des Sonn- oder Feiertags wahrzunehmen. Grundsätzlich aber sind die Perikopen in ihrer individuellen Abgrenzung und in ihrer liturgischen Zuordnung der theologischen Kritik zu unterziehen. Der Prediger, die Predigerin sollte sich an die Vorgaben halten, kann aber nicht auf einen "vorgeschriebenen" Text verpflichtet werden.

PT-Wörterbuch	• Perikope
	• Perikopenordnung
	• Predigtreihen
	• Evangelientexte
	• Episteltexte
	• alttestamentliche Lesungen
	• Psalmentextreihe
	• Marginaltexte
	• Lectio continua

3.3.10 Homiletische Schriftauslegung

Ich behandle die Frage nach der Predigtvorbereitung unter der Überschrift "Homiletische Schriftauslegung". Das ist nicht selbstverständlich. Üblicherweise wird die Predigtarbeit als eine Tätigkeit gesehen, die auf den vorgängigen Ergebnissen bibelwissenschaftlicher Schriftauslegung aufbaut und sie "anwendet" (explicatio – applicatio, ☞ 3.2.3). Beispielsweise wird in exegetischen Kommentaren so gut wie nie der weite Komplex der Predigthilfen überhaupt erwähnt, geschweige denn als Schriftauslegung ernstgenommen. Ich meine, daß die Predigtarbeit in allen Phasen und mit ihren spezifischen Publikationen (Predigthilfen) genuine Schriftauslegung darstellt, da sie die biblischen Texte in ihrer eigentlichen Intention, nämlich in eine bestimmte Situation hinein gepredigt zu werden, ausdrücklich ernstnimmt.

Wer daran interessiert ist, Predigthilfen als Schriftauslegung zu entdecken, mag dem folgenden Aufsatz Informationen und Anregungen entnehmen:

📖 Martin Nicol, Im Ereignis den Text entdecken. Überlegungen zur Homiletischen Schriftauslegung, in: Einfach von Gott reden, FS Friedrich Mildenberger, hg. v. Jürgen Roloff u. Hans G. Ulrich, Stuttgart u.a. 1994, S. 268-281.

Ich biete in diesem Grundwissen keinen Überblick über sämtliche Modelle der Predigtvorbereitung, die in neuerer Zeit entwickelt wurden. Vielmehr will ich exemplarisch zeigen, wie verschiedene Modelle jeweils wichtige Akzente setzen.

Ein maßgeblicher Anstoß zur Erneuerung der Predigtarbeit ist zweifellos von *Ernst Lange* ausgegangen. Seine Anregungen haben sich in einer neuartigen Reihe von Predigthilfen konkretisiert, den "Predigtstudien" (erstmals erschienen 1972).

> Es lohnt noch immer, Ernst Langes impulsgebenden Vortrag von 1967 zu lesen. Kritik an der herrschenden Homiletik, Reflexion der eigenen Predigtarbeit und der Entwurf eines neuartigen Modells von Predigtvorbereitung verbinden sich zu einer Art von homiletischem Manifest. An dem Text können Sie sowohl das Konzept der Predigtstudien kennenlernen als auch noch einmal Einsicht gewinnen in das prinzipiell-homiletische Denken von Ernst Lange.

> 📖 Ernst Lange, Zur Theorie und Praxis der Predigtarbeit [1968], in: ders., Predigen als Beruf. Aufsätze zur Homiletik, Liturgie und Pfarramt, hg. v. Rüdiger Schloz, München 1982, S. 9-51.

Ernst Lange ging es darum, der Situation im Predigtgeschehen gegenüber einer dogmatisch und historisch erstarrten Fixierung auf den Text eigene Aufmerksamkeit zu verleihen. Da niemals der Prediger allein bestimmen kann, was die Situation der Gemeinde ausmacht, muß die Predigt aus einem umfassenden Dialog erwachsen. Die "Predigtstudien" haben dieses Anliegen institutionalisiert, indem sie zu jedem Predigttext zwei Personen um eine Bearbeitung bitten.

Manfred Seitz hat in einem Aufsatz von 1969 den Schritt der Meditation als Anfang aller Predigtarbeit gefordert. Er wendet sich gegen eine Rationalisierung im Verständnis von Meditation, wie es etwa die "Göttinger Predigt*meditationen*" kennzeichnet. Meditation ist, so Seitz, die ganzheitliche, empfangende und handwerklich noch "unbewaffnete" Öffnung der Person des Predigers gegenüber dem Bibelwort.

> Der Aufsatz von Seitz ist insbesondere für Leute interessant, die Begriff und Sache der Meditation im Kontext von Spiritualität (☞ 9.3.5) kennengelernt haben:

> 📖 Manfred Seitz, Zum Problem der sogenannten Predigtmeditationen [1969], in: Homiletisches Lesebuch, hg. v. Albrecht Beutel u.a., Tübingen [2]1989, S. 141-151.

Gert Otto hat in seiner Programmschrift "Predigt als Rede" von 1976 mit grundsätzlicher Bestimmtheit die Rhetorik wieder für die Homiletik eingefordert (☞ 3.2.5) und in diesem Zusammenhang den "rhetorischen Zirkel" als Modell der Predigtvorbereitung präsentiert. Damit machte Otto eine Frage explizit, der sich jede Reflexion über Predigtvorbereitung zu stellen hat: Will ich meinen Weg *linear* (Modell: vom Text zur Predigt) oder *zirkulär* (Modell: hermeneutischer Zirkel) konzipieren. "Zirkulär" bedeutet bei Gert Otto, daß ich mit irgendeinem seiner insgesamt sieben Schritte beginne, in nicht festgelegter Reihenfolge fortfahre und unter Umständen einzelne Phasen auch mehrmals durchlaufe.

> In dem folgenden Textausschnitt aus dem Buch stellt Otto seinen "rhetorischen Zirkel" vor:

> 📖 Gert Otto, Predigt als Rede, Stuttgart u.a. 1976, S. 88-99.

3 Predigt

Die zum Teil heftige Diskussion hat sich vor allem daran entzündet, daß Otto dem biblischen Text nur noch "als Material der Predigt, neben anderweitigen Materialien" (aaO., S. 97) einen Ort zuwies. Ich bitte aber zu beachten, daß mit dieser Kritik die prinzipielle Fragestellung nach einem zirkulären Modell der Predigtvorbereitung auf keinen Fall erledigt ist.

PT-Wörterbuch
- Homiletische Schriftauslegung
- Predigthilfen
- "Predigtstudien"
- "Göttinger Predigtmeditationen"
- Predigtarbeit: linear - zirkulär
- Ernst Lange (1968): Situation und Dialog
- Manfred Seitz (1969): Person und Meditation
- Gert Otto (1976): Rhetorik und hermeneutischer Zirkel

PTips

Wer sich für Homiletische Schriftauslegung interessiert, mag zu einem Aufsatz greifen, der mit erfrischender Polemik das noch immer dominierende Paradigma "Vom Text zur Predigt" angreift. Die Polemik bedient sich eines talmudischen Diktums: "Wer einen Text wörtlich übersetzt, ist ein Lügner." Mit rezeptionsästhetischen Argumenten (in Aufnahme von Gerd Theißen) wird eine "textgebundene Exegese" durch eine "textfortschreibende Eisegese" vervollständigt. Polemik ist nicht ausgewogen; insofern darf von dem Aufsatz keine homiletische Ortsbestimmung der Exegese erwartet werden. Aber Polemik kann erhellen; von daher meine Empfehlung:

    📖 Axel Denecke, Die Texte sind offen! Ein Plädoyer für die eisegetische Predigt: ZGDP 16 (1998) H.4, S. 21-23.

Die vielfältigen Anstöße zu einer rhetorischen Erneuerung der Predigt seit etwa 1970 fanden jetzt Eingang in einen Gesamtentwurf rhetorischer Homiletik:

    📖 Gert Otto, Rhetorische Predigtlehre. Ein Grundriss, Mainz/Leipzig 1999.

4 Seelsorge

Poimenik

4.0 Literatur

Wenn Sie gezielt nach Information oder nach Darstellung bestimmter Probleme im Zusammenhang suchen, dann können Sie zu folgenden Werken greifen:

📖 Dictionary of Pastoral Care and Counseling, hg. v. Rodney J. Hunter, Nashville/USA 1990.

📖 Handbuch der Psychologie für die Seelsorge, hg. v. Jürgen Blattner, Balthasar Gareis, Alfred Plewa, 2 Bde., Düsseldorf 1992/93.

📖 Geschichte der Seelsorge in Einzelporträts, hg. v. Christian Möller, 3 Bde., Göttingen 1994-1996.

📖 Klaus Winkler, Seelsorge, Berlin/New York 1997.

4.1 Hinführung

4.1.1 Phänomen

An den Beginn stelle ich eine literarisch verdichtete Szene von Seelsorge. Sie findet sich in dem Roman "Effi Briest" (1895) von Theodor Fontane (Kap. 34).

Effi Briest ist zum Zeitpunkt der Szene bereits eine todkranke Frau. Der Autor läßt kaum Zweifel, daß es ihre schlimme Lebensgeschichte ist, die sie krankgemacht hat: mit einem ungeliebten Mann verheiratet, nach der Liaison mit einem Major von der Gesellschaft und von den eigenen Eltern verstoßen. Erst spät, als Effi bereits todkrank ist, erklären sich die alten Briests bereit, die Tochter bei sich aufzunehmen. So kehrt Effi an den Ort ihrer Kindheit zurück. Auch den alten Pfarrer Niemeyer trifft sie wieder. Er ist offenbar ein liberaler Mann, keiner, der aus der Bibel alles und jedes erklären kann. Dieser Mann, der in den Augen der strengen Mutter der zersetzenden Macht des Zweifels nichts entgegenzusetzen hat, tut das, was seelsorglich an der Zeit ist: Er spricht mit der todkranken Effi über das Jenseits. Er tut das auf deren eigenen Impuls hin, sorgsam, vorsichtig, ohne jede Phrase:

"Einmal gingen sie auch wieder so ... Und als sie das so sagte, waren sie bis an die Schaukel gekommen. Sie sprang hinauf mit einer Behendigkeit wie in ihren jüngsten Mädchentagen, und ehe sich noch der Alte, der ihr zusah, von seinem halben Schreck erholen konnte, huckte sie schon zwischen den zwei Stricken nieder und setzte das Schaukelbrett durch ein geschicktes Auf- und Niederschnellen ihres Körpers in Bewegung. Ein paar Sekunden noch, und sie flog durch die Luft, und bloß mit einer Hand sich haltend, riß sie mit der andern ein kleines Seidentuch von Brust und Hals und schwenkte es wie in Glück und Übermut. Dann ließ sie die Schaukel wieder langsam gehen und sprang herab und nahm wieder Niemeyers Arm.

'Effi, du bist doch noch immer, wie du früher warst.'

'Nein. Ich wollte, es wäre so. Aber es liegt *ganz* zurück, und ich hab' es nur noch einmal versuchen wollen. Ach, wie schön es war, und wie mir die Luft wohltat; mir war, als flög' ich in den Himmel. Ob ich wohl hineinkomme? Sagen Sie mir's, Freund, Sie müssen es wissen. Bitte, bitte ...'

Niemeyer nahm ihren Kopf in seine zwei alten Hände und gab ihr einen Kuß auf die Stirn und sagte: 'Ja, Effi, du wirst.'"

Für uns ist wichtig, wie sich der alte Mann auf das eingelassen hat, was ihm beim Spazierengehen widerfuhr. Die todkranke Frau schaukelt für einen Augenblick gleichsam in die Kindheit zurück. Der Erzähler nimmt die Bewegung der Schaukel auf. Er läßt uns miterleben, wie sich die Schaukel, von einem Satz zum andern, in ein Bild wandelt. Die kranke Frau, schaukelnd, liefert selbst die Metapher vom Fliegen in den Himmel. Und Niemeyer, der Pfarrer, erklärt nicht, sondern greift das Bild auf. Er tut, was in diesem Fall zu tun ist: Er tröstet. Er vertröstet nicht, sondern sagt der Frau mit schlichten Worten zu, was sie im Angesicht des Todes und auf dem Hintergrund einer mißglückten Lebensgeschichte wissen wollte: "Ja, Effi, du wirst."

So einfach kann Seelsorge sein. Und so schwer. Ein Leben steckt dahinter, ein Leben, das den Zweifel kennt und die Angst. Ein Leben, das mühsam und in Jahren die kirchlichen Phrasen zerbröckeln ließ. Seelsorge - nicht Lehre, kein Wissen aus Büchern, sondern Erfahrung des Lebens.

Kann ich über Seelsorge als Lebensvollzug überhaupt wissenschaftlich reflektieren? Ist Seelsorge lehrbar und lernbar? Wie spielt die Theologie hinein in seelsorgliche Vollzüge? Und wie die Psychologie? Wir befinden uns bereits mitten in der poimenischen Diskussion.

4.1.2 Überblick

Die Unterscheidung von allgemeiner und spezieller Seelsorge ist für die Poimenik klassisch geworden. Sie bewahrt davor, daß sich der Blick auf die Phänomene der Seelsorge vorzeitig verengt. Mit "allgemeiner Seelsorge" bringen wir die seelsorgliche Dimension in allem Handeln der Kirche zur Sprache, mit "spezieller Seelsorge" das seelsorgliche Handeln am einzelnen Menschen aus gegebenem Anlaß.

P Eberhard Winkler hat diese Unterscheidung sowie eine Reihe anderer Begriffe kurz und einprägsam behandelt. Ihm liegt daran, Seelsorge noch vor aller notwendigen Professionalisierung als Aufgabe der Gemeinde zu beschreiben.

📖 Eberhard Winkler, Praktische Theologie elementar. Ein Lehr- und Arbeitsbuch, Neukirchen-Vluyn 1997, S. 137-139.

- Klären Sie die Begriffe, die im PT-Wörterbuch aufgelistet sind, so daß Sie mit Ihnen arbeiten können!

PT-Wörterbuch
- allgemeine - spezielle Seelsorge (cura animarum generalis - specialis)
- Pastoral (röm.-kath.)
- Subsidiaritätsprinzip

T Die Unterscheidung von allgemeiner und spezieller Seelsorge hilft, einen differenzierten Blick für die Seelsorge und ihre Phänomene zu gewinnen. Ich versuche zunächst eine Zuordnung von Phänomenen zu den beiden Begriffen:

allgemeine Seelsorge	spezielle Seelsorge
Gottesdienst	Krankenhausseelsorge
Predigt	Telefonseelsorge
Unterricht	Gefängnisseelsorge
Gemeindeaufbau	Gehörlosenseelsorge
Akademiearbeit	Militärseelsorge

- Erweitern Sie die beiden Spalten um weitere Begriffe bzw. Handlungsfelder!

Es sieht zunächst so aus, als gehörten alle kirchlichen Tätigkeiten, die "Seelsorge" im Namen tragen, klar in die rechte Spalte und alle Tätigkeiten, die terminologisch mit "Seelsorge" nichts zu tun haben, automatisch nach links. Es lohnt sich aber, die Begriffe versuchsweise auch in die jeweils andere Spalte zu setzen. Die beiden Weisen von Seelsorge meinen nicht Schubladen, sondern Perspektiven. Das heißt, daß die Begriffe unter jeder Perspektive andere Bedeutungsgehalte entbergen.

Beispiel: Seelsorge im Krankenhaus. Wir betrachten sie zunächst in der Perspektive der speziellen Seelsorge. Dann sehen wir das, was ihren Charakter als spezielle Seelsorge vor allem bestimmt: die Gespräche am Krankenbett. Ich kann aber "Krankenhausseelsorge" auch in die linke Spalte setzen. Dann sehe ich, wie im Krankenhaus auch allgemeine Seelsorge geschieht: durch Gottesdienste in der Krankenhauskapelle, durch kirchliche Sendungen im Rundfunk, durch Bildungsarbeit mit dem Personal, durch Kunst in den Gängen des Krankenhauses und vieles mehr. Zugleich kann ich Begriffe aus der linken auch in die rechte Spalte setzen. "Gottesdienst" beispielsweise gehört nicht nur in die allgemeine Seelsorge, weil er etwa auch eine therapeutische Funktion hat. Er kann als Krankenabendmahl auch zu einer Weise individueller Seelsorge werden. Sie merken, wie sich der Blick weitet, wenn Sie spielerisch mit der Unterscheidung von allgemeiner und spezieller Seelsorge umgehen.

- Versuchen Sie den Perspektivenwechsel auch mit anderen Begriffen aus der von Ihnen erweiterten Tabelle!

Insgesamt leitet die Unterscheidung in allgemeine und spezielle Seelsorge zu einem verknüpfenden Denken an. Im Grunde betrifft das Verknüpfen auch die Teildisziplinen der Praktischen Theologie. Fragen Sie in Zukunft immer nach der poimenischen Perspektive von Oikodomik, Liturgik, Homiletik oder Religionspädagogik und umgekehrt nach der oikodomischen, liturgischen, homiletischen oder religionspädagogischen Perspektive von Poimenik! Selbstverständlich können Sie auch Diakonik und Publizistik in dieses verknüpfende Spiel einbeziehen.

4.1.3 Problem

Sie werden sehen, wie sich im 20. Jahrhundert eine Frontstellung in der poimenischen Diskussion verfestigt hat: hier therapeutische, dort kerygmatische Seelsorge. Etwa seit Mitte der achtziger Jahre sucht man mit neuen Paradigmen (Grundmustern) über die alten Kontroversen hinauszukommen. Die Kernfrage der Poimenik dürfte aber noch immer lauten: Wie kann ich Seelsorge so konzipieren, daß die Eigenart (Proprium)

4 Seelsorge

christlicher Seelsorge auch im Zusammenspiel mit humanwissenschaftlichen und neuerdings ästhetischen Einsichten und Fertigkeiten kenntlich bleibt?

PT-Wörterbuch
- therapeutische - kerygmatische Seelsorge
- Paradigma
- Proprium

4.2   Konzeptionen

4.2.1 Identität mit der Gemeinde

Schleiermacher steht in der Poimenik, wie in anderen Disziplinen der Praktischen Theologie auch, am Beginn der modernen Entwicklung. Seine Seelsorge bewegt sich im Spannungsfeld zwischen der geistlichen Mündigkeit des einzelnen Gemeindeglieds und dem religiösen Gesamtzustand der Gemeinde.

W In dem Text, den ich zur Lektüre empfehle, bezieht sich Schleiermacher auf Gottesdienst und Predigt.

- Machen Sie sich wieder bewußt, wie er Gottesdienst (☞ 2.2.2) und Predigt (☞ 3.2.1) konzipiert!

P Trotz der Schwierigkeiten mit Schleiermachers Diktion lohnt es sich, einige Originalpassagen zu lesen. Mag die Sprache auch kompliziert sein, so ist doch leicht zu verstehen, was Schleiermacher meint, wenn ich versuche, mir beim Lesen konkrete Szenen von Seelsorge vorzustellen.

📖 Friedrich Schleiermacher, aus: Die praktische Theologie [posth. 1850], in: Seelsorge. Texte zum gewandelten Verständnis und zur Praxis der Seelsorge in der Neuzeit, hg. v. Friedrich Wintzer, München 1978, S. 3-9.

- Worin besteht nach Schleiermacher das Recht der These, die spezielle Seelsorge sei zugunsten der allgemeinen Seelsorge zu unterlassen?
- Inwiefern leitet die evangelische Auffassung vom Priestertum aller Gläubigen die Seelsorge?
- Inwiefern soll Seelsorge sich selbst überflüssig machen?
- Wie verbinden sich in dem, was Schleiermacher die "Zirkulation des religiösen Bewußtseins" nennt, allgemeine und spezielle Seelsorge?

T Interpretieren Sie auf dem Hintergrund des Wissens, das Sie sich angeeignet haben, die folgende Bestimmung zur Seelsorge:

"Die einzelnen können nur insofern Gegenstand einer besonderen klerikalischen Tätigkeit werden, als sie sich nicht in Identität mit der Gemeinde befinden."

Friedrich Schleiermacher, Kurze Darstellung des theologischen Studiums, 1. Aufl., Berlin 1811, S. 87, §17.

PT-Wörterbuch
- Identität mit der Gemeinde (Friedrich Schleiermacher)

4.2.2 Kerygmatische Seelsorge

Die Wort-Gottes-Theologie hat das Konzept einer kerygmatischen Seelsorge im 20. Jahrhundert geprägt und bisweilen mit polemischer Schärfe einer Seelsorge gegenübergestellt, die entdeckungsfreudig auf die Psychologie zuging.

Eine breite wirkungsgeschichtliche Spur zieht bis in die Gegenwart die Poimenik von Eduard Thurneysen (1888-1974), Freund und Mitstreiter Karl Barths. Im Aufbruch der Seelsorgebewegung wurde er zur Zielscheibe scharfer Angriffe. Inzwischen ist es längst zu einer Neubewertung seines Denkens und Wirkens gekommen. Thurneysen hat der Poimenik auch mit mißverständlichen Formulierungen (z.B. "Bruchlinie") bleibende Aufgaben gestellt.

Thurneysen hat zwei wichtige Bücher zur Seelsorge geschrieben. Im Vergleich mit der späten "Seelsorge im Vollzug" (1968) hat "Die Lehre von der Seelsorge" (1948) die Diskussion weit stärker bestimmt.

P Thurneysen hat die 16 Kapitel seines (früheren) Buches jeweils mit prägnanten, thesenartigen Inhaltsangaben eingeleitet; in dem Sammelband von Friedrich Wintzer sind diese kurzen Texte abgedruckt:

📖 Eduard Thurneysen, aus: Die Lehre von der Seelsorge (Thesen), in: Seelsorge. Texte zum gewandelten Verständnis und zur Praxis der Seelsorge in der Neuzeit, hg. v. Friedrich Wintzer, München 1978, S. 111-115.

- Lesen Sie sorgfältig diese kurzen Textstücke und klären Sie die Begriffe, die im folgenden PT-Wörterbuch angegeben sind!

PT-Wörterbuch
- Ausrichtung des Wortes Gottes an den Einzelnen (Eduard Thurneysen)
- Bruch/Bruchlinie
- Kampfgespräch
- Psychologie als Hilfswissenschaft
- Beichte/Beichtaussprache

K Weil die Rede von der "Bruchlinie" so viele Mißverständnisse erzeugt hat, empfehle ich die Lektüre des Kapitels, mit dem Thurneysen selbst den Begriff einführt und erläutert:

📖 Eduard Thurneysen, Die Lehre von der Seelsorge, München 1948, S. 114-128 [§7].

- Klären Sie unvoreingenommen, welches wichtige Anliegen Thurneysen mit seiner problematischen Rede vom "Bruch" verfolgt! Achten Sie auch auf die kulturelle Weite, die sich bei Thurneysen immer wieder auftut!

Es stellt sich die Frage, ob mit der "Bruchlinie" eine direkte *Handlungsanweisung* gemeint ist oder ein vielleicht überscharf formulierter, aber notwendiger Hinweis auf eine konstitutive *Dimension* christlicher Seelsorge. Anhand der Biographie aus der Feder eines Theologen, der Thurneysen gut gekannt hat, können Sie Konturen einer seelsorglichen Praxis erkennen, die mit dem Etikett "Bruchlinie" mehr verzerrt als präzise bestimmt wird:

📖 Rudolf Bohren, Prophetie und Seelsorge. Eduard Thurneysen, Neukirchen-Vluyn 1982, S. 199-228.

4.2.3 Seelsorge als Gespräch

Das Gespräch war schon immer ein Medium der speziellen Seelsorge. Aber erst in unserem Jahrhundert wurde das Gespräch in der Seelsorge eigens thematisiert. Joachim Scharfenberg hat diesem Thema sein programmatisches Buch "Seelsorge als Gespräch" von 1972 gewidmet. Ein wirklich freies, helfendes Gespräch habe sich, so Scharfenberg, im Rahmen traditionell-kirchlicher oder dialektisch-theologisch geprägter Seelsorge nicht entfalten können:

"Es ist die These dieses Buches, daß vor allem die starre Verklammerung der beiden Begriffe 'Gespräch' und 'Verkündigung' es ist ..., die eine Praktikabilität der Lehre von der Seelsorge weithin verhindert hat" (Scharfenberg, s.u., S. 10).

P Das Buch von Scharfenberg ist, wie die wiederholten Auflagen zeigen, zum Klassiker geworden. Scharfenberg war als Praktischer Theologe auch ausgebildeter Psychoanalytiker. Dementsprechend ist der humanwissenschaftliche Hintergrund seiner Studie die Psychoanalyse nach Sigmund Freud. Das Buch ist als Lehrbuch noch immer allen zu empfehlen, die über die interpersonale Dynamik im Gespräch praxisrelevante Kenntnisse erwerben wollen. Uns interessieren an dieser Stelle freilich primär Scharfenbergs konzeptionelle Überlegungen.

📖 Joachim Scharfenberg, Seelsorge als Gespräch. Zur Theorie und Praxis der seelsorgerlichen Gesprächsführung [1972], Göttingen ^{5}1991, S. 14-25 (= § 1, Abs. 1+2).

- Formulieren Sie die Kritik Scharfenbergs an der Seelsorgekonzeption der kerygmatischen Seelsorge!
- Warum ist die Orientierung am Modell der Seelsorge Jesu eine "fatale Konstruktion" (S. 19) oder ein "verhängnisvolles Mißverständnis" (S. 23)?
- Warum ist Seelsorge nach Scharfenberg etwas völlig anderes als die Beichte, aus der sie einst erwuchs?
- Wie wird das Gespräch, nachdem es aus der Umklammerung von Verkündigung und Beichte gelöst ist, wieder theologisch qualifiziert? Suchen Sie Scharfenbergs Anliegen, wie es sich im Stichwort der "Freiheit" konzentriert, zu verstehen, bevor Sie es auch kritisch bedenken!

PT-Wörterbuch
- Seelsorge als Gespräch "von Mann zu Mann, in welchem dem einzelnen auf seinen Kopf zu die Botschaft gesagt wird" (Hans Asmussen, 1937)
- Orientierung des seelsorglichen Gesprächs am "liturgischen Gespräch" (Eduard Thurneysen, 1948)
- Gespräch mit "tatsächlichem Gesprächscharakter" als Einübung von Freiheit (Joachim Scharfenberg, 1972)

4.2.4 Glaubenshilfe als Lebenshilfe

Kaum hatte sich die Seelsorgebewegung (☞ 4.3.3) um 1970 mit bahnbrechenden Arbeiten von Hans-Christoph Piper, Richard Riess, Joachim Scharfenberg, Dietrich Stollberg oder Hans-Joachim Thilo auch in Deutschland Gehör verschafft, da kamen auch schon die Gegenentwürfe. In eine ernsthafte Diskussion eingetreten ist Helmut Tacke. Sein Buch

"Glaubenshilfe als Lebenshilfe" (1975) ist eine fulminante Streitschrift gegen die theologischen Prämissen der Seelsorgebewegung. Auf dem Hintergrund der Wort-Gottes-Theologie, wie sie poimenisch ihren Niederschlag vor allem bei Eduard Thurneysen (☞ 4.2.2) gefunden hatte, greift Helmut Tacke die Seelsorgebewegung an und entwickelt die Umrisse einer erneuerten und zeitgemäßen Seelsorge aus dem Wort Gottes. Mit Tacke hatten sich die Fronten in der poimenischen Diskussion geklärt: hier therapeutische, dort kerygmatische Seelsorge.

T Machen Sie sich noch vor der eingehenden Lektüre klar, was Tacke positiv will! Dazu gebe ich Ihnen eine Definition von Seelsorge aus seinem Buch:

"Seelsorge ist praxisbezogene Vermittlung des Evangeliums in Form eines freien Gesprächs, in dem die Seelsorge Gottes zur Sprache kommt. Das seelsorgerliche Ziel besteht in der Hilfe zum Glauben, so daß der Glaube sich als Lebenshilfe erweisen kann" (Tacke, s.u., S. 32).

• Suchen Sie in den Haupt- und Nebentönen dieser Definition nach Anliegen der kerygmatischen *und* der therapeutischen Seelsorge!

P Die Polemik gehörte zur Auseinandersetzung. Sie ist hilfreich, um entscheidende Punkte deutlich herauszuhören. Wenn man heute, aus dem Abstand von Jahrzehnten, Tacke liest, fällt auf, wie sehr er die Anliegen der Seelsorgebewegung aufzunehmen suchte.

📖 Helmut Tacke, Glaubenshilfe als Lebenshilfe. Probleme und Chancen heutiger Seelsorge [1975], Neukirchen-Vluyn ³1993, S. 47-62 u. S. 77-89.

Sie müssen sich nicht im Detail die Konzepte merken, gegen die Tacke argumentiert. Es kommt auf die Sachpunkte der Diskussion an. Sie können also manches Kleingedruckte auch flüchtig lesen.

• "... vom Wort zum Sakrament, vom Kerygma zur Koinonia" (Richard Riess, zit. S. 47). Erläutern Sie an dieser Formel zustimmend und kritisch ein wichtiges Anliegen der therapeutischen (Tacke: der beratenden) Seelsorge!

• "Gott erlebt man ... in der Begegnung mit den Menschen" (Hans-Joachim Thilo, zit. S. 49). Erläutern Sie zustimmend und kritisch den Begriff der Inkarnation in seiner Bedeutung für die Poimenik!

• Das Problem der therapeutischen Seelsorge liegt darin, daß die Theologie "die psychischen Prozesse der Beratungspraxis deutend begleitet, aber nicht mehr durch Glauben verändert" (S. 62). Erläutern Sie Tackes These! Achten Sie dabei insbesondere auf die Kategorie der "Deutung" und überlegen Sie, ob es nicht auch im theologischen Denkrahmen Tackes eine positive Verwendung des Begriffs geben könnte!

• Begründen Sie die Notwendigkeit einer Verbalisierung des Evangeliums im Seelsorgegespräch mit einer Theologie des Namens Gottes!

• "Die Seelsorge kann das Gespräch am unmittelbarsten in seine eigene Freiheit führen" (S. 88). Beurteilen Sie Tackes Forderung nach einem "freien" Gespräch auf dem Hintergrund der dialogischen Postulate Scharfenbergs (☞ 4.2.3)! Beachten Sie dabei besonders die von Scharfenberg diagnostizierte Spannung zwischen Gespräch und Verkündigung!

4 Seelsorge

• Vermittlung des Evangeliums im freien Gespräch
  (Helmut Tacke)
• Inkarnation (poimenisch)
• Gespräch "im Schutzbereich des Namens"

4.2.5 Nuthetische Seelsorge

Einer maßgeblich psychotherapeutisch orientierten Seelsorge, wie sie sich zuerst in den USA und dann gegen Ende der sechziger Jahre auch in Europa etablierte, setzte der christliche Fundamentalismus eine Seelsorge entgegen, die Inhalt und Methode der Bibel zu entnehmen sucht. Eine wirkliche Diskussion mit der Seelsorgebewegung haben Jay E. Adams und andere nie geführt.

K Einflußreichster Vertreter der fundamentalistischen Seelsorge ist Jay E. Adams geworden. Seine Seelsorge nennt er nach der entsprechenden Wortgruppe im griechischen Neuen Testament "nuthetische" Seelsorge, am ehesten wohl als "zurechtweisende" Seelsorge zu verstehen. Der deutsche Titel seines Buches stellt die nuthetische Seelsorge in die Perspektive eines "befreienden" Handelns am Menschen.

Jay E. Adams, Befreiende Seelsorge. Theorie und Praxis einer biblischen Lebensberatung [am. 1970], Gießen ²1973, S. 39-44 [Drei Aspekte nuthetischer Beratung] und S. 85-90 [direktive Seelsorge - Methode].

- Stellen Sie die drei Aspekte nuthetischer Seelsorge heraus (Stichworte: Veränderung - Gespräch - Hilfe)!

- Machen Sie sich die wichtigsten Vorbehalte von Adams gegenüber der Gesprächspsychotherapie nach Carl Rogers (☞ 4.3.8) und insbesondere der Psychoanalyse nach Sigmund Freud (☞ 4.3.6) klar!

- Benennen Sie den Grund, der Adams faktisch zur Ablehnung humanwissenschaftlicher Erkenntnisse in der Seelsorge führt!

- Was können Sie den kurzen Textausschnitten über eine biblische Methodik von Seelsorge entnehmen?

• nuthetische Seelsorge (Jay E. Adams)
• direktive ↔ nicht-direktive Seelsorge

4.2.6 Parakletische Seelsorge

Manfred Seitz sucht in der Bibel nach Begriffen und Leitlinien für die Poimenik. Es geht ihm, nach einem Wort von Teilhard de Chardin, "um die Gegenwart eines liebenden Gottes im psychologischen Raum der Erde" (Seitz, s.u., S. 84). Nicht als Gegenentwurf zur Seelsorgebewegung, sondern als Ferment therapeutischer Seelsorge zeichnet er Grundlinien einer "parakletischen Seelsorge".

P Der Aufsatz von Seitz weist alle Merkmale auf, die einen programmatischen Aufsatz auszeichnen: Situationsdiagnose, konzeptionelle Skizze, handlungsorientierender Ausblick - das alles in klarer, knapper Diktion. Hinweis: Seitz spricht von beratender und therapeutischer Seelsorge. In der Sache geht es bei beiden Varianten um das, was ich in diesem Curriculum als therapeutische

Seelsorge einer kerygmatischen Seelsorge gegenübergestellt habe.

📖 Manfred Seitz, Überlegungen zu einer biblischen Theologie der Seelsorge, in: ders., Praxis des Glaubens. Gottesdienst, Seelsorge und Spiritualität [1978], Göttingen ³1985, S. 84-96.

- Wie beschreibt Seitz das Gegenüber von therapeutischer und kerygmatischer Seelsorge in den siebziger Jahren? Wagen Sie den Ausblick auf die aktuelle Situation und fragen Sie, ob und inwieweit die Zeitdiagnose von Seitz noch zutrifft!
- Zeichnen Sie die biblische Spur zu "cura/Sorge" nach!
- Skizzieren Sie den theologischen Begründungshorizont parakletischer Seelsorge (Stichwort: "Sorge Gottes") möglichst knapp anhand des von Seitz befolgten Dreischritts Gott - Jesus Christus - Gemeinde!
- Was ist die theologische Zielrichtung der von Seitz im Anschluß an Julius Schniewind so genannten "parakletischen" Seelsorge?
- Welchen Spielraum haben nach Teil IV des Aufsatzes psychotherapeutische Kenntnisse und Methoden in der christlichen Seelsorge?

PT-Wörterbuch • parakletische Seelsorge als Weitergabe der Sorge Gottes (Manfred Seitz)

4.2.7 Biblisch-therapeutische Seelsorge (BTS)

Eine Konzeption von Seelsorge, zugleich ein Curriculum poimenischer Aus- und Fortbildung, macht seit 1985 von sich reden: die BTS. Unter der maßgeblichen Verantwortung des Pädagogen und Psychologen Michael Dieterich hat sie vermocht, mit kerygmatischen Impulsen stark evangelikaler Prägung ein alternatives Ausbildungsmodell zur therapeutisch motivierten KSA (☞ 4.3.3) aufzubauen. Eine Beurteilung und Einordnung fällt nicht leicht, da sich die BTS an der poimenischen Diskussion praktisch nicht beteiligt. Handelt es sich um Seelsorge mit einer hermeneutisch weiten Bibelorientierung unter positiver Aufnahme psychologischer Einsichten? Oder um Seelsorge auf dem Hintergrund eines eher fundamentalistischen Bibelverständnisses mit sehr selektiver Wahrnehmung von Psychotherapie?

K Anhand einer Arbeit, die der BTS große Sympathie entgegenbringt, die sich aber zugleich um den poimenischen Diskurs bemüht, können Sie sich über BTS informieren:

📖 Rolf Sons, Seelsorge zwischen Bibel und Psychotherapie. Die Entwicklung der evangelischen Seelsorge in der Gegenwart, Stuttgart 1995, S. 93-112.

PT-Wörterbuch • Biblisch-therapeutische Seelsorge (BTS)

4.2.8 Alltagsseelsorge

Eine neue Debatte in der Poimenik beginnt dort, wo man versucht, die scharfe, prinzipielle Frontstellung zwischen kerygmatischer und therapeutischer Seelsorge zu überwinden. Das Zauberwort für eine erneuerte Seelsorge heißt "neues Paradigma". Es gelte, so das treibende Motiv, ein neues Paradigma jenseits von Verkündigung oder Therapie zu finden.

T Sie haben bereits eine Reihe von Konzepten kennengelernt. Machen Sie sich noch einmal präzise klar:

- Was macht im Kern die therapeutische, was die kerygmatische Seelsorge aus?

- Wo sehen Sie eine Konvergenz, wo möglicherweise eine unüberbrückbare Divergenz der Anliegen?

- Formulieren Sie Ihre Erwartung an Konzepte, die die bereits klassisch gewordene Frontstellung überwinden sollen! Beziehen Sie die theologische und kirchliche Situation der Gegenwart in Ihre Überlegungen ein!

Eine Spur zu einem neuen Paradigma führt über den Alltag. Während die Poimenik traditionell von der seelsorglichen als der außerordentlichen Situation ausging, versucht "Alltagsseelsorge" das Alltägliche, das Normale zum Ausgangspunkt konzeptionellen Nachdenkens zu machen.

Henning Luther setzt an bei der klassischen Frontstellung zwischen therapeutischer und kerygmatischer Seelsorge. Er versucht sie zu überwinden, indem er Seelsorge konzipiert als "die umfassende Sorge um das 'Selbst-Sein-Können'" (s.u., S. 228), deren im Grunde jeder Mensch bedarf.

P Der folgende Aufsatz von 1986 ist zur Programmschrift geworden für eine neu zu entdeckende "Alltagsseelsorge", auch wenn der Terminus hier noch nicht vorkommt. Der Autor spricht im Titel von "Alltagssorge", während es uns in diesem Curriculum um "Alltags*seel*sorge" geht. Bei der Lektüre werden Sie sehen, daß sich Luthers Konzept von Seelsorge so auf die Alltagssorge bezieht, daß eine Alltags*seel*sorge durchaus in seiner Perspektive liegt. In jedem Fall ist der Alltag der Bereich von Wirklichkeit, von dem aus die alte Frontstellung überwindbar erscheint.

📖 Henning Luther, Alltagssorge und Seelsorge. Zur Kritik am Defizitmodell des Helfens [1986], in ders., Religion und Alltag. Bausteine zu einer Praktischen Theologie des Subjekts, Stuttgart 1992, S. 224-238 + 300-306 (Anm.).

- Welche berechtigten Anliegen stecken nach Auffassung von Henning Luther hinter der wechselseitigen Polemik von therapeutischer und kerygmatischer Seelsorge?

- Kennzeichnen Sie die negativen Implikationen der "Alltagssorge"!

- Es geht Henning Luther um "das Unalltägliche im Alltäglichen". Entfalten Sie seinen "dialektischen Begriff des Alltags" (Anm. 11)!

- Impuls: "Seelsorge geht es um nichts weniger als um diesen (sozialen) Tod und diese Wiedergeburt, von denen das Neue Testament auf vielfache Weise zu reden weiß" (S. 229 f.).

- Inwiefern bedeutet der Aufweis einer "Defizitperspektive" bzw. eines "Defizitmodells" einen prinzipiellen Angriff auf kerygmatische und therapeutische Seelsorgekonzepte?

- Impuls: "Der andere, der aus der Welt fällt, wirft ein Licht auf den Riß, der durch unsere Welt geht und der keine falsche, vorschnelle Versöhnung zuläßt" (S. 238).

PT-Wörterbuch
- Sorge um das Selbst-Sein-Können des Menschen (Henning Luther)
- Alltagssorge
- Ich ≠ Man (Differenzerfahrung)
- Möglichkeitssinn (Robert Musil)
- Defizitperspektive bzw. Defizitmodell
- asymmetrische Beziehung

Auch meine eigene Monographie zur Seelsorge wollte das Defizitmodell, wie es Henning Luther und andere diagnostizierten, konzeptionell überwinden. Dem geläufigen "Gefälleparadigma" therapeutischer oder kerygmatischer Spielart setzte ich das Paradigma des "existentiellen Gesprächs zwischen Freunden" entgegen. Damit war im Grunde ein Alltagsparadigma postuliert, auch wenn ich es an eher bürgerlich-elitären Gesprächsmodellen des 19. Jahrhunderts entwickelte. Über Henning Luther hinaus lag mir daran, den "Deutehorizont des christlichen Glaubens" nicht nur auf der Reflexionsebene der Theologie zu verorten, sondern eine existentielle Sprache des Glaubens (☞ 8.3.3) im Seelsorgegespräch selbst oder doch im Gespräch über dieses Gespräch (z.B. in der Supervision) konzeptionell zu verankern. Mein Modell hat seinen Ort zwischen Alltagsseelsorge und hermeneutischer (☞ 4.2.9) Seelsorge.

Wer Lust hat, mag meine Thesen zu einem Seelsorgemodell jenseits von Verkündigung oder Therapie lesen. Gedacht waren sie als erneuerter Deuterahmen für ein Ausbildungsmodell nach den Grundsätzen der Klinischen Seelsorgeausbildung (☞ 4.3.3).

📖 Martin Nicol, Gespräch als Seelsorge. Theologische Fragmente zu einer Kultur des Gesprächs, Göttingen 1990, S. 162-173.

Eberhard Hauschildt hat den Begriff der "Alltagsseelsorge" in der poimenischen Diskussion etabliert. Es ging ihm darum, die Seelsorge von der Fixierung auf die "hohen" Ansprüche und Formen von Therapie und Verkündigung zu lösen. Mit seiner sozio-linguistischen Analyse von pastoralen Geburtstagsbesuchen liefert er dafür die empirische Basis. Seine Alltagsseelsorge (samt Alltagstheologie und Alltagstherapie) will dem Alltag den von Henning Luther postulierten Möglichkeitssinn entlocken, ohne freilich dabei den Bereich des Alltags zu verlassen. Vielleicht kann man es so sagen: Hauschildt hat der kleinen Münze alltäglicher, durchaus auch beiläufiger Seelsorge konzeptionelles Gewicht verschafft und genau damit ein Gegengewicht zur traditionellen kerygmatischen wie therapeutischen Seelsorge geschaffen.

📖 Eberhard Hauschildt, Alltagsseelsorge. Eine sozio-linguistische Analyse des pastoralen Geburtstagsbesuches, Göttingen 1996, S. 371-388.

PT-Wörterbuch
- Gefälleparadigma
- existentielles Gespräch zwischen Freunden (Martin Nicol)
- Alltagsseelsorge (Eberhard Hauschildt)

4 Seelsorge

4.2.9 Hermeneutische Seelsorge

Geschichte gibt es nur im Medium der Geschichten, die erzählt werden. Wirklichkeit gibt es nicht als Bündel von Fakten; das entspräche einer positivistischen Position. Wirklichkeit ist vielmehr das Ergebnis eines prinzipiell unabgeschlossenen Prozesses von Deutungen; das ist eine hermeneutische Einstellung zur Wirklichkeit. Bei solchen Deutevorgängen kommt der Sprache eine herausragende Rolle zu: Meine Geschichte ist so, wie ich Sprache für sie finde. Seelsorge hieße demnach, in immer neuen Anläufen des Sprechens einem Menschen zu helfen, daß er seine eigene, unverwechselbare Lebensgeschichte erzählen kann. Dabei ist das Sprachmaterial, das ich dem anderen als Sprechhilfe anbiete, von entscheidender Bedeutung. Unter vielen Kriterien, die zu nennen wären, hebe ich für die christliche Seelsorge eines hervor: Es sollte sich um Sprache oder Sprachfragmente handeln, die prinzipiell mit Gott rechnen. Die Worte, Bilder und Geschichten der Bibel sind die maßgeblichen Elemente einer solchen Sprache. Sie helfen mir, meine eigene Lebensgeschichte im Deutehorizont der Geschichte Gottes mit den Menschen zur Sprache zu bringen.

P Albrecht Grözinger hat das Anliegen hermeneutischer Seelsorge programmatisch in die deutsche Diskussion eingebracht. Narrative Seelsorge erscheint als eine spezifische Variante hermeneutischer Seelsorge. Mit dem folgenden Text bringt Grözinger auf dem Feld der Seelsorge den ästhetisch-hermeneutischen Ansatz (☞ 12.1.2) praktisch-theologischer Theoriebildung zur Geltung.

📖 Albrecht Grözinger, Seelsorge als Rekonstruktion von Lebensgeschichte: WzM 38 (1986) 178-188.

- Machen Sie sich das Verhältnis von res factae und res fictae, von geschehener und erzählter Geschichte an den beiden biblischen Beispielen in Teil I des Aufsatzes klar!

- Formulieren Sie einprägsam, was die hermeneutische Seelsorge nach Grözinger auszeichnet! Stichworte: Ganzheit - Horizontverschmelzung - Bruch - Narrativität.

- Rufen Sie sich die Seelsorgelehre von Eduard Thurneysen (☞ 4.2.2) ins Bewußtsein zurück und beurteilen Sie demgegenüber Grözingers Interpretation vom Bruch!

- Überlegen Sie, wo und wie Ihnen die hermeneutische Perspektive (res factae - res fictae) bei Ihrer historischen Beschäftigung mit biblischen Texten bereits begegnet ist!

PT-Wörterbuch
- Seelsorge als Rekonstruktion von Lebensgeschichte (Albrecht Grözinger)
- res factae - res fictae
- Horizontverschmelzung (Hans-Georg Gadamer)
- narrative Seelsorge

Albrecht Grözinger hat einige Jahre später die ästhetische Komponente in seinem Ansatz deutlicher herausgearbeitet. Jetzt erscheint Seelsorge explizit als "Kunst". Bemerkenswert ist, daß er seinen ästhetisch-hermeneutischen Ansatz in deutlicher Wahrnehmung unserer säkularisierten, pluralen und multikulturellen Gesellschaft entfaltet. Seelsorge habe das Individuum für die in dieser Gesellschaft unabdingbare Differenz-Erfahrung zu stärken.

🕮 Albrecht Grözinger, Differenz-Erfahrung. Seelsorge in der multikulturellen Gesellschaft, Waltrop 1994, S. 49-60.

Wer sich für eine aktuelle Verortung hermeneutischer Seelsorge im praktisch-theologischen Diskurs interessiert, sollte den informativen Aufsatz von Hans Streib lesen. Bemerkenswert ist, daß Streib auch die US-Poimenik einbezieht, in der hermeneutische Ansätze bereits seit längerem diskutiert werden.

🕮 Heinz Streib, Heilsames Erzählen. Pastoraltheologische und pastoralpsychologische Perspektiven zur Begründung und Gestaltung der Seelsorge: WzM 48 (1996) 339-359.

4.2.10 Energetische Seelsorge

Bedenkenswerte Hinweise auf eine Seelsorge der Zukunft liefert Manfred Josuttis. Er hatte sich einst selbst engagiert in die poimenische Debatte zwischen Kerygma und Therapie eingemischt. Jetzt nimmt er zwar Impulse aus beiden Richtungen auf, konzipiert aber etwas Neues: Seelsorge im Energiefeld des Heiligen oder, wie er es selbst nennt, energetische Seelsorge.

Inzwischen ist der Gesamtentwurf erschienen:

🕮 Manfred Josuttis, Segenskräfte. Potentiale einer energetischen Seelsorge, Gütersloh 2000.

P Als Einführung in das Konzept von Josuttis energetischer Seelsorge empfehle ich das Seelsorge-Kapitel aus seinem pastoraltheologischen Entwurf:

🕮 Manfred Josuttis, Die Einführung in das Leben. Pastoraltheologie zwischen Phänomenologie und Spiritualität, Gütersloh 1996, S. 119-134.

- Was meint die Formel vom seelsorglichen Gespräch als einem "heilsamen Austausch" (S. 120, 134)?
- Wie sehen die Konturen einer "radikalen Alternative" (S. 123) zur neuzeitlichen Psychologie aus?
- Welche alten religiösen Praktiken wären neu als Methoden in die Seelsorge einzubringen?
- Wie nimmt Josuttis mit dem Hinweis auf das "heilvolle Wort" (S. 132) kerygmatische Anliegen und Konzepte auf?
- Worin besteht der Mehrwert eines "heilsamen Austauschs" gegenüber geläufiger "Interaktion"?

4 Seelsorge

PT-Wörterbuch	• Energetische Seelsorge als heilsamer Austausch (Manfred Josuttis) • Gefühle als Atmosphären (Hermann Schmitz) • die Wirklichkeit des Heiligen • drei Kanäle der seelsorglichen Kommunikation: kognitiv - emotional - energetisch • Urformen religiöser Handlungskompetenz • Leitbilder: Lehrer - Prediger - Therapeut - Mystagoge

4.3   Perspektiven

4.3.1 Von der Seelensorge zur Seelsorge

Begriff und Gestalt der Seelsorge lassen sich nur sehr bedingt aus der Bibel ableiten. Gleichwohl hat es Seelsorge immer gegeben in der Kirche.

P Christian Möller hat gezeigt, wie es erst allmählich zum uns vertrauten Begriff "Seelsorge" gekommen ist. Der relativ kurze Text bietet verschiedene Perspektiven: Begriffsgeschichte, Geschichte der Seelsorge, biblische Verstehenslinien. Mit dem schönen Bild von der Atemhilfe bietet Möller ein biblisch fundiertes Bild, das auch für aktuelle Seelsorge als Leitbild dienen könnte.

📖 Christian Möller, Entstehung und Prägung des Begriffs Seelsorge, in: Geschichte der Seelsorge in Einzelporträts, 3 Bde., hg. v. Christian Möller, Göttingen 1994-1996, hier: Bd. 1, S. 9-19.

• Seelsorge kann vom Alten Testament her als "Atemhilfe" verstanden werden. Beschreiben Sie diese Vorstellung und markieren Sie ihre Sperrigkeit gegenüber der griechischen Antike!

• Welche Implikationen verbinden sich vor der Reformation mit dem pluralischen Begriff der Seelen-Sorge (cura animarum)?

• Beschreiben Sie die spezifischen Konturen, die der singularische Begriff der Seel-Sorge im Laufe der Zeit angenommen hat!

PT-Wörterbuch	• Sorge für die eigene Seele (griechische Antike) • Atemhilfe (AT) • Sündenvergebung als Atemhilfe im Heiligen Geist (NT) • agonale Seelsorge • Seelen-Sorge → Seelsorge

Es ist deutlich geworden, daß die Beichte eine Wurzel dessen darstellt, was wir heute unter Seelsorge verstehen. Eine Geschichte der Seelsorge hätte gründlich von der Beichte zu handeln. Das gilt nicht nur für die Zeit vor der Reformation. Bis in unsere Zeit spielt die Beichte in Überlegungen zur evangelischen Seelsorge hinein. Eduard Thurneysen (☞ 4.2.2) hat ein ganzes Kapitel seiner "Lehre von der Seelsorge" dem Thema "Seelsorge als Beichte" gewidmet. Und noch Joachim Scharfenberg (☞ 4.2.3) muß seine "Seelsorge als Gespräch" in heftiger Auseinandersetzung mit dem klassischen Beicht-Paradigma entfalten.

4.3.2 Per mutuum colloquium et consolationem fratrum

Luthers Formel ("durch Gespräch und Tröstung der Brüder untereinander") ist berühmt geworden, weil sie möglicherweise sein Verständnis von Seelsorge auf den Begriff bringt. Vorsicht ist geboten, weil wir dazu neigen, zum Stichwort "Gespräch" (Luther: mutuum colloquium) allzu direkt unsere moderne Vorstellung vom Gespräch einzutragen. Dennoch gehört Luthers Formel zum poimenischen Grundwissen.

> Es gibt eine kleine Untersuchung, die ich in ihrer Verknüpfung von aktueller Diskussion und historischer Analyse für vorbildlich halte. Jürgen Henkys untersucht die Wirkungsgeschichte von Luthers Formel in der poimenischen Debatte und kommt dann auf dem Weg über die Lutherforschung zu einer eigenen Analyse der Formel im ursprünglichen Kontext. Und das alles auf 43 Seiten!
>
> 📖 Jürgen Henkys, Seelsorge und Bruderschaft. Luthers Formel "per mutuum colloquium et consolationem fratrum" in ihrer gegenwärtigen Verwendung und ursprünglichen Bedeutung, Stuttgart 1970.

Die Formel findet sich in den Schmalkaldischen Artikeln, von Luther verfaßt um die Jahreswende 1536/37. Es geht in Artikel IV um die Wirkweisen des Evangeliums. Die Formel sticht als einzige lateinische Wendung in einem deutschen Kontext sofort ins Auge.

Im Anschluß an die Untersuchungen von Jürgen Henkys komme ich zu folgender Gliederung des Textes:

> "Wir wollen nu wieder zum Evangelio kommen, welchs gibt nicht einerleiweise Rat und Hulf wider die Sunde; denn Gott ist reich in seiner Gnade:
>
> (1) erstlich durchs mundlich Wort, darin gepredigt wird Vergebung der Sunde in alle Welt, welchs ist das eigentliche Ampt des Evangelii,
>
> (2) zum andern durch die Taufe,
>
> (3) zum dritten durchs heilig Sakrament des Altars,
>
> (4) zum vierden durch die Kraft der Schlussel
>
> (5) und auch per mutuum colloquium et consolationem fratrum ...."
>
> aus: Schmalkaldische Artikel IV, BSLK S. 449,6-13.

Nach dieser Gliederung würden die Absätze 2-4 die sakramentalen Wirkweisen des Evangeliums benennen: Taufe, Abendmahl, Beichte (damals von Luther noch als Sakrament gewertet). Absatz 1 meint die Predigt als öffentliche Verkündigung, Absatz 5 die Bestärkung der Christinnen und Christen untereinander im Glauben.

Problem der Interpretation ist die Verbindung von Absatz 4 und Absatz 5: Ist das Gespräch eine eigenständige Wirkweise des Evangeliums oder ist, worauf das Fehlen eines "zum fünften" hindeuten würde, der Hinweis auf das Gespräch (5) eine Erläuterung zur Praxis des Beichtsakraments (4)? Jürgen Henkys meint, das Gespräch sei zwar der Beichte noch zugeordnet, bedeute aber zugleich deren Entschränkung: vom amtsgebundenen Bußsakrament zum gemeindlichen Ereignis. Methodisch komme

gegenüber dem Beichtritual das wirkliche Gespräch in den Blick, die
Thematik weite sich von der Sündenvergebung im engeren Sinn auf
Trost, Aufmunterung, Rat und überhaupt alles, was ein Mensch vom an-
deren im Gespräch erwarten kann.

Luthers Formel vom "mutuum colloquium" markiert eine Station in der
Geschichte der Seelsorge, an der exemplarisch beobachtet werden kann,
wie sich im Umfeld einer noch sakramental geordneten Beichtpraxis bereits die moderne Praxis einer Seelsorge als Gespräch abzeichnet.

PT-Wörterbuch   • per mutuum colloquium et consolationem fratrum
                       (Martin Luther)

4.3.3   Seelsorgebewegung und KSA

Die Geschichte der modernen Seelsorge ist zu einem guten Teil die Geschichte der sogenannten Seelsorgebewegung. Sie entstand in den
zwanziger Jahren in den USA und wurde ab Mitte der sechziger Jahre
über die Niederlande auch im deutschen Sprachraum wirksam. Zu ihren
Kennzeichen gehören: Erfahrungsorientierung theologischen Lernens,
Entwicklung von Modellen poimenischer Aus- und Fortbildung, Aufnahme
psychologischer Erkenntnisse und psychotherapeutischer Methoden. Der
Anspruch der Seelsorgebewegung richtete sich bald auf die gesamte
Theologie und mündete in die Entwicklung der "Pastoralpsychologie".
"Pastoralpsychologie" meint die psychologische Bearbeitung all der Praxisfelder, die den Beruf des Pfarrers oder der Pfarrerin ausmachen. 1972
wurde die Deutsche Gesellschaft für Pastoralpsychologie (DGfP) gegründet. Unter anderem wurden dort Standards für die poimenische Ausbildung entwickelt. Die Klinische Seelsorgeausbildung (KSA) stellt eine
Sektion in der DGfP dar; sie ist zum beherrschenden Modell in der kirchlichen Praxis geworden.

P Einer der "Väter" der Seelsorgebewegung in Deutschland hat in einem Le-
xikonartikel wichtige Informationen präzise, verständlich und sozusagen
authentisch zusammengestellt:

📖 Dietrich Stollberg, Art. Clinical Pastoral Training: TRE 8, 123-125 [1981].

• Benennen und erklären Sie die unverzichtbaren Elemente im Ausbildungsmodell der KSA!

• Skizzieren Sie die Geschichte der Seelsorgebewegung (USA → Niederlande
  → deutscher Sprachraum)!

• Explizieren Sie anhand von Boisens "living human documents" die Seelsorgebewegung als "kritische Anfrage an die Schultheologie" (Stollberg)!

PT-Wörterbuch   • Seelsorgebewegung
                     • Pastoralpsychologie
                     • Deutsche Gesellschaft für Pastoralpsychologie (DGfP)
                     • Klinische Seelsorgeausbildung (KSA): Praxisfeld - Supervision -
                       Fachinformation
                     • living human documents (Anton T. Boisen)

4.3.4 Bibelgebrauch in der Seelsorge

Bei der Frage nach dem Bibelgebrauch in der Seelsorge sind zwei Frage-richtungen zu unterscheiden:

(1) *Konzeptionell:* Welche Rolle kommt der Bibel zu bei der Begründung von Seelsorge?

(2) *Praktisch:* Welche Rolle kommt der Bibel für die seelsorgliche Praxis zu?

Beide Fragerichtungen sind zu unterscheiden, aber nicht zu trennen. Der praktische Gebrauch der Bibel wird sich in der Konzeption niederschla-gen, und im Vollzug der Seelsorge wird sich der konzeptionelle Ort der Bibel auf den praktischen Gebrauch auswirken. In der folgenden Über-sicht kommen die konzeptionelle wie die praktische Perspektive zur Gel-tung. Nun kann ich fünf Weisen des Bibelgebrauchs in der Seelsorge un-terscheiden:

1. Der *instrumentelle* Gebrauch: Bibelworte finden als Mittel (lat. instru-mentum) der Seelsorge Anwendung im Seelsorgegeschehen selbst.

2. Der *fundamentalistische* Gebrauch: Form und Inhalt der Seelsorge werden direkt der Bibel entnommen.

3. Der *legitimierende* Gebrauch: Die Bibel legitimiert und vertieft psy-chotherapeutische Einsichten.

4. Der *normierende* Gebrauch: Die Bibel dient maßgeblich zur theologi-schen Grundlegung oder Normierung der Seelsorge, läßt aber Freiheit im praktischen Gebrauch der Bibel.

5. Der *experimentelle* Gebrauch: Die Bibel erschließt Wirklichkeit auf der Ebene von Erfahrung (lat. experientia) im situativen Ausprobieren (lat. experimentum) von biblischen Worten, Bildern und Geschichten in ih-rer Deutekraft für das Leben.

In einem Aufsatz habe ich die fünf Weisen des Bibelgebrauchs in der Seelsorge benannt. Der Aufsatz ist von Interesse für alle, die ihren Horizont über die deutschsprachige Seelsorge hinaus erweitern wollen. Ich habe gezeigt, wie in den USA die Bibel immer auch in Konzepten therapeutischer Seelsorge eine maßgebliche Rolle gespielt hat. Eine hermeneutisch motivierte Poimenik (☞ 4.2.9) weist in den USA immer dringlicher auf den (von mir so genannten) expe-rimentellen Gebrauch der Bibel. Die hermeneutische Poimenik in den USA be-rührt sich sachlich mit europäischen Versuchen, die Bibel wieder ins Zentrum poimenischer Reflexion zu stellen.

📖 Martin Nicol, Leben deuten mit der Bibel. Zum Schriftgebrauch in der nord-amerikanischen Seelsorge: WzM 50 (1998) 2-17.

T Verorten Sie die poimenischen Konzepte, die Sie kennengelernt haben, unter den fünf Weisen des Bibelgebrauchs in der Seelsorge! Es wird Ihnen bei diesem Schritt noch klarer werden, was mit den fünf Weisen jeweils gemeint ist. Hinweis: Sie werden oft auf Mischformen treffen.

4 Seelsorge

Zur Anregung für Ihr eigenes Nachdenken versuche ich selbst fünf mögliche Zuordnungen:

> (1) Christian Palmer (s.u.)
> (2) Jay E. Adams (☞ 4.2.5)
> (3) Hanna Wolff (s.u.)
> (4) Manfred Seitz (☞ 4.2.6)
> (5) Peter Bukowski (s.u.)

📖 Christian Palmer, Art. Seelsorge [1861]: RE[1] 14, 204-212.

📖 Hanna Wolff, Jesus als Psychotherapeut. Jesu Menschenbehandlung als Modell moderner Psychoanalyse [1978], Stuttgart [9]1990.

Wer sich dafür interessiert, wie ein experimenteller Gebrauch der Bibel aussehen kann, lese in dem anregenden Buch von Peter Bukowski. Der Autor war einst (1976) als Vikar bei Helmut Tacke (☞ 4.2.4) im Seelsorgekurs gewesen. Wer sich bei Tacke selbst gefragt hatte, wie sein "Einsprechen" des Evangeliums in das Seelsorgegespräch praktisch aussehen könne, trifft bei Bukowski auf zeitgemäße Praxishinweise. Das Buch ist nicht sehr umfangreich (109 S.) und gut geschrieben; ich empfehle es als ganzes zur Lektüre. Wer nicht viel Zeit hat, aber Interesse für die Fragestellung, sollte sich wenigstens die folgenden Seiten gönnen:

📖 Peter Bukowski, Die Bibel ins Gespräch bringen. Erwägungen zu einer Grundfrage der Seelsorge [1994], Neukirchen-Vluyn [3]1996, S. 55-83.

PT-Wörterbuch	• Bibelgebrauch in der Seelsorge
	– instrumentell
	– fundamentalistisch
	– legitimierend
	– normierend
	– experimentell

4.3.5 Richtungen der Psychotherapie

Wer angemessen Seelsorge üben und über sie nachdenken will, muß Kenntnisse aus Psychologie und Psychotherapie erwerben. Vieles, was die Psychologie sei gut hundert Jahren an Erkenntnissen erbracht hat, gehört inzwischen zum Allgemeinwissen. Schon allein deswegen sollten Sie Grundkenntnisse beispielsweise über Sigmund Freud haben.

Ich will Ihnen zunächst einen Überblick über das verwirrend vielfältige Gebiet der Psychotherapie geben. Ein Buch, das nicht speziell für Theologiestudierende verfaßt ist, versucht eine erste Orientierung und verbindet diese mit solider Information:

📖 Jürgen Kriz, Grundkonzepte der Psychotherapie. Eine Einführung, Weinheim [4]1994.

Das Lehrbuch von Jürgen Kriz unterscheidet vier große Richtungen der Psychotherapie:

Kennzeichen	Abgrenzung	Stichworte
1. Tiefenpsychologische Ansätze		
Sie kommen in diversen Modifikationen von der Psychoanalyse Freuds her und arbeiten mit dem Grundbegriff des Unbewußten.	Sie wenden sich gegen einseitig vernunftorientierte Bestimmungen menschlichen Verhaltens.	• Unbewußtes • Konflikt • Energie
2. Verhaltenstherapeutische Ansätze		
Sie betrachten das Verhalten des Menschen als Resultat von natürlichen oder manipulierten Lernvorgängen.	Sie betreiben keine Suche nach tiefenseelischen Ursachen für pathologisches Verhalten.	• Lernen • Reiz - Reaktion • Kognition
3. Humanistische Ansätze		
Sie orientieren das therapeutische Vorgehen an anthropologischen Einsichten der Philosophie vorzugsweise existentialer Ausrichtung.	Sie wenden sich gegen ein monokausales, mechanistisches und deterministisches Menschenverständnis.	• Begegnung • Wachstum • Autonomie
4. Systemische Ansätze		
Sie richten die Aufmerksamkeit auf das Wie seelischer Störungen als Folge von Wechselwirkungen innerhalb eines Systems, beispielsweise einer Familie.	Sie wenden sich gegen die Frage nach dem Warum im Rahmen linearer Kausalität.	• Zirkularität • Kommunikation • Struktur • Ökologie • Evolution

PT-Wörterbuch • vier Richtungen der Psychotherapie
  – psychoanalytisch
  – verhaltenstherapeutisch
  – humanistisch
  – systemisch

Der Einfluß der vier Richtungen auf die christliche Seelsorge fällt unterschiedlich aus. Bisher haben die psychoanalytischen und humanistischen Ansätze die breiteste poimenische Wirkung entfaltet. Der systemische Ansatz (☞ 1.2.10) dürfte in Zukunft an Bedeutung gewinnen.

W Sie sind bereits beim Konzept der energetischen Seelsorge von Manfred Josuttis (☞ 4.2.10) auf grundsätzliche Anfragen an die neuzeitliche Psychologie gestoßen; darauf will ich jetzt noch einmal aufmerksam machen. Zugleich sollten Sie an dieser Stelle schon einmal vorausblicken und die Frage nach der gesellschaftlichen Einbindung des Individuums als Kritik an herkömmlichen Psychotherapiekonzepten in der Seelsorge wahrnehmen (☞ 4.3.13).

📖 Manfred Josuttis, Die Einführung in das Leben. Pastoraltheologie zwischen Phänomenologie und Spiritualität, Gütersloh 1996, S. 119-134.

• Machen Sie sich die Anfragen von Josuttis noch einmal klar (bes. S. 121-124)!

• Impuls: "Die Voraussetzung dieser neuen Konzepte muß man immer noch als psychologisch bezeichnen, weil sich die therapeutischen Verfahren auf psychointerne Gegebenheiten beziehen, nämlich auf die perinatale und transpersonale Dimension der Psyche, auf das verborgene, unterdrückte, vehemente Selbst im Menschen, auf die Bindung an vorgegebene, zu respektierende und unbewußt immer auch respektierte Strukturen" (S. 123).

Die meisten psychologischen Konzepte und psychotherapeutischen Methoden, die für die Seelsorge wichtig geworden sind, kann ich in diesem

4 Seelsorge

Grundwissen nicht behandeln. Beispiele: Logotherapie, Transaktions-
analyse, Gestalttherapie, Themenzentrierte Interaktion oder verhaltens-
therapeutische Modelle aller Art. Sie sollten sich aber informieren und dabei für sich selbst die Konturen der vier großen Richtungen schärfen. Solide Information finden Sie etwa in dem "Handbuch der Psychologie für
die Seelsorge" (☞ 4.0).

Freilich sollten Sie an Primärtexten nicht völlig vorübergehen. Für unser
Grundwissen empfehle ich daher einige Originaltexte von Klassikern der
Psychologie bzw. Psychotherapie. Darüber hinaus spreche ich Konzepte
an, mit denen Sie sich gründlicher beschäftigen sollten. Für das Examen
ist es gut, mindestens zwei psychotherapeutische Konzepte möglichst
unterschiedlicher Provenienz gründlicher zu kennen.

Bei den psychotherapeutischen Konzepten, die Sie im folgenden bearbeiten, sind Freud und Jung den psychoanalytischen Ansätzen zuzuordnen; Rogers wäre bei den humanistischen und Watzlawick bei den systemischen Ansätzen zu verorten.

4.3.6 Die Entdeckung des Unbewußten

Die historische Leistung von Sigmund Freud (1856-1939) ist, bei aller Kritik, unbestritten. Er ist der Begründer der Psychoanalyse. Die Seele als
ein spannungsvolles Miteinander von bewußten und unbewußten Anteilen
- diese Einsicht ist wesentlich ihm zu danken. Begriffe wie "das Unbewußte", "Verdrängung" oder "Übertragung" sind längst in die Alltagsspra-
che eingegangen. Die Psychoanalyse möchte seelische Krankheit heilen,
indem sie mit einem bestimmten therapeutischen Verfahren die in früheren Lebensphasen entstandenen, nun ins Unbewußte abgelagerten Ur-
sachen für aktuelle Krankheitssymptome aufdeckt und bearbeitet. Bei
diesem Therapieverfahren spielt die "Sprache als Therapeutikum"
(Joachim Scharfenberg) eine herausragende Rolle.

P Der folgende Text gibt Einblick in Grundgegebenheiten des psychoanalytischen Verfahrens. Zugleich wird etwas spürbar von der spannenden Geschichte der Entdeckung der modernen Seele, die mit der Entdeckung des psychoanalytischen Verfahrens aufs engste verbunden ist.

📕 Sigmund Freud, Erinnern, Wiederholen und Durcharbeiten [1914], in: Sigmund Freud. Werkausgabe in zwei Bänden, hg. v. Anna Freud u. Ilse Grubrich-
Simitis, Frankfurt/M. 1978, Bd. 1, S. 518-525.

• Lesen Sie den Text Freuds so, daß Sie mit den im PT-Wörterbuch angegebe-
nen Stichworten umgehen können! Nehmen Sie eventuell ein Lexikon zur
Hilfe!

Sigmund Freud ist für das Verhältnis Psychologie - Theologie besonders
wichtig geworden. Noch heute scheiden sich manche Geister in der Kirche an seinem Konzept, besonders an seiner Anthropologie und an seiner kritischen Position gegenüber der Religion. Es lohnt sich noch immer,
über die Relevanz von Freud für die Theologie nachzudenken.

Joachim Scharfenberg (☞ 4.2.3) war Praktischer Theologe und ausgebildeter Psychoanalytiker. Publizistisch hat er Wegmarken gesetzt für das Gespräch zwischen Theologie und Psychologie, insbesondere für die Auseinandersetzung mit der Lehre Freuds. Der Begriff der "Fremdprophetie" ist bei Scharfenberg zum Leitbegriff für die theologische Würdigung Freuds geworden.

P Als Einblick in die Weise, wie Scharfenberg Freud zum Gesprächspartner im theologischen Diskurs macht, habe ich einen Aufsatz ausgewählt, der die Thematik für unsere Zwecke kompakter als das klassisch gewordene Buch (Sigmund Freud und seine Religionskritik als Herausforderung für den christlichen Glauben, Göttingen 1968) behandelt.

📖 Joachim Scharfenberg, Freud und die Religion [1965], in: ders., Religion zwischen Wahn und Wirklichkeit. Gesammelte Beiträge zur Korrelation von Theologie und Psychoanalyse, Hamburg 1972, S. 77-96.

- Machen Sie sich Freuds Stellung zur Religion klar! Achten Sie auf verschiedene Ansätze und auf Entwicklungen in Freuds Denken!
- Konkretisieren Sie das Etikett "Fremdprophetie" anhand der drei Stichworte Regression, Geschichte und Moral!
- Diskutieren Sie den Satz von Paul Tillich, Freuds Umgestaltung des intellektuellen Klimas sei "der größte intellektuelle Beitrag für die Wiederentdeckung des zentralen Evangeliums von der Annahme des Sünders" gewesen (S. 79)!

PT-Wörterbuch
- Psychoanalyse
- Deutungsarbeit/Deutungskunst
- psychoanalytische Grundregel: freie Assoziation
- Widerstand
- manifester Trauminhalt - (latente) Traumgedanken
- Wiederholung (≠ Erinnerung)
- Übertragung
- Übertragungsneurose
- Fremdprophetie (Joachim Scharfenberg)

4 Seelsorge

4.3.7 Die Entdeckung der religiösen Symbole

Carl Gustav Jung (1875-1961) war zunächst Schüler Freuds, hat dann aber eine eigene Schule begründet. Man kann Jung als den psychologischen Entdecker der Symbole bezeichnen. Das Unbewußte ist für ihn nicht nur ein Produkt von Verdrängungsvorgängen, sondern vor allem ein Ort, an dem sich so etwas wie menschheitliches Erfahrungswissen angesammelt hat. Diesen Teil des Unbewußten nennt er das "kollektive Unbewußte". In ihm sind die "Archetypen" wirksam. Damit ist das Vermögen der Seele gemeint, Urbilder nach außen zu projizieren. Dadurch entstehen Symbole. In den Symbolbildungen der Träume manifestiert sich archetypisches Erfahrungswissen ebenso wie in kulturellen Gestaltungen. Zu den wichtigsten Gestaltungskräften der Kultur zählt für Jung die Religion. Das ist ein Grund, warum Jung zeitweise für die Seelsorge hohe Bedeutung erlangt hat.

P Der folgende Aufsatz thematisiert genau diesen Zusammenhang zwischen Psychotherapie und Religion bzw. Seelsorge. Es handelt sich bei dem Text ursprünglich um einen Vortrag, den Jung 1932 auf einem Pfarrertag in Straßburg gehalten hat.

📖 Carl Gustav Jung, Die Beziehungen der Psychotherapie zur Seelsorge [1932], Auszüge in: Seelsorge. Texte zum gewandelten Verständnis und zur Praxis der Seelsorge in der Neuzeit, hg. v. Friedrich Wintzer, München 1978, S. 103-110.

- Impuls: "Ja, jeder krankt in letzter Linie daran, daß er das verloren hat, was lebendige Religionen ihren Gläubigen zu allen Zeiten gegeben haben ..." (S. 105).
- Was ist "vorurteilslose Objektivität" (S. 108)? Wie kennzeichnet sie Jung als genuin religiöse Haltung?
- Den "Schatten", die "Schattenseite der menschlichen Natur" (S. 110) annehmen: Spielen Sie die Forderung Jungs theologisch durch!

PT-Wörterbuch
- Symbol (Jung)
- das kollektive Unbewußte
- Archetypen
- Schatten

T Manfred Josuttis (☞ 4.2.10) verweist mit seinen jüngeren Werken auf eine machtvolle Wiederkehr der Religion. Auch Jung hat seinerzeit der Religion wieder einen unverzichtbaren Platz im menschlichen Leben zugewiesen.

- Worin begegnen sich nach Ihrer Meinung Carl Gustav Jung und Manfred Josuttis im Blick auf die Wertung von Religion und die Notwendigkeit von Seelsorge?

4.3.8 Gesprächspsychotherapie

Der amerikanische Psychologe Carl R. Rogers (1902-1987) übte mit seiner Gesprächspsychotherapie maßgeblichen Einfluß zunächst auf die amerikanische, dann auf die europäische Seelsorgebewegung aus. Diese Methode hat viel dazu beigetragen, daß eine Kirche des Wortes das Hören neu zu schätzen gelernt hat. Der Vorteil der Methode ist ihr pragmatischer Grundzug. Ohne langwierige Analysen wird in einer Krisensituation so mit einem Menschen gesprochen, daß es ihm hinterher ein Stück besser geht als zuvor.

Vor allem mit zwei Begriffen ist Rogers berühmt geworden. Die "nichtdirektive Beratung" meint: Der Therapeut gibt keine Ratschläge. Ratschläge sind direktiv; sie weisen dem Klienten eine ganz bestimmte Richtung. Der andere Begriff ist der der "klientzentrierten Gesprächstherapie". Eine Therapie ist das, die ganz den Klienten zum Mittelpunkt hat. Der Therapeut oder die Therapeutin soll dem Klienten so Gegenüber sein, daß der sich selbst und seinen Weg finden kann. Gemeinhin wird solches Verhalten auch "Spiegeln" genannt. "Spiegeln" heißt: Ich gebe dem Klienten seine Äußerungen so zurück, daß er sich dazu ins Verhältnis setzen kann. "Spiegeln" hilft dem anderen zu einer bewußteren Selbstwahrnehmung. Dabei wird das therapeutische Verhalten von einer

Haltung vorurteilsfreier Annahme und von emotionaler Wärme gegenüber dem Klienten geprägt.

Das Menschenbild von Rogers ist prinzipiell positiv und optimistisch. Dem Menschen ist ein fundamentales Streben nach Verwirklichung seines Ich angeboren. Es gibt, wenn auch oft verborgen oder verschüttet, ein gesundes Streben, das zu werden, was man in Wahrheit ist. In der Seele ist immer schon ein Potential konstruktiver Kräfte und Strebungen vorhanden. Die Therapie hat im Grunde nur die Aufgabe, diesen selbstheilenden Kräften Raum zu schaffen.

> Wenn Sie sich ausführlicher über Rogers informieren wollen, dann empfehle ich einen Abschnitt aus einem Klassiker. Das Buch markiert den Beginn der Seelsorgebewegung (☞ 4.3.3) in Deutschland:
>
> 📖 Heije Faber u. Ebel van der Schoot, Praktikum des seelsorgerlichen Gesprächs [ndl. 1962, dt. 1968], übers. v. Hans-Christoph Piper, Göttingen[7]1987, S. 27-47.

PT-Wörterbuch	• Gesprächspsychotherapie (Carl Rogers)
	• nicht-direktive Beratung
	• klientzentrierte Gesprächstherapie
	• "Spiegeln"

4.3.9 Menschliche Kommunikation

Der amerikanische Kommunikationswissenschaftler Paul Watzlawick führt psychische Störungen nicht primär auf intrapsychische Prozesse im Individuum, sondern auf gestörte interpersonelle Prozesse zwischen Individuen zurück.

> 📖 Paul Watzlawick, Janet H. Beavin, Don D. Jackson, Menschliche Kommunikation [am. 1967], Bern u.a. [7]1985, S. 50-71.

Einige der wichtigsten Einsichten von Watzlawick greife ich heraus, indem ich die Begriffe erkläre, in denen sich diese Einsichten bündeln.

Watzlawick beschreibt den Menschen prinzipiell als kommunizierendes Wesen: "Man kann nicht nicht kommunizieren". Dabei ist Kommunikation keineswegs nur verbal zu verstehen. Kommunikation funktioniert auf allen Ausdrucksebenen, die dem Menschen zur Verfügung stehen. Auch der, der sich jeder Kommunikation entziehen möchte, sendet letztlich noch Signale, die als Kommunikation zu werten sind.

In jeder Kommunikation gibt es die Inhalts- und die Beziehungsebene. Es ist unmöglich, reine Sachkommunikation zu betreiben. Störungen der Kommunikation entstehen, wenn Beziehungsprobleme vermeintlich auf der Inhalts- oder Sachebene ausgetragen werden.

PT-Wörterbuch	• Unmöglichkeit, nicht zu kommunizieren (Paul Watzlawick)
	• Inhalts- und Beziehungsebene

4 Seelsorge

4.3.10 Die Sprache der Träume

Wir werden noch sehen, daß es grundsätzlich zwei Weisen gibt, sich sprachlich auszudrücken: Begriff und Symbol (☞ 4.3.12, ☞ 8.3.3). Symbolische Sprache ist nicht nur zwischenmenschlich von Bedeutung. Sie ist auch die Sprache der Träume. Der Traum ist, wie wir schon bei C.G. Jung (☞ 4.3.7) sahen, ein Ort, an dem Symbolbildungen greifbar werden. Wer die Sprache der Träume aus seinem Erfahrungs- und Deutehorizont ausklammert, wird keinen Zugang finden zur religiösen Sprache.

Ich will im folgenden vier Typen von Traumdeutung skizzieren:

1. *Prophetische Traumdeutung.* Es handelt sich um den genuin religiösen Typ: Gott sagt dem Menschen im Traum Zukunft an.

2. *Utopische Traumdeutung.* Die wohl berühmteste Variante dieses Typs hat der Philosoph Ernst Bloch (1885-1977) vertreten. Träume können Hinweise sein auf eine bessere Welt, die individuell oder politisch noch nicht realisiert ist.

3. *Psychoanalytische Traumdeutung.* Nach Sigmund Freud (☞ 4.3.6) sind Träume Hinweise auf verdrängte Wünsche, die in der Triebschicht des Menschen wurzeln.

4. *Symbolische Traumdeutung.* Nach Carl Gustav Jung (☞ 4.3.7) kommt in den Träumen die Weisheit des Unbewußten zum Ausdruck. Ihnen sind Hinweise für die Selbstwerdung (Individuation) eines Menschen zu entnehmen. Symbolisch-kulturelle Gestaltungen der Menschheit können zur Deutung der symbolischen Sprache individueller Träume helfen.

PT-Wörterbuch	• Typen der Traumdeutung:
	– prophetisch
	– utopisch
	– psychoanalytisch
	– symbolisch

4.3.11 Theologische Qualifizierung von Seelsorge

Selbst bei unserem flüchtigen Durchgang durch die Psychologie dürfte Ihnen das poimenische Problem sehr schnell deutlich geworden sein: Wie lassen sich psychologische Einsichten, die in keinem theologischen Deutehorizont entstanden sind, in die christliche Seelsorge integrieren? Damit stehen wir wieder unmittelbar vor dem Problem, das ich oben (☞ 4.1.3) als Grundproblem der modernen christlichen Seelsorge benannt habe: Wie kann ich Seelsorge so konzipieren, daß die Eigentümlichkeit (Proprium) christlicher Seelsorge auch im Zusammenspiel mit humanwissenschaftlichen Einsichten und Fertigkeiten als solche kenntlich bleibt?

Generelles und spezifisches Proprium

Dietrich Stollberg ist mit seiner Distinktion von generellem und spezifischem Proprium sprachbildend geworden. Sie werden dieser Unterscheidung in der Literatur immer wieder begegnen.

📕 Dietrich Stollberg, Wahrnehmen und Annehmen. Seelsorge in Theorie und Praxis, Gütersloh 1978, S. 20-33.

Die Distinktion ist, wenn man den Grundgedanken aus manchen Begleitüberlegungen herausfiltert, sehr klar. Ich gebe im folgenden zwei Zitate und erläutere sie kurz.

generelles Proprium → Seelsorge unter dem Gesetz	"Insofern Seelsorge methodisch und wissenschaftlich reflektiert arbeitet und zum allgemeinen Menschsein gehört ... ist sie ... ein Psychotherapieverfahren" (S. 24).
spezifisches Proprium → Seelsorge unter dem Evangelium	"Durch das spezifische Proprium unterscheidet sich kirchliche Seelsorge von einer allgemeinmenschlichen: Denn sie geht von einem Gott aus, der keine Bedingungen stellt, der jenseits von Gut und Böse den Menschen davon befreit, hoffnungslose Besserungsversuche und Rechtfertigungsversuche ... zu unternehmen" (S. 33).

Stollberg hat seine Auffassung vom Proprium christlicher Seelsorge in einen Spitzensatz zusammengefaßt, der einst heftig diskutiert wurde: "Seelsorge ist ... Psychotherapie im kirchlichen Kontext" (aaO., S. 29). Heute läßt sich ruhiger darüber urteilen.

- Erläutern Sie Stollbergs Spitzensatz mit Hilfe der Unterscheidung von generellem und spezifischem Proprium!

Zwei Regimente Gottes

Schon bei Stollberg war das Modell seiner Distinktion im Grunde die Unterscheidung der beiden Regimente Gottes: das weltliche und das geistliche Regiment, sein Wirken durch das Gesetz und sein Wirken durch das Evangelium. Bei Stollberg diente die Distinktion in erster Linie dazu, die Seelsorge in einen weiten psychotherapeutischen Horizont zu stellen.

Neuerdings wurde dezidiert die Zwei-Regimenten-Lehre Luthers zur Bestimmung des Propriums herangezogen, jetzt freilich eher in der umgekehrten Absicht. Rolf Sons stellt Unterscheidendes zwischen Seelsorge und Psychotherapie heraus, einen "Konflikt" (S. 179). Freilich kann er daneben auch Verbindendes benennen.

📖 Rolf Sons, Seelsorge zwischen Bibel und Psychotherapie. Die Entwicklung der evangelischen Seelsorge in der Gegenwart, Stuttgart 1995, S. 179-192.

Regiment zur Rechten → Evangelium	Seelsorge Ziel: Heil des Menschen
Regiment zur Linken → Gesetz	Psychotherapie Ziel: Wohl des Menschen

Kriterium für die Integration psychotherapeutischer Methoden ist, ob die jeweilige Psychotherapie sich auf das Ziel der Therapie zum Wohl des Menschen beschränkt oder ob sie verdeckte religiöse Implikationen im Sinne von Heil transportiert. Psychotherapie soll sich auf rein Methodisches beschränken, die Inhalte setzt die Seelsorge. Entscheidend ist die Person, die Seelsorge übt: "Allein der Seelsorger, der sich in beiden Bereichen zu Hause weiß, vermag beide Perspektiven zu verbinden und zu unterscheiden" (aaO., S. 191). Es ist die Frage, ob die säuberlichen Scheidungen, wie sie Sons intendiert, überhaupt möglich sind und ob mit

4 Seelsorge

den beiden Regimenten letztlich nicht doch Bereiche benannt werden statt Perspektiven.

Typen theologischer Qualifizierung des Gesprächs

Ich versuche eine Typologie der verschiedenen Möglichkeiten, das Gespräch in der Seelsorge theologisch zu qualifizieren. Es handelt sich in der Sache um eine Typologie möglicher Antworten auf die Frage nach dem Proprium.

(1) Instrument **Gespräch als Mittel der Verkündigung**
Es handelt sich um das traditionelle Modell noch vor dem Siegeszug der Psychotherapie: das Gespräch als ein besonders geeignetes Instrument, um die Botschaft an den einzelnen Menschen auszurichten.

(2) Konflikt **Verkündigung als Bruch im Gespräch**
Das menschliche Gespräch (durchaus auch therapeutisch unterstützt) wird durch die verbalisierte, alles menschliche Tun unterbrechende Gegenwart Gottes erst eigentlich zum Gespräch in der Seelsorge.

(3) Identität **Gesprächsgeschehen als Heilsgeschehen**
Die theologische Denkfigur der Inkarnation ermöglicht es, Gesprächsgeschehen jederzeit als identisch mit Heilsgeschehen wahrzunehmen, ohne daß diese Identifikation notwendig im Gespräch selbst expliziert werden müßte.

(4) Deutung **Gespräch im Deutehorizont des Glaubens**
Ein Gespräch wird "je und je" (wie man früher sagte) zum Gespräch in der Seelsorge, wenn das Gesprächsgeschehen im Gespräch selbst oder im Gespräch über das Gespräch im Deutehorizont des Glaubens zur Sprache kommt.

Meine eigene Position findet sich unter (4). Sie ist dem Konzept einer hermeneutischen Seelsorge (☞ 4.2.9) zuzuordnen. Ich halte es durchaus für möglich, daß im Seelsorgegespräch selbst der Deutehorizont des Glaubens nicht explizit zur Sprache kommt. Es muß aber Orte geben, an denen das, was in einem solchen Gespräch geschah, als Geschehen in der Wirklichkeit Gottes gedeutet wird. Seelsorge soll nicht herausfallen aus der existentiellen Sprachbemühung des Glaubens. In solchem Sprechen kann Gottes Nähe im Gespräch dankbar erkannt, aber durchaus auch schmerzlich vermißt werden.

In dem folgenden Textausschnitt erläutere ich die Typen theologischer Qualifizierung des Gesprächs. Typ 1 heißt dort noch Modell der "Ver-mittlung", Typ 4 nenne ich jetzt präzise Modell der "Deutung".

📖 Martin Nicol, Gespräch als Seelsorge. Theologische Fragmente zu einer Kultur des Gesprächs, Göttingen 1990, S. 138-155 u. 162-173.

PT-Wörterbuch
- generelles - spezifisches Proprium (Dietrich Stollberg)
- Zwei-Regimenten-Lehre als Deuteschema (Rolf Sons)
- Typen theologischer Qualifizierung des Gesprächs
  - Instrument
  - Konflikt
  - Identität
  - Deutung

4.3.12 Symbolische Kommunikation

Es ist eine Erfahrung aus der Seelsorge, daß Menschen Symbole gebrauchen, um über existentielle Gegebenheiten, also auch über sich selbst zu sprechen. Zu den wichtigsten Qualifikationen des Seelsorgers oder der Seelsorgerin gehört die Fähigkeit, symbolisch zu kommunizieren. Ihren konzeptionellen Ort hätte die symbolische Kommunikation vor allem in einer hermeneutischen Seelsorge (☞ 4.2.9).

P Joachim Scharfenberg hat auf pastoralpsychologischer Basis die symbolische Kommunikation in den poimenischen Diskurs eingebracht. Dabei war ihm wichtig, in einem von Begriff und Definition geprägten Sprachraum der Theologie den durch Bilder und Symbole geprägten Sprachraum des Glaubens und Lebens zur Geltung zu bringen (☞ 8.3.3).

📖 Joachim Scharfenberg, Einführung in die Pastoralpsychologie [1985], Göttingen [2]1994, S. 44 (zweiter Absatz) und S. 92-94 (Ziffern 1-4).

- Benennen Sie Unterschiede zwischen Definition und Symbol (S. 44)!
- Benennen Sie Voraussetzungen und Chancen symbolischer Kommunikation (S. 92-94)!

PT-Wörterbuch
- Definition ≠ Symbol
- Symbolgeschichten

Ein gutes Beispiel für ein Symbol, das in der Seelsorge häufig vorkommt, ist das Herz. Verhärtungen und Verengungen der Persönlichkeit werden oft in der Weise greifbar, wie Menschen von ihrem "Herz" sprechen. Die Spannweite des Symbols ist groß. Herz kann lediglich "die Pumpe" sein. Es kann sich durch den Kontext des Sprechens aber auch als Inbegriff der Persönlichkeit erweisen oder als der anthropologische Ort, an dem sich religiöses Bewußtsein verdichtet. Im medizinischen Kontext eines Krankenhauses scheint die Rede vom "Herz" oft eindeutig zu sein. Wer aber das Wort "Herz" nur als Hinweis auf medizinische Fakten wahrnimmt, versteht meist nicht, wovon wirklich die Rede ist. Mit dem Reden vom "Herz" ist oft eine symbolische Kommunikation eröffnet. Dem symbolischen Reden vom "Herz" korrespondiert das biblische Reden vom "Herz". Ein hörfähiges, behutsames Einhelfen durch symbolische Sprachfragmente der Bibel kann dem anderen Menschen, der an seinem "Herz" leidet, zu einem befreiten Sprechen über sich selbst verhelfen.

Ein aus der Praxis erwachsenes, gut lesbares Buch widmet sich genau diesem Thema: symbolische Kommunikation mit dem Schwerpunkt "Herz". Die Verfasserin hat sich speziell der Seelsorge an Herzpatienten zugewandt. Sie belegt ihre Einsichten mit vielen Gesprächsprotokollen. Ich empfehle zur Lektüre zwei Fallbeispiele symbolischer Kommunikation, die sich nicht speziell um das Herz drehen, sowie die Zusammenfassung der Ergebnisse am Ende des Buches.

📖 Angela Rinn-Maurer, Seelsorge an Herzpatienten. Zum interdisziplinären Gespräch zwischen Medizin und Theologie, Stuttgart 1995, S. 182-191.

4 Seelsorge

4.3.13 Individuum und Gesellschaft

Ein Vorwurf wird in letzter Zeit immer häufiger gegen die geläufige Poimenik kerygmatischer wie therapeutischer Provenienz erhoben: Sie sei zu sehr auf das Individuum fixiert und klammere die "strukturelle Koppelung von Seelsorgetheorie und gesellschaftlichem Wandel" (Karle) aus ihrem Nachdenken aus. Die Psychologie als mehr oder minder ausschließliche Bezugswissenschaft verstärke diese Blickweise. Die Soziologie müsse herangezogen werden, um die "gesellschaftsstrukturellen Rahmenbedingungen individueller Lebenslagen" (Isolde Karle) zu erhellen.

T Sie können den Hinweis auf die gesellschaftlichen Implikationen von Seelsorge als Erweiterung Ihres eigenen Nachdenkens über Seelsorge verstehen. Die alte Unterscheidung von allgemeiner und individueller Seelsorge als zwei Perspektiven kirchlicher Seelsorgepraxis kann auch bei der neuen Fragestellung als Kompaß dienen.

• Überlegen Sie, wie die Perspektive einer "allgemeinen Seelsorge" auch für den Gesellschaftsbezug von Seelsorge die Augen öffnen könnte!

Wer sich eingehender für diese Fragestellung interessiert, sollte wenigstens ein paar Seiten aus der Monographie von Isolde Karle lesen:

 Isolde Karle, Seelsorge in der Moderne. Eine Kritik der psychoanalytisch orientierten Seelsorgelehre, Neukirchen-Vluyn 1996, S. 206-214.

Die Einbeziehung der gesellschaftlichen Gegebenheiten in die Seelsorge ist auch ein Anliegen von systemischen (1.2.10, 4.3.5) Ansätzen. Sie lenken den Blick von den innerpsychischen Vorgängen des Individuums weg auf seine Einbindung in größere und kleinere "Systeme" seiner Umwelt.

P Christoph Morgenthaler hat seine "Systemische Seelsorge" vor allem im Blick auf das System Familie entfaltet. Ich empfehle Ihnen zur Lektüre die Einleitung. Die Namen der Helferinnen und Helfer beim Buchprojekt sind nur insofern interessant, als sie zeigen, wie auch dieses Buch im Netzwerk von Menschen und Systemen entstanden ist. Weit wichtiger ist ein Erlebnis des Verfassers, das ihm zum Wendepunkt in Richtung auf eine systemische Seelsorge wurde.

 Christoph Morgenthaler, Systemische Seelsorge. Impulse der Familien- und Systemtherapie für die kirchliche Praxis, Stuttgart u.a. 1999, S. 9-14.

• Impuls: "Mein Verständnis von Seelsorge wandelte sich. Ich begann anders wahrzunehmen und anders zu handeln: mit einer verschärften Sensibilität für Vernetzungen, Abhängigkeiten und die soziale Dimension individuellen Leidens, mit grösserer Aufmerksamkeit aber auch für die erstaunlichen Kräfte, die Menschen in ihren Beziehungen entbinden können" (S. 10).

PT-Wörterbuch • systemische Seelsorge

4.3.14 Kasualien

Kasualhandlungen beziehen sich, wie schon der Name sagt (lat. casus = Fall, Gelegenheit), auf konkrete Anlässe, in der Regel auf Anlässe in der Lebensgeschichte von Menschen. Die klassischen Kasualien wie Taufe,

Konfirmation, Trauung und Bestattung waren immer auch Anlässe der speziellen Seelsorge. Aber es wäre zu eng, sie etwa nur unter der Seelsorge zu verorten. An den Kasualien können Sie sich besonders gut klarmachen, wie im Grunde bei allen Phänomenen kirchlicher Praxis die klassischen Disziplinen der Praktischen Theologie zu einem Bündel von Perspektiven verknüpft werden müssen.

Wir können an dieser Stelle nicht alle Kasualien bedenken. Ich verweise aber auf Orte in diesem Grundwissen, an denen Kasualien in jeweils anderer Perspektive thematisiert werden: ☞ 2.3.14 Gottesdienst (Taufe), ☞ 5.3.12 Religionspädagogik (Konfirmation), ☞ 10.3.5 Übergänge gestalten (Trauung), ☞ 4.3.15 Seelsorge (Bestattung).

> Kurze, präzise Information zu den Kasualien in ihren vielfältigen Verknüpfungen innerhalb der Praktischen Theologie gibt Eberhard Winkler:
>
> 📖 Eberhard Winkler, Praktische Theologie elementar. Ein Lehr- und Arbeitsbuch, Neukirchen-Vluyn 1997, S. 109-136.

T   Probieren Sie aus, ob Ihnen praktisch-theologische Verknüpfungsarbeit aus dem Stegreif gelingt! Solche Verknüpfungen sind ein erprobtes Mittel, um im Examen Stoff aus verschiedenen Wissensgebieten auf ein Thema zu fokussieren.

- Welche Vollzüge und Sachverhalte stehen Ihnen vor Augen, wenn Sie die klassischen Kasualien nach ihren praktisch-theologischen Perspektiven befragen (☞ 4.3.15 Beispiel Bestattung)? Kapitulieren Sie nicht, wenn Ihnen beispielsweise zur religionspädagogischen Perspektive von Trauung nicht sofort etwas einfällt!

	Taufe	Konfirmation	Trauung	Bestattung
Oikodomik				
Liturgik				
Homiletik				
Poimenik				
Religionspädagogik				

PT-Wörterbuch • Kasualien

4.3.15 Seelsorge im Machtbereich des Todes

Am Beispiel der Bestattung und ihres Umfelds möchte ich zunächst ein verknüpfendes Denken bei Ihnen anregen. Ich fülle die Spalten unserer Tabelle (☞ 4.3.14) mit ersten Hinweisen, nicht mit erschöpfenden Antworten.

	Bestattung
Oikodomik	z.B. Kasualien in der Volkskirche (vgl. Umfragen zur Kirchenmitgliedschaft); Konsequenzen für den Gemeindeaufbau; Bestattungsritual als Schnittstelle zwischen Gemeinde und Gesellschaft
Liturgik	z.B. liturgische Bedeutung von Symbol und Ritual; liturgische Gestaltung der Bestattung (Agende); Friedhofsarchitektur und Liturgie

4 Seelsorge

Homiletik	z.B. Ansprache zur Bestattung; Spannung zwischen Ritual und Kerygma
Poimenik	z.B. (spezielle) Seelsorge bei Sterben und Trauer; symbolische Kommunikation mit Sterbenden; seelsorgliche Funktion des Rituals; (allgemeine) Seelsorge durch künstlerische Gestaltungen der Thematik
Religionspädagogik	z.B. Sterben, Tod, Auferstehung und ewiges Leben als Themen in Schule, kirchlichem Unterricht und Erwachsenenbildung; didaktische Erschließung von Kunstwerken zum Thema

Seelsorge im Bereich von Sterben, Tod und Trauer nimmt in der pastoralen Praxis breiten Raum ein. Als Wissen, das man unbedingt parat haben sollte, gelten die Phasen des Trauerns. Yorick Spiegel hat sie in seiner klassisch gewordenen Abhandlung dargestellt:

📖 Yorick Spiegel, Der Prozeß des Trauerns [1973], Gütersloh [8]1995, S. 57-77.

Für einen schnelleren Durchgang referiere ich das Wichtigste:

1. Die *Phase des Schocks*. Sie hält für gewöhnlich nur wenige Stunden an. Häufig ist Ungläubigkeit die erste Reaktion.

2. Die *kontrollierte Phase*. Sie endet meist mit der Bestattung, eventuell mit der Abreise der Verwandten. In dieser Phase kommt es zu Phänomenen der Derealisation. Die Welt um mich her erlebe ich nicht mehr als wirklich; sie wird wie ein Traumvorgang wahrgenommen. Ein Gefühl von Gleichgültigkeit kann sich einstellen. Insgesamt macht der Mensch einen gefaßten Eindruck.

3. Die *Phase der Regression*. Sie dauert länger, bis etwa sechs Wochen. Die Emotionen gewinnen Oberhand. Die Kraft zur normalen Kommunikation fehlt. Der Intellekt läßt in seiner organisierenden Funktion nach, d.h. komplexe Zusammenhänge werden vereinfacht (z.B. Tod eines Menschen gedeutet als unmittelbares Eingreifen Gottes wegen seiner Sündhaftigkeit).

4. Die *Phase der Adaption*. Hier wird der Todesfall angenommen und langsam in den Alltag integriert.

Wer über Sterben und Tod unter den gesellschaftlichen Bedingungen der Gegenwart Auskunft geben will, sollte etwas über die sog. Hospizbewegung wissen, die inzwischen auch in deutschen Städten Fuß faßt. Sie geht zurück auf die englische Krankenschwester und spätere Medizinerin Cicely Saunders, die 1967 in London das erste Hospiz für Sterbende gründete. "Hospize" waren einst Herbergen für Pilger auf ihrer Reise. Die Hospizbewegung versteht sie als Herbergen auf der letzten Reise, die ein Mensch antritt. Es ist das erklärte Ziel der Hospize, daß Sterbende nicht allein sein und daß sie möglichst wenig Schmerzen haben müssen.

Ich habe Sie oben bereits auf die Bedeutung symbolischer Kommunikation für die Seelsorge hingewiesen (☞ 4.3.12). Im Fall der Seelsorge mit Sterbenden ist es besonders wichtig, etwas darüber zu wissen. Alltagsgegenstände wie Uhren oder Schuhe können zu Symbolen werden für das, worauf ein Mensch im Sterben zugeht. Zeit, Reise oder Heimat bezeichnen große Felder, auf denen sich die Metaphern Sterbender verorten lassen. Solche Sprache kann ich grotesk mißverstehen. Ich kann sie aber auch aufnehmen im Sinne symbolischer Kommunikation. Eine Mitarbeiterin aus der Hospizbewegung erzählt von Erfahrungen mit der Sprache Sterbender:

📖 Inger Hermann, "Die Koffer sind gepackt!" Die symbolische Sprache sterbender Menschen, in: Spiritualität der Sterbebegleitung. Wege und Erfahrungen, hg. v. Lis Bickel u. Daniela Tausch-Flammer, Freiburg u.a. 1997, S. 95-106.

Für die Vorbereitung auf Sterben und Tod mitten im Leben spielen die Künste eine wichtige Rolle. Die Kirche kann eine Form allgemeiner Seelsorge (☞ 4.1.2) üben, wenn sie entsprechenden Kunstwerken einen lebendigen Ort in ihrem Handeln einräumt.

Beispiel: Kirchenmusik. Sie übt mit ihren oft als veraltet empfundenen Texten eine erstaunliche Wirkung aus. Unzählige Werke sind voll von Symbolen aus dem Kontext von Sterben, Tod und ewigem Leben. Ich habe am Beispiel der Kreuzstabkantate von Johann Sebastian Bach (BWV 56) den Zusammenhang von musikalischem Kunstwerk, symbolischer Sprache von Sterbenden und literarischem Sprechen in der Lyrik reflektiert:

📖 Martin Nicol, Ich stehe fertig und bereit. Klangrede als Seelsorge, in: Auf dem Weg zu einer seelsorglichen Kirche. Theologische Bausteine, FS Christian Möller, hg. v. Manfred Josuttis, Heinz Schmidt u. Stefan Scholpp, Göttingen 2000, S. 72-84.

PT-Wörterbuch	• Trauerphasen
	– Schock
	– Kontrolle
	– Regression
	– Adaption
	• Hospizbewegung
	• symbolische Sprache von Sterbenden

PTips

Henning Luther (1947-1991) hat wenige Wochen vor seinem frühen Tod und unter dem Eindruck der tödlichen Krankheit einen Vortrag gehalten, der störend eingreift in den poimenischen Diskurs. Der Aufsatz ist bemerkenswert ehrlich. Eigene Erfahrung mit der Trostlosigkeit des Trostes verbindet sich mit einem fundamentalen Angriff auf die Prämissen moderner Seelsorge. Die Seelsorge sei auf den Trost des Individuums fixiert und verdränge die Trostlosigkeit der Welt. Damit steht der christliche Glaube selbst auf dem Spiel. Er dürfe eigentlich nicht "Geborgenheit und Heimat" (S. 169) schenken, sondern sollte in der "anhaltenden Beunruhigung und Befremdung über unsere Welt" (S. 170) bestehen. Biblische Deutung erfährt diese Sicht einerseits durch die Geschichte von Hiob, in der Gott die Tröstungen und Erklärungsversuche der Freunde verwirft und in der "ungehemmte, hemmungslose Klage" (S. 171) zur Quelle des Trostes wird. Zum anderen repräsentiert die Gestalt des Abraham den Glauben als Aufbruch aus jeder falschen Ruhe. Ich kann Ihnen diesen Text nur empfehlen. Er macht Mut zu radikaler Ehrlichkeit im Bereich des eigenen Glaubens wie gegenüber den Konzeptionen und Rollenzuweisungen der Seelsorgelehre:

📖 Henning Luther, Die Lügen der Tröster. Das Beunruhigende des Glaubens als Herausforderung für die Seelsorge: PrTh 33 (1998) 163-176.

4 Seelsorge

5 Unterricht

Religionspädagogik

5.0 Literatur

Keine Teildisziplin der Praktischen Theologie ist mit Kompendien und Readern so gut ausgestattet wie die Religionspädagogik. Wichtige kompendienartige Werke führe ich auf:

- Religionspädagogisches Kompendium, hg. v. Gottfried Adam u. Rainer Lachmann, Göttingen [5]1997.
- Gemeindepädagogisches Kompendium, hg. v. Gottfried Adam u. Rainer Lachmann, Göttingen [2]1994.
- Methodisches Kompendium für den Religionsunterricht, hg. v. Gottfried Adam u. Rainer Lachmann, Göttingen [3]1998.
- Arbeitsbuch Religionsunterricht. Überblicke - Impulse - Beispiele, hg. v. Hartmut Lenhard, Gütersloh [3]1996.
- Religionspädagogik. Texte zur evangelischen Erziehungs- und Bildungsverantwortung seit der Reformation, hg. v. Karl Ernst Nipkow u. Friedrich Schweitzer, Bd. 1: Von Luther bis Schleiermacher, Bd. 2/1: 19. und 20. Jahrhundert, Bd. 2/2: 20. Jahrhundert, Gütersloh 1991/1994.
- Christian Grethlein, Religionspädagogik, Berlin/New York 1998.

5.1 Hinführung

5.1.1 Phänomen

Ein Religionslehrer am Gymnasium berichtete mir von folgender Begebenheit (1993):

Zum Thema "Leben in der Gruppe" erzählte ich in der 6. Klasse eine Impuls-Geschichte. Die SchülerInnen hatten sich vorzustellen, daß sie König oder Königin seien in einem neuen und idealen Reich. Einziges Problem in diesem Reich: Es gab noch keine Gesetze. Die Aufgabe der SchülerInnen bestand darin, sich Gesetze auszudenken, die ein sinnvolles Zusammenleben ermöglichen. Im Verlauf der Stunde wurden die von den Schülerinnen und Schülern entwickelten Gesetze mit den Zehn Geboten verglichen. Ziel der Aufgabenstellung war es, den lebensfördernden Charakter der Gebote auf der zweiten Tafel des Dekalogs herauszuarbeiten. Besonders beim Gebot "Du sollst nicht ehebrechen" kam es zu einer lebhaften Diskussion. Einige SchülerInnen waren der Meinung, dieses Gebot würde nicht mehr benötigt: Wir bleiben zusammen, solange es geht; dann sucht man sich einen anderen bzw. eine andere.

Ich war etwas ratlos und wußte zunächst gar nicht, wie ich die Notwendigkeit des 6. Gebotes einsichtig machen sollte. Deshalb gab ich die Frage einfach an die Klasse zurück. Da meldete sich eine Schülerin und sagte mit Tränen in den Augen, dieses Gebot sei sehr nötig, da ihre Familie fast ins Chaos gestürzt sei, als ihr Vater die Familie verließ.

Danach war bei allen große Betroffenheit zu spüren. Die SchülerInnen waren still und sehr aufmerksam. Die Notwendigkeit des 6. Gebotes war plötzlich unmittelbar einsichtig.

Es handelt sich bei dieser Begebenheit zunächst um eine alltägliche Situation von Religionsunterricht (RU): eine wenig aufwendige methodische Idee, unbefangene Reaktionen der SchülerInnen, Unsicherheit des Lehrers bei Äußerungen, die er in dieser Weise nicht erwartet hatte. Und dann der Glücksfall: Aus dem Kreis der SchülerInnen selbst kommt eine Antwort, die treffender, authentischer, existentieller ist als alles, was sich der Lehrer zuvor hätte ausdenken können.

5.1.2 Überblick

Lehramtsstudierende widmen dem schulischen Religionsunterricht ihre ganze Aufmerksamkeit. Künftigen Pfarrerinnen und Pfarrern dagegen erscheint der Religionsunterricht an der Schule gegenüber anderen pastoralen Tätigkeiten wie Gemeindeaufbau, Gottesdienst, Predigt oder Seelsorge leicht als eine Aufgabe, die jenseits dessen liegt, was man für "das Eigentliche" hält. Dabei gerät aus dem Blick, daß die unterrichtliche Aufgabe zu den elementaren Aufgaben kirchlichen Handelns gehört. Der alte Terminus "Katechetik" bewahrt diese Erinnerung auf: Unterricht als Glaubensunterweisung für die Taufbewerber (Katechumenen). Freilich reichen die alten Begründungen der Katechetik nicht mehr hin, um die religionspädagogische Aufgabe zu beschreiben und zu begründen, wie sie sich beispielsweise im Religionsunterricht an der (staatlichen) Schule stellt.

Sie sollen sich nun über das weite Feld der Religionspädagogik einen Überblick verschaffen. Wir nehmen zunächst den schulischen Religionsunterricht in den Blick, und zwar in verschiedenen konzeptionellen Spielarten. Diese lassen sich ohne große Mühe verschiedenen Selbstverständnissen von Christentum in der Gesellschaft zuordnen.

P Eine hilfreiche Typisierung des schulischen Religionsunterrichts hat Rainer Lachmann vorgenommen. Wenn Sie die drei Grundtypen des schulischen Religionsunterrichts verstanden haben, werden Sie sich bei den Konzeptionen (☞ 5.2) viel leichter tun mit eigenen Einschätzungen und Beurteilungen.

📖 Rainer Lachmann, Gegenwärtige Entwicklungen und Perspektiven des Religionsunterrichts, in: Religionspädagogisches Kompendium (☞ 5.0), S. 87-103, hier: S. 90-95 [Typisierungsversuch schulischen Religionsunterrichts].

Lesen Sie die paar Seiten gründlich durch und ordnen Sie Ihre Einsichten nach folgendem Schema:

	konfessionell profilierter RU	offener christlicher RU	allgemeiner RU
Charakteristikum			
Form von Christentum			
Ziel			
Inhalt			
Bezugswissenschaft			

Gesellschaft			
Kirchenverständnis			
schulische Verortung			
Verfassungsrecht			
Ethikunterricht			
Rolle der Lehrkräfte			

Der Religionsunterricht in der Schule ist nur ein Bereich der Religionspädagogik. Seit den siebziger Jahren sammeln sich unter dem Begriff Gemeindepädagogik (☞ 5.3.10) Handlungsfelder, deren Spannungsbogen von der klassischen Katechetik bis zu einer Erwachsenenbildung reicht, die sich im weiten gesellschaftlichen Kontext verortet. Beides, schulische Religionspädagogik und Gemeindepädagogik, machen eine Religionspädagogik im weiteren Sinn aus.

K Einen Überblick über die Handlungsfelder der Gemeindepädagogik können Sie sich verschaffen, indem Sie das Inhaltsverzeichnis des entsprechenden Kompendiums aufmerksam durchsehen:

📖 Gemeindepädagogisches Kompendium (☞ 5.0), S. 5-8.

PT-Wörterbuch
- Katchese - Katechetik - Katechumenen - Katechumenat
- schulischer Religionsunterrichts (konzeptionelle Spielarten)
  - konfessionell profiliert
  - offen christlich
  - allgemein
- Gemeindepädagogik (wichtige Handlungsfelder)
  - Familie
  - Kindergarten
  - Kindergottesdienst
  - Christenlehre
  - Konfirmandenarbeit
  - Jugendarbeit
  - Erwachsenenbildung
  - Altenarbeit

5.1.3 Problem

Es ist nicht selbstverständlich, Glauben oder Religion als lehrbar anzusehen. Die Reformation hat theologisch ein prinzipielles Fragezeichen gesetzt: Wie kann ein Glaube, der ganz und gar Gottes Werk ist, dem Menschenwerk von Lehren und Lernen überantwortet werden? Zugleich ist freilich von der Reformation ein epochaler Impuls für den Ausbau des Bildungswesens und speziell für den Ausbau des Katechismusunterrichts ausgegangen.

5 Unterricht

Was als Widerspruch erscheint, löst sich bei genauem Hinsehen. Kann der Glaube selbst auch nicht gelehrt werden, so ist doch die Urteilsfähigkeit der Gläubigen in Sachen des Glaubens primäres Anliegen einer Glaubenserziehung. Die Institution Kirche kann dem einzelnen Gläubigen religiöses Urteil, so die Einsicht der Reformation, nicht mehr abnehmen oder gar aufzwingen. Deshalb muß der Einzelne befähigt werden, sich selbst ein Urteil zu bilden. Dieser Art von Mündigkeit im Glauben dient die Katechese.

Wichtig für die religionspädagogische Reflexion ist freilich zunächst nicht die angedeutete Lösung, sondern die Einsicht in das Problem der Lehrbarkeit von Religion. Gegen die Methodisierbarkeit religiöser Unterweisung hat es immer wieder Einspruch gegeben. Theologie und Pädagogik hätten, so signalisiert solcher Einspruch, in einem Verhältnis fruchtbarer Spannung zu stehen, damit die Eigenart religiöser Lernvorgänge gewahrt bleibe.

Friedrich Schweitzer hat das Problem klar benannt und die Problemkonturen in weitere Zusammenhänge ausgezogen:

> 📖 Friedrich Schweitzer, Zwischen Theologie und Praxis. Unterrichtsvorbereitung und das Problem der Lehrbarkeit von Religion: JRP 7 (1990) 3-41, hier besonders S. 5-16 [Die "Lehrbarkeit von Religion" und ihre Grenzen].

Er hat knapp dargestellt, welche Gesichtspunkte für die Eigenart religiösen Lernens (und Lehrens) in der Neuzeit wichtig geworden sind:

(1) Pietismus und Aufklärung haben auf je eigene Weise die *Subjektivität* der Lernenden betont. Es geht um die persönliche Aneignung des Gelernten am Maßstab des Lebens bzw. der Vernunft.

(2) Der Akzent auf der Subjektivität führte zur Entdeckung einer *religiösen Entwicklung* im glaubenden Menschen. Die Kindheit wurde wichtig als eigene Phase von Wachstum im Glauben.

(3) Die Einsicht in die Eigenart religösen Lernens ließ grundsätzlich fragen, ob überhaupt und gegebenenfalls wie die Schule ein geeigneter *Lernort des Glaubens* sein könne.

Die drei Gesichtspunkte zeigen exemplarisch, wie sich vom Grundproblem der Lehrbarkeit von Religion wesentliche Fragestellungen moderner Religionspädagogik ableiten lassen.

PT-Wörterbuch
- Problem: Lehrbarkeit/Lernbarkeit von Religion
- Aspekte religiösen Lernens:
    - Subjektivität der Lernenden
    - religiöse Entwicklung
    - Lernorte des Glaubens

5.2   Konzeptionen

5.2.1 Evangelische Unterweisung

Auch auf dem Feld der Religionspädagogik hat nach dem Krieg die Dialektische Theologie dominiert, und zwar mit dem Konzept der "Evangelischen Unterweisung". Beteiligt waren an seiner Ausarbeitung und Fortführung neben Helmuth Kittel Theologen wie Gerhard Bohne, Oskar Hammelsbeck, Martin Rang oder Kurt Frör.

P Das wichtige Buch von Helmuth Kittel hat dem Konzept den Namen und die scharfen programmatischen Konturen verliehen.

📖 Helmuth Kittel, Vom Religionsunterricht zur Evangelischen Unterweisung [1947], Auszüge in: Religionspädagogik (☞ 5.0), Bd. 2/2, S. 144-154.

- Formulieren Sie präzise Kittels Einspruch gegen die Bezeichnung "Religionsunterricht"!
- Charakterisieren Sie "die Fehler des Historisierens, des Theoretisierens und des Moralisierens" (S. 147) im Umgang mit dem Evangelium!
- Was spricht gegen die Konzeption einer christlichen Schule?
- Wie läßt sich Evangelische Unterweisung im Kontext der anderen Unterrichtsfächer an einer staatlichen Schule begründen?
- Die Evangelische Unterweisung ist nicht mehr aktuell. Fragen Sie dennoch, ob und wie aus dem Konzept einer Evangelischen Unterweisung Impulse für die gegenwärtige Situation des Religionsunterrichts an der Schule zu gewinnen wären!

PT-Wörterbuch
- Evangelische Unterweisung (Helmuth Kittel u.a.)
- Unterweisung im rechten Umgang mit dem Evangelium
- ideologiekritische Funktion

5.2.2 Hermeneutischer Religionsunterricht

Das Konzept der Evangelischen Unterweisung, das sich auch Erfahrungen aus dem Kirchenkampf verdankte, provozierte in einer neuen gesellschaftlichen Wirklichkeit sehr bald kritische Anfragen.

K Gert Otto hat die Problematik des Konzepts der Evangelischen Unterweisung hellsichtig benannt. Dabei kommen Problemstellungen zur Sprache, die bis heute nach zeitgemäßen Lösungen verlangen.

📖 Gert Otto, Schule, Religionsunterricht, Kirche. Stellung und Aufgabe des Religionsunterrichts in Volksschule, Gymnasium und Berufsschule [1961], Göttingen [3]1968, S. 27-31 [Die Problematik der Konzeption Helmuth Kittels].

- Beschreiben Sie mit Gert Otto die Unzeitgemäßheit der Position Helmuth Kittels!
- Inwiefern hat "ein der Schule weitestgehend entnommener, der Kirche zugeordneter Religionsunterricht in der Schule überhaupt ein Recht" (S. 29)? Präzisieren Sie die neue Fragestellung auf dem Hintergrund dessen, was Sie von der Evangelischen Unterweisung wissen!

5 Unterricht

Der gewandelten Situation versuchten Gert Otto, aber auch Martin Stall-
mann, Hans Stock und andere mit dem Konzept eines hermeneutischen
Religionsunterrichts zu entsprechen. Aus heutiger Sicht verdeckt dessen
dezidierte Orientierung an der biblischen Tradition möglicherweise die
Differenz zur Evangelischen Unterweisung. Machen Sie sich aber klar,
welcher theologische Impuls damals innovativ wirkte! Es war Rudolf
Bultmann, der mit seiner existentialen Bibelhermeneutik in der theologischen und kirchlichen Landschaft eine Revolution in Gang gesetzt hatte.
Es lohnt sich, auf die Differenzen zwischen dem hermeneutischen Religionsunterricht und der traditionellen Bibelorientierung zu achten.

P   Ein Handbuch aus der Feder Gert Ottos konkretisierte das neue Konzept.
    Die maßgebliche Bibelorientierung können Sie bereits am Inhaltsverzeich-
nis in aller Klarheit ablesen. Achten Sie bei der Lektüre der einleitenden Grund-
satzerwägungen auf das hermeneutisch Neue!

📖 Gert Otto, Handbuch des Religionsunterrichts, Hamburg 1964, S. 15-24
[Grundfragen des Religionsunterrichts].

- Otto bestimmt "biblische Auslegung als das Zentrum des Religionsunterrich-
  tes" (S. 16). Welche anderen Inhalte des Religionsunterrichts kommen in den
  Blick und wie lassen sie sich vom "Zentrum" her begründen?

- Warum müssen Schülerinnen und Schüler im Religionsunterricht "lernen, daß
  Wahrheit und Wirklichkeit als Sprache erfahrbar werden" (S. 17)?

- Suchen Sie nach Hinweisen, wie die Schülerwirklichkeit konzeptionell an Gewicht gewinnt!

- "Die geistig-kulturelle Gesamtsituation, in der wir leben und auf die also die
  Schule in ihrer Gesamtaufgabe bezogen ist, nötigt zur Erteilung eines Unter-
  richtsfaches, das durch biblische Auslegung bestimmt ist" (S. 16). Interpretieren Sie den Satz im Kontext aktueller gesellschaftlicher Wirklichkeit!

PT-Wörterbuch   • hermeneutischer Religionsunterricht (Gert Otto u.a.)
                    • existentiale Interpretation der Bibel

5.2.3 Problemorientierter Religionsunterricht

Schon der hermeneutische Religionsunterricht richtete den Blick auf die
Wirklichkeit der Schülerinnen und Schüler. Die Schülerwirklichkeit mit ihren spezifischen Problemen bildete dann den Ausgangspunkt für einen
problemorientierten oder auch thematisch-problemorientierten Religionsunterricht. Als Vertreter wären neben Gert Otto etwa Karl Ernst Nipkow
oder Hans Bernhard Kaufmann zu nennen.

P   Gert Otto und seine Mitautoren markieren scharf die sachliche Zäsur zu
    den beiden vorangegangenen Konzeptionen. Zugleich wird deutlich, daß es
durchaus auch weiterwirkende Impulse aus den früheren Konzeptionen gibt:

📖 Gert Otto, Hans Joachim Dörger, Jürgen Lott, Neues Handbuch des Religionsunterrichts, Hamburg 1972, S. 21-23 [Der Ausgangspunkt].

- Benennen Sie Merkmale des problemorientierten Religionsunterrichts!

- Diskutieren Sie die Ausgangsthese (ohne auf das damals aktuelle Projekt einer Gesamtschule einzugehen):

  "Religionsunterricht hat die Aufgabe, innerhalb der Möglichkeiten der Gesamtschule Heranwachsende unter konstitutiver Beachtung ihrer eigenen Lebenssituationen in die Reflexion des komplexen Zusammenhangs von Religion und Gesellschaft einzuführen" (S. 21).

Otto/Dörger/Lott machen gleich im Vorwort die wichtigste Korrektur gegenüber der religionspädagogischen Tradition namhaft: "daß es uns um Religionsunterricht geht, in des Wortes allgemeinster Bedeutung, nicht aber um Unterricht, der sich durchgängig als biblischer oder biblisch bezogener Unterricht versteht" (S. 15).

T Nehmen Sie die das "Handbuch des Religionsunterrichts" (Otto, 1964, ☞ 5.2.2) und das "Neue Handbuch des Religionsunterrichts" (Otto/Dörger/Lott, 1972, ☞ 5.2.3). Die Werke stehen für den hermeneutischen und den problemorientierten Religionsunterricht.

- Legen Sie die Bücher nebeneinander und vergleichen Sie die Inhaltsverzeichnisse! Konkretisieren Sie Ihre Vorstellung vom problemorientierten Religionsunterricht und von der konzeptionellen Zäsur!

Als eine Variante des thematisch-problemorientierten Religionsunterrichts hat Karl Ernst Nipkow das sog. Kontextmodell entwickelt. Der Unterricht nach diesem Modell sollte den um die Bibel konzentrierten Religionsunterricht nicht ablösen. Gleichwohl wird die traditionelle Mittelpunktstellung der Bibel als problematisch diagnostiziert (☞ 5.3.1). Religionsunterricht nach dem Kontextmodell tritt komplementär neben eher traditionelle Unterrichtsverläufe. Christliche Fragestellungen der Tradition werden nach dem neuen Modell in den Kontext völlig andersgearteter Texte und Themen gestellt und damit von jeweils aktueller Wirklichkeit her erschlossen.

K In dem folgenden Aufsatz entwickelt Nipkow sein Kontextmodell. In dem Text wird die Verknüpfung von religionspädagogischen und allgemein theologischen Fragestellungen schön greifbar.

📖 Karl Ernst Nipkow, Problemorientierter Religionsunterricht nach dem "Kontexttypus", in: ders., Schule und Religionsunterricht im Wandel. Ausgewählte Studien zur Pädagogik und Religionspädagogik, Heidelberg/Düsseldorf 1971, S. 264-279.

- Nennen Sie Themen und Stoffe, die als Kontexte für die genuin christlichen Themen herangezogen werden!
- Welcher theologische Stellenwert kommt den "säkularen Lebensthemen" (S. 271) oder Kontexten im Religionsunterricht zu?
- Welches theologische Konzept für das Verhältnis von Glaube und Wirklichkeit können Sie hinter den Ausführungen von Nipkow erkennen?
- Inwiefern ist das "Schema Fragetext - Antworttext" (S. 277) ungeeignet zur Verhältnisbestimmung von "Kontexten der Welt" und biblischen Texten?

PT-Wörterbuch
- (thematisch-) problemorientierter Religionsunterricht (Gert Otto u.a.)
- Kontextmodell (Karl Ernst Nipkow)

5 Unterricht

5.2.4 Therapeutischer Religionsunterricht

Bei den Problemen der Schülerinnen und Schüler setzt auch der therapeutische Religionsunterricht an, wie ihn vor allem Dieter Stoodt konzipiert und vertreten hat. Hier geht es nicht primär um Probleme im Kontext
von Kirche und Gesellschaft, sondern um die Probleme des einzelnen
Menschen mit sich und seinem Umfeld. Es ist evident, daß die Neubele-
bung der Seelsorge im Zuge der Seelsorgebewegung (☞ 4.3.3) auf die
Religionspädagogik wirkte.

K Dieter Stoodt weiß sehr wohl um die praktischen Hindernisse, die sich einem therapeutischen Religionsunterricht in den Weg stellen. Der folgende
Text darf gerade mit seinen Zuspitzungen als Programmaufsatz gelesen werden.

📖 Dieter Stoodt, Die Praxis der Interaktion im Religionsunterricht: EvErz 23
(1971) 1-10.

- Beschreiben Sie das bildungsgeschichtliche Vorurteil, das hinter einer einseitigen Orientierung auf Stoff und kognitive Lernvorgänge steckt (vgl. S. 4 f.)!
- Nennen Sie Methoden, die im therapeutischen Religionsunterricht zum Einsatz kommen können!
- Religionsunterricht "hat es legitimerweise mit demonstrativem, exemplari-
  schem Handeln zu tun, das sich in aufdeckender wie heilender Absicht auf die
  Schäden einzelner und, diese auf die Verfassung der Gesellschaft rückkop-
  pelnd, des Kollektivs bezieht" (S. 5). Der Satz formuliert holprig, aber sehr
  dicht das Konzept eines therapeutischen Religionsunterrichts. Erläutern Sie
  das Konzept, indem Sie an dem Satz entlanggehen!

Daß ein therapeutischer Religionsunterricht eine Konzeption im Gegensatz zu anderen Konzeptionen sei, hat Stoodt mit Recht bestritten. Sicher,
im Boom therapeutischer und gruppendynamischer Erfahrungen zu Anfang der siebziger Jahre mag Stoodts therapeutischer Ansatz zu einseitig
ausgefallen sein. Daß aber jeder Religionsunterricht, der nicht primär
Stoffe durcharbeiten, sondern Menschen in den Blick nehmen will, immer
auch eine therapeutische Komponente haben sollte, wird niemand ernsthaft bestreiten.

PT-Wörterbuch
- therapeutischer Religionsunterricht (Dieter Stoodt)
- Sozialisationsprozesse

5.2.5 Symboldidaktik

Seit den achtziger Jahren wird die religionspädagogische Diskussion ak-
zentuiert durch das Konzept einer Symboldidaktik. Symboldidaktik ist zu
verstehen als Ausdruck einer generellen Erfahrungsorientierung des Religionsunterrichts. Sie will

- mit Hilfe von Symbolen zu spezifisch religiöser Erfahrung anleiten,
- religiöse Erfahrung im weiteren Kontext von Erfahrung verorten,
- zu einem kritischen Umgang mit Symbolen sowie der durch sie vermittelten Erfahrung anleiten.

Es sind vor allem zwei Richtungen, die das Konzept einer Symboldidaktik bestimmen. Für sie stehen die Namen Hubertus Halbfas und Peter Biehl.

P Hubertus Halbfas legt den Akzent auf die Erschließung von Tiefenschichten der Wirklichkeit, die einem rational-kognitiven Zugang versperrt bleiben. Er propagiert ein ganzheitliches Lernen mit Symbolen.

📖 Hubertus Halbfas, Was heißt "Symboldidaktik"? [1984], in: Arbeitsbuch Religionsunterricht (☞ 5.0), S. 218-222.

- Impuls: "Ein guter Didaktiker lehnt Unterricht 'über' Symbole ab: Er inszeniert den Umgang mit Symbolen" (S. 218).
- Nennen Sie Kennzeichen der Symbole im Sinne von Halbfas!
- Kennzeichnen Sie das neue Bewußtsein, das der "zweiten Naivität" (Paul Ricoeur) entspricht!

Auch Peter Biehl geht es um eine ganzheitliche Erschließung von Wirklichkeit. Gegenüber Halbfas arbeitet er besonders die Ambivalenz von Symbolen, ihre Multifunktionalität sowie ihre soziale und geschichtliche Verwurzelung heraus.

P Peter Biehls Anliegen verdichtet sich im Begriff einer "kritischen Symbolkunde". In dem folgenden Text hat er sie kurz und präzise umrissen.

📖 Peter Biehl, Umrisse einer kritischen Symbolkunde [1989], in: Arbeitsbuch Religionsunterricht (☞ 5.0), S. 222 f.

- Wo und wie sind Symbole in der Lebenswelt immer schon wirksam?
- Kennzeichnen Sie die drei "Suchbewegungen", auf die das Konzept einer kritischen Symbolkunde konstruktiv antworten will!
- Wie werden christliche Symbole gegen Idol-Symbole ins Spiel gebracht?
- Inwiefern ist Symboldidaktik induktive, nicht deduktive Didaktik?

PT-Wörterbuch
- Symboldidaktik (allgemein)
- Symboldidaktik (Hubertus Halbfas)
  - schulpädagogische Infrastruktur
  - narrative Unterrichtskultur
  - "zweite Naivität" (Paul Ricoeur)
- Symboldidaktik (Peter Biehl)
  - kritische Symbolkunde
  - Symbol als Idol
  - induktive ≠ deduktive Didaktik

T Wir fragen zunächst noch innerhalb des Konzepts der Symboldidaktik nach Differenzierungen, um dann weitere Verknüpfungen vorzunehmen.

- Arbeiten Sie Unterschiede zwischen den symboldidaktischen Konzepten von Hubertus Halbfas und Peter Biehl heraus! Notieren Sie sich zwei oder drei Punkte, die nach Ihrer Meinung Kernpunkte der Differenz darstellen!
- Inwiefern kann die Symboldidaktik frühere Konzepte von Religionsunterricht integrieren? Peter Biehl gibt dazu sogar explizite Hinweise (S. 223, Punkt 6). Belassen Sie es aber nicht bei der bloßen Aufzählung!
- Verknüpfen Sie die symboldidaktischen Impulse mit ähnlichen Ansätzen auf anderen Feldern der Praktischen Theologie (☞ 2.3.4, ☞ 2.3.6, ☞ 4.3.12, ☞ 8.3.1-3).

5 Unterricht

5.2.6 Subjektorientierter Religionsunterricht

Den subjektorientierten Ansatz haben wir bereits auf anderen Feldern der Praktischen Theologie kennengelernt. Der Marburger Praktische Theologe Henning Luther hat damit über seinen frühen Tod hinaus den gesamten praktisch-theologischen Diskurs mit einem kräftigen Impuls versehen (☞ 3.2.6, ☞ 4.2.8, ☞ 9.3.3, ☞ 12.2.5). Seelsorge war nach diesem Ansatz "die umfassende Sorge um das Selbst-Sein-Können" (Henning Luther) des Einzelnen in einem soziokulturellen Kontext, der einer solchen Subjektwerdung spezifische Hindernisse entgegensetzt. Entsprechend wäre subjektorientierte Religionspädagogik zu beschreiben als religionspädagogische Bemühung um das Selbst-Sein-Können des Individuums.

P Auch Luthers Nachfolger in Marburg, Ulrich Schwab, sieht sich einem subjektorientierten Ansatz verpflichtet. In einem Aufsatz hat er ihn für die Religionspädagogik durchgeführt. Der Text gewährt mit einem lebendig wiedergegebenen Beispiel Einblick in die religiöse Weltwahrnehmung von Jugendlichen.

📖 Ulrich Schwab, "Das muß ich mir doch von keinem vorschreiben lassen ...". Subjektorientierter Religionsunterricht im Kontext gegenwärtiger Religiosität: PTh 85 (1996) 508-521.

- Impuls: "... Religionsunterricht ist nicht dazu da, um irgend ein religiöses Wissen an sich zu transportieren, sondern seine Aufgabe liegt darin, einen Beitrag im Bereich der Religion zur Subjektfindung der Schülerinnen und Schüler zu leisten" (S. 516).

- Suchen Sie den gesamten Aufsatz auf Kennzeichen und Zielsetzung der Subjektorientierung ab! Machen Sie sich auch klar, wogegen sich die Subjektorientierung absetzt!

- Impuls: "In einem subjektorientierten Religionsunterricht bestimmen ... die Schülerinnen und Schüler selbst die Spannweite des Religionsbegriffs im Unterricht" (S. 517).

- Wie würde sich eine entschlossene Subjektorientierung auf die konkrete Gestaltung des Religionsunterrichts auswirken?

PT-Wörterbuch
- Subjektorientierter Religionsunterricht (Ulrich Schwab)
- Kirchlichkeit ≠ Religiosität
- Individualisierung ≠ Subjektwerdung

T Der Aufsatz von Ulrich Schwab (s.o.) versteht sich integrativ, insofern er viele Impulse aus der neueren Diskussion aufnimmt. Er eignet sich hervorragend, um bereits Gelerntes anzuwenden. Das werden Sie merken, wenn Sie den Text anhand der folgenden Fragen noch einmal reflektieren:

- Welchem Typ von Religionsunterricht (☞ 5.1.2) würden Sie den subjektorientierten Religionsunterricht nach Schwab zuordnen?

- Wie stellt sich das Problem der Lehrbarkeit von Religion in subjektorientierter Perspektive dar?

- Inwiefern finden sich Anliegen von Konzeptionen, die Sie bereits kennengelernt haben, im subjektorientierten Ansatz wieder?

- Mit welcher (konzeptionellen) Begründung (☞ 5.3.3) ließe sich subjektorientierter Religionsunterricht im Kontext der staatlichen Schule vertreten?

5.3   Perspektiven

5.3.1 Bibel

Den klassischen Gegenstand evangelischen Religionsunterrichts stellt die Bibel dar. Die zunehmende Problemorientierung verdrängte zwar die Bibel nicht, aber es wurde doch immer fraglicher, ob Bibelauslegung weiterhin den didaktischen Grundvorgang im Religionsunterricht darstellen könne. Für die Kluft zwischen Anspruch und Wirklichkeit in Sachen Bibel ist der Religionsunterricht ein sensibler Indikator.

Mit einer kurzen, heftigen Streitschrift hat einst Hans Bernhard Kaufmann die Debatte in Gang gebracht.

> 📖 Hans Bernhard Kaufmann, Muß die Bibel im Mittelpunkt des Religionsunterrichts stehen? Auf dem Weg zum Religionsunterricht im Lebenskontext und Dialog [1966], in: Religionspädagogik (☞ 5.0), Bd. 2/2, S. 182-188.

Bereits der erste Satz bringt die Luftblase formelhafter Beschwörungen von der unterrichtlichen Zentralstellung der Bibel zum Platzen:

"Die traditionelle Mittelpunktstellung der Bibel als Gegenstand und Stoff des Religionsunterrichts ist ein Selbstmißverständnis und weder theologisch noch didaktisch gerechtfertigt" (S. 182).

Kaufmann wollte keinesfalls die "konstitutive Bedeutung der Bibel für die Kirche und den Glauben" (S. 182) bestreiten. Aber er sah zu Recht, daß ein doktrinal-traditionaler Schriftgebrauch die Bibel zu ghettoisieren und den notwendigen Lebensbezug auszublenden drohte. Demgegenüber propagierte er einen an der Lebenswelt und den Problemen der Schülerinnen und Schüler orientierten Religionsunterricht (☞ 5.2.3). In diesem Kontext sollte christliche Lebensdeutung wieder zur Geltung kommen.

Gegenüber einer einseitigen Problemorientierung hat es immer wieder Versuche gegeben, eine zeitgemäße Bibeldidaktik zu entwickeln.

P Zu den Klassikern der Bibeldidaktik gehört Ingo Baldermann. Auf dem Hintergrund reflektierter Hermeneutik und spürbarer Begeisterung für die Wirkungen des Bibelbuches in ganz unterschiedlichen Lebenskontexten entwarf er seine biblische Didaktik:

> 📖 Ingo Baldermann, Die Bibel - Buch des Lernens. Grundzüge biblischer Didaktik, Göttingen 1980, S. 9-19.

- Machen Sie sich den Unterschied von biblischer "Lehre" und biblischem "Lernen" klar!
- "Was sagt der Text uns? Was will der Evangelist damit sagen?" Machen Sie sich klar, warum eine Hermeneutik, die sich in solchen (überaus geläufigen) Sätzen ausspricht, im höchsten Grad problematisch ist!
- Wie hängt der Lebensbezug der Bibel mit der sorgsamen Wahrnehmung ihrer Sprachformen zusammen?

"Die Bibel gehört zu den unbeliebtesten Inhalten des Religionsunterrichts - das weiß wahrscheinlich jeder Lehrer aus eigener Anschauung": So beginnt Horst Klaus Berg (s.u., S. 11) seine Beobachtungen zur Stellung der Bibel in der Schülerwirklichkeit. Das ist realistisch. Zugleich kann er bei vielen Schülern ein "Interesse an einem lebensbezogenen, erfahrungs-orientierten Verständnis der Bibel" (s.u., S. 18) konstatieren.

P "Ein Wort wie Feuer" sei das biblische Wort, so ein Buchtitel Bergs von 1991. Die Formulierung deutet an, wie faszinierend die Bibel für den Ver-fasser ist – trotz oder gerade wegen seiner realistischen Einschätzung der Lage im Religionsunterricht. Speziell auf die schulische Situation bezieht sich das fol-gende Buch, aus dem ich einen Abschnitt zur Lektüre empfehle. Nutzen Sie den Vorteil dieses Textes, daß er auf konkrete Stellen, Motive und Themenkomplexe der Bibel Bezug nimmt! Restrukturieren Sie also ansatzweise Ihr biblisches Wis-sen in didaktischer Perspektive!

📖 Horst Klaus Berg, Grundriß der Bibeldidaktik. Konzepte - Modelle - Methoden, München/Stuttgart 1993, S. 37-51.

- Verdeutlichen Sie sich die sechs "Lernchancen" einer engagierten Bibeldidak-tik und merken Sie sich für jede Chance ein anschauliches biblisches Beispiel!

Wir haben bisher die Schule als Kontext bibeldidaktischer Überlegungen angenommen. Würden wir dabei stehenbleiben, wäre das eine erhebliche Verengung des Blicks. Als "Wort wie Feuer" (Horst Klaus Berg) erweist sich die Bibel in einem weitgespannten Fächer von Kontexten. Es gibt Aufbrüche im Umgang mit der Bibel weit über den schulischen Bereich hinaus.

📖 Handbuch der Bibelarbeit, hg. v. Wolfgang Langer, München 1987.

Biblische Worte, Bilder und Geschichten wirken altersspezifisch. Bei Kin-dern tragen biblische Erzählungen zur religiösen Symbolbildung bei, Ju-gendliche können ihre Persönlichkeit und einen eigenen Lebensentwurf mit Hilfe biblischer Identifikationsfiguren im Gegenüber zu Eltern und Fa-milie ausbilden, während Erwachsene oft biographisch motiviert Bibel-fragmente in ihre Lebensdeutung integrieren.

K Der Text von Hans-Jürgen Fraas gibt einen Überblick über die altersspezi-fische Wirkweise der Bibel. Der Text ist zu knapp, um detailliert zu informie-ren. Wichtig ist, daß Ihnen das Sachproblem bewußt wird. Zugleich bekommen Sie, hier auf die Bibel fokussiert, einen ersten Einblick in Phänomene der religiö-sen Entwicklung des Menschen (☞ 5.3.7).

📖 Hans-Jürgen Fraas, Begegnung mit der Bibel in verschiedenen Altersstufen, in: Handbuch der Bibelarbeit, hg. v. Wolfgang Langer, München 1987, S. 176-185.

- Lesen Sie den Text so, daß Sie für jede Altersstufe einen Ihnen bekannten Menschen vor Ihrem inneren Auge lebendig werden lassen! Sammeln Sie, geleitet durch den Text von Fraas, Phänomene des Umgangs mit der Bibel aus Ihrem eigenen Erleben!

PT-Wörterbuch
- Problem: "traditionelle Mittelpunktstellung der Bibel" im RU (Hans Bernhard Kaufmann)
- Bibel: Buch des Lernens ≠ Buch der Lehre (Ingo Baldermann)

- Lernchancen engagierter Bibeldidaktik (Horst Klaus Berg)
  - Hoffnung und Widerstand
  - Modelle gelingenden Lebens
  - heilvolle und heilende Erinnerungen
  - Selbsterkenntnis (Geschöpflichkeit/Sünde)
  - kommunikative Grundstruktur
  - Ganzheitlichkeit
- altersspezifischer Umgang mit der Bibel

5.3.2 Geschichte

Sie haben bereits zur Kenntnis genommen, wie die Religionspädagogik seit 1945 mit verschiedenen Konzeptionen auf immer neue Herausforderungen reagierte. Das ist der Teil der Geschichte der Religionspädagogik, in dem Sie sich vor allem auskennen müssen. Darüber hinaus will ich Ihre Aufmerksamkeit auf zwei Stationen dieser Geschichte richten, für die die Namen Luther und Schleiermacher stehen.

Martin Luther

Es würde hier zu weit führen, Luthers generelle religionspädagogische Bedeutung sowie seine Bedeutung für das Schulwesen in Deutschland zu würdigen. Ich greife einen Gesichtspunkt heraus, der in den Bereich der Gemeindepädagogik hinüberreicht: seine Arbeit am Katechismus. Zugegeben, der Glaubensunterricht mit dem Katechismus hat sich in der Folgezeit verengt, indem Luthers Katechismen gleichsam kanonisiert wurden und das Katechismuslernen oft genug zum bloßen Memorieren verkam. "Katechismus" hat in der religiösen Biographie der meisten Menschen keinen guten Klang. Dennoch ist das pädagogische Anliegen Luthers nach wie vor bedenkenswert. Hans Bernhard Kaufmann hat daran besonders das Bemühen um "Elementarisierung" hervorgehoben.

P Luthers Kleiner Katechismus ist ein Grundbuch lutherischen Christentums. Hier empfehle ich Ihnen die Vorrede zu eingehender Lektüre.

📖 Martin Luther, Vorrede zum Kleinen Katechismus [1529], in: Religionspädagogik (☞ 5.0), Bd. 1, S. 76-78.

- Wie sieht die "elende, klägliche Not" aus, die Luther zur Abfassung des Kleinen Katechismus getrieben hat?
- Welches sind die Hauptstücke des Kleinen Katechismus? Nehmen Sie den Text des Kleinen Katechismus (z.B. im Gesangbuch) zur Hand!
- Welche Etappen des Lehrens und Lernens mit dem Katechismus markiert Luther?

Die Vorrede zum Kleinen Katechismus läßt kaum erkennen, wie sehr Luther den Katechismus auch als ein Grundbuch evangelischer Spritualität (☞ 9) angesehen hat. Die im Katechismus versammelten Grundtexte der christlichen Tradition (Dekalog - Credo - Vaterunser) sollten nicht nur gelernt und verstanden, sondern auch meditiert und existentiell angeeignet

5 Unterricht

werden. Die Katechismusmeditation wurde von Luther zu einer Weise spezifisch evangelischen Meditierens (☞ 9.3.5) ausgearbeitet.

K Der folgende Text hebt die Elementarisierung als das pädagogische Problem hervor, das über den historischen Kontext von Luther hinaus impulsgebend sein könnte.

📖 Hans Bernhard Kaufmann, Von Martin Luther lernen, was christliche Erziehung ist: PTh 72 (1983) 382-386.

- Machen Sie sich am Beispiel Luthers noch einmal das Problem der Lehrbarkeit von Religion (☞ 5.1.3) klar!
- Warum ist es so wichtig, daß zu gelingender Elementarisierung die drei genannten Dimensionen zusammenspielen?

Dimension	Leitfrage
theologisch	*Was* ist elementares Glaubenswissen?
anthropologisch	*Wem* will ich das Glaubenswissen in welcher lebensgeschichtlichen Situation vermitteln?
didaktisch	*Wie* kann ich das Glaubenswissen den Adressaten in ihrer lebensgeschichtlichen Situation vermitteln?

PT-Wörterbuch
- Katechismusunterricht (Martin Luther)
- Elementarisierung

Friedrich Schleiermacher

Friedrich Schleiermacher (1768-1834) hat vehement für die Religion als eigenen und elementaren Bereich menschlicher Wirklichkeitswahrnehmung plädiert, sich zugleich aber entschieden gegen einen schulischen Religionsunterricht gewandt. Als Ort religiöser Sozialisation sah er primär die Familie.

K Der folgende Textabschnitt hat den Vorteil, daß Schleiermacher nicht ausschließlich religionspädagogisch, sondern auch biographisch und mit wichtigen Elementen seiner Theologie zur Darstellung gelangt. Insofern lesen Sie den Text mit grundsätzlichem Gewinn für Ihre Bemühung, den, wie man ihn genannt hat, Kirchenvater des 19. Jahrhunderts praktisch-theologisch in den Blick zu bekommen.

📖 Godwin Lämmermann, Religionspädagogik im 20. Jahrhundert, Gütersloh 1994, S. 9-22.

- Charakterisieren Sie kurz die Ziele von Schleiermachers (allgemeiner) Pädagogik!
- Worin begründet sich Schleiermachers ablehnende Haltung gegenüber einem Religionsunterricht an der Schule?
- Welche Problemstellungen waren künftiger Religionspädagogik von Schleiermacher mitgegeben?

5.3.3   Religionsunterricht in der Schule

Der Religionsunterricht an den öffentlichen Schulen in Deutschland ist im Grundgesetz verankert. Die einschlägigen Bestimmungen im Grundgesetz müssen Sie kennen. Auf dem rechtlichen Hintergrund sind dann die konzeptionellen Argumentationsmuster heranzuziehen.

P Gottfried Adam und Rainer Lachmann haben einen dichten, informativen Artikel über die Begründungen des Religionsunterrichts verfaßt. Die Autoren haben die rechtliche Lage skizziert (5) und die wichtigsten konzeptionellen Argumentationsmuster beschrieben (1-4). Grundlegende Typisierungen, wie sie hier vorliegen, sollten Sie nicht einfach auswendig lernen, sondern sie in Ihr diagnostisches Instrumentarium für das komplizierte Wechselspiel von Gesellschaft und Religion bzw. das Verhältnis von Staat und Kirche integrieren.

📖 Gottfried Adam/Rainer Lachmann, Begründungen des schulischen Religionsunterrichts, in: Religionspädagogisches Kompendium (☞ 5.0), S. 121-137.

- Skizzieren Sie die rechtliche Argumentation in ständigem Rückbezug auf das Grundgesetz!

- Markieren Sie Punkte der rechtlichen Argumentation, an denen aktuell Spielraum und Bedarf für Interpretation besteht!

- Stellen Sie die ersten vier Begründungsmodelle für den schulischen Religionsunterricht dar! Bearbeiten Sie jedes Modell unter den folgenden vier Gesichtspunkten:

    - Für welche Lebenssituationen wollen die Modelle befähigen (Ziel)?

    - Worin unterscheidet sich ein Modell von den anderen (Proprium)?

    - Welche Verhältnisbestimmung von Kirche und Gesellschaft steht im Hintergrund (gesellschaftlicher Kontext)?

    - Suchen Sie eine andere, möglicherweise bessere Bezeichnung für das einzelne Modell (Terminologie)!

PT-Wörterbuch
- Art. 7 Abs. 2 u. 3 GG
    - "ordentliches Lehrfach"
    - "in Übereinstimmung mit den Grundsätzen der Religionsgemeinschaften"
- Art. 4 Abs. 1 u. 2 GG
    - positive Religionsfreiheit
- Konzeptionelle Begründungsmuster
    - kulturgeschichtliche Argumentation
    - gesellschaftliche Argumentation
    - bildungsorientierte Argumentation
    - anthropologische Argumentation

5.3.4   Religionsunterricht in Kirche und Schule

Bei der Diskussion um den Religionsunterricht geht es immer auch um die Frage, wie schulischer und kirchlicher Unterricht ins Verhältnis zu setzen sind.

5 Unterricht

K Es gibt eine klassische Kontroverse um das Verhältnis von schulischem und kirchlichem Unterricht. Mit Kurt Frör und Gert Otto stritten in kurzen Thesenreihen je ein Vertreter der Evangelischen Unterweisung und des hermeneutischen Religionsunterrichts um das Verhältnis der beiden "didaktischen Orte" (Otto) Kirche und Schule. Ich halte diesen Schlagabtausch in Thesenform auch deswegen für wichtig, weil sich daraus noch immer etwas erheben läßt über den schwierigen Rollenwechsel, den ein Pfarrer oder eine Pfarrerin zu bestehen hat beim Wechsel von der Gemeindearbeit in die Schule und umgekehrt.

📖 Kurt Frör/Gert Otto, Religionsunterricht als Teil des kirchlichen Gesamtkatechumenats? Das Verhältnis zur Gemeinde als Problem [1964], in: Religionspädagogik (☞ 5.0), Bd. 2/2, S. 178-181.

- Was ist ein "kirchlicher Gesamtkatechumenat" (Frör) und wie ist ein entsprechendes Selbstverständnis des Religionslehrers in der Schule zu beschreiben?
- Konkretisieren Sie Ottos Konzept von der Differenz der beiden didaktischen Orte Kirche und Schule im Blick auf die Person des Lehrers oder der Lehrerin!
- Beschreiben Sie den Unterschied im Verhältnis Kirche - Welt, der die beiden Konzepte bestimmt!

Insgesamt hat sich die Richtung durchgesetzt, für die in der Kontroverse Gert Otto stand. Gleichwohl gibt es in jüngerer Zeit durchaus Überlegungen, Schule und Kirche über die prinzipielle Trennung hinweg in einer möglichen "Wahl-Nachbarschaft" zu sehen.

K Karl Bernhard Kaufmann verantwortete zusammen mit einer Projektgruppe des Comenius-Instituts einen Band, der schon durch den Titel programmatisch wirkt: "Nachbarschaft von Schule und Gemeinde". Auf dem Hintergrund einer langen und intensiven institutionellen Verquickung von Schule und Kirche (Stichwort: "geistliche Schulaufsicht") wird die Frage nach einer neuen Qualität des Verhältnisses wieder gestellt.

📖 Hans Bernhard Kaufmann, Nachbarschaft von Schule und Gemeinde, Gütersloh 1990, S. 26-36.

- Benennen Sie wichtige Stationen im Verhältnis Schule - Kirche!
- Welche Problemstellungen auf der Seite der Schule und welche auf der Seite von Kirche und Gemeinde werden als Motivationen für eine neue Nachbarschaft angeführt?
- Geben Sie einige Beispiele, wie solche "Wahl-Nachbarschaft" konkret aussehen könnte!
- Prüfen Sie, ob das Konzept einer Wahl-Nachbarschaft in der deutschen Wirklichkeit nach der Wiedervereinigung noch eine Chance hätte!

Das Konzept einer Wahl-Nachbarschaft ist natürlich ein Konzept auf dem Hintergrund bundesdeutscher Erfahrungen im Verhältnis Kirche - Schule. Im Westen Deutschlands konnte sich die Kirche auf den schulischen Religionsunterricht verlassen; sie war nicht gezwungen, die religiöse Erziehung und Bildung in die eigene Hand zu nehmen. Im Osten Deutschlands haben die politischen Verhältnisse in der DDR zur Ausbildung der Christenlehre geführt, eines kirchlichen Unterrichts, der sich zwar sachlich zur staatlichen Schule deutlich abgrenzte und abgrenzen mußte, der aber in der Durchführung durchaus schulische Merkmale aufwies:

📖 Dieter Reiher, Zur Pädagogik der Christenlehre in der DDR, in: Christenlehre und Religionsunterricht. Interpretationen zu ihrer Entwicklung 1945-1990, hg. v. Comenius-Institut, Weinheim 1998, S. 117-137.

Es wundert nicht, daß die Einführung des schulischen Religionsunterrichts nach westlichem Muster in den Kirchen der ehemaligen DDR bis heute kontrovers diskutiert wird.

PT-Wörterbuch
- Differenz der didaktischen Orte (Gert Otto)
- kirchlicher Gesamtkatechumenat (Kurt Frör)
- Wahl-Nachbarschaft (Hans Bernhard Kaufmann)
- Christenlehre

5.3.5 Konfessionen - Religionen - Wertorientierungen

Die in Deutschland grundgesetzlich gestützte Konfessionalität des Religionsunterrichts muß sich in jedem Fall ökumenisch verantworten. Das schulische Miteinander vor allem von römisch-katholischer und evangelischer Kirche sollte intensiviert werden. Auch orthodoxer Religionsunterricht gehört, wo er erteilt wird, in den Kontext solcher Ökumene. Darüber hinaus macht die multikulturelle Situation in vielen Regionen Deutschlands längst eine interreligiöse Perspektive zum dringlichen Anliegen religionspädagogischer Arbeit. In den pluralen Kontext von Konfessionen, Religionen und Wertorientierungen gehört auch der Ethikunterricht. Voraussetzung ist die Bereitschaft aller Beteiligten, ihn aus seinem Schattendasein als bloßen Ersatzunterricht für den Religionsunterricht zu entlassen.

P Eine Denkschrift der EKD hat die faktische Pluralität konzeptionell und kirchenpolitisch als Herausforderung angenommen. Die Denkschrift versucht Umrisse eines künftigen Religionsunterrichts im vereinten Deutschland zu zeichnen. Die Zusammenfassung, die ich hier zur Lektüre empfehle, erleichtert den Überblick über die wichtigsten Einsichten. Sie sollten aber immer wieder im ausführlichen Text nachsehen, wenn Ihnen die zusammenfassenden Formulierungen nicht klar genug sind.

📖 Identität und Verständigung. Standort und Perspektiven des Religionsunterrichts in der Pluralität. Eine Denkschrift der Evangelischen Kirche in Deutschland, hg. v. Kirchenamt der EKD, Gütersloh 1994, S. 82-91.

- Wie zeichnet die Denkschrift die gesellschaftliche Situation?
- Inwiefern ist Religionsunterricht als "ordentliches Lehrfach" unverzichtbar?
- Wie werden die "öffentliche Bildungsmitverantwortung" der Kirche und der "Lernort Gemeinde" miteinander vermittelt? Bringen Sie Überlegungen aus anderen Zusammenhängen (☞ 5.3.4) ein!
- Wie interpretiert die Denkschrift die grundgesetzlichen Gegebenheiten?
- Was kennzeichnet einen "konfessionell-kooperativen" Religionsunterricht?
- Welches Interesse könnte die EKD bewegen, auch für den grundgesetzlich nicht fixierten Ethikunterricht den Status eines "ordentlichen Lehrfaches" zu fordern?

5 Unterricht

- Was ist der Sinn der von der Denkschrift vorgeschlagenen "Fächergruppe"? Suchen Sie nach einer Bezeichnung für die Fächergruppe!

- Erläutern Sie die Intention der Denkschrift anhand der beiden Titelbegriffe "Identität" und "Verständigung"!

PT-Wörterbuch
- Identität - Verständigung (EKD-Denkschrift 1994)
- öffentliche Bildungsmitverantwortung der Kirche
- konfessionell-kooperativer Religionsunterricht
- Fächergruppe (Pflichtbereich)

Im Bundesland Brandenburg sorgt das neuartige Unterrichtsfach "Lebensgestaltung - Ethik - Religionskunde" (LER) für heftige Diskussionen. Um LER wird deshalb so gestritten, weil es dabei letztlich um Begründung und Gestalt des Religionsunterrichts in den gewandelten gesellschaftlichen Realitäten geht.

W Sie sollten hier noch einmal genau zur Kenntnis nehmen, was Sie bereits in anderer Schwerpunktsetzung gelesen haben (☞ 5.3.3). Die knappe Skizze von Adam/Lachmann mag für ein Grundwissen genügen.

📖 Gottfried Adam/Rainer Lachmann, Begründungen des schulischen Religionsunterrichts, in: Religionspädagogisches Kompendium (☞ 5.0), S. 121-137, hier: S. 136 f. [zu LER].

Die Frage der Religionen hat traditionell im Religionsunterricht eine eher marginale Rolle gespielt. Die Verhältnisse in Deutschland schienen das zu rechtfertigen. Es kam hinzu, daß die Theologie in den Jahrzehnten nach dem Krieg für ein Fragen nach den Religionen nicht immer offen war. Noch immer steht eine theologische Einordnung und Wertung der Religionen im Spannungsfeld zwischen einem weiten Religionsbegriff (z.B. Paul Tillich) und einem prinzipiell religionskritischen Verständnis des christlichen Glaubens (z.B. Karl Barth).

K Ein grundlegendes Werk von Johannes Lähnemann reformuliert die Religionspädagogik in interreligiöser Perspektive. Es wäre spannend zu sehen, wie in Lähnemanns Darstellung die Konzepte, mit denen Sie sich bereits beschäftigt haben, in der neuartigen Perspektive erscheinen. Ich empfehle hier einen Ausblick auf die religionspädagogische Szene in Großbritannien. Der Ausblick ist deshalb so interessant, weil es in Großbritannien bei vergleichbarer Ausgangslage (Religionsunterricht als ordnungsgemäßes Lehrfach an staatlichen Schulen) zu einer prinzipiell anderen, nämlich überkonfessionellen bzw. interreligiösen Ausrichtung von "religious education" gekommen ist.

📖 Johannes Lähnemann, Evangelische Religionspädagogik in interreligiöser Perspektive, Göttingen 1998, S. 118-123 [Zur Entwicklung in Großbritannien].

- Was kennzeichnet "religious education" in Großbritannien?
- Beschreiben und beurteilen Sie die Orientierung des Religionsunterrichts an den "basic needs" (S. 120) der Kinder!

Eine interreligiöse Perspektive des Religionsunterrichts in Deutschland meint zunächst natürlich die Frage, wie die anderen Religionen im christlichen Religionsunterricht thematisiert werden. Dabei geht es aber nicht nur um angemessene Information. Es muß auch um lebendige Kommunikation der Religionen auf allen Ebenen der Schule gehen. In diesem Zusammenhang ist die Frage von Interesse, wie die anderen Religionen den Religionsunterricht, der ihnen vom Grundgesetz prinzipiell zugestanden wird, konzipieren und gestalten. Nur wenn hier gute Arbeit geleistet wird, entstehen die Partnerschaften ("Begegnungslernen"), die in interreligiöser Perspektive auf Lehrer- und Schülerebene unverzichtbar erscheinen.

Was den Religionsunterricht anderer Religionen betrifft, so sind die Dinge insbesondere im Blick auf den Islam im Fluß. Die Gegebenheiten verändern sich rasch. Deshalb sollen Sie sich hier nur grundsätzliche Problem- und Aufgabenstellungen bewußtmachen.

K Johannes Lähnemann hat einen spannenden Einblick in die Versuche gegeben, islamischen Religionsunterricht an deutschen Schulen zu gestalten:

📖 Johannes Lähnemann, Islamischer Religionsunterricht in Beziehung zu ökumenischem und interreligiösem Lernen: US 52 (1997) 38-44.

* Umreißen Sie den soziokulturellen Kontext eines islamischen Religionsunterrichts in Deutschland!
* Welche Anforderungen müssen für einen islamischen Religionsunterricht genauso gelten wie für einen christlichen?
* Skizzieren Sie den Spielraum für interreligiöses Lernen im Rahmen der EKD-Denkschrift "Identität und Verständigung"!

PT-Wörterbuch * Lebensgestaltung - Ethik - Religionskunde (LER)
* religious education (Großbritannien)
* Begegnungslernen

5.3.6 Methoden

Methodenvielfalt ist unabdingbare Voraussetzung für einen gelingenden Unterricht. Dementsprechend sind gerade in neuerer Zeit eine Fülle von Methoden ausprobiert und bereitgestellt worden. Ich nehme zwei Methoden exemplarisch heraus: Gespräch und Erzählen. In beiden Fällen handelt es sich um traditionelle Methoden, die aber in neuerer Zeit eine erhebliche hermeneutische Aufwertung erfahren haben. Gespräch und Erzählen werden nicht mehr in klassisch-katechetischer Weise verstanden als rezipientenfreundliche Methoden zur Aneignung von Stoff ("Verpackung"), sondern als Weisen sprachlicher Konstitution von Wirklichkeit (☞ 3.2.6, ☞ 4.2.9, ☞ 4.3.12, ☞ 8.3.1). Das ist eine sehr pointierte Zielangabe. In der Praxis hat natürlich auch der klassisch-katechetische Gebrauch immer wieder einen sinnvollen Ort.

Gespräch

Das Gespräch gehört zu den geläufigen Methoden im Unterricht und zugleich zu den Urformen menschlicher Bemühung um Erkenntnis. Es ist gut, das Unterrichtsgespräch einmal in einem weiteren kulturellen Kontext zu reflektieren.

5 Unterricht

K Der folgende (relativ lange) Text liest sich leicht. Er ist auch historisch informativ, wenngleich Sie sich diese Kurzgeschichte des Lehrgesprächs nicht im Detail einprägen müssen. Gehen Sie den Artikel anhand der Begriffe im PT-Wörterbuch entlang! Das PT-Wörterbuch mag in diesem Fall die Leitfragen ersetzen.

📖 Rainer Lachmann, Gesprächsmethoden im Religionsunterricht, in: Methodisches Kompendium (☞ 5.0), S. 113-136.

PT-Wörterbuch	• Mensch als dialogisches Wesen (anthropologisch/theologisch)
	• Kommunikation des Evangeliums (Ernst Lange)
	• sokratisches Gespräch (Mäeutik)
	• Disputation
	• Formen des Unterrichtsgesprächs
	– Plauderei
	– Lehrgespräch
	– Schülergespräch
	– Diskussion

Rainer Lachmann macht in einem gemeindepädagogischen Ausblick deutlich, wie sehr das Gespräch kirchliche Arbeit weit über unterrichtliche Situationen hinaus bestimmt. Ich würde an dieser Stelle besonders auf das Gespräch in der Seelsorge (☞ 4.2.3) verweisen, das in den Kontext dialogischer Bemühung um Wahrheit und Erkenntnis gehört.

Erzählen

Es kommt im Rahmen eines Grundwissens nicht darauf an, detailliert über das Erzählen und seine Regeln Auskunft geben zu können. Wichtiger ist, etwas über die theologische Bedeutung und die Wirkweise des Erzählens sagen zu können. Die Einsichten, die Sie hier über Narrativität gewinnen, sind nicht nur für die Religionspädagogik, sondern für die gesamte Theologie von Bedeutung.

P Das Konzept einer "narrativen Theologie" ist gesamttheologisch so wichtig, daß ich Ihnen einen programmatischen Text als Pflicht zumute. Der Literaturwissenschaftler Harald Weinrich hat 1973 zusammen mit dem katholischen Theologen Johann Baptist Metz eine Diskussion angestoßen, die bis heute wirksam ist. Man mag fragen, ob das Programmwort "narrative Theologie" wirklich sinnvoll ist, da Theologie als Wissenschaft nicht einfach Geschichten erzählen kann. Aber das Anliegen, die Erzählung als einen spezifischen, nicht einfach durch Diskurs ersetzbaren Weg zur Weltwirklichkeit Gottes wieder ins theologische Bewußtsein zu rufen, bleibt. Insofern behalten die wissenschaftskritischen Töne von Harald Weinrich ihre Bedeutung.

📖 Harald Weinrich, Narrative Theologie: Conc(D) 9 (1973) 329-334.

• Machen Sie sich klar, warum die geläufige Frage, ob es auch tatsächlich so passiert sei, für die meisten und oft gerade für die besten Geschichten unangemessen ist!

• Inwiefern steht die geradezu pathetische Beschwörung der *Geschichte* in der neueren Theologie in Spannung zur theologischen Bedeutung der *Erzählung*?

• Erläutern Sie mit biblischem Wissen den Satz: "Das Christentum ist eine Erzählgemeinschaft" (S. 330)!

- "Erzählen" Sie Episoden der Geschichte, wie das Christentum seine "narrative Unschuld" (S. 331) verlor!

- Belegen Sie die These von der "fundamentalen Diskriminierung der Narrativität zugunsten der Diskursivität" (S. 333)!

PT-Wörterbuch
- narrative Theologie
- Christentum als Erzählgemeinschaft
- Mythos ≠ Logos
- Narrativität ≠ Diskursivität

Auf dem Hintergrund der Diskussion um eine narrative Theologie hat Klaus-Peter Hertzsch ein kurzes, eindringliches Plädoyer für das Erzählen verfaßt - im Grunde ein alternatives Ausbildungsprogramm für das Theologiestudium. Die diskursive Sprache, die das Theologiestudium beherrsche, lasse es zu einem Sprachverlust bei den Studierenden kommen. Sprachverlust aber bedeute auch einen Verlust an Wirklichkeit. Die Folgen für die Gemeinden seien wenig erfreulich. An zwei Vergleichen macht Hertzsch die Folgen überdeutlich: Vielfach sei es, als ob Pfarrer einen Witz erklärten, anstatt ihn zu erzählen, oder als ob sie eine Sonate wortreich erläuterten, anstatt sie einfach zu spielen. Seine Konklusion (in meinen Worten): Nicht über das Evangelium reden, sondern es erzählen!

K Lassen Sie sich von Klaus-Peter Hertzsch Lust machen zum Erzählen! Hertzsch ist im übrigen nicht einer, der nur kluge Worte macht, sondern selber ein Erzähler mit Charisma.

📖 Klaus-Peter Hertzsch, Plädoyer für das Erzählen: WzM 39 (1987) 202-206.

- Inwiefern hat die Bibel "ein optimistisches Verhältnis zur Sprache" (S. 205)?

- Erläutern Sie die These, biblische Geschichten seien nicht Protokolle, sondern Modellgeschichten (vgl. S. 205)!

- Inwiefern stellt die biblische Erzählung die Wirklichkeit der Hörenden "in ein neues Licht" (S. 206)?

5.3.7 Religiöse Entwicklung

Für jede pädagogische Bemühung ist es unerläßlich, sich von den Entwicklungsprozessen der Person ein Bild zu machen. Insbesondere Kindheit und Jugend fordern in unterrichtlicher Perspektive Aufmerksamkeit. Der (weit verstandene) Begriff der Sozialisation ist ein Sammelbegriff für die Prozesse, in denen der Mensch in Wechselwirkung mit seinem sozialen Umfeld seine Identität gewinnt. Religiöse Sozialisation hat teil an diesem prozessualen Geschehen. Ihr gilt das besondere Augenmerk der Religionspädagogik.

Entwicklungen lassen sich in Phasen einteilen. Alle Theorien, die Sie im folgenden zur Kenntnis nehmen, arbeiten mit Phasen. Dabei haben Einteilungen dieser Art nur ein relatives Recht. Sie helfen, wenn sie als heuristische Modelle verstanden werden, zu wichtigen Einsichten. Wenn sie dagegen ontologisiert werden, verstellen sie den Blick für die Fülle der Wirklichkeit.

Eine sachkundige und gut geschriebene Darstellung der Theorien, die uns hier interessieren, findet sich in folgendem Buch von Friedrich Schweitzer. Sie sollten das Buch oder Teile daraus begleitend lesen. Pflichttexte werde ich eigens angeben.

📖 Friedrich Schweitzer, Lebensgeschichte und Religion. Religiöse Entwicklung und Erziehung im Kindes- und Jugendalter [1987], Gütersloh ⁴1999, S. 60-167.

Religion als Sehnsucht nach dem Vater (Sigmund Freud)

Von Sigmund Freud (☞ 4.3.6) sollten Sie die Phasen der kindlichen Entwicklung kennen. Die *orale Phase* ist gekennzeichnet von der Triebbefriedigung durch Nahrungsaufnahme. In der *analen Phase* (2.-3. Lebensjahr) geht es um frühe Formen der Machtausübung durch das Zurückhalten und Abgeben von Exkrementen. Die *phallische Phase* (bis 6. Lebensjahr), von Freud einseitig männlich beschrieben, ist gekennzeichnet durch die jeweils gegengeschlechtliche Wahrnehmung der Eltern (Ödipuskonflikt). In einer *Latenzphase* werden vor allem soziale Antriebe ausgebildet, während sich der Trieb in der *genitalen Phase* der Pubertät auf in der Regel gegengeschlechtliche Partner außerhalb der Familie richtet. Religion entsteht im Kind dadurch, daß die Ansprüche des Vaters internalisiert und als Über-Ich von der Wahrnehmung des wirklichen Vaters abgespalten werden. Was die Religionen "Gott" nennen, ist nichts anderes als die Hypostasierung väterlicher Autorität, die den Triebbedürfnissen der Person disziplinierend und scheinbar von außen gegenübertritt.

PT-Wörterbuch
- (religiöse) Sozialisation
- Phasen der kindlichen Entwicklung nach Freud
  - orale Phase
  - anale Phase
  - phallische Phase
  - Latenzphase
  - genitale Phase
- Ödipuskonflikt
- Religion als Hypostasierung väterlicher Autorität (Sigmund Freud)

Ich muß die Einseitigkeit dieser Theorie nicht im Detail anzeigen. Wichtig ist, daß Freuds Phasen in der Folgezeit einen mächtigen Impuls abgaben zur Erstellung verfeinerter Phasenmodelle mit erweitertem Wahrnehmungsbereich.

Urvertrauen (Erik H. Erikson)

Die Wurzeln der Theorie von Erik H. Erikson (1902-1994) liegen in der Psychoanalyse. Freilich fällt sofort auf, daß Freuds Fixierung auf die Kindheit bei ihm überwunden ist. Entwicklung ist für Erikson ein Prozeß, der bis ins hohe Alter hineinreicht. Begriffe wie "Urvertrauen" bzw. "Grundvertrauen" (basic trust) oder "Identität" sind bereits Alltagswörter geworden.

W Sie sind Erikson bereits in der Liturgik begegnet, wo der Gottesdienst als Ritual beschrieben wurde (☞ 2.3.6).

- Vergegenwärtigen Sie sich wieder, welche Bedeutung die frühen Rituale zwischen Mutter und Kind für den Nachvollzug religiöser Rituale haben!

P Sie sollten den folgenden Text über Erikson nicht primär zur Anhäufung von Prüfungswissen lesen. Vielmehr lohnt es sich, anhand von Eriksons Entwicklungsmodell über das Leben in seinen verschiedenen Stadien nachzudenken. Füllen Sie die modellhaften Stadien Eriksons mit Beobachtungen, die Sie selbst gemacht haben!

📖 Friedrich Schweitzer, Lebensgeschichte und Religion (s.o.), S. 71-91.

- Halten Sie sich während der gesamten Lektüre Eriksons Entwicklungsschema vor Augen!

Alter	psychosoziale Krise
Säuglingsalter	Grundvertrauen - Grundmißtrauen
Frühe Kindheit	Autonomie - Scham und Zweifel
Spielalter	Initiative - Schuldgefühl
Schulalter	Werksinn - Minderwertigkeitsgefühl
Adoleszenz	Identität - Identitätskonfusion
Frühes Erwachsenenalter	Intimität - Isolierung
Erwachsenenalter	Generativität - Stagnation
Hohes Alter	Integrität - Verzweiflung und Ekel

- Erklären Sie, inwiefern die Rede vom "krisenhaften" Charakter der menschlichen Entwicklung positiv gemeint ist!
- Beschreiben Sie die religiöse Entwicklung nach Erikson anhand der Formel "Vom Grundvertrauen zur Identität" (S. 71)!

PT-Wörterbuch • Vom Grundvertrauen/Urvertrauen zur Identität (Erik H. Erikson)
• psychosoziale Krise

Entwicklung des Erkennens (Jean Piaget)

Die kognitive Psychologie von Jean Piaget (1896-1980) richtet ihr Augenmerk auf die Entwicklung des Verstehens (Intelligenz). Damit kommt ein Aspekt in den Blick, der bei den psychoanalytisch orientierten Modellen nur am Rande Beachtung fand. Schweitzer bemerkt freilich zutreffend, daß nun umgekehrt die kognitive Psychologie der "eigenständigen Bedeutung sozialer Beziehungen, affektiver Prozesse und lebensgeschichtlicher Ereignisse" (aaO., S. 106) nicht gerecht werde. Gleichwohl ist die Kognition bei Piaget nicht ausschließlich am Intellekt im Gegenüber zum Affekt orientiert. Es geht vielmehr um "die sich lebensgeschichtlich wandelnden Formen der Verarbeitung von Erfahrung" (aaO., S. 107). Jean Piaget und Lawrence Kohlberg sollten Sie wenigstens in Andeutungen zur Kenntnis nehmen, um den Hintergrund präsent zu haben, auf dem sich dann die Stufenmodelle religiösen Verstehens lokalisieren.

Vier Stufen des (allgemeinen) Erkenntnisvermögens sind es, die Sie sich von Piaget merken sollten. Sie dürfen nicht übersehen werden, wenn man

Kinder und Jugendliche nicht überfordern will. Ich stelle sie im Überblick dar:

Alter	kognitives Vermögen	Kennzeichen der Wahrnehmung
Kleinkind	sensomotorisch	ausschließlich über die Sinne
Vorschulkind	präoperational	noch ganz an das einzelne Objekt gebunden, keine Verknüpfung zwischen Beobachtungen an verschiedenen Objekten
Grundschulkind	konkret-operational	Verknüpfungen möglich, aber immer noch an konkrete Anschauung gebunden
Jugendalter	formal-operational	Anschauung nicht mehr Voraussetzung, Fähigkeit zu abstraktem Denken

PT-Wörterbuch
- kognitive Psychologie (Jean Piaget)
- sensomotorische Intelligenz
- präoperationales - konkret-operationales - formal-operationales Denken

Entwicklung des moralischen Urteils (Lawrence Kohlberg)

Schon Piaget hatte frühzeitig Forschungen angestellt, wie sich die Ausbildung des moralischen Urteilsvermögens im Rahmen der allgemeinen Entwicklung des Kindes ausnimmt. Lawrence Kohlberg (1927-1987) hat diesen Aspekt aufgegriffen und unter Ausweitung auf das gesamte Lebensalter zum Schwerpunkt seiner Forschungen gemacht. Ihm geht es nicht so sehr um die Inhalte des moralischen Urteils, sondern um die stufenmäßig unterschiedenen Weisen der Begründung moralischer Werte und Normen. Kohlberg hat eine Methode ausgebildet, die auch in der Folgezeit Anwendung finden sollte. Er bediente sich sogenannter Dilemma-Geschichten, Geschichten also, die keine eindeutige Lösung im Einklang mit der moralischen Norm zulassen, die aber gerade deswegen dazu zwingen, Begründungen für mögliche Entscheidungen darzulegen. Friedrich Schweitzer (aaO., S. 113) zititert eine solche Dilemma-Geschichte:

Eine Frau ist an Krebs erkrankt. Letzte Chance ist ein bestimmtes Medikament. Ein Apotheker bietet es an, freilich zu einem Preis, den der Ehemann nicht bezahlen kann. Ein Arrangement mit dem Apotheker kommt nicht zustande. Darauf bricht der Mann in die Apotheke ein und stiehlt das Medikament. An die Geschichte schließt sich die Frage an, ob der Mann das tun sollte und warum bzw. warum nicht.

Kohlberg hat herausgefunden, daß sich die Antworten auf solche Dilemma-Geschichten strukturell in sechs Stufen einteilen lassen, und zwar von einer präkonventionellen über eine konventionelle bis zu einer postkonventionellen Moral.

PT-Wörterbuch
- Entwicklung des moralischen Urteils (Lawrence Kohlberg)
- Dilemma-Geschichten

Entwicklung des religiösen Urteils (Fritz Oser/Paul Gmünder)

Während Piaget vor allem die Entwicklung der kognitiven und Kohlberg die Entwicklung der moralischen Intelligenz untersuchte, haben Fritz Oser und Paul Gmünder seit Beginn der achtziger Jahre Forschungen zur Entwicklung des religiösen Urteilsvermögens vorgelegt. Wieder geht es nicht so sehr um die Inhalte, sondern um die Struktur religiösen Urteilens. Diese Struktur ist nicht an eine bestimmte, letztlich an überhaupt keine Religion gebunden. Es geht, so Schweitzer, um eine "Tiefenstruktur, die allem Denken und Urteilen über religiöse Fragen zugrundeliegt" (aaO., S. 122).

P Friedrich Schweitzer hat die sechs Stufen nach Oser/Gmünder anschaulich beschrieben. Sie sollten sich das Schema neben Schweitzers Buch legen und sich Menschen vorstellen, die auf der jeweiligen Stufe religiös argumentieren. Fragen Sie bei den Stufen, wie sich jeweils die Autonomie Gottes (generell: des Ultimaten) und die Autonomie des Menschen zueinander verhalten!

📖 Friedrich Schweitzer, Lebensgeschichte und Religion (s.o.), S. 121-137.

Stufe	Beschreibung	Stichwort
Stufe 0	vorreligiöse Haltung	
Stufe 1	einseitige Macht und Autorität eines Ultimaten	Deus ex machina
Stufe 2	erste Subjektivität durch Beeinflußbarkeit des Ultimaten mittels Riten etc.	Do ut des
Stufe 3	Autonomie der Person durch Abtrennung des Ultimaten vom genuin humanen Bereich	Deismus
Stufe 4	Autonomie der Person durch Annahme apriorischer Voraussetzungen aller menschlichen Möglichkeiten durch Ultimates	Apriorität
Stufe 5	höchste menschliche Autonomie durch kommunikativ-religiöse Praxis, in der Ultimates vor allem für intersubjektives Handeln den maßgeblichen Deutehorizont abgibt	Kommunikativität
Stufe 6	hypothetisch; Ausweitung der Perspektive von Stufe 5	Kommunikativität mit universalem Anspruch

Etwa zeitgleich mit Fritz Oser und Paul Gmünder publizierte James Fowler im angelsächsischen Bereich seine Forschungen zur religiösen Entwicklung. Ihm geht es nicht so sehr um das religiöse Urteil, sondern um den Glauben selbst und seine Erscheinungsweisen. Sie finden bei Friedrich Schweitzer eine kompetente Darstellung von Fowlers Glaubensstufen. Ich meine, daß es für ein Grundwissen genügt, sich an einem Beispiel (hier: Oser/Gmünder) mit einer Stufentheorie zur Entwicklung von Religiosität auseinanderzusetzen.

PT-Wörterbuch   • Stufen des religiösen Urteils (Fritz Oser/Paul Gmünder)
                    • Autonomie des Ultimaten - Autonomie der Person

5 Unterricht

Problematik von Stufentheorien

Stufentheorien zur Entwicklung des Menschen haben durch die empirischen Untersuchungen, auf die sie sich stützen können, etwas Bestechendes. Sie scheinen Ordnung und Anschaulichkeit in einen Bereich zu bringen, dem mit dem herkömmlichen Instrumentarium der Theologie immer das Manko des Spekulativen bleibt. Dennoch ergeben sich im Blick auf solche Stufentheorien auch sehr grundsätzliche Anfragen.

P Friedrich Schweitzer hat zusammenfassend kritische Anfragen formuliert. Noch wichtiger, als daß Sie die Stufen des einen oder anderen Systems vollständig reproduzieren können, ist es, sich über die Chancen und über die Begrenzung solcher Theorien klarzuwerden.

📖 Friedrich Schweitzer, Lebensgeschichte und Religion (s.o.), S. 159-165.

- Inwiefern sind der Stufenbegriff und das den Stufentheorien implizierte Fortschrittsdenken problematisch?
- Beschreiben Sie die Theorie von Oser/Gmünder als "theologischen Antwortversuch auf die Situation der Religion in der modernen Gesellschaft" (S. 165)!

5.3.8 Religiosität von Jugendlichen

Wir haben bisher nach der religiösen Entwicklung des Menschen gefragt. Die verschiedenen Modelle, die Sie kennengelernt haben, gestatten freilich nur sehr bedingt einen Blick auf die tatsächliche Religiosität der Menschen in unserer Gesellschaft. An anderen Stellen im Grundwissen kommt Religion als Phänomen in der Gesellschaft zur Sprache (☞ 1.3.9, ☞ 11.3.1). Hier geht es speziell um die Religiosität von Jugendlichen, von Menschen also, wie sie Ihnen als Schülerinnen und Schüler auf verschiedenen Klassenstufen begegnen. Will man den Jugendlichen im Religionsunterricht gerecht werden, so hat man unbedingt Kirchlichkeit und Religiosität zu unterscheiden.

K Das einschlägige Buch von Friedrich Schweitzer ist wieder informativ und gut lesbar. Zusammenfassungen am Ende eines jeden Abschnitts ermöglichen auch eine zügigere Lektüre. Sie sollten sich in diesem Buch ein wenig umsehen.

📖 Friedrich Schweitzer, Die Suche nach dem eigenen Glauben. Einführung in die Religionspädagogik des Jugendalters, Gütersloh 1996, S. 30-49 [aus: Jugend - Kirche - Religion. Ansätze zur Beschreibung].

- Beschreiben Sie die Differenz von Kirchlichkeit und Religiosität!
- Wie beurteilt Schweitzer das Phänomen des Synkretismus im Blick auf die Jugendlichen?
- Nennen Sie einige Beobachtungen für die These, Lebensgeschichte sei für Jugendliche ein hervorgehobener Ort von Religion!
- Wo ergibt sich aus der Lektüre ein anderes Bild über die Jugendlichen im Osten Deutschlands, als es Ihren vorgängigen Erwartungen entsprochen hätte?

PT-Wörterbuch • Kirchlichkeit ≠ Religiosität

5.3.9 Bildung

Schon bei den konzeptionellen Begründungen für den Religionsunterricht in der Schule (☞ 5.3.3) hat der Begriff der Bildung eine Rolle gespielt. Dieser Begriff und die damit verbundenen sachlichen Spannungen sind für alle mit der Gesellschaft vernetzte Bildungsarbeit der Kirche (☞ 5.3.13) so wichtig, daß wir ihm jetzt einen eigenen Gedankengang widmen. Ich gebe zunächst eine Definition von "Bildung":

Wir sprechen von Bildung, "wenn es in pointierter Weise um eine sinnbezogene Auseinandersetzung von Personen mit Gegenständen, also um Wissen, Erkenntnis und Einsichten samt ihrer Wirkung auf Personen und Lebensverhältnisse geht".

Heinz Schmidt, Leitfaden Religionspädagogik, Stuttgart u.a. 1991, S. 11.

Horst F. Rupp spannt das Problemfeld mit einer Doppelfrage auf: "Braucht Glaube bzw. Theologie Bildung?" und "Braucht Bildung Glaube bzw. Theologie?" (s.u., S. 167). Bei "Bildung" geht es um eine grundlegende Frage für das Selbstverständnis von Glaube, Kirche und Theologie, aber auch um das Selbstverständnis der Gesellschaft. Wie grundlegend die Frage der Bildung ist, wird sofort deutlich, wenn ich die berühmte Frage Schleiermachers zitiere (Rupp, s.u., S. 179): "Soll der Knoten der Geschichte so ausgehen: Das Christentum mit der Barbarei und die Wissenschaft mit dem Unglauben?"

K Der Aufsatz von Horst F. Rupp bietet keinen detaillierten Überblick über Bildungstheorien. Vielleicht konzentriert er sich zu sehr auf den Protestantismus; die Frage des Verhältnisses von Katholizismus und Bildung müßte gründlicher geklärt werden. Gleichwohl tut der Aufsatz genau das, worauf es in diesem Grundwissen ankommt: Er schärft das Bewußtsein für das Problem.

📖 Horst F. Rupp, Der Bildungsbegriff - Konsequenzen für die enzyklopädische Frage der Theologie, in: Religionspädagogik und Theologie. Enzyklopädische Aspekte, hg. v. Werner Ritter u. Martin Rothgangel, FS Wilhelm Sturm, Stuttgart u.a. 1998, S. 167-183.

- Denken Sie gründlich über die einleitenden "Schlaglichter zum Verhältnis Religion bzw. Theologie und Bildung" nach - am besten in der Lerngruppe und kontrovers!

- Machen Sie sich an einem Punkt (Luther, Melanchthon, Schleiermacher) klar, was historisch den "Protestantismus als Bildungsgröße" kennzeichnet!

PT-Wörterbuch   • Bildung
                • Glaube/Religion/Kirche/Theologie - Bildung
                • Protestantismus als Bildungsgröße

5.3.10 Gemeindepädagogik

Seit Anfang der siebziger Jahre wurde der Begriff einer Gemeindepädagogik zum Programmwort. Gemeint war die "religionspädagogische Theorie des pädagogischen Handelns in der Gemeinde" (Adam, s.u., S. 332). Damit öffnete sich der faktisch auf den schulischen Bereich verengte Begriff der Religionspädagogik für das weite Feld der Gemeindear-

5 Unterricht

beit. Zugleich bedeutete das Programmwort "Gemeindepädagogik" eine religionspädagogisch profilierte Neuwahrnehmung des Lernorts Gemeinde.

P Ich könnte Ihnen jetzt aus dem "Kompendium der Gemeindepädagogik" (☞ 5.0) Überblicke zur Lektüre empfehlen, greife aber lieber zu einem älteren Text. Es handelt sich um die Antrittsvorlesung von Gottfried Adam in Marburg (1976). Zu einem Programmbegriff gehört an sich ein Programmaufsatz. Der Text von Adam, vorgetragen mit programmatischer Lust und Entdeckerfreude, läßt noch etwas spüren vom Charme, der auch akademischen Anfängen innewohnen kann.

📖 Gottfried Adam, Gemeindepädagogik. Erwägungen zu einem Defizit Praktischer Theologie: WPKG 67 (1978) 332-344.

- Präzisieren Sie, inwiefern ein neuer Begriff neue Aspekte an einer bekannten Sache in den Blick kommen läßt!
- Erläutern Sie am Beispiel der Konfirmandenarbeit (☞ 5.3.12) die Notwendigkeit gemeindepädagogischer Reflexion!
- Erläutern Sie am Beispiel der Gemeindepädagogik das Grundproblem (☞ 5.1.3) der Lehrbarkeit von Religion! Adam liefert griffige Formeln: "Erziehung zum Glauben" - "Erziehung im Glauben" (S. 340).
- Beurteilen Sie die theologische Begründung der Gemeindepädagogik, sie habe Laien zum Predigen und zum Urteil über Predigt zu befähigen!
- Was meint die Rede vom "Gesamtkatechumenat" (☞ 5.3.4)?

Gottfried Adam hatte gegen Ende seiner Programmschrift verstärkte Aktivität auf dem Gebiet der vergleichenden Gemeindepädagogik empfohlen. Er meinte damit den gemeindepädagogischen Austausch über die Grenzen Deutschlands und Europas hinaus. Inzwischen hat sich der Blick sogar auf andere Religionen ausgeweitet. Es gibt beispielsweise Versuche, jüdische Ansätze für die christliche Praxis fruchtbar zu machen. Im Mittelpunkt steht dabei das jüdische "Lehrhaus".

K Ich weiß, daß jüdische "Gemeindepädagogik" nicht eigentlich zum Grundwissen gehört. Aber der neugierige Blick über die eigenen Grenzen und Begrenzungen hinaus ist etwas so Schönes, daß ich Sie unbedingt auf die jüdisch inspirierte Vision von einem "Evangelischen Lehrhaus" hinweisen möchte.

📖 Ingrid Schoberth, Glauben-lernen. Grundlegung einer katechetischen Theologie, Stuttgart 1998, S. 122-130.

- Was wollte das Freie Jüdische Lehrhaus in Frankfurt/Main?
- Beschreiben Sie aus eigener Anschauung und mit eigenen Worten die Situation, die ein Evangelisches Lehrhaus sinnvoll erscheinen ließe!

PT-Wörterbuch
- "Gemeindepädagogik" (≠ Katechetik, ≠ Religionspädagogik)
- Erziehung zum Glauben ≠ Erziehung im Glauben
- Gesamtkatechumenat
- vergleichende Gemeindepädagogik
- jüdisches Lehrhaus

5.3.11 Kinder

Religionspädagogisch drohen die Kinder, solange sie noch nicht zur Schule gehen, durch die gängigen Raster zu fallen. Gemeindepädagogisch beanspruchen sie dagegen besondere Aufmerksamkeit. Das gilt zum einen, weil sie in der Regel noch immer als Säuglinge getauft werden, und zum anderen, weil alle entwicklungspsychologischen Einsichten darauf hindeuten, daß sich elementare religiöse Entwicklungen in einem Kind vollziehen, längst bevor es zu Schule oder auch nur in den Kindergarten geht. Für unser Grundwissen greife ich aus dem umfangreichen Gebiet nur die Frage der Kinderbibeln und die Frage der religiösen Erziehung im Kindergarten heraus.

Kinderbibeln

Es ist noch gar nicht lange her, daß sich das Interesse der Forschung den Kinderbibeln zugewandt hat. Die längste Zeit war in der theologischen Literatur an dieser Stelle nur eine große Lücke zu konstatieren. Das ist unverständlich angesichts der Bedeutung von Kinderbibeln (und biblischen Bilderbüchern) für die religiöse Biographie von vielen Menschen. Aber vielleicht spricht diese Forschungslücke auch Bände. Unser Umgang mit der Bibel ist insbesondere im akademischen Bereich derart intellektualisiert, daß Kinderbibeln nur als mindere Form der Heiligen Schrift und Kinder nur als das in den Blick kommen, was sie noch nicht sind: erwachsene Bibelleser nach dem Ideal der Theologen.

K Das Buch von Reinmar Tschirch ist eine Pionierarbeit auf dem bis dahin weitgehend unbeackerten Feld der Kinderbibeln. Der Text, den ich ausgewählt habe, ist eine leicht zu lesende, anregende Einleitung in das Problemfeld.

📖 Reinmar Tschirch, Bibel für Kinder. Die Kinderbibel in Kirche, Gemeinde, Schule und Familie, Stuttgart u.a. 1995, S. 19-27.

- Formulieren Sie charakteristische Züge kindlicher Bibelhermeneutik!
- Machen Sie sich auf der Spur, die Reinmar Tschirch legt, auf die Suche nach Spuren von Kinderbibeln in Ihrer eigenen Biographie!
- Wie könnte Erwachsenen "durch die Kinder eine neue Sicht von biblischen Stoffen erschlossen werden" (S. 27)?

Kindergarten

Daß die christliche Kindergartenarbeit im toten Winkel theologischer Ausbildung liegt, ist ebensowenig zu verstehen wie die Ausblendung der Kinderbibeln. So gut wie jeder Gemeindepfarrer, jede Gemeindepfarrerin wird für einen Kindergarten verantwortlich sein. Daß konzeptionelles Nachdenken über diese kirchlich wie gesellschaftlich äußerst wichtige Arbeit im akademisch-theologischen Diskurs praktisch nicht vorkommt, dürfte implizit vermutlich das stärken, was Lachmann das "Antikonzept" nennt.

5 Unterricht

K Rainer Lachmann hat sehr hilfreich vier konzeptionelle Typen von kirchlicher Kindergartenarbeit herauspräpariert. Diese Grundmuster sollen Ihnen eine erste Orientierung geben.

📖 Rainer Lachmann, Evangelische Erziehung im Kindergarten, in: Gemeindepädagogisches Kompendium (☞ 5.0), S. 233-278, hier: S. 245-247 [2.1 Motive und Konzepte].

- Machen Sie sich die Konturen der einzelnen Modelle klar und suchen Sie nach eigenen kurzen und prägnanten Kennzeichnungen!

- Diskutieren Sie die Konzepte auf dem Hintergrund dessen, daß kirchliche Kindergärten an einer äußerst sensiblen Schnittstelle von Kirche und Gesellschaft angesiedelt sind!

PT-Wörterbuch
- Konzepte evangelischer Erziehung im Kindergarten
  - Antikonzept
  - missionarisch-gemeindliches Konzept
  - (exemplarisch-) diakonisches Konzept
  - gesellschaftspolitisch-religionspädagogisches Konzept

T Als Grundproblem der Diakonik (☞ 6.1.3) benenne ich das Verhältnis von Kirche und Diakonie. Diakonischem Handeln droht Marginalisierung in einer Gemeinde, die sich auf eine enggeführte Weise von Wort und Sakrament her definiert.

- Reflektieren Sie die Stellung der Kindergartenarbeit im durchschnittlichen Gemeindebewußtsein als Variante jenes Grundproblems der Diakonik!

5.3.12 Konfirmandenarbeit

Der Konfirmandenunterricht ist die klassische Weise kirchlichen Unterrichts. Theologisch liegt das an seiner Dignität als nachgeholter Taufunterricht. Entwicklungspsychologisch steht der Konfirmandenunterricht an einer biographischen Schwellensituation: Er führt zur Konfirmation als einem Übergangsritus (☞ 10.3.2). Moderne Gemeindepädagogik hat den Konfirmandenunterricht in den letzten Jahrzehnten herausgeholt aus dem Muster einer einseitig am schulischen Unterricht orientierten Katechese. Der Terminus "Konfirmanden*arbeit*" wäre der Realität in vielen Gemeinden inzwischen weit angemessener als der Terminus "Konfirmanden*unterricht*".

P Der Text von Klaus Wegenast wäre insgesamt interessant und nützlich zu lesen; Sie können das auch gerne tun. Zur Pflicht sollten Sie sich machen, daß Sie in Grundzügen über die Geschichte von Konfirmation und Konfirmandenunterricht Bescheid wissen und daß Sie anhand von Wegenasts Typisierung Problemstellungen des modernen Konfirmandenunterrichts benennen können.

📖 Klaus Wegenast, Konfirmandenunterricht und Konfirmation, in: Gemeindepäagogisches Kompendium (☞ 5.0), S. 314-354, hier: S. 318-336 [Geschichtlicher Rückblick/Die Konzeptionen der letzten 20 Jahre].

- Skizzieren Sie die Vorgeschichte der evangelischen Konfirmation! Versuchen Sie gar nicht erst, sich alles zu merken, sondern prägen Sie sich einige wenige Punkte und Stationen ein!

- Welche Gemeinsamkeiten kennzeichnen das Konfirmationsverständnis der Reformatoren?

- Skizzieren Sie die drei Grundtypen gegenwärtigen Konfirmandenunterrichts!
- Verorten Sie den Konfirmandenunterricht, den Sie selbst genossen haben, unter den drei Typen!

PT-Wörterbuch   • Firmung
- Konzeptionen von Konfirmandenunterricht
  - traditioneller Typ
  - reformorientierter Typ
  - gesellschafts- u. kirchenkritischer Typ

T Konfirmandenunterricht und Religionsunterricht stehen zueinander in Spannung. Kennzeichnend für diese Spannung war die Kontroverse zwischen Kurt Frör und Gert Otto (☞ 5.3.4).

- Entwerfen Sie in Umrissen ein Konzept, das die beiden Handlungsfelder aufeinander bezieht, dabei aber die Differenz der "didaktischen Orte" (Gert Otto) nicht verwischt!

5.3.13 Erwachsenenbildung

In der Sache hatten wir schon an verschiedenen Stellen (☞ 5.3.9, ☞ 5.3.10) mit Erwachsenenbildung zu tun. An dieser Stelle geht es um den evangelischen Beitrag zur allgemeinen Erwachsenenbildung, wie sie sich nach 1945 in der Bundesrepublik vielfältig institutionalisiert hat.

Kirchliche Erwachsenenbildung ist untrennbar verflochten mit der allgemeinen Erwachenenbildung. Es ist hilfreich, sich klarzumachen, welche Grundformen es gibt. Klaus Wegenast benennt vier Typen:

📖 Klaus Wegenast, Evangelische Erwachsenenbildung, in: Gemeindepädagogisches Kompendium (☞ 5.0), S. 379-413, hier: S. 380 f.

Ich referiere kurz die Typen, die Wegenast herausstellt:

1. *Transitorische Erwachsenenbildung* begleitet vorübergehend gesellschaftliche Umbrüche (z.B. Alphabetisierung).
2. *Kompensatorische Erwachsenenbildung* will Bevölkerungsgruppen einen Ausgleich verschaffen, die ihr Recht auf Bildung nicht im gewünschten Maß wahrnehmen konnten (z.B. Arbeiterbildungsvereine im 19. Jahrhundert).
3. *Komplementäre Erwachsenenbildung* sucht einem Bildungsdefizit in bestimmten Teilbereichen des Wissens abzuhelfen (z.B. Umschulung).
4. *Politische Erwachsenenbildung* erstrebt die Mündigkeit des Bürgers, indem sie über politisch-gesellschaftliche Zusammenhänge informiert (z.B. Bundeszentrale für politische Bildung).

Auf diesem allgemeinen Hintergrund ist nach den Konturen kirchlicher, speziell evangelischer Erwachsenenbildung zu fragen.

K Das Thema der Erwachsenenbildung ist zwar wichtig, aber kaum relevant für das Examen. Deshalb habe ich aus der an sich schon knappen Skizze von Heinz Schmidt noch einmal eine Auswahl getroffen. Ziel der Lektüre ist, daß Sie ein Raster an die Hand bekommen, mit dem Sie sich anfänglich orientieren können.

📖 Heinz Schmidt, Leitfaden Religionspädagogik, Stuttgart u.a. 1991, S. 240-258 [Christliche Erwachsenenbildung], hier: S. 240-248.

5 Unterricht

- Machen Sie sich in Verknüpfung mit Wissen aus der Kirchengeschichte klar, inwiefern Erwachsenenbildung "ein Kind des 19. Jahrhunderts" (S. 240) ist!

- Reflektieren Sie die sechs Konzeptionen, die Heinz Schmidt benennt! Bei der "ganzheitlichen Bibelarbeit" fragt Schmidt selbst, ob sie wirklich eine eigene Konzeption von Erwachsenenbildung darstellt. Beurteilen Sie Pro und Contra der Konzeptionen!

T Nehmen Sie sich das Programm des in Ihrer Nähe lokalisierten Evangelischen Bildungswerkes her!

- Prüfen Sie anhand dieses Materials die These von Heinz Schmidt, "das Verhältnis zwischen institutionalisierter Erwachsenenbildung und gemeindlichen Aktivitäten [sei] weitgehend ungeklärt" (S. 243)!

Ein herausragendes Feld kirchlicher Erwachsenenbildung sind seit 1945 die Evangelischen bzw. Katholischen Akademien. Für das konzeptionelle Bewußtsein von kirchlicher Erwachsenenbildung haben sie wesentliche Beiträge geliefert.

K Der Aufsatz von Bernd Jaspert liefert nicht nur Information. Man kann ihn zugleich lesen als einen Beitrag zur Pastoraltheologie (☞ 12.3.1), wenn Jaspert fragt, warum die Arbeit der Evangelischen Akademien in der pastoralen Wahrnehmung nicht immer im wünschenswerten Maß vorkomme. Zugleich beleuchtet der Text ganz generell einen wichtigen Aspekt der Oikodomik, wenn er das wechselseitige Verhältnis von Akademie und Gemeinde thematisiert. Insgesamt kein abgeklärter, sondern ein engagierter Text!

📖 Bernd Jaspert, Evangelische Akademie. Kein Ort für Pfarrer und Pfarrerinnen?, in: DtPfrBl 98 (1998) 408-412.

- Was haben neuere Forschungen über die Geschichte der Akademien ergeben? Profilieren Sie die Antwort auf dem Hintergrund der geläufigen These, die Akademien seien eine Frucht des Widerstands aus der Zeit der Bekennenden Kirche!

- Richard Ziegert hat ein Buch mit prägnantem Titel publiziert: "Kirche ohne Bildung" (1997). Wiederholen Sie zunächst, was Sie sich zum Verhältnis von Glaube/Kirche und Bildung bereits angeeignet haben (☞ 5.3.9)! Beurteilen Sie die These Ziegerts, die Kirche habe die Chance, die die Akademien boten, verpaßt!

- Worin sah Hans-Rudolf Müller-Schwefe 1949 den Beitrag der Akademien für eine erneuerte Kirche?

PT-Wörterbuch
- vier Typen allgemeiner Erwachsenenbildung (Klaus Wegenast)
  - transitorisch
  - kompensatorisch
  - komplementär
  - politisch
- Konzeptionen kirchlicher Erwachsenenbildung (Heinz Schmidt)
  - volksmissionarisch-kirchenorientierte Erwachsenenbildung
  - (ganzheitliche Bibelarbeit)
  - konfliktorientierte "Sprachschule der Freiheit"
  - kritische Identitäts- und Subjektorientierung
  - theologische Information und Reflexion
  - korrelative Verknüpfung von Glaube und Wissen
- Evangelische Akademie

PTips

Religionspädagogik hat es nicht nur, aber doch in einem weiten Bereich mit Jugend zu tun. Die Lebenshaltungen Jugendlicher ändern sich häufig. In immer kürzeren Abständen wäre zu fragen: Wie leben eigentlich die Jugendlichen, mit denen ich in Schule und Gemeinde zu tun habe? Mit dem folgenden Artikel will ich Sie anregen, der Fragestellung auf der Spur zu bleiben:

  📖 Ulrich Schwab, Jungsein und Kirche: PTh 88 (1999) 334-349.

Immer mehr Bereiche kirchlichen Handelns rücken durch die ästhetische Betrachtungsweise in ein neues Licht. Ein Aufsatz von Thomas Klie beschreibt den Konfirmandenunterricht unter dramaturgischen Gesichtspunkten. Jetzt wird auch der Konfirmandenunterricht zum offenen Kunstwerk - wenigstens konzeptionell. Katechetik und Theater werden zueinander in Beziehung gesetzt:

  📖 Thomas Klie, Konfirmandenunterricht - Trauerspiel, Musical oder Komödie? Dramaturgische Aspekte kirchlicher Unterweisung: PTh 89 (2000) 175-191.

5 Unterricht

6 Nächstenliebe

Diakonik

6.1 Hinführung

6.1.1 Phänomen

Michael Schibilsky hat eine Art Bibliodrama mit behinderten Jugendlichen erlebt und beschrieben. Es ging um die Geschichte von Zachäus. Im Anschluß an das Spiel wurden die Eindrücke in Bildern festgehalten. Zwei Bilder sind Schibilsky in Erinnerung geblieben:

"Sabines Zachäus, eine kleine schwarze Figur auf einem eckigen, blattlos-kahlen Baum an der äußersten Stelle des Bildes. Ganz allein. Und Jacquelines Jesus, der dahergeht wie ein nasser Sack, mit kleinen Beinen, das eine Bein noch dünner und gebrechlicher - genau das Bein, mit dem auch Jacqueline ihre Mühe hat. Dieser Jesus aber hatte ein pinkfarbenes, herrlich lachendes Gesicht und einen braunen Schnurrbart."

Kursbuch Diakonie, hg. v. Michael Schibilsky, Neukirchen-Vluyn 1991, S. 6.

Das ist eine Erfahrung in einem Bereich, der kirchliches Handeln immer herausgefordert hat: der hilfsbedürftige Mensch. Zugleich ist es eine Erfahrung in einem Bereich, der kirchliches Handeln viel stärker als üblich bereichern könnte: der durch seine Behinderung, Krankheit oder Ausgrenzung besondere Mensch. Im Beispiel von Sabine und Jacqueline: Beide leben sie in einer diakonischen Anstalt von der Diakonie der Kirche, beide beleben sie den Raum einer biblischen Geschichte in einer wunderbar originellen und authentischen Weise.

Diakonie in ihren vielen Erscheinungformen ist ein reiches Erfahrungsfeld im Raum der Kirche. Da machen Menschen, die Hilfe brauchen, ebenso ihre Erfahrungen wie Menschen, die helfen. Es lohnt sich, gerade beim Umgang mit den Phänomenen im Raum von Diakonie auf solche Wechselseitigkeit von Erfahrungen zu achten.

6.1.2 Überblick

Einteilungen helfen dabei, den Stoff der Diakonik überschaubar zu machen. Dabei orientiert sich die Diakonik (Wissenschaft von der Diakonie) an der Diakonie und ihren Erscheinungsformen selbst.

Man kann, wie es Eberhard Winkler getan hat (Praktische Theologie elementar, Neukirchen-Vluyn 1997, S. 174-177), in Anlehnung an die Seelsorge von *allgemeiner* und *spezieller Diakonie* sprechen.

> W Rufen Sie sich die Unterscheidung von "cura animarum generalis" und "cura animarum specialis" (allgemeine und spezielle Seelsorge) wieder ins aktive Gedächtnis zurück (☞ 4.1.2)!

- Welche Phänomene wurden mit diesen Kategorien erfaßt?

- Welche Funktion hatte die Unterscheidung?

Die allgemeine Diakonie stellt sich in dieser Perspektive dar als die diakonische Dimension im gesamten Handeln der Kirche, während die spezielle Diakonie in gesonderten Einrichtungen und Handlungsfeldern greifbar wird.

Der wissenschaftlichen Diakonik kommt eine wichtige Aufgabe zu: Sie hat
auf eine sachgemäße Verknüpfung zwischen der allgemeinen und der
speziellen Diakonie zu achten. Die Diakonik erinnert spezielles diakonisches Handeln an seine Verwurzelung in der diakonischen Dimension der
Kirche; sie mahnt die Kirche, das spezielle Erfahrungsfeld Diakonie nicht
aus dem Zentrum ekklesiologischer Wahrnehmung zu entlassen oder zu
verdrängen. Alle diakonische Reflexion muß also, wenn sie ihren Gegenstand vollständig erfassen will, immer zugleich die allgemeine und die
spezielle Diakonie im Blick haben.

PT-Wörterbuch   • Diakonie - Diakonik
                     • allgemeine - spezielle Diakonie

6.1.3 Problem

Ein Grundproblem der Diakonik scheint mir in dem Verhältnis von Diakonie und Kirche zu liegen.

Dieses Grundproblem wird in unterschiedlichen Varianten greifbar. Ich
formuliere es in seiner *ekklesiologischen Variante*: Wie verhalten sich Kirche und Diakonie zueinander? Sowohl der historische Blick auf die Geschichte der Diakonie wie auch der systematische Blick auf die Bemühungen um eine Theologie der Diakonie sieht sich immer wieder mit dem
Grundproblem konfrontiert. Schon die Dialektik von allgemeiner und spezieller Diakonie (☞ 6.1.2) war ein Indikator für das Grundproblem.

Zunächst freilich stelle ich das Grundproblem in seiner *enzyklopädischen
Variante* zur Diskussion. "Enzyklopädie" meint hier die Verortung der Diakonik im Ensemble der theologischen Wissenschaft. Manifest wird diese
Variante, wenn ich frage, warum die Diakonik in der theologischen Lehre
noch immer ein Schattendasein führt und wie dieses Schattendasein
überwunden werden könnte.

P   Reinhard Turre hat ein Buch geschrieben, das als Standardwerk gelten
    kann. Es orientiert das diakonische Nachdenken sehr genau an dem Mit-
einander von allgemeiner und spezieller Diakonie.

📖 Reinhard Turre, Diakonik. Grundlegung und Gestaltung der Diakonie, Neukirchen-Vluyn 1991, S. 293-303.

• Erklären Sie das theologische Schattendasein der Diakonik wissenschafts-
  theoretisch auf dem Hintergrund des Theorie-Praxis-Problems (vgl. S. 293 f.)!

• Beschreiben Sie kirchenhistorisch, wie es zu dem Randdasein der Diakonik
  kam (vgl. S. 294)!

• Machen Sie sich die (falschen) Alternativen (S. 301 f.) klar, die noch immer eine angemessene theologische Wahrnehmung von Diakonie erschweren!

In Turres Ausführungen zum enzyklopädischen Problem der Diakonik zeigt sich deutlich das Grundproblem. Ich formuliere es noch einmal als Frage: Wie können Kirche und Diakonie so in Beziehung gesetzt werden, daß die diakonische Dimension der Kirche ebenso zum Leuchten kommt wie die kirchliche Dimension der Diakonie? Jede theologische Ortsbestimmung diakonischer Arbeit kann als eine Antwort auf diese Frage verstanden werden.

T Reinhard Turre bietet eine schöne Übersicht (ebd., S. 302), wie das theologische Proprium diakonischer Arbeit bestimmt werden kann. An dieser Stelle geht es noch nicht darum, sich Konzepte mit den entsprechenden Namen einzuprägen, sondern noch immer darum, sich das Grundproblem der Diakonik klarzumachen.

Diakonie als ...

– Zeichen für das Reich Gottes
– Dienst im Namen Jesu
– Lebensäußerung der Kirche
– Wirken des gerechtfertigten Sünders
– gegenseitiges Geben und Nehmen der im Leib Christi untereinander Verbundenen
– kritisches und barmherziges Handeln in der Kirche und gegenüber dem Sozialstaat
– Aktivität bestimmter christlicher Gruppen
– Verbindung von Evangelisierung und Humanisierung
– biblisch orientierte Hilfe zum Menschsein

• Gehen Sie diese theologischen Beschreibungen diakonischer Arbeit durch! Lesen Sie sie als mögliche Antworten auf die Grundfrage der Diakonik! Versuchen Sie im Wechselspiel der Perspektiven eine erste Bestimmung Ihres eigenen Standorts!

6.2   Konzeptionen

6.2.1 Sozialpolitische Diakonie

Johann Hinrich Wichern (1808-1881) gilt als der Begründer der Inneren Mission. Er war selbst auf diesem Feld praktisch tätig geworden mit der Gründung des Rauhen Hauses in Hamburg, einer Einrichtung für verwahrloste Kinder und Jugendliche, und mit der Ausbildung von Diakonen für soziale Dienste. Berühmt geworden ist seine leidenschaftliche Stegreifrede 1848 auf dem Wittenberger Kirchentag, wo die Vertreter der deutschen Landeskirchenleitungen versammelt waren. Mit seiner Rede gelang es ihm, die Aufgabe der Diakonie dauerhaft im Bewußtsein der verfaßten Kirche zu verankern. Greifbares Ergebnis war die Gründung eines ständigen "Central-Ausschusses für die Innere Mission". Damit gewann die Diakonie nicht nur einen Ort im Bewußtsein der Kirche, sondern auch organisatorisch war der Weg eingeschlagen zu einer Bündelung der einzelnen Aktivitäten, in denen die Diakonie sich schon bisher als lebendig erwiesen hatte.

6 Nächstenliebe

Wichern wurde beauftragt, im Sinne seiner Stegreifrede eine Denkschrift auszuarbeiten. Sie wurde 1849 veröffentlicht.

> Die Rede von 1848 und die Denkschrift von 1849 werden immer wieder einander gegenübergestellt. Wer sich für die Geschichte der Diakonie nach 1945 interessiert, mag den folgenden Aufsatz von Eugen Gerstenmaier lesen. Gerstenmaier, engagierter Streiter für eine kirchlich integrierte Diakonie, geht in einer Zeit der Neuorientierung nach 1945 auch auf Wichern ein. Er will die Fehlentwicklungen nach 1848 gut ein Jahrhundert später korrigieren. Die Bezeichnungen "Wichern I" (1848) und "Wichern II" (1849) gehen auf seinen Aufsatz zurück.

> 📖 Eugen Gerstenmaier, "Wichern II". Zum Verhältnis von Diakonie und Sozialpolitik [1953], in: Das diakonische Amt der Kirche, hg. v. Herbert Krimm, Stuttgart [2]1965, S. 467-518.

> Gerstenmaiers These ist, daß "Wichern I", der Aufruf zur unmittelbar "rettenden Liebe", von der Kirche mehr oder minder problemlos rezipiert wurde, während "Wichern II", die Denkschrift mit sozialpolitischem Horizont, letztlich eine kühne Vision blieb.

Wicherns Denkschrift von 1849 ist für Geschichte und Profil der Diakonie in Deutschland von Interesse, weil sich hier eine Diakonie mit sozialpolitischen Konturen andeutet. Diakonie sollte nicht länger nur Symptombehandlung an Hilfsbedürftigen sein, sondern den Hilfsbedürftigen selbst zu einer Emanzipation im Geist des Christentums verhelfen und auf diese Weise den sozialen Mißständen an die Wurzel gehen.

> **P** Einzelne Sätze aus Wicherns Denkschrift sind berühmt geworden. Wenigstens eine Passage soll im folgenden gelesen werden.

> 📖 Johann Hinrich Wichern, aus: Die innere Mission der deutschen evangelischen Kirche. Eine Denkschrift an die deutsche Nation [1849], in: Quellen zur Geschichte der Diakonie, hg. v. Herbert Krimm, Bd. 2, Stuttgart 1963, S. 249 f.

> - Wichern spricht von einem "Grenzstein" zwischen zwei "Epochen" der diakonischen Tätigkeit. Kennzeichnen Sie die beiden Epochen und arbeiten Sie die Unterschiede heraus!

> - Illustrieren Sie aus Ihrer Kenntnis der (Profan-) Geschichte den "Kampf- und Tummelplatz der Bewegungen, welche jetzt die Welt erschüttern" (S. 250)!

> - Welches Verständnis von "Reich Gottes" deutet sich in der ausgewählten Passage an?

Wichern II war sicher nicht nur an kirchlichem Unverständnis gescheitert. Die Denkschrift war auch deswegen ohne durchschlagende Wirkung, weil sie zu sehr einem konservativen Staatsdenken verhaftet blieb. Ungeachtet dessen stellte Wichern II an hervorgehobenem Ort Kirche und Theologie vor die Aufgabe, über eine rein karitative Diakonie hinaus deren gesellschaftliche oder politische Dimension zu bedenken.

PT-Wörterbuch	- Johann Hinrich Wichern: Rede in Wittenberg (1848)
	- Wichern I - Wichern II
	- karitative - soziale/politische Diakonie

6.2.2 Christozentrische Diakonie

1954 wurde das "Diakoniewissenschaftliche Institut an der Theologischen Fakultät der Universität Heidelberg" gegründet. Damit bekam die Diakonie erstmals eine solide akademische Repräsentanz. Von Paul Philippi, dem langjährigen (zweiten) Leiter des Instituts, stammt denn auch die theologische Grundlegung der Diakonik, die bis heute Bezugspunkt aller Bemühungen um eine Theologie der Diakonie geblieben ist:

> 📖 Paul Philippi, Christozentrische Diakonie. Ein theologischer Entwurf [1963], Stuttgart ²1975.

P Ein Aufsatz aus etwa der Zeit, in der das Buch entstand, bringt die Intentionen von Paul Philippi gut zur Sprache. Der Text, ursprünglich in Form von drei Rundfunkvorträgen veröffentlicht, argumentiert biblisch. Nutzen Sie diese Vorgabe und prägen Sie sich einige (wenige) zentrale Bibelstellen zur Begründung der Diakonik ein!

> 📖 Paul Philippi, Die diakonische Grundordnung der Gemeinde [1966], in: ders., Diaconica. Über die soziale Dimension kirchlicher Verantwortung, hg. v. Jürgen Albert, Neukirchen-Vluyn 1984, S. 3-14.

- Explizieren Sie, ausgehend von Mk 10,45, die Formel von der "diakonischen Umwertung der Religion" (S. 3)!
- Impuls zum Stichwort der "Christusförmigkeit": "Das christologische Zentrum erweist sich als zentraler Ordnungsmaßstab der auf das Reich Gottes ausgerichteten neuen Gemeinde" (S. 6).
- Zeichnen Sie Philippis eucharistische Begründung einer diakonischen Struktur der Kirche nach! Beachten Sie dabei den Stellenwert von Joh 13!
- Erklären Sie mit Mt 25 (Weltgericht), daß die diakonische Umwertung der Religion das Evangelium gerade nicht in eine bloß humanitäre Ethik auflöst (vgl. S. 12)!
- Impuls: "Die Christen werden bereit sein, das Modell ihrer christozentrischen Diakonie für das Gesamtwohl miteinzubringen" (S. 14).

Paul Philippi bietet eine biblisch gegründete theologische Theorie der Diakonie mit erheblichen ekklesiologischen Konsequenzen. Kirche und Diakonie sollten sich, so die Perspektive, wieder zusammenfinden zur Ursprungsgestalt einer diakonischen Kirche.

PT-Wörterbuch	• christozentrische Diakonie (Paul Philippi)
	• diakonische Umwertung der Religion
	• Christusförmigkeit von Gemeinde
	• diakonische Grundordnung von Gemeinde

6.2.3 Diakonie im Horizont des Reiches Gottes

Jürgen Moltmann hat mit seiner "Theologie der Hoffnung" (1964) eine bestimmte Spielart von politischer Theologie in Deutschland begründet. In Auseinandersetzung mit dem Philosophen Ernst Bloch gewann Moltmann ein politisches Verständnis vom Reich Gottes.

6 Nächstenliebe

P Moltmann leistet mit dem Transfer seines theologischen Ansatzes auf das Erfahrungsfeld Diakonie etwas Wichtiges: Er zeichnet die Umrisse einer modernen Konzeption von Diakonie im Horizont des Reiches Gottes. Die sieben Leitsätze ermöglichen einen guten "Zugriff" auf den Text.

📖 Jürgen Moltmann, Diakonie im Horizont des Reiches Gottes [1977], in: ders., Diakonie im Horizont des Reiches Gottes. Schritte zum Diakonentum aller Gläubigen, Neukirchen-Vluyn 1984, S. 22-41.

- Impuls: "Die Trennung von Mission und Diakonie würde die Einheit spalten, aus der heraus Jesus gewirkt hat und in die hinein er seine Jünger berufen hat" (S. 24).

- Impuls: Die "Armen, Kranken, Verachteten" sind "Subjekte im Reich Gottes, nicht Objekte unseres Mitleids" (S. 26 f.)!

- Impuls: "Wer das spaltende, isolierende und abstrahierende Denken in seinem Kopf nicht überwindet, kann auch in der Praxis das Elend der Trennung nicht überwinden" (S. 28).

- Entfalten Sie den Erfahrungshintergrund und den biblischen Deutehorizont für das, was Moltmann "diakonisches Leiden" (S. 30) nennt!

- Impuls: "Meditation und Kontemplation zerstören den Fetisch, den wir aus 'der Praxis' gemacht haben" (S. 32).

- Achten Sie darauf, wie Moltmann spezielle und allgemeine Diakonie (☞ 6.1.2) ins Verhältnis setzt (vgl. S. 33 f.)!

- Impuls: "An der Basis ist Diakonie: die Gemeinschaft der Starken und Schwachen, der Nichtbehinderten und Behinderten" (S. 34 f.)!

- "Die Anstaltsdiakonie ist historisch erst entstanden, als man den Mangel an Gemeindediakonie und das Fehlen der diakonischen Gemeinde entdeckte" (S. 36). Begründen Sie Moltmanns Forderung nach "Diakonisierung der Gemeinde" und "Gemeindewerdung der Diakonie" (S. 36)?

Auch bei Moltmann findet sich das Grundproblem der Diakonik in seiner ekklesiologischen Variante (☞ 6.1.3): Wie können Gemeinde und Diakonie integral aufeinander bezogen werden? Vom Begriff des Reiches Gottes her gelangt Moltmann zu seiner Forderung einer Diakonisierung der Gemeinde und einer Gemeindewerdung der Diakonie.

PT-Wörterbuch	• Diakonie im Horizont des Reiches Gottes (Jürgen Moltmann)
	• ganzheitliche Diakonie
	• diakonisches Leiden
	• Aktion - Kontemplation
	• Diakonisierung der Gemeinde - Gemeindewerdung der Diakonie

6.2.4 Partnerschaftliche Diakonie

Ulrich Bach, selbst auf den Rollstuhl angewiesen, hat in verschiedenen Zusammenhängen den Menschen Stimme verliehen, denen die diakonische Fürsorge gilt. Es frappiert, wie Bach durch seine Weise, kontextuelle Theologie zu betreiben, zur radikalen Umkehrung geläufiger Denkweisen kommt:

 Ulrich Bach, "Heilende Gemeinde?" Versuch, einen Trend zu korrigieren, Neukirchen-Vluyn 1988.

In dieser Streitschrift greift er die geläufige Rede vom "Doppelamt" Jesu aus Predigen *und* Heilen sowie einen entsprechenden "Doppelauftrag" der Kirche scharf an. Solche Rede entspreche nicht dem biblischen Befund, wo die Heilungen dem Predigtamt untergeordnet seien; sie degradiere, wenn auch ungewollt, behinderte Menschen zu Betriebsunfällen der Schöpfung und zu Defizitchristen im Blick auf das Heil.

P Aus dem Blickwinkel des selbst behinderten Menschen gelangt Bach zu einer Theologie partnerschaftlicher Diakonie. Der folgende Aufsatz entwirft, autobiographisch illustriert, die Umrisse seiner Konzeption:

 Ulrich Bach, Der behinderte Mensch als Thema der Theologie [1984], in: ders., Dem Traum entsagen, mehr als ein Mensch zu sein. Auf dem Wege zu einer diakonischen Kirche, Neukirchen-Vluyn 1986, S. 123-136.

- Impuls: "Alle reden davon, daß ein Mensch, der nicht normal ist, normalisiert werden muß; wir Christen auch. Alle reden davon, daß dieser Mensch möglichst gesund, möglichst stark, möglichst arbeitsfähig gemacht werden soll; wir Christen auch" (S. 124 f.)!

- Welche Konsequenzen ergeben sich in Bachs Perspektive für das Gottesbild, das Menschenbild und das Bild von Gemeinde (vgl. S. 127 f.)?

- Impuls: "Jedenfalls steht zu befürchten, daß eine Diakonie, die sich auf die beiden Stichwörter 'kirchliche Trägerschaft' und 'christliche Motivation' beschränkt, in theologischer Beschränktheit endet" (S. 129).

- Entfalten Sie mit Blick auf das Bekenntnis der "Unwürdigkeit" im gottesdienstlichen Confiteor: "Umfassend gilt von uns allen: wir sind geschädigte Schöpfung" (S. 131)!

- Belegen Sie die These einer "gespaltenen Anthropologie" (S. 134) mit Beobachtungen!

- Explizieren Sie den Begriff eines "theologischen Sozial-Rassismus" (S. 135)!

Ulrich Bach entwickelt die Umrisse einer Diakonik, die Gemeinde als partnerschaftliches Miteinander von behinderten und nichtbehinderten Menschen versteht. Die herkömmliche Austeilungsstruktur diakonischen Handelns wandelt sich in die Wechselseitigkeit von Geben und Nehmen. Eine partnerschaftliche Diakonie aber verträgt keine konzeptionellen Spaltungen und Stufungen im theologischen Deutehorizont. So hat das Konzept einer partnerschaflichen Diakonie erhebliche Auswirkungen auf Gotteslehre, Anthropologie und Ekklesiologie.

PT-Wörterbuch
- Partnerschaftliche Diakonie (Ulrich Bach)
- gespaltene Anthropologie
- theologischer Sozial-Rassismus

T Zum Abschluß des Durchgangs durch einige Konzepte der Diakonik lege ich Ihnen noch einmal die Liste von Reinhard Turre vor, mit deren Hilfe Sie eine erste Bestimmung Ihrer eigenen diakonischen Position vorgenommen hatten (6.1.3):

6 Nächstenliebe

Diakonie als ...

- Zeichen für das Reich Gottes
- Dienst im Namen Jesu
- Lebensäußerung der Kirche
- Wirken des gerechtfertigten Sünders
- gegenseitiges Geben und Nehmen der im Leib Christi untereinander Verbundenen
- kritisches und barmherziges Handeln in der Kirche und gegenüber dem Sozialstaat
- Aktivität bestimmter christlicher Gruppen
- Verbindung von Evangelisierung und Humanisierung
- biblisch orientierte Hilfe zum Menschsein

- Ordnen Sie die Konzepte, die Sie kennengelernt haben (☞ 6.2.1-4), den Formeln in der Liste zu!

- Ergänzen Sie die Liste oder formulieren Sie anders, wenn Sie mit der Aufstellung nicht mehr zufrieden sind!

- Formulieren Sie Ihr eigenes theologisches Konzept von Diakonie, wie Sie es im Augenblick mit sich herumtragen!

6.3 Perspektiven

6.3.1 Bibel

Es gibt Bibeltexte, welche die diakonische Arbeit traditionell motivieren und deuten.

Kurz und präzise hat Eberhard Winkler wichtige (gesamtbiblische) Belege zusammengestellt:

📖 Eberhard Winkler, Praktische Theologie elementar, Neukirchen-Vluyn 1997, S. 177-180.

Einige Texte, die für das Selbstverständnis der Diakonie stets besonders wichtig waren, führe ich hier eigens an:

- Doppelgebot der Liebe (Mt 22,36-40; vgl. Lev 19,18)
- Barmherziger Samariter (Lk 10,25-37)
- Vom Weltgericht (Mt 25,31-46)
- Wahl der sieben Armenpfleger (Apg 6,1-6)

Wichtige theologische Begründungslinien nehmen freilich auch und gerade von Bibelstellen ihren Ausgang, die nicht so plastisch sind wie die angeführten und die in der Geschichte der Frömmigkeit keinen vergleichbaren Ort haben, die aber dennoch in hohem Grad geeignet erscheinen für eine christologische Begründung der Diakonie.

K Jürgen Roloff zieht sehr klar die neutestamentlichen Begründungslinien von Jesus selbst bis in spätere Schichten der Überlieferung aus.

📖 Jürgen Roloff, Zur diakonischen Dimension und Bedeutung von Gottesdienst und Herrenmahl, in: Diakonie - biblische Grundlagen und Orientierungen. Ein Arbeitsbuch zur theologischen Verständigung über den diakonischen Auftrag [1990], hg. v. Gerhard K. Schäfer u. Theodor Strohm, Heidelberg ²1994, S. 186-201.

- Impuls: "Die Grundbedeutung der griechischen Worte diakonein (dienen) und diakonia (Dienst) ist nämlich der Tischdienst" (S. 189).

- "Die in der Eucharistie von der Selbsthingabe Jesu lebende Kirche kann demnach nur dienende Kirche sein. Ihr ist das diakonische Prinzip von ihrem Ansatz her eingestiftet" (S. 192). Erläutern Sie diesen zusammenfassenden Satz anhand einiger zentraler Belege aus der Jesus-Überlieferung und der Paulus-Briefe!

- "Die erste innere Krise der Kirche war demnach Folge eines Versagens der diakonischen Komponente des christlichen Gottesdienstes" (S. 195). Erläutern Sie diese These anhand der Notiz über die Einsetzung der Armenpfleger (Apg 6,1-6)!

Roloff kann in verschiedenen Schichten des Neuen Testaments die diakonische Dimension von Gemeinde und Kirche aufzeigen. Die Begründungslinien laufen zusammen in der Feier des Herrenmahls als der Vergegenwärtigung des dienenden Christus.

PT-Wörterbuch
- "Diakonie" als Tischdienst (NT)
- Kollekte (für Jerusalem)
- Armenpflege
- Diakonenamt

6.3.2 Predigen

Es wäre angemessen, die diakonische Dimension in allen Handlungsfeldern der Praktischen Theologie aufzuzeigen. Ich greife als Beispiel die Predigt heraus. Die Fragestellung lautet: Wie kommt auf der Kanzel, außer in den üblichen Appellen zu Nächstenliebe und sozialem Verhalten, die diakonische Dimension von Kirche zur Geltung?

Ich mache die diakonische Dimension von Predigt am Beispiel von Behinderung konkret: Wie gehe ich bibelhermeneutisch und predigtpraktisch mit dem Phänomen von Behinderung um? Die homiletischen Lehrbücher übersehen die Fragestellung. Ein neueres Buch, in den USA erschienen, macht sie zum Thema:

    📖 Kathy Black, A Healing Homiletic. Preaching and Disability, Nashville/USA 1996.

Kathy Black beschreibt verschiedene Weisen, wie homiletisch mit Behinderung umgegangen wird. Das prinzipielle Spannungsfeld, in dem sich die Deutungen ansiedeln, entfaltet sich zwischen den Polen von Segen und Fluch: Behinderte sind von Gott gesegnete oder verfluchte Menschen, Engel oder Teufel bzw. von Dämonen besetzte Wesen. Das klingt in dieser Schärfe der Begriffe überzogen, trifft aber latente Haltungen, die den Umgang mit Behinderten prägen. Ob gesegnet oder verflucht, Engel oder Teufel - Kathy Black weist darauf hin, daß beide Deutemuster zur Konsequenz haben, daß Mitmenschen auf Distanz gehen.

6 Nächstenliebe

Die theologischen Deutemuster setzen alle in irgendeiner Weise voraus, daß die Behinderung Gottes Willen entspringt. Kathy Black benennt sechs traditionelle Variationen des Themas "Behinderung als Wille Gottes":

- Behinderung ist zu verstehen als Strafe für die eigene Sünde oder die Sünde der Eltern.

- Behinderung stellt eine Prüfung dar für Glaube und Charakter.

- Behinderung stellt eine Gelegenheit dar für die Entwicklung der eigenen Persönlichkeit oder für die Entwicklung derer, die mit Behinderten zu tun haben.

- Behinderung ist Gottes Gelegenheit, seine Macht zu erweisen.

- Das Leiden der Behinderten hat erlösenden Charakter.

- Gottes Allmacht bleibt Geheimnis, so daß niemand wissen kann, warum Behinderung Gottes Wille ist.

Bei jeder der aufgezählten Möglichkeiten bin ich geneigt zu sagen: "Wie fürchterlich! So nicht!" - um mir im nächsten Moment dessen bewußt zu werden, daß ich selbst als Prediger die Problematik bisher vermieden habe oder in den aufgeführten Möglichkeiten steckengeblieben bin. Wenn aber alle diese Möglichkeiten irgendwie unbefriedigend sind, welcher Weg bleibt dann überhaupt? Behinderte Menschen gehören in die Wirklichkeit Gottes, und die Bibel selbst mit ihren Geschichten von Behinderung und Heilung erlaubt auf keinen Fall Stummheit als Position.

Eine klassische Weise, homiletisch mit biblischen Heilungsgeschichten umzugehen, ist das, was Kathy Black *metaphorische Auslegung* nennt. Blindheit, Taubheit etc. wären demnach als geistliche Behinderungen zu verstehen. Diese Auslegung bietet nichtbehinderten Hörerinnen und Hörern die Möglichkeit zur Identifikation. Aber da die Behinderten selbst nicht unter geistlicher, sondern unter realer Behinderung leiden, kommen sie in solcher Kanzelrede gar nicht mehr vor. Gleichwohl trifft sie die metaphorische Auslegung. Behinderung, geistlich verstanden, ist schon in der Bibel stets negativ konnotiert: Geistliche Blindheit erscheint als Blindheit gegenüber Gott und entspringt der Selbstbezogenheit des Menschen. So identifiziert die metaphorische Auslegung Behinderung mit Sünde und stellt, obwohl sie letztlich gar nicht von behinderten Menschen redet, deren Situation in einen negativen Deutehorizont.

Die Frage bleibt: Wie kommen behinderte Menschen so in den Deutehorizont des Glaubens, daß sie nicht für defizitär erklärt, ihre Realität gleichwohl nicht beschönigt und unser aller Deutehorizont des Glaubens bereichert wird?

Letztlich geht es um das theologische Grundproblem der Theodizee, und Kathy Black weiß, daß es dafür keine Lösung im Denken gibt. Als Ausweg schlägt sie eine "Theologie der Wechselseitigkeit" (theology of interdependence) vor. Die Wechselseitigkeit gründet sich in dem, was christliche Gemeinde ausmacht, manifest etwa in den Vorstellungen vom "Leib Christi" oder der "Gemeinschaft der Heiligen". Zu solcher Gemeinschaft tragen wir alle bei, Behinderte und Nichtbehinderte, und zwar schlicht durch unser Dasein, nicht durch das, was wir tun oder leisten (by being, not by doing). Zur Wechselseitigkeit gehört unter anderem, daß die Behinderten ihr Problem bei den Nichtbehinderten in der Gemeinde wachhalten, und daß die Nichtbehinderten erkennen, wie wenig sie mit der Behinderung der anderen umgehen können.

Kathy Black zielt auf ein Höchstmaß an literarisch erreichbarer Konkretion. Sie geht die einschlägigen Bibeltexte durch, bringt die existentielle Situation von Behinderten in den Auslegungshorizont ein, diskutiert kritisch traditionelle Kanzelrede und macht jeweils konkrete Vorschläge im Sinne einer "heilsamen Homiletik" (healing homiletic). Das sind erste Schritte auf dem Weg zu einer "Befreiungspredigt" (healing and liberative preaching) für Behinderte - und letztlich auch für Nichtbehinderte.

Wer konkrete Hilfe beim Predigen über Heilungsgeschichten sucht, dem sei, wenn Kathy Blacks Buch nicht erreichbar ist, folgender Aufsatz empfohlen:

 📖 Ulrich Bach, Wie predige ich Heilungsgeschichten? Korrekturprogramm für Auslegungen biblischer Texte: DtPfrBl 97 (1997) 294-296.

PT-Wörterbuch   • Healing Homiletic (Kathy Black)
        • Theology of Interdependence

6.3.3 Diakonie und EKD

Die aktuelle Gestalt der Diakonie in Deutschland und die theologische Debatte um die Diakonik als wissenschaftliche Disziplin sind eigentlich nur zu verstehen, wenn man etwas weiß von der Geschichte der Diakonie nach 1945.

K Dierk Starnitzke hat diese Geschichte problembewußt nachgezeichnet. Er zeigt auf, wie die Diakonie zwischen Kirche und Sozialstaat ihren Ort gesucht und bestimmt hat. Da es um diese spezifische Verortung geht, ist es im wesentlichen die westdeutsche Geschichte, die zur Darstellung gelangt.

 📖 Dierk Starnitzke, Diakonie als soziales System. Eine theologische Grundlegung diakonischer Praxis in Auseinandersetzung mit Niklas Luhmann, Stuttgart u.a. 1996, S. 21-46.

• Beschreiben Sie, wie in der Inneren Mission und im Hilfswerk der EKD zwei verschiedene Diakoniekonzepte Gestalt gewinnen (Geschichte - Theologie - Zielsetzung - Rechtsform)!

• Charakterisieren Sie die gegenseitige Zuordnung (1976) von Diakonischem Werk und EKD!

• Zeichnen Sie in Grundzügen, wie sich in der Sozialgesetzgebung der Bundesrepublik Diakonie und Sozialstaat zueinander in Beziehung setzten!

• Geben Sie einige Hinweise, wie die organisatorischen Entwicklungen die theologische Reflexion herausforderten!

• Wie beurteilen Sie es, wenn in der Diskussion immer wieder die Diakonia als drittes Kennzeichen der Kirche (nota ecclesiae) neben Martyria und Leiturgia (Wort und Sakrament) ins Spiel gebracht wird (vgl. S. 44)?

6 Nächstenliebe

Auch der geschichtliche Abriß verweist auf das Grundproblem der Diakonik (☞ 6.1.3), wie Kirche und Diakonie zueinander ins Verhältnis zu setzen sind. Als Faktor, der diese Verhältnisbestimmung zusätzlich schwierig
macht, kam bei Starnitzke der moderne Sozialstaat ins Spiel. Demnach
hat die Diakonie ihr Selbstverständnis zu bestimmen im Blick auf Kirche
und Sozialstaat.

PT-Wörterbuch
- Innere Mission - Hilfswerk der EKD
- Diakonisches Werk der EKD (1976)
- Prinzip der Subsidiarität
- Martyria - Leiturgia - Diakonia

6.3.4 Leitbegriff Menschenwürde

Diakonie braucht Leitbegriffe für ihr Handeln. Diese Notwendigkeit besteht für die Verortung des Handelns sowohl im binnendiakonischen wie
auch im gesellschaftlichen Kontext. Immer wieder wird der Begriff der
Menschenwürde als Leitbegriff ins Gespräch gebracht.

K Ein aktueller Anlaß, nach Leitbegriffen zu suchen, die auch im gesellschaftlichen Diskurs plausibel sind, ist die sog. Peter-Singer-Debatte. Der austra-
lische Ethiker hat mit seiner radikalen These, Menschsein sei an bestimmten
Kriterien zu messen, eine heftige Debatte über Euthanasie entfacht. Der folgende
Aufsatz nimmt darauf nur in einer Fußnote Bezug (S. 50 f. Anm. 3), darf aber
durchaus auch auf diesem Hintergrund gelesen werden. In unserem Zusammenhang reizvoll ist, daß Bedford-Strohm an die systematischen Vorgaben von Gerd
Theißen (☞ 6.3.5) anknüpft.

📖 Heinrich Bedford-Strohm, Menschenwürde als ein Leitbegriff für die Diakonie,
in: Brennpunkt Diakonie, FS Rudolf Weth, hg. v. Michael Welker, Neukirchen-
Vluyn 1997, S. 49-64.

- Impuls: "In fast prophetisch anmutender Klarheit hat Kant den Gedanken der
Menschenwürde der Totalisierung von Marktgesetzlichkeit gegenübergestellt"
(S. 52).

- Nennen Sie Faktoren für eine traditionelle Reserve von Kirche und Theologie
gegenüber dem Gedanken von der Menschenwürde!

- Inwiefern ist die biblische (befreiungstheologische) Option für die Armen mehr
als nur eine "moralische Beigabe des Glaubens" (S. 58 f.)?

Der Begriff der Menschenwürde scheint als Leitbegriff für Diakonie besonders geeignet, da er christliche Wurzeln mitbringt, im Grundgesetz
einen hervorragenden Ort einnimmt und den Brückenschlag zur Men-
schenrechtsdiskussion ermöglicht.

PT-Wörterbuch
- "Würde des Menschen" (Art. 1, Abs. 1 GG)
- Würde ≠ Preis (Immanuel Kant)
- Option für die Armen bzw. Schwachen (Befreiungstheologie)

6.3.5 Helfen

Helfen ist nicht unproblematisch, weder für die Helfenden noch für die, denen geholfen wird. Der Begriff "Helfersyndrom", der wissenschaftlichen Diskussion entstammend, ist längst zu einem Schlagwort der Umgangssprache geworden, das helfendes Handeln problematisiert. Christliches Helfen ist keineswegs erhaben über solche Problematisierungen.

P Der Neutestamentler Gerd Theißen hat einen Aufsatz geschrieben, der zunächst schlicht als ein Musterbeispiel von Exegese gelten kann: Eine biblische Geschichte und ein moderner Problemhorizont erhellen sich gegenseitig. Diakonisch reizvoll ist der Aufsatz besonders deshalb, weil Theißen mit der Geschichte vom barmherzigen Samariter (Lk 10,25-37) eine biblische Geschichte neu in den Blick nimmt, die zu den klassischen Deuteperikopen für das diakonische Handeln der Kirche gehört (☞ 6.3.1). Auf diese Weise bezieht sich die biblische Argumentation durchgängig auf neuralgische Punkte im Selbstverständnis diakonischen Handelns.

📖 Gerd Theißen, Die Legitimitätskrise des Helfens und der barmherzige Samariter. Ein Versuch, die Bibel diakonisch zu lesen, in: Diakonische Kirche. Sendung - Dienst - Leitung, Versuche einer theologischen Orientierung, hg. v. Gerhard Röckle, Neukirchen-Vluyn 1990, S. 46-76.

- Klären Sie die drei aktuellen Problematisierungen (psychologisch, soziologisch, evolutionistisch) des Helfens!

- Beschreiben Sie präzise, was mit dem "Helfersyndrom" (S. 48) gemeint ist!

- Impuls: "Hilfsmotivation ist sachlich eine Antwort auf diesen unverrechenbaren Wert jedes Menschen. Sie ist letztlich nur transfunktional begründbar" (S. 52).

- Belegen Sie mit exegetischen Argumenten die These: "Die klassische Erzählung zur Begründung christlicher Hilfsmotivation, die Samaritergeschichte, gibt wenig zur Begründung einer spezifisch christlichen Hilfsmotivation her" (S. 55)!

- Zeichnen Sie Theißens systematische Überlegungen in Grundzügen nach, indem Sie Helfen in der Dialektik von Schöpfung und Erlösung beschreiben! Gehen Sie dafür von der Zusammenfassung (S. 76) aus!

Gerd Theißen bringt nicht nur eine klassische Diakonie-Geschichte der Bibel in einem aktuellen Problemhorizont neu zur Geltung. Es gelingt ihm auch, seine Beobachtungen so in einen gesamttheologischen Horizont zu fügen, daß im Grunde ein eigenes diakonisches Konzept entsteht: eine theologische Theorie des Helfens im Spannungsfeld von Schöpfung und Erlösung.

PT-Wörterbuch
- Problematisierungen des Helfens:
  - psychologisch: Hilfe als psychische Selbstausbeutung
  - soziologisch: Hilfe als kaschierte Herrschaft
  - evolutionistisch: Hilfe als dysfunktionale Gegenselektion
- Altruismus
- Helfersyndrom
- transfunktionale Begründung von Hilfe

6 Nächstenliebe

6.3.6 Leiten

Natürlich ist Leiten keine Aufgabe, die nur im Bereich der Diakonie anstünde. Leitung muß etwa auch in der Gemeinde ausgeübt werden. Aber im Bereich der Diakonie stellt sich die Aufgabe der Leitung in der Regel in anderen Größenordnungen. Auch die Verschiedenartigkeit der Berufe und Motivationen, die unter einer Leitung zusammenkommen, ist im diakonischen Bereich besonders groß. Es erscheint also gerechtfertigt, sich mit Problemen des Leitens am Beispiel der Diakonie zu beschäftigen.

Die Spannungsfelder, in denen sich Leitung zu bewähren hat, können unterschiedlich bestimmt werden. Drei solcher Spannungsfelder will ich im folgenden skizzieren.

Spannungsfeld: Zielverfolgung - Mitarbeiterführung
Traugott Ulrich Schall hat lesbar (nicht im strengen Sinn wissenschaftlich) über die Probleme der Personalführung nachgedacht, die sich bei einer großen Zahl von Mitarbeitenden ergeben.

> Traugott Ulrich Schall, Krankmachende Führungsstile? Bemerkungen zum zeitgenössischen Dilemma optimaler Personalführung in Gemeinde, Kirche und Diakonie: Diakonie 1/1988, S. 48-53.

Einige Probleme greife ich heraus:

-   Speziell im kirchlichen Bereich virulent ist das Problem, daß Konflikte und Spannungen um der Harmonie willen, die in der diakonischen Großfamilie zu herrschen habe, von der Leitung nicht angemessen wahrgenommen werden.

-   Der Behördencharakter von diakonischen Institutionen droht menschliche Vorgänge, die auf der Beziehungsebene ihren Ort hätten, auf Aktenvorgänge zu reduzieren.

-   Wo im Sinne einer "Pflänzchen-Ideologie", derzufolge in der Kirche das Miteinander schon von alleine wachse, auf bewußte Personalführung verzichtet wird, entwickeln sich latente Machtstrukturen, die dann auf die Zielorientierung der Institution kontraproduktiv wirken.

Der Schwerpunkt im Aufsatz von Schall liegt auf dem Spannungsfeld von Zielverfolgung und Mitarbeiterführung. Zwei Extreme stecken das Feld ab. Zum einen kann die konsequente Verfolgung der Ziele durch die Leitung bei den Mitarbeitenden zur Frustration führen (Burn-out-Syndrom). Zum anderen kann bei ausgeprägter "Teamideologie" der Arbeits- und Dienstauftrag aus dem Blick geraten. Für einen gesunden Ausgleich zwischen Zielverfolgung und Mitarbeiterführung sei es, so Schall, unabdingbar, daß die Mitarbeitenden an der Formulierung der Ziele so beteiligt werden, daß sich Akzeptanz einstellt. Insbesondere die "geheimen" oder "informellen" Ziele der Führung müssen offengelegt und werbend ins Gespräch mit den Mitarbeitenden eingebracht werden.

Spannungsfeld:Theologie und Ökonomie
Alfred Jäger entwickelt vier Typen von diakonischer Führungspersönlichkeit, die sich mit charakteristischen Unterschieden im Spannungsfeld von

Theologie und Ökonomie, von Glaubensmotivation und Sachzwängen verorten lassen:

📕 Alfred Jäger, Diakonie als christliches Unternehmen. Theologische Wirtschaftsethik im Kontext diakonischer Unternehmenspolitik, Gütersloh 1986, S. 21-33.

Der erste Typ ist rein historisch zu verorten, während die übrigen Typen gegenwärtig begegnen:

1. Der diakonische Gründervater

Friedrich von Bodelschwingh (Bethel) war ein patrimonialer Gründer, der ein starkes Sensorium für ökonomische Zusammenhänge besaß, auch wenn ihn seine theologische Motivation fundamental unterschied von den industriellen "Gründern" seiner Zeit.

2. Der diakonische Hausverwalter (symbiotisches Modell)

Er versteht viel von den ökonomischen Bedingungen seiner Arbeit, gesteht ihnen aber keine Eigenständigkeit zu. Persönliche Gläubigkeit kennzeichnet ihn als den christlichen Hausvater. Er versteht sich als treuer Verwalter des Bestehenden.

3. Der diakonische Funktionär (nicht-integratives Modell)

Er versteht sich als Verwaltungsbeauftragter. Der ökonomische und der theologische Bereich sind für ihn zwei Welten. Die theologische Gegenseite achtet er, solange sie sich an das Stillhalteabkommen mit seiner, der ökonomischen Welt hält.

4. Der diakonische Manager (integratives Modell)

Im Sinne modernen Managements (☞ 6.3.7) vertritt er einen ganzheitlich-integrativen Ansatz. Er kann Theologie und Ökonomie nicht als zwei Welten betrachten, weil er weiß, daß diakonische Kreativität nur aus dem Zusammenspiel beider Seiten entsteht. Alfred Jäger plädiert eindeutig für dieses vierte Modell. Spezifisch diakonisches Management - das ist seine Zielvorstellung für die Zukunft.

Spannungsfeld: Pfarramt - Diakonat

Im kirchlichen Alltag gehören die Spannungen zwischen Pfarramt und Diakonat ebenso zum klassischen Konfliktpotential wie etwa die zwischen Pfarramt und Kantorat oder zwischen Pfarramt und Ehrenamt. Die "Pastorenkirche" stellt theologisch, juristisch, bewußtseinsmäßig und kommunikativ ein so fundamentales Problem dar, daß entsprechende Hinweise gar nicht oft genug erfolgen können.

Die Thematik müßte nicht unbedingt unter der Rubrik Diakonie verhandelt werden. Sie würde gleichermaßen etwa in den Gemeindeaufbau (☞ 1.3.3) gehören. Es macht gleichwohl Sinn, hier darauf hinzuweisen. Die Beziehung von Pfarramt und Diakonat ist ein geradezu paradigmatisches Feld für das Problem: Beide Ämter müßten sich allein schon vom Neuen Testament her in ihrer prinzipiellen Zusammengehörigkeit verstehen, geraten aber in die Mühle einer hierarchisch strukturierten "Pastorenkirche" in unverbindliche Distanz oder lähmendes Gegeneinander.

Hans-Jürgen Benedict-Alfert hat zu dieser Problematik einen Aufsatz publiziert, der durch seine Orientierung an einschlägigen Erfahrungen und durch sein eindeutiges Engagement zugunsten einer Veränderung der traditionellen Strukturen überzeugt.

📖 Hans-Jürgen Benedict-Alfert, Wir aber wollen beim Gebet und beim Dienst am Wort bleiben ... Kirchlicher Auftrag und Kooperation von Diakoninnen und Diakonen mit Pastorinnen und Pastoren am Beispiel Jugendarbeit: PTh 83 (1994) 415-432.

Der Aufsatz regt an, über Erlebtes und Erhofftes nachzudenken. Zugleich werden Hinweise auf die theologische Problemlage gegeben. Ich zitiere für die, die den Aufsatz nicht selbst lesen, einen, wie mir scheint, besonders wichtigen Satz:

"Diakonie und Verkündigung, als je für sich zu verantwortende Aufgaben, sind zwar zu unterscheiden, aber nicht voneinander zu trennen. Dieser wechselseitige Bezug wird aber dort bestritten, wo die Arbeit der Kirchengemeinden primär von der Sammlung um Wort und Sakrament her definiert wird" (S. 417).

Sie erinnern sich an die Position von Paul Philippi (☞ 6.2.2), der so beharrlich auf die Ursprungsgestalt einer diakonischen Kirche hingewiesen hat. Der Aufsatz von Benedict-Alfert macht im Problemhorizont von Leitung klar, wie sich die Frage, was denn die Kirche ausmache (notae ecclesiae), auf Selbstverständnis und Rollenverteilung derer auswirkt, die in Kirchengemeinde oder Diakonie tätig sind.

Bis auf weiteres wird, so scheint es, in dem folgenden Satz lediglich eine Vision greifbar:

"So ist es also nicht mehr - der Diakon: für die Tat, der Pastor: für das Wort -, sondern beide sind da für den nicht trennbaren Zusammenhang von Verkündigen und Helfen, Reden und Handeln" (S. 423).

PT-Wörterbuch
- Spannungsfelder von diakonischem Leitungshandeln
  - Zielverfolgung - Mitarbeiterführung
  - Theologie - Ökonomie
  - Pfarramt - Diakonat
- diakonische Leitungsmodelle: Gründungsvater, Hausverwalter, Funktionär, Manager
- "Pastorenkirche"

6.3.7 Unternehmen Barmherzigkeit

Die Formel vom "Unternehmen Barmherzigkeit" weist präzise auf ein Problem: daß es in der Diakonie einerseits um religiös motiviertes Helfen geht, andererseits aber um das Führen von Großunternehmen im Bereich sozialer Dienstleistung. Zwischen beiden Dimensionen von Diakonie besteht eine Spannung, die nicht einfach nach dem einen oder dem anderen Pol hin aufgelöst werden kann. In den letzten Jahren sorgt der Begriff des Managements gleicherweise für Faszination wie für Entsetzen (☞ 1.2.10).

K Der folgende Aufsatz soll die Spannung im "Unternehmen Barmherzigkeit" nicht auflösen. Aber vielleicht kann er zu einer unbefangeneren, sachlicheren Haltung gegenüber dem Begriff "Management" verhelfen. Als Theologinnen und Theologen bekommen wir vom Verfasser, einem Soziologen, gezeigt, wie unser theologisch motivierter Widerstand gegen "Management" in der Kirche zum guten Teil Vorstellungen von Management trifft, die im einschlägigen Diskurs bereits ihre Zeit hatten.

📖 Peter Eberl, Entwicklungsorientiertes Management. Anregungen für die Gestaltung von Veränderungsprozessen in Wohlfahrtsverbänden, in: Unternehmen Barmherzigkeit. Identität und Wandel sozialer Dienstleistung, hg. v. Rainer Öhlschläger u. Hans-Martin Brüll, Baden-Baden 1996, S. 52-62 (Literaturangaben S. 191-198).

- Charakterisieren Sie kurz die neuartige Idee von Management (transformativ) im Gegensatz zu den herkömmlichen Managementvorstellungen (mechanistisch und situativ)!

- Beschreiben Sie die drei Prämissen klassischen Managementdenkens, die durch die neuen Einsichten der Managementtheorie als "Mythen" aufgedeckt werden!

- Impuls: "Modernes Management bedeutet ..., 'Sinnangebote' zu machen, die innerhalb der Organisation, aber auch nach außen kommuniziert werden" (S. 55).

- Beschreiben Sie die Besonderheiten von Management im "dritten Sektor" (S. 55)!

- "Leitbilder erzeugen ... Sinntransparenz, die nach innen zur Identifikation und nach außen zur Akzeptanz führt" (S. 59). Begründen Sie die Notwendigkeit einer Entwicklung von Leitbildern!

Peter Eberl führt auf dem Feld der Managementtheorien eine Entwicklung vor, die, wenn man sie entsprechend verallgemeinert, auch auf anderen Feldern der theologischen Reflexion zu bemerken ist. Ich versuche Formeln für diese Entwicklung: Systeme verknüpfen statt Kausalketten aufzustellen, in Kreisen denken statt in Linien, mit komplexen Gestalten umgehen statt rational zu vereinfachen (☞ 1.2.10).

PT-Wörterbuch
- Management: mechanistisch - situativ - transformativ
- Mythen traditionellen Managementdenkens:
  - Mythos der Machbarkeit
  - Mythos der überlegenen Führungsspitze
  - Mythos des wertfreien Managements
- dritter Sektor (zwischen Markt und Staat)
- Leitbild

PTips

Mit einer Denkschrift hat die EKD 1998, 150 Jahre nach der Wittenberger Rede Wicherns (☞ 6.2.1), eine diakonische Bilanz gezogen und Leitlinien für die Zukunft entwickelt. Die Denkschrift ist besonders in der Perspektive des Grundproblems der Diakonik, des Verhältnisses von Diakonie und Kirche (☞ 6.1.3), von Interesse. Wichtig sind auch die im Anhang abgedruckten EKD-Entscheidungen zum Leitbild Diakonie.

📖 Herz und Mund und Tat und Leben. Grundlagen, Aufgaben und Zukunftsperspektiven der Diakonie. Eine evangelische Denkschrift, hg. v. Kirchenamt der EKD, Gütersloh 1998.

6 Nächstenliebe

Die Diakonik gewinnt an Gewicht in der Praktischen Theologie. Dazu trägt
bei, daß im diakonischen Bereich weit deutlicher als etwa in einer traditionellen Parochie die manifesten Unternehmensstrukturen und das er-
wünschte geistliche Profil nach einem gemeinsamen konzeptionellen
Rahmen verlangen. Ein Themenheft der Zeitschrift "Glaube und Lernen"
versucht eine Zwischenbilanz in einer inzwischen äußerst bewegten Diskussion. Dabei stehen besonders Fragen des diakonischen Lernens zur
Diskussion:

    📖 Diakonie. Aufgaben und Zukunftsperspektiven: Themenheft GlLern 15 (2000),
    H.1.

7 Medien
Publizistik

7.1 Hinführung

7.1.1 Phänomen

Hans-Jürgen Benedict, ein filmbegeisterter Theologe, beschreibt, wie sich seine Begeisterung für Kino und Film in der Kindheit bildete. Ein rettender Sprung Zorros mit dem Pferd über eine Schlucht hat ihn nachhaltig beeindruckt:

"Einmal im Monat mußte ich am Sonntagvormittag nicht in den Kindergottesdienst, sondern durfte mit der Linie 11 zur Sternbrücke in Hamburg-Altona fahren. Meine Tante Tutti betrieb dort eine Gastwirtschaft, in deren großem Saal um 11 Uhr Filme gezeigt wurden. Ich hatte freien Eintritt und sah in Tante Tuttis Kneipe meine ersten ZORRO- und TARZAN-Filme ... Der gewaltige Sprung des Pferdes als herrliches Bild der Rettung ging mir nicht mehr aus dem Kopf und wirkte einfach überzeugender als das Kindergottesdienstbild vom demütigen Messias auf dem Esel. Das Kino mit seiner Fähigkeit, in bewegten Bildern ungeheuer spannende Geschichten zu erzählen, hatte mich in seinen Bann geschlagen - in der stickigen Luft des provisorischen Kinosaals an der Sternbrücke, aus dem ich ganz anders herauskam als aus dem Kirchsaal der Melanchthonkirche, auf seltsame Weise benommen und im Lebensgefühl gesteigert von dieser phantastischen Welt der bewegten Bilder und der dramatischen Abenteuer ... Kino aus der Perspektive der Kleinen, der Unscheinbaren und Verlierer, der Leidenden und Unterdrückten tauchte erst viel später auf. Selbst klein und oft gedemütigt, interessierten mich nur die Helden und Sieger ..."

Hans-Jürgen Benedict, Der Theologe geht ins Kino: PTh 81 (1992) 470-481, hier S. 470.

Es handelt sich um eine biographische Äußerung; sie scheint beiläufig. Es lassen sich ihr aber Kennzeichen von Publizistik entnehmen:

- Medien faszinieren. Der Autor ist schon als Kind fasziniert von Kino und Film. Ohne Faszination durch Medien ist Publizistik nicht denkbar.

- Mit dem Kinofilm kommt ein Medium in den Blick, das zunächst nichts mit Kirche zu tun hat. Christliche Publizistik hat sich mit medialer Konstitution von Wirklichkeit auch dort zu befassen, wo es gar nicht um spezifisch kirchliche Themen und Anliegen geht.

- Im Bewußtsein des kleinen Jungen geraten Kinoerleben und Kindergottesdienst in Spannung. Nicht nur bei Kindern haben sich die Bilder des Evangeliums zu behaupten in einer Welt, die mehr als je zuvor von (bewegten) Bildern bestimmt wird. Mit ihren Erfahrungen in der Welt der Bilder hat die Publizistik der gesamten Kirche und insbesondere einer Kirche des Wortes wichtige Einsichten zu vermitteln.

- Natürlich stellt sich im Anschluß an unser Zitat auch die Frage, wie sich die Kirche für ihre Ziele des Mediums Film bedienen könne.

- Gerade in einer Zeit, in der die Praktische Theologie die Ästhetik für sich entdeckt (☞ 12.1.2), ist die Frage nach der spezifischen Ästhetik eines Mediums, hier des Kinofilms, von hohem Interesse. Einsichten, in dieser Spur gewonnen, können sich für die Kommunikation des Evangeliums als fruchtbar erweisen.

Ich führe die Liste hier nicht weiter, ermutige Sie aber, aus Ihrer eigenen Faszination durch das eine oder andere Medium Themen und Aufgaben für eine Christliche Publizistik abzuleiten.

7.1.2 Überblick

Eine konsensfähige Systematik des Stoffes der Christlichen Publizistik hat sich noch nicht herausgebildet. Um etwas Überblick in ein expandierendes Fach zu bringen, möchte ich vor allem einige Unterscheidungen ins Bewußtsein heben.

Christliche Publizistik ist eine neue Disziplin der Praktischen Theologie. An den meisten Fakultäten ist sie, darin der Diakonik vergleichbar, gar nicht vertreten. Anders als etwa der Begriff der Homiletik wird *Publizistik* sowohl im Sinn einer spezifischen Praxis als auch im Sinn eines Wissenschaftsgebiets verwendet.

Zum Vergleich: Bei der Homiletik ist klar, daß es sich um die wissenschaftliche Reflexion der Predigtpraxis handelt. Gegenstand der Homiletik ist also die Predigt, so wie Gegenstand der Poimenik die Seelsorge ist oder der Gottesdienst Gegenstand der Liturgik. Das ist bei der Publizistik anders.

Unter "Publizistik" wird zunächst *publizistische Praxis* aller Art und auf allen Ebenen verstanden. Kirchliche Publizistik beispielsweise ist der Gesamtkomplex der publizistischen Aktivitäten der Kirche. Wer sich einen raschen Überblick über evangelische Publizistik als Handlungsfeld verschaffen will, werfe einen Blick auf das Inhaltsverzeichnis der folgenden (kirchenamtlichen) Publikation:

    📖 Mandat und Markt. Perspektiven evangelischer Publizistik. Publizistisches Gesamtkonzept 1997, hg. v. Kirchenamt der Evangelischen Kirche in Deutschland, Frankfurt/M. 1997.

Daneben wird etwa in Erlangen, wo es das Fach im Rahmen der Praktischen Theologie gibt, "Publizistik" als die der publizistischen Praxis der Kirche(n) zugeordnete wissenschaftliche Disziplin verstanden. In diesem Kontext spreche ich von *Publizistik als Wissenschaft*. Um Publizistik als theologische Disziplin von allgemeiner Publizistikwissenschaft zu unterscheiden, kann man sie *Christliche Publizistik* nennen.

Christliche Publizistik widmet sich zwei großen Bereichen publizistischer Arbeit. Zum einen begleitet sie kreativ und kritisch die *kirchliche Öffentlichkeitsarbeit*. Zum anderen gilt ihr Interesse dem *kirchenunabhängigen Journalismus* zum Thema Kirche und Religion.

Versuchsweise möchte ich einmal die klassische Einteilung der Homiletik (☞ 3.1.2) auf die (Christliche) Publizistik anwenden. Ich tue das in einer modifizierten, modernisierten Form:

prinzipielle Publizistik	materiale Publizistik	formale Publizistik
Begründungszusammenhänge	Sachgebiete	methodische Aspekte
z.B.	z.B.	z.B.
Kirche und Öffentlichkeit	Evangelium im Rundfunk	Umgang mit diversen Medien
Praktische Theologie und Publizistik	Bild der Kirche in den Medien	journalistische Sprachformen
allgemeine und christliche Publizistik	Seelsorge im Internet	Umgang mit Informationen
mediales Denken	Ästhetik des Kinofilms	Kenntnis publizistischer Einrichtungen

Die *prinzipielle Publizistik* reflektiert Begründungszusammenhänge publizistischer Praxis und Wissenschaft. Bezugswissenschaften sind unter anderem Theologie, Kommunikationswissenschaft, philosophische Ethik oder Soziologie.

Die *materiale Publizistik* widmet sich den großen Sachgebieten, die in der publizistischen Praxis eine Rolle spielen. Dazu kommen Sachgebiete, deren Konturen sich erst in wissenschaftlicher Perspektive abzeichnen.

Die *formale Publizistik* beschäftigt sich mit dem journalistischen Handwerk. Dabei sind, wie überall in der Praktischen Theologie, die formalen Fragen nie auf die rein handwerkliche Fragestellung "Wie mach' ich's?" zu verengen. Das Was und das Wie sind auch hier aufs engste miteinander verschränkt; Entscheidungen über die Gestalt einer Nachricht sind auch Entscheidungen über den Inhalt, den es zu vermitteln gilt.

T Ich habe versucht, durch die Übernahme der klassischen Einteilung der Homiletik das neue Gebiet der Christlichen Publizistik ein wenig zu strukturieren. Den drei großen Bereichen der Publizistik habe ich Themen zugeordnet. Diese Zuordnung ist alles andere als vollständig.

- Arbeiten Sie weiter an der Füllung der drei Spalten von prinzipieller, materialer und formaler Publizistik! Stellen Sie sich vor, Sie müßten eine Vorlesung "Christliche Publizistik" konzipieren! Wie würde deren Programm nach dem Muster unserer Dreiteilung aussehen? Welche Themen und Themenbereiche müßten verhandelt werden, und in welchem der drei großen Teilgebiete hätte das jeweils zu geschehen?

PT-Wörterbuch
- publizistische Praxis - Publizistik als Wissenschaft
- Christliche Publizistik - (allgemeine) Publizistik
- kirchliche Öffentlichkeitsarbeit - kirchenunabhängiger Journalismus

7.1.3 Problem

"Die Welt, die technische Welt ist voller ungeahnter Einladungen an die Kirche, Kirche zu werden. Sie wird in Zukunft weniger geschlossene, sondern offene und auf Öffentlichkeit hin strukturierte Kirche sein. Der erste große zweitausendjährige Versuch, Kirche klerikal zu verwirklichen, scheint am Ende zu sein. Die Kirche geht einer 'vita experimentalis' entgegen. Sie wird überraschender, unkontrollierter, freier, mobiler, dialogischer werden als bisher."

Hans Jürgen Schultz, Weltlich von Gott reden. Das Wort der Kirche im Rundfunk, Stuttgart 1963, S. 42.

Das Zitat stammt aus einer Aufbruchszeit. Hans Jürgen Schultz entwarf die Vision einer Kirche, die einen rein instrumentellen Gebrauch der Medien ("klerikal") hinter sich läßt und das Experiment eines hermeneutischen Umgangs mit den modernen Medien wagt. Freilich ist ein typisch deutsches Mißtrauen gegenüber der Rhetorik (☞ 3.1.3) auch kirchlich virulent; es bezieht selbstverständlich die Medien in die Vorbehalte ein. Das Problem der Christlichen Publizistik ist, daß sie einen hermeneutischen Umgang mit den Medien zur Geltung zu bringen hat im Kontext einer Theologie, die sich in weiten Bereichen noch immer schwertut mit medialem Denken.

W Auf die Schwierigkeit der (deutschen) Theologie, medial zu denken, sind wir schon im Zusammenhang der Homiletik gestoßen:

- Als Grundproblem der Homiletik erschien die unsachgemäße Trennung von Inhalt und Form (☞ 3.1.3).

- Die Unterscheidung von instrumenteller und hermeneutischer Rhetorik (☞ 3.2.5) brachte das Grundproblem gut auf den Begriff.

Das Problem der Publizistik läßt sich an einer Formulierung des kanadischen Medientheoretikers Marshall McLuhan, die inzwischen längst zum geflügelten Wort geworden ist, gut demonstrieren: The medium is the message (so der Titel seines 1974 erschienenen Buches). Drei prinzipielle Reaktionen kann der Slogan hervorrufen:

1. Es geht der Kirche um die Botschaft Gottes an die Menschen. Die Botschaft kann aber nicht davon abhängig gemacht werden, in welches Medium sie "verpackt" wird. Der Inhalt kann und muß zunächst ohne Beachtung der Form bestimmt werden.

2. Es gibt keine absoluten Wahrheiten. Die mediale Vermarktung eines Produkts bestimmt, ob und wie es bei den Menschen ankommt. Es gibt nur medial manipulierte Botschaften. Die Form macht den Inhalt.

3. Botschaften existieren nicht nur als Inhalt, sondern als komplexe Gestalt. Medium, Sprachform, aktuelle Situation, soziokultureller Kontext - es gibt eine Fülle von Faktoren, die man (in einem weiten Sinn) als "medial" bezeichnen könnte und die die Botschaft inhaltlich mitbestimmen. Form und Inhalt sind immer schon miteinander vermittelt.

Verantwortliche Publizistik wird (1.) die problematische Naivität der ersten Position benennen, (2.) vor einem manipulativen Gebrauch der Medien warnen und (3.) sich im Gesamtkontext von Kirche und Theologie für ein hermeneutisches Verständnis von Medien einsetzen.

T Das oben angeführte Zitat von Hans Jürgen Schultz muß auf dem Hintergrund des Verhältnisses von Kirche und Medien verstanden werden. Es macht deutlich, daß es beim Umgang mit den Medien nicht um ein Detailproblem geht, sondern daß sich im Grunde die Ekklesiologie daran entscheidet: die modernen Medien als Einladung an die Kirche, Kirche zu werden.

- Beschreiben Sie auf dem Hintergrund eigener Erfahrungen das ekklesiologische "Experiment", auf das sich Kirche im Umgang mit modernen Medien einläßt!

Was ich hier immer reichlich abstrakt als "Form" bezeichnet habe, ist ein komplexes Phänomen. Es geht um weit mehr als nur um eine dem Medium angemessene sprachliche Gestaltung von Beiträgen für Presse, Rundfunk oder Fernsehen.

K Mediales Denken in der Theologie müßte sich auf eine ganze Reihe von Phänomenen einlassen, die zwar die modernen Medien kennzeichnen, die aber Theologie und Kirche nicht unbedingt vertraut sind. Michael Schibilsky hat in seiner Münchener Antrittsvorlesung von 1997 sieben theologische Vorbehalte benannt und zur Wirklichkeit der Medien in Beziehung gesetzt. So entstehen sieben Ansatzpunkte einer evangelischen Medientheorie.

📖 Michael Schibilsky, Kirche in der Mediengesellschaft, in: Kirche und Medien, hg. v. Reiner Preul u. Reinhard Schmidt-Rost, Gütersloh 2000, S. 51-71.

- Nutzen Sie die Beschreibungen von Schibilsky! Ich nenne hier die sieben Punkte lediglich als Hilfe zur Lektüre und als Anreiz zur eigenständigen Reflexion medialer Wirklichkeit. Beachten Sie: Die Punkte sind weitgehend aus der Perspektive theologischer Vorbehalte formuliert! Sie sollten sie aber zunächst durchaus wertfrei als Beschreibung medialer Wirklichkeit zur Kenntnis nehmen:
  - Aktualität und Globalisierung
  - Ereignisfixiertheit und Action-Orientierung
  - Innovationsgeschwindigkeit und Irrtumswahrscheinlichkeit
  - Ökonomie und Medienmacht
  - Unterhaltung und Boulevardisierung
  - Manipulation und Willkür
  - Fixierung auf Bilder

7.2   Konzeptionen

7.2.1 Der öffentliche Christus

Die ersten Weichenstellungen für eine Christliche Publizistik erfolgten nach 1945. Die Kirche stand vor der Frage, wie sie sich mit dem Ansehen, das ihr, ob zu Recht oder zu Unrecht, aus ihrer Haltung vor 1945 zugewachsen war, in die deutsche Nachkriegswirklichkeit einbringen sollte. Historisch spricht einiges dafür, den konzeptionellen Bemühungen jener Zeit besondere Aufmerksamkeit zu schenken. Es kommt hinzu, daß die primär theologische Argumentation von damals noch heute hilft, Publizistik als theologische Aufgabe in den Blick zu bekommen.

In Auseinandersetzung mit dem integrativen Erbe des Kulturprotestantismus ebenso wie mit dem Abgrenzungspathos der Dialektischen Theologie versucht Helmut Thielicke einen neuen kirchlichen Umgang mit Öffentlichkeit zu konzipieren.

P Helmut Thielicke, damals noch Systematischer Theologe in Tübingen und später von Hamburg aus selbst mit Erfolg publizistisch tätig, widmet sich in seiner Schrift nicht direkt dem Problem, das wir vielleicht erwarten würden: dem Verhältnis der Kirche zu den Medien. Er setzt grundsätzlicher an, wenn er das Verhältnis von Kirche und Öffentlichkeit programmatisch zu bestimmen sucht.

📕 Helmut Thielicke, Kirche und Öffentlichkeit. Zur Grundlegung einer lutherischen Kulturethik, Tübingen 1947, S. 13-23 u. 43-47.

- Erläutern Sie den kirchengeschichtlichen Zweitakt von Ghetto und Öffentlichkeit!

- Machen Sie sich Anliegen und Problematik der Barthschen Position klar! Vielleicht ist folgendes Gedankenspiel hilfreich: Wie würde sich Kirche von einer Barthschen Position aus öffentlich darstellen?

- Mit welchen Begründungen lehnt Thielicke die Position des Kulturprotestantismus ab? Hilfreiche Frage: Wie würde sich aktuelle Öffentlichkeitsarbeit der Kirche von kulturprotestantischer Position aus gestalten?

- Thielicke versucht das Verhältnis von Kirche und Öffentlichkeit jenseits von Identität und Diastase zu bestimmen. Erläutern Sie seine zentrale These: "Wir haben nicht zu fragen, ob wir die Öffentlichkeit meistern können, sondern wir haben der Tatsache zu gehorchen, daß der Meister öffentlich ist" (S. 22).

PT-Wörterbuch
- kirchengeschichtlicher Zweitakt: Ghetto - Öffentlichkeit
- Kulturprotestantismus
- Öffentlichkeit Christi (Helmut Thielicke)

7.2.2 Weltlich von Gott reden

Bei Thielicke spielten Medien wie der Rundfunk als eigener und eigentümlicher Faktor der Kommunikation noch keine Rolle. Hans Jürgen Schultz, als Journalist im Rundfunk tätig, kommt vom Medium her. Er kehrt die Fragestellung um. Nicht mehr das Wirken von Kirche in der Öffentlichkeit ist ihm das Problem, sondern die Frage, wie die Sprache medialer Öffentlichkeit auf das spezifisch kirchliche Reden von Gott zurückwirken könnte.

P Der folgende Text ist keine fachwissenschaftliche Abhandlung, sondern eine Schrift, die leidenschaftlich und mit einprägsamen Formulierungen dafür eintritt, daß die Kirche durch die Arbeit in und mit den Medien endlich lerne, weltlich von Gott zu reden.

📕 Hans Jürgen Schultz, Weltlich von Gott reden. Das Wort der Kirche im Rundfunk, Stuttgart 1963, S. 15-22 u. 33-38.

- Formulieren Sie Thielickes Zweitakt von Ghetto und Öffentlichkeit (☞ 7.2.1) mit Hans Jürgen Schultz als Problem der Sprache!

- Nennen Sie einige Aspekte, die sich im Stichwort von der "unbewältigten Öffentlichkeit" (S. 18) verdichten!

- Konkretisieren Sie mit Schultz die traditionelle Unfähigkeit von Kirche und Theologie zu medialem Denken und Verhalten!

- Verknüpfen Sie das Programm "Weltlich von Gott reden" mit Einsichten aus dem Gesamtgebiet der Theologie! Schultz selbst gibt Hinweise (S. 33): "Kommentar zum Leben", "Deutung und Erhellung der Wirklichkeit", "Verifizierung der Welt". Sie sollten aber auch neuere Einsichten heranziehen.

PT-Wörterbuch • Weltlich von Gott reden (Hans Jürgen Schultz)

7.2.3 Kirche als Verband

Wolfgang Huber hat die Diskussion über das Verhältnis von Kirche und Öffentlichkeit mit seinem grundlegenden Werk auf einen Stand gebracht, von dem noch immer auszugehen ist. Daß dies so ist, zeigt auch die Tatsache, daß sein Buch von 1973 zu Beginn der neunziger Jahre (1991) noch einmal unverändert erschienen ist. Der Publizistische Gesamtplan der Evangelischen Kirche in Deutschland von 1979 beruht zum guten Teil auf seinen Überlegungen.

P   Das Buch besticht durch seine Verklammerung von Gegenwartsanalyse und Ekklesiologie. Es entsteht das Bild einer modernen, weltoffenen, selbstbewußten Kirche in der bundesrepublikanischen Gesellschaft. Huber begründet, und zwar genuin theologisch, Öffentlichkeit nicht als Gegenüber von Kirche, sondern als wesentliche Dimension kirchlichen Handelns. Die Denkschriften der EKD, eine besondere publizistische Gattung, sind ihm das beste Beispiel dafür, daß die Evangelische Kirche in Deutschland ihre Rolle als ein gesellschaftlicher Verband unter anderen mit konzeptioneller Bestimmtheit akzeptiert hat.

📖 Wolfgang Huber, Kirche und Öffentlichkeit [1973], München ²1991, S. 632-645 (Kirche als gesellschaftlicher Verband).

- Beschreiben Sie Kirche als Verband in Unterscheidung von Kirche als "öffentlicher Hoheitsmacht" (S. 634)!
- Was vor allem unterscheidet Kirche von anderen Verbänden? Versuchen Sie eine Antwort mit eigenen Formulierungen!
- Benennen Sie ekklesiologische Schwierigkeiten, Kirche als Verband zu konzipieren!
- Öffentliches Handeln der Kirche als "politische Diakonie" (S. 644). Entfalten Sie Implikationen dieser Bestimmung!
- Skizzieren Sie selbst die publizistischen Kennzeichen einer Kirche, die sich als Verband versteht!

PT-Wörterbuch
- Kirche als Verband (Wolfgang Huber)
- Denkschriften der EKD
- politische Diakonie

7.2.4 Evangelische Publizistik

Robert Geisendörfer war kein Theoretiker der Publizistik, aber einer der großen Anreger für die Formierung einer evangelischen Publizistik. Er war dies unter anderem in seinem Amt als Fernsehbeauftragter der EKD. Die Gründung des "Gemeinschaftswerks der Evangelischen Publizistik" (GEP) 1974 verdankt sich wesentlich Geisendörfers Impulsen.

P   Der folgende Text benennt Ziele für die praktische Publizistik. Es geht dem Verfasser darum, eine spezifisch evangelische Publizistik in der publizistischen Landschaft der Bundesrepublik zu konturieren. In unserem Zusammenhang besonders reizvoll sind die Brücken zur akademischen Theologie, die Geisendörfer trotz mancher Enttäuschungen nicht müde wird zu schlagen.

📖 Robert Geisendörfer, Publizistik - eine legitime Aufgabe der Kirche [1976], in: ders., Für die Freiheit der Publizistik, hg. v. Ingeborg Geisendörfer, Stuttgart 1978, S. 70-84.

- Machen Sie sich die vier Spannungsfelder klar, auf die Geisendörfer verweist:
  - Kirche und Öffentlichkeit
  - Kirche und Kritik
  - Kirche und kommerzielle Medien
  - Theologie und Publizistik

- Geisendörfer liefert drei Begründungen einer evangelischen Publizistik:
  - Information in der und für die Kirche
  - Information für die Gesellschaft über die Kirche
  - Stellvertretung für Menschen und Gruppen ohne Macht

Diskutieren Sie insbesondere den Gedanken der Stellvertretung, der für das Selbstverständnis evangelischer Publizistik bis heute wichtig ist!

PT-Wörterbuch • Evangelische Publizistik (Robert Geisendörfer)
  - Information nach innen
  - Information nach außen
  - Stellvertretung

7.3 Perspektiven

7.3.1 Presse

Die Reformation war ein publizistisches Ereignis. Die Erfindung des Buchdrucks ist eine wesentliche Voraussetzung dafür, daß die Reformation zur Massenbewegung wurde. Noch heute ist der Protestantismus dem geschriebenen und gedruckten Wort stark verpflichtet. Das gehört zu seinen Stärken. Die Kehrseite ist, daß protestantisches Christentum immer in der Gefahr stand, sich auf eine "Religion der Brillenträger" (Bernard Reymond) zu verengen.

Der folgende Abschnitt gibt einen Überblick über die publizistischen Aktivitäten der Reformationszeit. Die revolutionäre Rolle des gedruckten Wortes kommt dabei ebenso zur Geltung wie eine Publizistik, die sich der Macht der Bilder bediente.

📖 Gottfried Mehnert, Evangelische Presse. Geschichte und Erscheinungsbild von der Reformation bis zur Gegenwart, Bielefeld 1983, S. 27-31 (Gestalt und Umfang der Reformationspublizistik).

Ich möchte an dieser Stelle ein sehr protestantisches Printerzeugnis exemplarisch hervorheben: das Gesangbuch (☞ 2.3.10). Es hat evangelische Spiritualität durch die Zeiten nicht nur abgebildet, sondern auch geprägt. Das neue Evangelische Gesangbuch (EG) in der Ausgabe, wie sie in Bayern und Thüringen (1. Advent 1994), mit Modifikationen auch in Mecklenburg und Württemberg eingeführt wurde, ist ein publizistisches Ereignis der besonderen Art. Das gilt für die Konzeption des Buches, seine Gestaltung sowie seine Präsentation in der Öffentlichkeit.

K Reinhold Morath hat selbst an der bayerischen Ausgabe des EG mitgear-
beitet. Er gibt einen Einblick in die Konzeption, der publizistische Gesichtspunkte reichlich berücksichtigt. Daneben können Sie eine Menge lernen über die
Möglichkeiten, die dieses neue und neuartige Gesangbuch für die praktische Arbeit bietet.

📖 Reinhold Morath, Ästhetik und Identität. Die bayerische Version des neuen
Evangelischen Gesangbuchs: US 50 (1995) 246-259.

- Das EG Bayern wurde in Zusammenarbeit mit einer Beratungsfirma für Kom-
  munikationskonzepte und Kommunikationsmanagement konzipiert. Was entnehmen Sie dem Aufsatz über den Ertrag einer solchen Zusammenarbeit?
- Was halten Sie von dem Bemühen, die "corporate identity" von Kirche unter
  anderem mit dem Gesangbuch zu stärken und zu formen?
- Beschreiben und beurteilen Sie die "Wiederbelebung und Verstärkung des
  alten Hausbuchgedankens" (S. 249)!
- Beurteilen Sie das Experiment einer Öffentlichkeitskampagne zur Einführung
  des Gesangbuches!
- Nehmen Sie Stellung zu der These, die Bilder im EG böten als selbständige
  Medien "Räume für das Erlebnis der Gottesbegegnung" (Peter Poscharsky,
  zit. S. 251)!
- Was halten Sie von literarischer "Sprache des Zweifels" (S. 252) im Gesang-
  buch?
- Inwiefern kann das EG als Medium von Gemeindepädagogik (☞ 5.3.10) dienen?

PT-Wörterbuch
- corporate identity
- Gesangbuch als Hausbuch
- Bilder als Räume für das Erlebnis der Gottesbegegnung

7.3.2 Hörfunk

Die elektronischen Medien stehen längst im Mittelpunkt des publizistischen Interesses. Ich möchte Ihren Blick zunächst auf das klassische
Medium dieser Art lenken, den Hörfunk. Mit dem Siegeszug des Hörfunks
hatte die Kirche zu Beginn des 20. Jahrhunderts auf die Herausforderungen eines völlig neuen Mediums zu reagieren.

K Rolf Schieder bezieht immer wieder das Fernsehen ein. Aber gerade im
historischen Teil seines Textes hebt er das Medium Hörfunk ins Bewußtsein. Er skizziert die Geschichte des Verhältnisses Kirche - Hörfunk und kann
zeigen, wie sich darin exemplarisch die Probleme eines Medienengagements der
Kirche abzeichnen. Darüber hinaus gibt Schieder für eine rundfunkhomiletische
Ausbildung von Pfarrerinnen und Pfarrern einige Hinweise, die ich auch im Blick
auf die Kanzelrede für hilfreich halte.

📖 Rolf Schieder, Religiöse Rede im Radio, in: Kirche und Medien, hg. v. Reiner
Preul u. Reinhard Schmidt-Rost, Gütersloh 2000, S. 122-135.

- Impuls: "Versierte Kanzelredner schaffen den Sprung vom Kanzelpredigtstil in
  den Stil der Rundfunkrede nur schwer. Intimität, Diskretheit, Individualität, Tat-
  sächlichkeit des Lebens: das sind Begriffe, die in einer Homiletik selten zu finden sind" (S. 126).

- Impuls: "Der Siegeszug des Verkündigungsbegriffs in der Theologie vergleichgültigte alle Fragen nach der Ästhetik religiöser Rede" (S. 127).

- Impuls: Religiöse Rede im Radio "soll - dem Medium entsprechend - unterhalten ... Der traditionelle Begriff für religiöse Unterhaltung ist 'Erbauung'" (S. 128).

- Laien seien, so schon Jochen Klepper, für religiöse Reden im Radio geeigneter als Pfarrer (vgl. S. 130). Diskutieren Sie Schieders Vorschlag, für die Verkündigung in Radio und Fernsehen Künstler, Journalisten oder Personen des öffentlichen Lebens zu gewinnen!

Von Sendeformen im Hörfunk könnte das gemeindekirchliche Reden von Gott eine Menge lernen. Im Gottesdienst hört eine geduldige Gemeinde auch 25 Minuten zu, bis der Pfarrer beim Amen noch immer nichts Wichtiges gesagt hat. Im Radio gibt es heilsame Begrenzungen. Es ist für den, der redet, die strenge Grenze der zugemessenen Zeit. Es ist auf der Seite der Hörerinnen und Hörer die Grenze der Geduld; wenn sie nicht mehr wollen, schalten sie aus.

K Es gibt einen Charme dessen, was man die "kleine Form" nennen könnte. Susanne Schullerus-Keßler beschreibt unterhaltsam und aus eigener Erfahrung, wie die kleine Form "Auf ein Wort" im Bayerischen Rundfunk sprachlich zu äußerster Präzision nötigt und inhaltlich zu einem "geistigen Horizont, der über Kirchenmauern hinausreicht".

📖 Susanne Schullerus-Keßler, Gott und Welt im Kleinformat. Aperçus zur Kurzandacht im Funk: EK 25 (1992) 669-671.

- Ordnen Sie das folgende Impulszitat so in einen genuin theologischen Kontext ein, daß daraus mehr zu hören ist als eine modische Anpassung an Hörgewohnheiten:

"Wenn es gelingt, eine kleine, scheinbar triviale Szene im richtigen Licht vor einem geeigneten Hintergrund einzufangen, sie sorgsam zu entwickeln, dann bleibt dieses mit Worten erzeugte Bild haften. Ein lebensnaher und lebendiger Text, der dem Hörer Laune macht zu gedanklicher und gefühlsmäßiger Eigeninitiative, bringt in Kopf und Herz mehr in Gang als dogmatisch richtige Gongschläge" (S. 671).

PT-Wörterbuch
- Funkästhetik
- Verkündigung - Unterhaltung
- Predigt - religiöse Rede
- kleine Form im Rundfunk

7.3.3 Fernsehen

Wie soll sich Kirche im Fernsehen präsentieren? Der folgende Aufsatz markiert, indem er eine endlich medienspezifische Kommunikation des Evangeliums fordert, ein noch immer nicht ausreichend behobenes Desiderat.

P Stephan Abarbanell argumentiert auf dem Hintergrund des schwierigen Verhältnisses Kirche - Fernsehen und seiner Geschichte. Er legt einige Grundvorbehalte, die gerne verdrängt werden, offen. Sie können Ihre eigenen Reflexionen an den Zitaten entwickeln, die ich anführe.

7 Medien

📖 Stephan Abarbanell, Sperrgut. Zur schwierigen Rolle der Religion im Fernsehen, in: Medienkult - Medienkultur, hg. v. Siegfried von Kortzfleisch u. Peter Cornehl, Berlin/Hamburg 1993, S. 151-166.

- Impuls: "Was die Kirche nicht verhindern kann, das segnet sie" (Kurt Tucholsky, zit. S. 152).
- "... so scheint die Kirche von ihrem Wesen her nicht recht für das geschaffen, was sie seit vierzig Jahren betreibt: Programm fürs Fernsehen zu machen" (S. 153).
- "... daß die kirchliche Programmpraxis den Eindruck vermittelt, mit einem moralisch-ethischen Surplus zu arbeiten, das sie von der Pflicht ästhetischer Reflexion entbindet" (S. 160).
- "Was also dringend geboten ist, ist die Entwicklung und Erprobung einer eigenen kirchlichen Medienhomiletik und Mediendramaturgie, die - gänzlich gelöst vom Paradigma der Kanzelverkündigung - eine originäre Fernsehform wäre, die dennoch präzise auf das kirchliche Anliegen zugeschnitten ist, nämlich zu zeigen, inwiefern der Glaube zum Leben helfen kann" (S. 164 f.).

PT-Wörterbuch
- Paradigma der Kanzelverkündigung
- kirchliche Medienhomiletik bzw. Mediendramaturgie

Ein Problem ist so alt wie die Präsenz von Kirche im Fernsehen: Gottesdienst im Fernsehen. Die Übertragung eines Gottesdienstes provoziert die dogmatische Frage, ob und wie die vereinzelten Zuschauer als Gemeinde verstanden werden können. Die Versuche der Fernsehübertragung machen zugleich auf Schwächen herkömmlicher Gemeindegottesdienste aufmerksam, etwa wenn es in einem evangelischen Normalgottesdienst außer dem Pfarrer oder der Pfarrerin nicht viel zu sehen gibt.

K Auf die prinzipielle Spannung von Gottesdienst und Fernsehen als Medium reagieren die Konfessionen unterschiedlich. Hans Erich Thomé hat die Konzeptionen übersichtlich und kritisch dargestellt. Ich verweise Sie hier nur an die Ausführungen, die sich auf Gottesdienste im ZDF beziehen.

📖 Hans Erich Thomé, Gottesdienst frei Haus? Fernsehübertragungen von Gottesdiensten, Göttingen 1991, S. 50-60 [Theorien der Übertragungspraxis von Gottesdiensten im ZDF].

- Verifizieren Sie die konzeptionellen Skizzen an eigenen Erfahrungen vor dem Bildschirm! Achten Sie bei der Lektüre besonders auf das
  - Verständnis von Gottesdienst (Liturgik)
  - Verständnis von Gemeinde (Ekklesiologie)
  - Verständnis des Mediums (Publizistik)

PT-Wörterbuch
- "Gottesdienst frei Haus" (Hans Erich Thomé)
- Übertragung der Messe (kath.)
- mediengerechter Gottesdienst (evang.)

7.3.4 Sprache

Man blickt aus den "Höhen" akademischer Theologie gerne etwas despektierlich auf die "Niederungen" journalistischer Alltagsarbeit. Dabei ist es, was das Sprachvermögen betrifft, weit schwieriger, eine treffende, spannende Zeitungsreplik auf ein konkretes gottesdienstliches Ereignis zu schreiben als einen Aufsatz über Probleme der Erneuerten Agende. Die akademische Sprache ist für gewöhnlich nicht sehr einfallsreich, und die Kanzelsprache entkommt nur schwer den pastoral ausgetretenen Spuren. Wenn es stimmt, daß Sprache und Wirklichkeit einen unlösbaren Zusammenhang bilden (☞ 8.3.1), dann macht Sprache eine Predigt nicht nur langweilig oder spannend, sondern dann entscheidet sich an der Sprache auch, welche Wirklichkeit in Rede steht. Sprache bildet Wirklichkeit nicht einfach ab; Sprache formt und gestaltet Wirklichkeit. Journalistische Arbeit hat Sprachformen kultiviert, deren Kenntnis und Beherrschung auch das Reden und Schreiben von der Weltwirklichkeit Gottes bereichern könnte.

K Das folgende Buch bietet Grundinformationen für Journalismus als Beruf. Es ist bezeichnend, daß dabei der Sprache und den Textformen in der Pressearbeit breiter Raum gewidmet wird - mehr Raum als in vergleichbaren Büchern zum Wort-Beruf Pfarrer oder Pfarrerin. Ich habe Formen unterhaltsamer Information ausgewählt, um gegen die (sehr deutsche) Entgegensetzung von U- und E-Bereich, von Unterhaltung und Wahrheit (☞ 11.3.7) Einspruch wenigstens anzudeuten. Das Buch ist gut geschrieben und geizt nicht mit eindrücklichen Beispielen.

📖 Wolf Schneider u. Paul-Josef Raue, Handbuch des Journalismus, rororo Sachbuch, aktualisierte Ausgabe Januar 1998, S. 99-124.

• Machen Sie sich die drei beschriebenen journalistischen Textformen (Feature, Reportage, Portrait) klar und überlegen Sie, wo diese anregend für das Reden und Schreiben auch im Pfarramt sein könnten!

PT-Wörterbuch
• Feature
• Reportage
• Portrait

7.3.5 Medienreligion

Religion hat im Fernsehen nicht nur einen Programm-Ort. Es gibt deutliche Hinweise, daß sich das Fernsehen selbst zu einem Medium mit religiösen Erlebnisqualitäten entwickelt. Dieses Phänomen wird als "Medienreligion" bezeichnet.

P Bei dem folgenden Text handelt es sich um einen kargen, thesenartigen Text. Ohne den Blick mit allzuviel Reflexion zu verstellen, regt er zur eigenen Beobachtung der Fernsehwirklichkeit an.

📖 Wolf-Rüdiger Schmidt, Fernsehen als Religion? Überlegungen zur Beheimatung im elektronischen Medium, in: Hören und Sehen. Die Kirche des Wortes im Zeitalter der Bilder, hg. v. Claus Eurich u. Imme de Haen, Stuttgart u. Frankfurt/M. 1991, S. 113-118.

• Schmidt nennt sieben formale Kennzeichen von Religion (S. 113 f.). Füllen Sie diese mit Beobachtungen aus der Kirchen- und aus der Medienreligion!

- Diskutieren Sie die folgende Aufgabenbeschreibung für Theologie: "Auf die Diskussion 'Fernsehen-Mythos-Religion' sollte sich die traditionelle Theologie einlassen, ohne sich darauf zurückzuziehen, der neue elektronische Mythos sei 'nur ein Surrogat'" (S. 115)!
- Impuls: "Möglicherweise wird die Fernbedienung zum letzten Instrument des neuzeitlichen Fernsehmenschen, sich von neuen religiösen Bindungen noch einmal zu befreien" (S. 118)!

Wem es an eigener Anschauung mangelt, die thesenartigen Aufstellungen von Schmidt zu füllen, der möge zu dem folgenden Aufsatz greifen.

K Johanna Haberer beschreibt die Medienreligion sehr anschaulich; Brückenschläge zur Kirchenreligion erfolgen explizit.

📖 Johanna Haberer, Von der Kirchenbank zum Fernsehsessel. Haben die christlichen Mythen ausgedient?, in: Hören und Sehen. Die Kirche des Wortes im Zeitalter der Bilder, hg. v. Claus Eurich u. Imme de Haen, Stuttgart u. Frankfurt/M. 1991, S. 119-131.

- Beurteilen Sie die Gegenüberstellung von Kirchen- und Medienreligion, die sich in dem Satz verdichtet: "Der Mythos der christlichen Religion läßt sich nicht abschütteln wie der synthetische. Er geht mit mir, formt mich, gestaltet mich und lebt in mir weiter" (S. 129)!

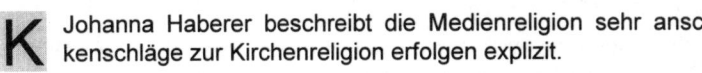
PT-Wörterbuch • Medienreligion

7.3.6 Kino und Film

Der Film im Kino hat, selbst wenn man häufiger ins Kino geht, immer noch den Charme des Besonderen. Der Gang ins Kino gehört nicht zum Alltag, er ist ein herausgehobenes Erlebnis.

In unserem Grundwissen könnte der Kinofilm seinen Ort auch dort haben, wo das Verhältnis von Glaube, Kunst und Religion thematisiert wird (☞ 11). Ich verhandle ihn in der Publizistik. Die evangelische Publizistik selbst zählt den Film zu ihren Arbeitsgebieten. Wer sich für diese Arbeit interessiert, mag sich in dem neuen Publizistischen Gesamtkonzept einen ersten Überblick verschaffen:

📖 Mandat und Markt. Perspektiven evangelischer Publizistik. Publizistisches Gesamtkonzept 1997, hg. v. Kirchenamt der Evangelischen Kirche in Deutschland, Frankfurt/M. 1997, S. 100-102 (Filmarbeit).

Als spezifische Form, Religion zur Sprache zu bringen bzw. ins Bild zu setzen, wird der Film noch thematisiert (☞ 8.3.6). Hier geht es vor allem darum, die ästhetische Fragestellung im publizistischen Diskurs zu akzentuieren. Die Ästhetik des Kinofilms leistet einen spezifischen Beitrag zu der Fragestellung der Christlichen Publizistik, wie das jeweilige Medium das Reden von Gott und Welt qualifiziert.

K Der Aufsatz von Eckart Gottwald hat nicht den Film mit hohem künstlerischen Anspruch zum Gegenstand, sondern den Unterhaltungsfilm, der auch die Ästhetik des Trivialen nicht scheut.

📖 Eckart Gottwald, Zwischen Mythos und Spiel. Theologische Zugänge zum Unterhaltungsfilm, in: Kino und Kirche im Dialog, hg. v. Martin Ammon u. Eckart Gottwald, Göttingen 1996, S. 34-53.

- Zeichnen Sie mit einigen Strichen die ambivalente Haltung der Kirche gegenüber Kino und Film!

- Kinounterhaltung als Parabel und Spiel. Diskutieren Sie die beiden Deutemuster, die das Kino positiv im theologischen Diskurs verorten!

- Impuls: "Das Publikum taucht in die quasi-religiöse Bilderflut ein, um den Mangel an erlebnisrelevanten Bildern in der kirchlichen Frömmigkeit zu kompensieren" (S. 46)!

- Gottwald benennt bei aller Analogie auch einen Unterschied von Unterhaltung und Glaubensüberlieferung. Der Unterschied liege in der Weise der Wahrnehmung von Wirklichkeit: "die eine kreativ-spielend und symbolisierend, die andere erinnernd-vergegenwärtigend und bekennend" (S. 50).

PT-Wörterbuch   • Kinounterhaltung als Parabel / als Spiel

7.3.7 Internet

Das Internet gilt als das Leitmedium der Zukunft. Die Entwicklungen auf diesem Gebiet sind so rasant, daß ich mich außerstande sehe, hier einen Grund-Text vorzuschlagen. Wahrscheinlich haben, wenn Sie diese Zeilen lesen, die technischen Entwicklungen sowie Ihre eigenen Kenntnisse und Fertigkeiten schon wieder ein Stadium erreicht, das über jeden Stand, den heute ein Text repräsentieren könnte, hinausgeht. Ich verstehe daher diesen Abschnitt zum Internet lediglich als eine unerläßliche Problemanzeige.

K Der folgende Text stellt die Einleitung zu einem Buch dar, das sich auch nur als Momentaufnahme versteht. Das Buch hat den Vorteil, daß es ganz verschiedene Praxisfelder im Kontext des Internets vorstellt. Sie können die Einleitung als selbständige Problemanzeige lesen oder als Anregung, sich im Buch selbst umzusehen. Auf das systemische Denken sind wir bereits beim Thema Gemeinde und Kirche gestoßen (☞ 1.2.10), aber auch im Bereich der Seelsorge (☞ 4.3.5, ☞ 4.3.13).

📖 Wolfgang Nethöfel u. Matthias Schnell, Einleitung: Auf dem Weg zur digitalen Kirche?, in: Cyberchurch? Kirche im Internet, hg. v. Wolfgang Nethöfel u. Matthias Schnell, Frankfurt/M. 1998, S. 9-13.

- Impuls: "Die künftigen Leitbilder von Kirche müssen zu ihrer Vernetzungsstruktur und -kultur passen" (S. 11).

- Zu einem möglichen Paradigmenwechsel durch das Internet: "Die lineare Heilsgeschichte der christlichen Tradition wird ebenso in Frage gestellt wie ihre säkularisierte Fortsetzung in der modernen Fortschrittsideologie: in Frage gestellt durch ein flaches, horizontales, systemisches Weltbild" (S. 11).

- Skizzieren Sie Aufgaben, die sich durch das Internet auf den klassischen Gebieten kirchlichen Handelns in ganz neuer Weise stellen (Seelsorge, Verkündigung etc.)!

PT-Wörterbuch   • Cyberchurch
                      • Leitmedium
                      • Internet-Homiletik

7.3.8 Publice docere

Wo sich eine Christliche Publizistik als Praxis und Wissenschaft entwik-
keln soll, muß das Verhältnis von Kirche und Öffentlichkeit (☞ 7.2.3)
grundsätzlich positiv bestimmt sein. Konzeptionelle Überlegungen dieser
Art haben wir untersucht. Zur Öffentlichkeit gehören die modernen Medi-
en. Die Kirche benutzt sie selbstverständlich für ihre Öffentlichkeitsarbeit.
Zugleich sind wir immer wieder auf Vorbehalte gegenüber den Medien
gestoßen. Oft sind diese Vorbehalte nur in Äußerungen aus früheren
Zeiten zu greifen. Es gibt aber auch aktuelle Hinweise, daß sich die Kirche schwertut mit Öffentlichkeit, und zwar Sonntag für Sonntag.

Nach dem Bekenntnis der lutherischen Kirchen ist Verkündigung ein öffentliches Geschehen (CA 14: publice docere). Mag man "Öffentlichkeit"
in der Reformationszeit auch anders verstanden haben als heute und
mag man auch für die Teilnahme am Abendmahl keine unbegrenzte Öffentlichkeit zugestehen, so gilt doch prinzipiell für den Gottesdienst in der
Volkskirche, daß er eine öffentliche Veranstaltung darstellt. Das belegt
allein schon die Gottesdienstanzeige in der Lokalpresse. Wenn freilich als
öffentlich gilt, was auch in den Medien besprochen wird, dann ist es um
die Öffentlichkeit des Gottesdienstes in der Regel schlecht bestellt.

K Dieter Voll hat einen kurzen, engagierten Artikel zu diesem Problem geschrieben. Daß Veranstaltungen vom Konzert bis zum Fußballspiel die
selbstverständliche Aufmerksamkeit der Presse finden, nicht aber, wenigstens
dann und wann, der Gottesdienst, wertet Voll als bedenkliches Zeichen für die
protestantische Gottesdienstkultur. Im Kontext Christlicher Publizistik ist der Hinweis auf ein gestörtes Verhältnis zwischen Kirche und Öffentlichkeit in einem
zentralen Bereich kirchlichen Lebens von erheblichem Gewicht.

📖 Dieter Voll, Gottesdienst-Rezension? Der Gottesdienst und sein Bedarf an
Öffentlichkeit: PTh 80 (1991) 536-540.

- Impuls: "Öffentlich ist, was öffentlich besprochen wird" (S. 537 f.).

- Impuls: Die evangelische Kirche "ist voll Mißtrauen gegen eine aus der Kir-
chenmitgliedschaft, aus den Kirchensteuern, aus der guten Sitte laufende Öffentlichkeit. Kein Wunder, daß ihr Verhältnis zum Sprachrohr der Öffentlichkeit, den Zeitungen, Schaden genommen hat" (Karl-Alfred Odin, zit. S. 538 f.).

- Impuls: "Wenn ... der Gottesdienst Öffentlichkeit haben soll, mit allen Konsequenzen, dann nur um den Preis der öffentlichen Rezension. Sich darauf ein-
zulassen, könnte Wunder wirken" (S. 539).

PTips

Ein Aufsatzband versucht mitten in einer tagesaktuellen Diskussionslage
eine Bestandsaufnahme zum Verhältnis von Kirche und Medien. Einzelne
Beiträge kamen bereits zur Geltung (☞ 7.1.3, ☞ 7.3.2). Publizistische Erkenntnisse werden in dem Sammelband erfreulich deutlich in den praktisch-theologischen Diskurs eingezeichnet:

7 Medien

📖 Kirche und Medien, hg. v. Reiner Preul und Reinhard Schmidt-Rost, Gütersloh 2000.

Aus dem Buch empfehle ich besonders einen Beitrag, den ich wegen seiner Länge nicht in den laufenden Text des Grundwissens aufgenommen habe. Er beleuchtet gut die Schwierigkeiten von Kirche und Theologie mit medialem Denken:

📖 Reinhard Schmidt-Rost, Medium und Message. Zu ihrem Verhältnis in der christlichen Publizistik, in: ebd., S. 84-121.

Über die Rolle von Religion und Religiosität in der modernen Medienkultur informiert bunt und vielfältig ein Sammelband:

📖 Religiöse Funktionen des Fernsehens? Medien-, kultur- und religionswissenschaftliche Perspektiven, hg. v. Günter Thomas, Wiesbaden 2000.

8 Fokus: Von Gott reden
Glaube - Sprache - Bibel

8.1 Hinführung

8.1.1 Phänomen

Von Gott reden viele, nicht nur in der Kirche. Von Gott reden innerhalb und außerhalb der Kirche viele Menschen mit Hilfe biblischer Sprachfragmente. Die Bibel wird zum Ferment eines Redens von Gott und der Welt. Während Predigerinnen und Prediger das Sprechen mit der Bibel bisweilen als Pflichtübung absolvieren, gibt es ungezählte Menschen, die die Worte, Bilder und Geschichen der Bibel brauchen, um Sprache zu finden im Leben. Beispiel: die Taube aus Gen 8,10 f.

Im September 1920 schreibt der tuberkulosekranke Franz Kafka an seine Freundin Milena Jesenská:

"Dir wird ängstlich beim Gedanken an den Tod? Ich habe nur entsetzliche Angst vor Schmerzen. Das ist ein schlechtes Zeichen. Den Tod wollen, die Schmerzen aber nicht, das ist ein schlechtes Zeichen. Sonst aber kann man den Tod wagen. Man ist eben als biblische Taube ausgeschickt worden, hat nichts Grünes gefunden und schlüpft nun wieder in die dunkle Arche."

Franz Kafka, Briefe an Milena, hg. v. Jürgen Born u. Michael Müller, Frankfurt/M. 1986, S. 277.

Hier gewinnt die biblisch-mythische Taube Leben. Die Taube wird dem Dichter zur Hilfe, für sich und für seine Freundin Milena Jesenská vom Tod zu sprechen. Bei aller Resignation im Blick auf das Leben, scheint die Deutung des Todes positiv auszufallen: "Sonst aber kann man den Tod wagen."

Hilde Domin läßt 1962 die biblische Taube zur Ermutigung aufsteigen:

> Unsere Kissen sind naß
> von den Tränen
> verstörter Träume.
>
> Aber wieder steigt
> aus unseren leeren
> hilflosen Händen
> die Taube auf.

Hilde Domin, Gesammelte Gedichte, Frankfurt/M. 1987, S. 221 (Lieder zur Ermutigung I).

Das Gedicht ist einfach. Aber man muß es schon zweimal lesen, um den Anfang voll zu verstehen. Die Tränen, die nassen Kissen: Vom Ende, von der Taube her wird deutlich, daß es sich um eine große, bedrohliche Überflutung durch Tränen handelt, um eine Art existentieller Sintflut. In einer solchen Situation hält die Taube Ausschau nach Land jenseits der Tränen, hält Ausschau nach einem Stückchen Land, auf das ich nach all der Flut wieder meinen Fuß setzen kann.

Unaufdringlich klingt in beiden Texten die Sintflutgeschichte der Bibel an und mit ihr die religiöse Hoffnung, die sich in der Taube symbolisiert. Franz Kafka und Hilde Domin sind jüdischer Herkunft. Das Reden von Gott ist nicht beschränkt auf die Zugehörigkeit zu einer Kirche oder einer bestimmten Religion. Auch auf den Gebrauch biblischer Worte, Bilder und Geschichten im Reden von Gott und der Welt kann die christliche Kirche kein Patent anmelden. Das Reden von Gott ist ein menschheitskulturelles Phänomen.

8.1.2 Durchblick

Es geht beim Reden von Gott als Gegenstand der Praktischen Theologie vor allem darum, *wie* solches Reden geschehen kann. Dabei richtet sich der Blick auf die menschliche Sprache. Daß die verbale Sprache nicht alles ist, was dem Menschen an Ausdrucksmöglichkeit zur Verfügung steht, ist evident. Nonverbale Zeichen gehören ebenso zur "Sprache" des Menschen wie Worte und Sätze. In diesem Fokus freilich wird es primär um die Sprache der Worte und Sätze gehen.

T Es gibt bislang ein einziges Buch, das sich in der Weise eines Lehrbuchs mit unserem Fokus beschäftigt:

📖 Albrecht Grözinger, Die Sprache des Menschen. Ein Handbuch. Grundwissen für Theologinnen und Theologen, München 1991.

• Testen Sie Ihren eigenen Durchblick, indem Sie das Inhaltsverzeichnis von Grözingers Buch (ebd., S. 7-10) durchsehen! Prüfen Sie versuchsweise, ob es Inhalte gibt, die der Autor hätte berücksichtigen müssen, wenn sein Buch den Titel "Von Gott reden" trüge!

8.1.3 Problem

Die Zeit, in der die Dialektische Theologie das kirchliche Reden von Gott bestimmte, liegt hinter uns. Sie hat es nicht nur erneuert, sondern auch gelähmt. Dennoch meine ich, daß es seither keine vergleichbar prinzipielle Fragestellung oder gar Infragestellung für das Reden von Gott mehr gegeben hat. Im Gegenteil, man kann die Geschichte des kirchlichen Redens von Gott im Grunde bis heute beschreiben als Folge von Lösungsversuchen für das Problem, das die Dialektische Theologie in den zwanziger Jahren schonungslos gestellt hat:

"Wir sollen als Theologen von Gott reden. Wir sind aber Menschen und können als solche nicht von Gott reden."

Karl Barth, Das Wort Gottes als Aufgabe der Theologie [1922], in: Anfänge der dialektischen Theologie, hg. v. Jürgen Moltmann, Teil 1, München 1962, S. 197-218, hier: S. 199.

T Das Zitat scheint in zwei Sätzen die pure Unmöglichkeit zu formulieren. Im Original freilich folgt ein dritter Satz. Immerhin hat Karl Barth viel und leidenschaftlich gerne gepredigt. In seiner Theologie gibt es Lösungsvarianten für das Problem.

• Rufen Sie sich die homiletische Position Karl Barths (☞ 3.2.2) ins aktive Gedächtnis zurück und verstehen Sie sie als Lösung des prinzipiellen Problems!

- Formulieren Sie (beispielsweise) die Theorie von der Predigt als offenem Kunstwerk (☞ 3.2.6) als Lösungsversuch für das von Barth gestellte Problem!

8.2   Wiederholung

Sie können prinzipiell alle Kapitel in diesem Grundwissen durchgehen und überlegen, welche Texte und Problemzusammenhänge etwas austragen für den Fokus "Von Gott reden". Natürlich werden Sie für diesen Fokus vor allem die Homiletik (☞ 3) rekapitulieren. Drei Hinweise sollen Sie locken, auch andere Bereiche heranzuziehen.

W Mit dem Reformprojekt der "Ladenkirche" ging es Ernst Lange zugleich um neue Strukturen von Gemeinde und um eine zeitgemäße "Kommunikation des Evangeliums". Rufen Sie sich das Projekt der Ladenkirche aus der Oikodomik wieder in Erinnerung (☞ 1.2.3) und nehmen Sie Wissen über Ernst Lange aus anderen Disziplinen hinzu (☞ 2.2.4, ☞ 3.2.3). Ich halte Lange für ein gutes Beispiel, um sich den Zusammenhang zwischen Gemeindestrukturen und kirchlichem Reden von Gott klarzumachen.

W Die neuere liturgische Debatte hat gerade uns Protestanten zu Bewußtsein gebracht, daß das Reden von Gott nicht nur mit Worten geschieht. Symbol und Ritual wurden neu entdeckt als eine spezifisch gottesdienstliche "Sprache" (☞ 2.3.6).

W Wie unser gesamtes Reden mehr und mehr durch die Medien beeinflußt wird, so auch das Reden von Gott. Man kann das, wie es immer wieder geschieht, als unguten Einfluß verurteilen. Man kann darin aber auch eine Chance sehen, daß sich das kirchliche Reden von Gott durch einen Zugewinn an Welthaftigkeit erneuert. Eine bereits ältere Vision (Hans Jürgen Schultz), wie unter den Bedingungen des Rundfunks weltlich von Gott zu reden sei, läßt sich durchaus unter den Bedingungen der aktuellen Medienkultur reformulieren (☞ 7.2.2).

8.3   Perspektiven

8.3.1   Sprache und Wirklichkeit

Sachlich wäre es möglich, die ersten drei Perspektiven (☞ 8.3.1-3) in einem einzigen Abschnitt zu repräsentieren. Es wäre im Grunde auch ein einziger Text ausreichend. Hans Weder etwa behandelt, wie es sich sachlich gehört, alle drei Perspektiven in einem Aufsatz. Ich denke aber, daß es sich lohnt, den komplexen Sachverhalt auseinanderzunehmen und mit drei verschiedenen Texten jeweils eine Perspektive schwerpunktartig zu bedenken.

P Hans Weder hat die schwierige Thematik übersichtlich präsentiert. Er expliziert sprachphilosophische Zusammenhänge an der biblischen Gattung Gleichnis, genauer an den Gleichnissen Jesu vom Reich Gottes.

📖 Hans Weder, Sprache und Wirklichkeit. Theologische Überlegungen [1990], in: ders., Einblicke ins Evangelium. Exegetische Beiträge zur neutestamentlichen Hermeneutik, Göttingen 1992, S. 167-181.

- Was unterscheidet das Gleichnis von metaphysischen und "physischen" Theorien über das Himmelreich?

- Erklären Sie kurz die Theorie, Sprache sei Abbildung von Wirklichkeit, und benennen Sie die Funktion von Metaphern im Kontext der Abbildungstheorie!
- Impuls: "Wirklichkeit liegt nicht einfach jenseits der Sprache vor. Sie wird vielmehr durch je verschiedene Sprache verschieden konstruiert" (S. 174 f.).
- Wie kann eine metaphorische Aussage als Wahrheit kenntlich werden?

PT-Wörterbuch
- Sprache - [bildet ab] - Wirklichkeit
- Sprache - [schafft] - Wirklichkeit

8.3.2 Metapher

Hans Weder hatte die Metapher beschrieben als "semantische Interaktion" (ebd., S. 169) zwischen zwei Wirklichkeiten oder Wirklichkeitsbereichen. Wir sind bereits aufmerksam geworden darauf, daß metaphorisches Sprechen in ganz besonderer Weise Wirklichkeit erschließt bzw. schafft.

K Christian Link geht der Wirkweise der Metapher nach. Seine Ausführungen beruhen auf der Überzeugung, daß die Metapher den Kern allen Redens von Gott ausmacht.

📖 Christian Link, Gleichnisse als bewohnte Bildwelten, in: Metapher und Wirklichkeit. Die Logik der Bildhaftigkeit im Reden von Gott, Mensch und Natur, FS Dietrich Ritschl, hg. v. Reinhold Bernhardt u. Ulrike Link-Wieczorek, Göttingen 1999, S. 142-152.

- Worin besteht (mit Ihren Worten) die "produktive Leistung der Metapher" (S. 146)?
- Beschreiben Sie das Gleichnis als einen "metaphorischen Prozeß" (S. 147)!
- "Doing with words, Einheit von Reden und Handeln: Hier liegt das Geheimnis der Gleichnisse, das sie von jeder Predigt und jedem Appell unterscheidet" (S. 147). Wie wäre eine veränderte Predigt denkbar, die sich gerade am metaphorischen Prozeß des Gleichnisses orientiert?
- Impuls: "Wahrheit ist nicht, sie wird" (S. 150).

PT-Wörterbuch
- produktive Leistung der Metapher
- Gleichnis als metaphorischer Prozeß
- Gleichnisse als bewohnte Bildwelten (Christian Link)

8.3.3 Sprechebenen

In beiden Aufsätzen, dem von Weder (☞ 8.3.1) und dem von Link (☞ 8.3.2), werden zwei Sprechebenen unterschieden: eine Ebene, auf der die Sprache Wirklichkeit schafft, und eine Ebene, auf der die Sprache über Wirklichkeit reflektiert. Hans Weder ordnet einem bildhaften Sprechen das Gleichnis zu und einem definitorischen Sprechen den Vortrag (vgl. aaO., S. 174, 178). Link unterscheidet eine erfahrungsbezogene Sprache von einer begrifflichen Sprache (vgl. aaO., S. 147 f.). Wichtig: Es handelt sich nicht notwendig um verschiedene Sprachen in einem lexikalischen Sinn (Wortschatz), sondern um eine prinzipielle Unterscheidung im Sinn von Sprechebenen.

T Die Unterscheidung der beiden Sprechebenen ist fundamental in einer ganzen Reihe von theologischen Konzepten. Sie spielt eine Rolle etwa auch in der Kommunikationstheorie von Paul Watzlawick (☞ 4.3.9). Wenn man einmal nicht auf die konzeptionellen Unterschiede und unterschiedlichen Anwendungsbereiche achtet, kann man folgendes Schema erstellen:

Sprache des Glaubens	Sprache der Theologie	Gerhard Ebeling
Symbol	Definition	Joachim Scharfenberg
bildhaftes Reden	definitorisches Reden	Hans Weder
erfahrungsbezogene Sprache	begriffliche Sprache	Christian Link
einfache Gottesrede	Sprache der wissenschaftlichen Theologie	Friedrich Mildenberger
analoge Kommunikation	digitale Kommunikation	Paul Watzlawick
<...>	<...>	<...>

- Führen Sie die Tabelle aus Ihrer Kenntnis von theologischen und anderen Konzepten weiter!

Die Unterscheidung der Sprechebenen mag im Kontext eines Theologiestudiums befremdlich erscheinen, weil dort so gut wie ausschließlich das wissenschaftliche Sprechen eingeübt wird. So entsteht leicht der Eindruck, das Reden von Gott sei mit begrifflichem Sprechen zu leisten. Die bisherigen Überlegungen zur Sprache haben aber gezeigt, daß besonders die Kunst der Metaphernrede für das Reden von Gott essentiell ist.

P An dieser Stelle möchte ich Sie auf einen Text verweisen, der unprätentiös Hinweise gibt auf die "Sprache des Glaubens".

📖 Gerhard Ebeling, Einführung in theologische Sprachlehre, Tübingen 1971, S. 228-230.

- Impuls: "Die Sprache des Glaubens, deren sich die Theologie annimmt, wird von dieser nicht erzeugt. Sie ist ihr vorgegeben" (S. 228).
- Impuls: "Der im strengsten Sinn angemessene Umgang mit der Sprache der Bibel ist aber der, daß wir uns durch sie zu eigenem, selbständigem Hervorbringen von Sprache des Glaubens instand setzen lassen" (S. 229).
- Impuls: "Die Bibel selbst ist der lebensvolle Tatbeweis dafür, daß Sprache des Glaubens ihrem Wesen nach in die Sprache der Welt tief eingesenkt ist" (S. 230).
- Lesen Sie die literarischen Zeugnisse zu Beginn dieses Kapitels (☞ 8.1.1) versuchsweise als Sprache des Glaubens im Sinn von Gerhard Ebeling!

PT-Wörterbuch
- bildhaft - definitorisch (Hans Weder)
- erfahrungsbezogen - begrifflich (Christian Link)
- Sprache des Glaubens - Sprache der Theologie (Gerhard Ebeling)

8 Von Gott reden

8.3.4 Tatort Wort

Vorbemerkung: Es geht bei den Reflexionen zum "Tatort Wort" prinzipiell um alle Ge-
legenheiten, bei denen Worte gemacht werden, große und kleine, in der Kirche und
außerhalb. Hier fokussiere ich die Überlegungen auf die Kanzelsituation als eine her-
vorgehobene Situation des Redens von Gott.

Eine neuere katholische Homiletik spricht im Blick auf den Zusammenhang von Sprache und Wirklichkeit einprägsam vom "Tatort Wort" (Klaus
Müller, Homiletik, Regensburg 1994). Nicht nur Krimifreunde werden bei
diesem Etikett aufhorchen. Eine Homiletik, die Predigt als einen "Tatort
Wort" ernstnimmt, tut dies auf dem Hintergrund der folgenden These:

Die Predigt verweist nicht primär auf Wirklichkeit (außerhalb ihrer selbst),
sondern sie schafft Wirklichkeit (im Vollzug).

Diese These kann ich in verschiedenen Deutehorizonten verstehen und
erklären. Ich gebe einige Beispiele:

Gerhard Marcel Martin (☞ 3.2.6) stellt im Rahmen von *Rezeptionsästhetik* eine
Analogie von Predigt und Kunstwerk her: Ein Kunstwerk bildet nicht Wirklichkeit
ab, sondern schafft Wirklichkeit im Prozeß der Rezeption.

Die *Bibel* spricht vielfach vom selbstwirkenden Gotteswort: Es schafft, wozu es
gesandt ist (etwa Jes 55,10 f.).

Die klassische *Dogmatik* expliziert in der Lehre von der Heiligen Schrift deren
Wirksamkeit (efficacia): Die Heilige Schrift wirkt, und Predigt als Verkündigung
des Wortes Gottes partizipiert an dieser Wirksamkeit.

- Finden Sie weitere Deutehorizonte für die These von der wirklichkeitsschaf-
fenden Kraft der Predigt!

Eine erst in neuerer Zeit rezipierte Theorie, die auf sehr einfache Weise
und zunächst ganz untheologisch den "Tatort Wort" beleuchtet, ist die
sogenannte Sprechakttheorie. Schon der Begriff "Sprech-Akt" verdeut-
licht, daß es beim Sprechen um ein Handeln geht, keineswegs um, wie
man zu sagen pflegt, "bloße Worte". Die Theorie geht zurück auf den
englischen Sprachphilosophen John L. Austin (gest. 1960). Sein Buch,
mit dem die Sprechakttheorie bekannt wurde, trägt einen Titel, der allein
schon Licht wirft auf den "Tatort Wort": "How to do things with words" -
"Wie man Dinge mit Worten tut".

Grundbeobachtung der Sprechakttheorie ist, daß es zwei Arten von Äußerung gibt: die konstative und die performative Äußerung. Konstative
Äußerungen treffen eine Feststellung, während sich bei performativen
Äußerungen etwas ereignet. Wenn ich sage "Ich habe das Buch gestern
ausgeliehen", dann ist dies eine Feststellung (konstativ); wenn ich sage
"Ich verspreche dir, daß du morgen dein Buch zurückbekommst", dann
wird durch diese Redeweise eine Wirklichkeit geschaffen (performativ),
die sich zusammensetzt aus dem Versprechen und diesbezüglichen Erwartungen. So gut wie alle Äußerungen haben eine konstative und eine
performative Komponente. Dabei spielt die Situation, in der der Satz gesprochen wird, eine entscheidende Rolle.

Beispiel: Wenn der Fahrlehrer im Unterricht sagt "Rechts hat Vorfahrt", dann ist das eine Feststellung der Rechtslage (konstativ); derselbe Satz hat, wenn er während der Fahrt zum unkonzentrierten Fahrer gesagt wird, hoffentlich die Wirkung erhöhter Aufmerksamkeit (performativ).

Es hat sich bewährt, in allen sprachlichen Äußerungen drei Aspekte zu unterscheiden:

1. lokutionärer Aspekt ⇒ Inhalt

2. illokutionärer Aspekt ⇒ Absicht

3. perlokutionärer Aspekt ⇒ Wirkung

Am "Tatort Predigt" werden solche Zusammenhänge in der Regel kaum beachtet, obwohl ihre Kenntnis zu glückender Kommunikation beitragen könnte.

Beispiel (Kanzelsituation): "Wir sind alle Sünder".

1. Der Satz trifft, indem er einen Konsens von Kirche und Theologie formuliert, eine inhaltliche *Feststellung* (lokutionärer Aspekt).

2. Der Satz wird mit der *Absicht* gesprochen, die Hörenden möchten doch endlich einsehen, daß sie Sünder sind (illokutionärer Aspekt).

3. Der Satz hat die *Wirkung*, daß meine Nachbarin in der Kirchenbank sagt, sie komme so schnell nicht wieder, weil sie die ständige Beschwörung von Sündenbewußtsein satt habe (perlokutionärer Aspekt).

 📖 Knapp hat Albrecht Grözinger die Sprechakttheorie im Gesamtzusammenhang "Sprechen und Handeln" referiert: Die Sprache des Menschen, München 1991, S. 197-209.

PT-Wörterbuch • Sprechakttheorie (John L. Austin)
       • konstative - performative Äußerungen
       • Aspekte: lokutionär, illokutionär, perlokutionär

8.3.5 Bibel

Für das Reden von Gott ist die Bibel von normativer Bedeutung. Das gilt zunächst für das theologische Reden. In den lutherischen Bekenntnisschriften (FC Epit.) wird die Heilige Schrift als einzige "Richterin, Regel und Richtschnur" (BSLK S. 769,22 f.: sola sacra scriptura iudex, norma et regula) benannt. Es geht in diesem Zusammenhang um die Frage, woher die Norm zur Beurteilung kirchlicher Lehre zu nehmen sei.

Uns soll es hier um eine elementarere Weise gehen, wie die Bibel das Reden von Gott bestimmt. Gerhard Ebeling (☞ 8.3.3) unterschied die Sprache des Glaubens kategorial von der Sprache der Theologie. Ich frage in unserem Zusammenhang, wie sich eine Sprache des Glaubens mit Hilfe biblischer Worte, Bilder und Geschichten formt.

Die Worte, Bilder und Geschichten der Bibel können Wirklichkeit so deuten, daß sie als Wirklichkeit kenntlich wird, bei der Gott am Werk ist (☞ 3.3.2). Ich will Sie dazu locken, die Deutekraft der Bibel am Beispiel aktuell erfahrener Weltgeschichte zu entdecken.

K Bei der deutsch-deutschen Wende im Herbst 1989 leistete für Christen und Nichtchristen die Bibel "Sprachhilfe" zur Artikulation dessen, was da an Ereignissen auf die Menschen einstürmte. Jürgen Ziemer hat hermeneutisch einfühlsam und ekklesiologisch nüchtern den Bibelgebrauch während der Wende beschrieben:

📖 Jürgen Ziemer, Die Bibel als Sprachhilfe. Zum Bibelgebrauch in den Kirchen während der 'Wende' im Herbst 1989: PTh 81 (1992) 280-291.

- Impuls: "Die Prediger konnten es sich ersparen, über Ferne und Fremdheit der Texte zu räsonieren. Die Nähe zu ihnen stellt[e] sich wie von selbst her ..." (S. 281).
- Impuls: "Es zeigt sich hier, daß biblische Texte nicht Privattexte sind, sondern offene Texte, fähig, in jeweils anderen neuen Lebenslagen Sprache zu entdecken, Horizonte zu öffnen, Sinn zu erschließen - eben 'viva vox' zu werden" (S. 282).
- Machen Sie sich die fünf Funktionen von Bibeltexten in der Wendezeit klar!
- Brückenschlag zur Dogmatik: Interpretieren Sie versuchsweise diese Beobachtungen im Licht der altprotestantischen Lehre von den Eigenschaften der Heiligen Schrift!

PT-Wörterbuch   • Fünf Funktionen biblischer Texte
- Schutz
- Ausdruck
- Widerstand
- Unterbrechung
- Appell

8.3.6 Religion

Das Reden von Gott, das wir bisher im Blick hatten, konnte durch die biblischen Bezüge als Sprache des Glaubens relativ leicht identifiziert und theologisch reflektiert werden. Selbstverständlich ist auch dort mit einem Reden von Gott zu rechnen, wo keine biblischen Spuren auszumachen sind, wo Kirche fern ist und wo auch das Medium Wort nicht unbedingt im Vordergrund steht. Auch eine kirchlich nicht gebundene Religiosität beteiligt sich vielfältig und auf ihre Weise am Reden von Gott. Da Religion und Religiosität theologisch längst nicht mehr tabuisiert werden (☞ 1.3.9, ☞ 12.2.7), hat sich eine reiche theologische Sekundärliteratur zur Frage religiöser Gehalte in außerkirchlicher Kultur entfaltet.

K Im Grunde, so die These von Thies Gundlach, "rede" Hollywood vom Bösen deutlicher auf biblischem Niveau als die Kirche; diese habe es verlernt, angemessen vom Bösen zu sprechen. Wo sich aber die Rede vom Bösen ermäßigt, wird auch das Reden von Gott kraftlos. Der zeitgemäße Aufweis dieses Zusammenhangs gehöre zur Hollywoods theologischer Kompetenz. Der Aufsatz interpretiert drei Filme. Er liefert nicht eigentlich Wissen, sondern verlockt zu Entdeckungen im Kino-Reden (☞ 7.3.6) von Gott und der Welt.

📖 Thies Gundlach, Das Böse im Film. Beobachtungen zur theologischen Kompetenz Hollywoods: PTh 87 (1998) 425-441.

- Impuls: "Diese Sprachlosigkeit angesichts des Bösen ist sicher auch Teil einer generellen Sprachlosigkeit der Theologie, die zwar ungehobene Schätze in ihren Traditionen hat, diese aber kaum noch hineinzustellen vermag in die 'Sprachen' der Gegenwart" (S. 426).

- Im Blick auf den Film "Dead Man Walking" (1995): "Und deswegen kann Schwester Helene einen Satz sagen, der die Mitte des ganzen Filmes ist: 'Es gibt Kummer, der so tief ist, daß nur Gott an ihm rühren kann'" (S. 440 f.)

- Es gebe, so Gundlach, eine Quelle von Lebensmut, die nicht in heldischem Verhalten à la Hollywood liegen kann. "Wobei man fairerweise zugeben muß: Es gibt Filme aus Hollywood, die diese andere Quelle stärker, eindrücklicher, klarer und berührender inszenieren als viele Gottesdienste unserer Tage ..." (S. 441).

8.3.7 Sprache der Predigt

Sie haben nun viel Grundsätzliches zum Thema "Von Gott reden" gelesen, reflektiert und diskutiert. Die Frage bleibt, wie das konkret gehen soll: von Gott reden. Und das nicht im Kino, sondern auf der Kanzel. Die Frage verschärft sich, wenn das Gottesreden den Kern eines Berufes ausmacht. Für Pfarrerinnen und Pfarrer ist die Pflicht, von Gott zu reden, auch eine Verpflichtung, sorgsam mit Sprache umzugehen.

K Im Blick auf die Predigt hat Gert Otto einen inspirierenden Text geschrieben. Seine Reflexionen entfaltet Otto anhand von Beispielen, die anregen oder auch warnen sollen:

📖 Gert Otto, [Predigt als Sprache], in: ders., Predigt als rhetorische Aufgabe. Homiletische Perspektiven, Neukirchen-Vluyn 1987, S. 106-118.

- Verfolgen Sie die Unterscheidung von Sprache des Glaubens und Sprache der Theologie (☞ 8.3.3) bis in die praktischen Fragen der Spracharbeit für die Kanzelrede!

- Welche Sprechhilfe kann ich mir von literarischer Sprache erwarten?

PTips

Es gibt gegenwärtig eine Menge von Beobachtungen zum Reden von Gott in außerkirchlicher Kultur - keineswegs nur im Kino. Stellvertretend weise ich auf ein Buch hin, das einen ganzen Bereich von Musik und zugehörigen Texten theologisch erschließt:

📖 Bernd Schwarze, Die Religion der Rock- und Popmusik. Analysen und Interpretationen, Stuttgart u.a. 1997.

9 Fokus: Leben feiern
Glaube - Alltag - Spiritualität

9.1 Hinführung

9.1.1 Phänomen

Spiritualität hat zu tun mit Gestaltungen des Glaubens. Den Glauben in konkreten, geprägten Gestaltungen leben - evangelischen Christen fällt das traditionell schwerer als anderen. Fulbert Steffensky, selbst vom Katholizismus zum Protestantismus konvertiert, meint, der Protestantismus sei "eher eine gedachte als eine gelebte Religion" (Feier des Lebens, Stuttgart [4]1988, S. 11). Kurz: Protestanten reden lieber über den Segen, als daß sie segnen. Die folgende Begebenheit zeigt, wie Segen im Grenzgebiet zwischen Religionen, gar im Grenzgebiet zwischen Religion und Atheismus auf ebenso bewegende wie unspektakulär-alltägliche Weise Gestalt gewinnt. Steffensky erzählt:

"1960 war ich zum ersten Male in Israel. Damals als Deutscher in diesem Land zu sein, war durchaus nicht selbstverständlich. Ich freundete mich mit einem Israeli an, einem Mann meines Alters, der in Auschwitz gewesen war. Es war eine der raschen, intensiven Freundschaften, in denen die Partner nicht nur sie selber waren; sie standen auch für ihre Herkunft, der eine aus dem Land der Opfer, der andere aus dem Land der Henker. Jener neue Freund mußte nach Deutschland, und es ergab sich, daß wir die Reise zurück nach Düsseldorf gemeinsam machen konnten. Kurz vor der Landung zog der Freund sein Notizbuch aus der Tasche, riß ein Blatt heraus, schrieb etwas darauf und steckte es mir zu. 'Gott behüte dich!' hatte er darauf geschrieben. Dieser Zettel liegt heute noch bei mir auf dem Schreibtisch. Was hat dieser Mensch getan, der übrigens von sich selbst sagte, er sei Atheist? Was habe ich von ihm erfahren?"

Fulbert Steffensky, Segnen. Gedanken zu einer Geste: PTh 82 (1993) 2-11, hier S. 2.

Steffensky deutet sein Erleben. Wesentliche Elemente dessen, was wir mit dem Begriff "Spiritualität" verbinden, kommen dabei zur Sprache:

"Zunächst hat er [= jener Freund] unsere neue Freundschaft und unseren Abschied nicht stumm gelassen. Er hat sie ins Wort und in eine Geste gerettet. Er hat sie inszeniert, und er hat ihr eine poetische Gestalt gegeben. Die Wünsche, die dieser Mensch für mich hatte, blieben nicht in seinem Herzen eingekerkert. Sie blieben nicht innerlich, ohne Namen und ohne Figur. Ihre Kraft und ihre Langlebigkeit fanden sie, indem sie als Wort und als Geste nach außen traten. Die Äußerung rettet die Innerlichkeit; die Form rettet den Inhalt - noch mehr: die Form konstituiert den Inhalt. Die Figur rettet das Leben."

Das sind starke Sätze: Die Form konstituiert den Inhalt - die Figur rettet das Leben. Die Problematik, die sich in solchen Sätzen auch andeutet, muß uns an dieser Stelle nicht beschäftigen. Wichtig ist hier, daß es bei "Spiritualität" nicht primär um Reflexion geht, sondern um Leben: Die Figur rettet das Leben. "Spiritualität" ist ein Begriff, in dem sich auf vielfältige Weise Sehnsucht nach gestaltetem Leben sammelt.

9.1.2 Durchblick

Um die Gestaltseite des Lebens geht es, wenn ich die Überschrift zu diesem Focus "Leben *feiern*" nenne. "Die Figur rettet das Leben" (Steffensky) - dafür könnte ich auch sagen: Die Feier rettet das Leben. Nicht allein die fröhliche, nicht allein die ekstatische, nicht allein die bewegende oder die schmerzliche, nicht allein die große, öffentliche Feier ist gemeint. Der Begriff der "Feier" zielt auf Gestalt und Gestaltung. "Leben feiern" heißt: dem Leben Gestalt geben, in glücklichen Erfahrungen ebenso wie in schmerzlichen, in der kleinen Begebenheit des Alltags ebenso wie an den wichtigen Schnittstellen der Biographie oder des öffentlichen Lebens.

Spiritualität gibt es auch außerhalb des Christentums. Im Kontext der Praktischen Theologie geht es jedoch um Spiritualität, bei der das Leben dezidiert im Deutehorizont des christlichen Glaubens Gestalt findet. Daß die Grenzen am Rand des Christentums oder gar der Religion als solcher fließend bleiben und Überschreitungen ermöglichen, gehört zur Phänomenologie von Spiritualität.

T Wie vielfältig solche Feier des Lebens aussehen kann, ist gut an einem Buch zu sehen, das sich die "Feier des Lebens" zum Titel gesetzt hat:

📖 Fulbert Steffensky, Feier des Lebens. Spiritualität im Alltag [1984], Stuttgart [4]1988, S. 5 f.

• Klären Sie mit einer aufmerksamen Durchsicht des Inhaltsverzeichnisses die Facetten dessen, was "Feier" des Lebens (unter anderem) bedeuten kann!

Während Steffensky zu Grenzüberschreitungen inspiriert, wagt das folgende Buch vorsichtige Grenzmarkierungen.

T Die "10 x 10 Stichwörter" des Untertitels signalisieren, daß Karl-Friedrich Wiggermann zur Beantwortung der Frage "Was ist Spiritualität?" eine repräsentative Auswahl von Aspekten liefern will. Sein Versuch einer Eingrenzung ist nicht zuletzt deswegen hilfreich, weil Sie den zehn Pflöcken, die er zur Begrenzung einschlägt, auch an anderen Stellen des Theologiestudiums quer durch die Disziplinen wiederbegegnen können. Beispiel: Die "Spiritualität der Vorbilder" verlockt zu Entdeckungen im Raum der Kirchengeschichte.

📖 Karl-Friedrich Wiggermann, Was ist Spiritualität? 10 x 10 Stichwörter, Gütersloh 1997, S. 5-7 (Inhaltsverzeichnis).

• Machen Sie sich klar, was Wiggermann mit seinen zehn Weisen von Spiritualität jeweils meint! Das Inhaltsverzeichnis gibt stichwortartig Hinweise.

• Suchen Sie für jede Weise von Spiritualität ein oder zwei Beispiele, die Sie sich merken wollen! Sie können sich an die Stichwörter halten, mit denen Wiggermann die zehn großen Bereiche inhaltlich füllt. Am besten ist es, Sie stellen sich Phänomene vor Augen, die in Ihrer eigenen Biographie einen Ort haben.

PT-Wörterbuch
• Spiritualität der Spannungen des Lebens
• Spiritualität des inneren Lebens
• Spiritualität der Lebensmotive

- Spiritualität des Bibelspruchs
- Spiritualität der Glaubenszeugen
- Spiritualität der Vorbilder
- Spiritualität der Zeiten
- Spiritualität der Orte
- Spiritualität religiöser Rollen
- Spiritualität des Gottesdienstes

9.1.3 Problem

Als man im evangelischen Bereich über Spiritualität nachzudenken begann, kam es sofort zu Kontroversen. Beispiel: Meditation. Darf ein evangelischer Christ meditieren? Oder mißachtet er, wenn er Meditation übt, das evangelische Warnschild mit der Aufschrift "sola gratia"? Ist Meditation als methodische Einübung in religiöse Erfahrung nicht zwangsläufig synergistisch? Bewegt sich Meditation nicht im Bereich der frommen Werke? Will sich der meditierende Mensch nicht durch eigene Aktivität den Glauben erwerben, den allein Gott schafft?

Die Studie der EKD zur Spiritualität hat das Problem präzise als Frage formuliert: "Geistliche Übung trotz Rechtfertigung aus Gnaden?" Die Antwort auf die Frage wird in einer Theologie des Heiligen Geistes gesucht:

    📖 Evangelische Spiritualität. Überlegungen und Anstöße zur Neuorientierung, hg. v. der Kirchenkanzlei im Auftrage des Rates der EKD, Gütersloh 1979, S. 30-34.

T Wir sind dem Problem, wie menschliche Aktivität und Gottes Handeln so zu vermitteln seien, daß auch evangelische Theologie ein gutes Gewissen behalten kann, bereits in anderen Konstellationen begegnet. Auf dem Gebiet der Homiletik beispielsweise schloß Rudolf Bohren Menschenwort und Gotteswort in der Predigt in einem pneumatologischen Entwurf zusammen (☞ 3.2.4).

- Übertragen Sie das Modell der theonomen Reziprozität auf Phänomene im Bereich christlicher Spiritualität!

9.2 Wiederholung

Wenn Spiritualität mit gestalteten Vollzügen des Glaubens zu tun hat, dann wird man in allen Teilbereichen der Praktischen Theologie spirituelle Aspekte entdecken. Wir könnten an jedes Kapitel in diesem Buch mit dem Suchbegriff "Spiritualität" herangehen. Ich schlage vor, daß Sie sich am Beispiel der Liturgik spirituelle Aspekte von Gottesdienst bewußt machen. Dabei ist weit wichtiger als die Vollständigkeit von Antworten, daß Sie die spirituelle Dimension mit den richtigen Fragen in den Blick nehmen. An zwei Punkten der Liturgik möchte ich Ihr Fragen anleiten.

W Kenntnisse über das Kirchenjahr (☞ 2.3.7) haben Sie sich bereits angeeignet. Dabei stand abfragbares Wissen im Vordergrund. Wenn Sie mit Wiggermann (☞ 9.1.2) nach der "Spiritualität der Zeiten" fragen, geht es um etwas anderes. Fragestellungen wie diese erscheinen dann als sinnvoll:

- Wie prägt das Kirchenjahr die Gestalt von Gottesdiensten?

9 Leben feiern

- Wo hinterlassen die Jahreszeiten im Laufe eines Kirchenjahres Spuren in der Feier der Liturgie?

- Wo und wie findet der natürliche Wechsel von Nacht und Tag liturgische Gestalt?

W Zu den Visionen, die sich mit dem Feierabendmahl (☞ 2.3.12) verbanden, gehörte die "Heilung eines protestantischen Risses" (Georg Kugler). Wiggermann (☞ 9.1.2) diagnostizierte eine "Spiritualität der Spannungen des Lebens". Als Spannungen, in denen es zu jenem Riß kommen kann, benannte Georg Kugler Lobpreis und Weltverantwortung, Kommunion und Kommunikation, Herrenmahl und Sättigungsmahl. Fragestellungen wie diese erscheinen als sinnvoll:

- Wie wurden in der Gestalt herkömmlicher Abendmahlsfeiern jene Spannungen erlebbar oder auch nicht erlebbar?

- Was könnte sich an den eucharistischen Vollzügen ändern, wenn jene Spannungen zu liturgischen Gestaltungsprinzipien erhoben werden?

Sie bemerken, wie ich mit einer Art von Koordinatensystem arbeite. Auf der Vertikalen verzeichne ich Themen der Praktischen Theologie, auf der Horizontalen die Suchkategorien nach Wiggermann. Als Schnittmenge ergeben sich Fragestellungen nach der spirituellen Dimension praktisch-theologischer Themen und Probleme.

9.3   Perspektiven

9.3.1   Begriff: "Spiritualität"

Der Begriff "Spiritualität" gehört zu den wichtigen, aber unscharfen Begriffen der jüngeren Debatte in Kirche und Theologie. Schon die bisherige Arbeit in diesem Kapitel des Grundwissens war im Grunde ein Bemühen, den Begriff zu konturieren.

P Seit den siebziger Jahren bündelt der Begriff "Spiritualität" ganz verschiedenartige Bemühungen um eine wahrnehmbare Gestalt des Glaubens. Eine Studie der EKD versuchte unter der Leitung von Manfred Seitz Klarheit in den Begriff, in die Sache und die damit verbundene kirchliche Aufgabe zu bringen.

📖 Evangelische Spiritualität. Überlegungen und Anstöße zur Neuorientierung, hg. v. der Kirchenkanzlei im Auftrage des Rates der EKD, Gütersloh 1979, S. 9-16.

- Wie unterscheiden sich die Begriffe "Spiritualität" und "Frömmigkeit"?

- Auf welche Defizite in Glaubenspraxis und Theologie weist das Bemühen um Spiritualität?

- "Spiritualität" bezeichnet "das wahrnehmbare geistgewirkte Verhalten des Christen vor Gott" (S. 12). Diskutieren Sie diese Definition auf dem Hintergrund dessen, was Sie sich bereits erarbeitet haben!

- Benennen Sie politisch-gesellschaftliche Herausforderungen für das Bemühen um eine erneuerte christliche Spiritualität!

PT-Wörterbuch
- Spiritualität - Frömmigkeit
- "Spiritualität": "das wahrnehmbare geistgewirkte Verhalten des Christen vor Gott" (EKD-Studie)
- Typen moderner christlicher Spiritualität
  - bibelorientiert, evangelistisch
  - liturgisch, meditativ
  - emanzipatorisch-politisch

9.3.2 Evangelische Spiritualität

Im ökumenischen Dialog wuchs die Einsicht, daß die verschiedenen Konfessionen je eigen geprägte Beiträge leisten zu einer erneuerten christlichen Spiritualität. Wir evangelischen Christen haben gesehen, daß wir viel von anderen Konfessionen lernen können. Das Evangelische Gesangbuch und die Erneuerte Agende bzw. das Evangelische Gottesdienstbuch haben bereits mit einer gewissen Selbstverständlichkeit Elemente anderer konfessioneller Spiritualitäten in die Gestaltung des eigenen Glaubens integriert (☞ 2.3.15, ☞ 7.3.1). Zugleich schärfte sich im ökumenischen Dialog das Bewußtsein für die spirituellen Konturen der eigenen Konfession.

K Hans-Martin Barth skizziert das Profil verschiedener konfessioneller Spiritualitäten. Das lohnt die Lektüre. Während uns aber zum Katholizismus oder zur Orthodoxie auch aus dem Stegreif sofort eine ganze Reihe von typischen Gestaltungen und Vollzügen des Glaubens einfällt, tun wir uns schwer, das spirituelle Profil der eigenen, evangelischen Konfession zu zeichnen. Deshalb empfehle ich in dem Buch von Hans-Martin Barth besonders die Ausführungen zur evangelischen Spiritualität.

📖 Hans-Martin Barth, [Evangelische Spiritualität], in: ders., Spiritualität, Göttingen 1993, S. 44-58.

- Impuls: "Der Protestantismus kann sich der Ökumene wohl auch deswegen so schwer vermitteln, weil er zwischen kultisch geprägter Religiosität und weltzugewandter Säkularität einen 'dritten Weg' darstellt" (S. 48).
- Skizzieren Sie Luthers Impulse für eine evangelische Alltagsspiritualität ("Beruf")! Inwiefern läßt sich diese mit dem Begriffspaar von Freiheit und Dienst beschreiben?

PT-Wörterbuch
- Gestaltungen evangelischer Frömmigkeit
  - Kultur des Wortes
  - Wort Gottes in Gottesdienst und Alltag
  - individueller Lebensstil
  - Freiheit und Dienst

9.3.3 Alltag

Wir haben bereits als ein Kennzeichen evangelischer Spiritualität kennengelernt, daß der Alltag unter dem Stichwort "Beruf" als Lebensvollzug im Glauben gewürdigt wurde (☞ 9.3.2). Gleichwohl war der Prote-

9 Leben feiern

stantismus nie davor bewahrt, Spiritualität als (problematischen) Gegenentwurf zum Alltag zu verstehen. Das mag unter anderem damit zusammenhängen, daß man spirituelle Lebensvollzüge allzu leicht mit dem monastischen Lebensideal identifizierte. Ein traditioneller antikatholischer Affekt dürfte für manches Mißlingen in der protestantischen Debatte um eine erneuerte Spiritualität verantwortlich sein.

In der neueren Diskussion gibt es prinzipiell zwei Wege, wie Glaube und Alltag in der Perspektive einer erneuerten Spiritualität zusammengesehen werden:

1. Man geht vom Glauben aus, konzipiert ihn wesentlich pneumatologisch und integriert von daher den Alltag in einen spirituellen Lebensentwurf.

2. Man geht von einer Phänomenologie des Alltags aus, entdeckt dessen religiöse Implikationen und leitet im Deutehorizont des Glaubens zu einer vertieften Gestaltung des Lebens an.

> **K** Für den ersten Weg zu einer Spiritualität des Alltags mag hier Rudolf Bohren stehen. In dem folgenden Buch sucht der Autor in einer Weise, die auch literarisch anspricht, Lebensphänomene in eine erneuerte christliche Spiritualität zu integrieren. Rudolf Bohren sieht sein Buch zum Lebensstil ausdrücklich in engem Zusammenhang mit der Ausarbeitung einer theologischen Ästhetik (vgl. ebd., S. 9 u.ö.). Da das ganze Buch so erfreulich zu lesen ist, weiß ich nicht recht, welche Passage ich Ihnen besonders empfehlen soll. Vielleicht macht es gerade für Theologinnen und Theologen Sinn, die Lektüre der Bibel (wieder) in einem weiten kulturellen Horizont zu verorten.

> 📖 Rudolf Bohren, Lebensstil. Fasten und Feiern, Neukirchen-Vluyn 1986, S. 70-73 (Prägende Macht des Buches).

- "Lebensstil" ist ein Begriff, der auch außerhalb von Kirche oder Religion einen Ort hat. Machen Sie sich am Beispiel der Bibellektüre klar, wie "weltliche" und "geistliche" Lebensvollzüge sich zu einem integralen "Lebensstil" vereinen!
- Impuls: "Ich glaube, daß kein Buch außerhalb des Machtbereiches Jesu Christi geschrieben werden kann" (S. 72).
- Impuls: "Die Bibel hat mit den Ritterromanen etwas gemeinsam, was sie von Kochbüchern und Rechtskodizes unterscheidet: Sie stellt ein Luxusprodukt dar" (S. 73).

> **K** Für den zweiten Weg zu einer Spiritualität des Alltags steht Henning Luther. In Anknüpfung an moderne humanwissenschaftliche Einsichten setzt er Religion und Alltag ins Verhältnis. Das Stichwort "Spiritualität" fällt nicht. Aber es ist evident, daß Luther auf eine erneuerte Spiritualität des Alltags zielt.

> 📖 Henning Luther, Schwellen und Passage. Alltägliche Transzendenzen, in: ders., Religion und Alltag. Bausteine zu einer Praktischen Theologie des Subjekts, Stuttgart 1992, S. 212-223 + 296-300 (Anm.).

- Religion ist "Ausdruck einer bezugnehmenden Differenz zur Welt" (S. 215). Interpretieren Sie den Satz als Prämisse einer christlichen Spiritualität des Alltags!

- Beschreiben Sie die Gleichnisse Jesu als ein "ausgezeichnetes Sprachmodell" (S. 216) für ein integratives Reden von Gott und Welt, von Religion und Alltag!

- Impuls: "Nicht der gesamte Alltag ist religiös grundiert, wohl aber wird der Alltag immer wieder religiös" (S. 223). Beachten Sie für die Verortung von Religion im Alltag die Übergänge des Lebens (☞ 10.3.2) und die Schnittstellen pluraler Alltagswelten!

- Impuls: "Alles, was ist, im Lichte der Verheißung, vom Standpunkt der Erlösung her zu betrachten, bedeutet, den Alltag in ein eigentümliches Zwielicht zu rücken, das seine kritische und produktive Mehrdeutigkeit offenbart" (S. 223).

PT-Wörterbuch
- Spiritualität als Lebensstil (Rudolf Bohren)
- Spiritualität als Gestaltung alltäglicher Transzendenzen (Henning Luther)

Hinweis: Beide Wege zu einer erneuerten Spiritualität des Alltags konvergieren in dem Bemühen der jüngsten Zeit, Praktische Theologe als Ästhetik zu konzipieren (☞ 12.1.2, ☞ 12.2.5-7). Die Beachtung einer Alltagsästhetik gehört ausdrücklich zu diesem Programm. Manches, was in der Debatte bisher unter dem Stichwort "Spiritualität" verhandelt wurde, findet sich neuerdings unter dem Stichwort "Ästhetik".

9.3.4 Spiritus Sanctus und Spiritualität

Die Studie der EKD (☞ 9.3.1) definierte Spiritualität als "das wahrnehmbare geistgewirkte Verhalten des Christen vor Gott". Schon in den Begriff der "Spiritualität" hat der Heilige Geist, der *Spiritus* Sanctus, seine Spur eingezeichnet. Die Ausarbeitung einer Pneumatologie im Horizont einer erneuerten Spiritualität ist Sache der Systematischen Theologie. Ich kann hier nur auf deren Bemühungen verweisen und Ihre Aufmerksamkeit darauf richten.

P Horst Georg Pöhlmann, Dogmatiker, hat das neuere pneumatologische Nachdenken unter wachem Hinsehen auf Phänomene des Heiligen Geistes zu einem motivierenden Entwurf christlicher Spiritualität verdichtet. Ich empfehle für den praktisch-theologischen Schnelldurchgang eine Lektüre des Vorwortes in Kombination mit einer kreativ-aufmerksamen Lektüre des Inhaltsverzeichnisses.

📖 Horst Georg Pöhlmann, Heiliger Geist - Gottesgeist, Zeitgeist oder Weltgeist? Anstöße zu einer neuen Spiritualität, Neukirchen-Vluyn 1998, S. 7-14.

- Nennen Sie aktuelle Herausforderungen moderner Pneumatologie!

- Machen Sie sich am Inhaltsverzeichnis klar, was zu einer "externen Pneumatologie" (S. 11) gehören kann! Sie werden in dem weiten Horizont, den Pöhlmanns Pneumatologie eröffnet, überraschende Entdeckungen machen.

- Klären Sie die Spielarten eines Lebens aus dem Geist, wie sie stichwortartig im PT-Wörterbuch aufgeführt sind! Schon im Inhaltsverzeichnis finden sich erläuternde Formulierungen. Wenn Sie das Buch in Händen haben, sollten Sie auch einen Blick auf den jeweiligen biblischen Hintergrund werfen.

9 Leben feiern

PT-Wörterbuch
- Leben aus dem Geist
  - christozentrische Spiritualität
  - mystische Spiritualität
  - soziale Spiritualität
  - dialogische Spiritualität
  - meditative Spiritualität
  - kosmische Spiritualität

9.3.5 Meditation

Eine Fülle von Vollzügen des Glaubens und Lebens wären in der Perspektive von Spiritualität eigens zu würdigen. Das ist in einem kurzen Fokus, der vor allem Durchblick und Problembewußtsein verschaffen soll, unmöglich. Ich schlage Ihnen vor, sich christliche Spiritualität an einem bestimmten Glaubensvollzug exemplarisch zu verdeutlichen: der Meditation. Am Beispiel von Meditation läßt sich beobachten, wie theologische Prämissen und konfessionelle Abgrenzung dazu führten, daß ein integrales Element christlicher Spiritualität im Protestantismus über Jahrhunderte verdrängt wurde.

"Meditation" ist ein weiter Begriff. Zur Klärung habe ich die folgende Definition in die Diskussion gebracht:

Meditation als geistliche Übung "meint ein methodisches, den Menschen ganzheitlich einbeziehendes, selbst noch nicht notwendig in der Anredeform des Gebets gestaltetes Nachsinnen des Einzelnen mit dem Ziel erfahrungsmäßiger Gottesbegegnung."

Martin Nicol, Art. Meditation II, in: TRE 22, 337-353, hier S. 338.

Das vielleicht überraschendste Ergebnis historischer Nachfrage war es, daß Martin Luther mit seinen Meditationsübungen tief in den monastischen Traditionen des Mittelalters verwurzelt war. Luthers reformatorische Entdeckung war das Ergebnis stark affektiv ausgerichteter Schriftmeditation, wie er sie im Kloster kennengelernt und geübt hatte. Mit charakteristischen reformatorischen Umprägungen war er der erlernten Meditation ein Leben lang treu geblieben.

K In dem folgenden Text habe ich die Umrisse von Luthers Meditationspraxis mit einigermaßen freier Hand nachgezeichnet:

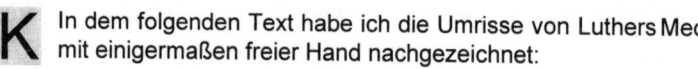 Martin Nicol, Spiritualität als Lernelement des christlichen Glaubens, in: Gottfried Adam/Gisela Fähndrich/Martin Nicol/Hans G. Ulrich, Kirche in der Gegenwart des Geistes. Glaube und Lernen im Konfirmandenunterricht, Hannover 1986, S. 61-72.

- Machen Sie sich Gedanken darüber, daß es sich bei der Meditation um ein die Religionsgrenzen überschreitendes Phänomen von Spiritualität handelt! Ich selbst würde heute über das Verhältnis von christlicher und außerchristlicher Meditation gelassener urteilen, als es aus dem Text mindestens unterschwellig herauszuhören ist.

- Formulieren Sie mit möglichst eigenen Worten den Unterschied im Verständnis von Gotteserfahrung zwischen mittelalterlich-mystischem und reformatorischem Meditieren!

PT-Wörterbuch
- Stufenfolge des Mittelalters: lectio (Lesung) - meditatio (Betrachtung) - oratio (Gebet) - contemplatio (Schau)
- Luther: Gotteserfahrung als Trost in Anfechtung (oratio - meditatio - tentatio)

Wer sich für historische Spuren der Meditation im Christentum näher interessiert und wissen möchte, wie es im 20. Jahrhundert zu einer Renaissance der Meditation auch im evangelischen Bereich kam, sei an folgenden Artikel verwiesen:

📖 Martin Nicol, Art. Meditation II. Historisch/Praktisch-theologisch, in: TRE 22, 337-353 [1992].

9.3.6 Feier und Fest

Im westlichen Christentum wurde seit den siebziger Jahren das Fest (neu) entdeckt. Die Liturgische Nacht, 1972 auf dem Kirchentag in Düsseldorf erstmals gefeiert, war Ausdruck dieser Entdeckung. Im Feierabendmahl feierte man das "Fest im Fest" (Georg Kugler, ☞ 2.3.12), und Jürgen Moltmann hat den Gottesdienst als "messianisches Fest" konzipiert (☞ 2.2.5). Was eine deutliche Spur in der Liturgik gezogen hat, läßt sich freilich nicht auf den Gottesdienst einengen: Festliches Feiern wurde prinzipiell als eine vergessene und verdrängte Dimension christlichen Lebens wahrgenommen. Das Fest gehört zu den wichtigen Elementen christlicher Spiritualität.

P Ein Grundtext für diese Entwicklung ist das Buch des amerikanischen Theologen Harvey Cox. Ich meine, daß es nicht nur wegen seiner Wirkungsgeschichte interessant ist. Wir haben uns in der gegenwärtigen Situation schon zu sehr daran gewöhnt, daß Feste zum Christsein gehören. Dabei gerät allzu leicht die spirituelle Tiefenschärfe des Festes aus dem Blick.

📖 Harvey Cox, Das Fest der Narren. Das Gelächter ist der Hoffnung letzte Waffe [am. 1969], Stuttgart/Berlin 1970, S. 33-40 (Festlichkeit: Die Zutaten).

- Das Fest überspannt die geläufige Einteilung der Zeit in Vergangenheit, Gegenwart und Zukunft. Erklären Sie diese Qualität des Festes am Abendmahl als dem "Fest im Fest" (Georg Kugler, ☞ 2.3.12)!

- Denken Sie an liturgische und weltliche Feste, die Sie in letzter Zeit erlebt haben! Was könnte Harvey Cox beitragen zu einer erneuerten Kultur des Festes?

- Wo stoßen Sie auf ekstatische Momente in der Spiritualität des westlichen Christentums?

PT-Wörterbuch
- Festlichkeit
  - Exzeß
  - Bejahung des Lebens
  - Kontrast zum Alltag

9 Leben feiern

PTips

Josef Sudbrack, Mitglied des Jesuitenordens, gehört zu den wichtigen römisch-katholischen Forschern und Impulsgebern in Sachen Spiritualität. Das folgende Buch kann als Summe seines spirituellen Lebens und seiner Forschungen gewertet werden. Titel und Untertitel markieren zusammen die Konturen wie die offenen Grenzen christlicher Spiritualität:

📖 Josef Sudbrack, Gottes Geist ist konkret. Spiritualität im christlichen Kontext, Würzburg 1999.

10 Fokus: Übergänge gestalten
Glaube - Lebensgeschichte - Kirchenjahr

10.1 Hinführung

10.1.1 Phänomen

Die Taufe Erwachsener hat im kirchlichen Bewußtsein deutlich an Gewicht gewonnen. Bei diesem Kasus kommen Glaube, Lebensgeschichte und mitunter das Kirchenjahr auf besondere Weise zusammen.

Susanne Schullerus-Keßler hat Menschen, die als Erwachsene getauft wurden, ein Jahr nach der Taufe befragt. Darunter ist auch ein obdachloser Mann, 53 Jahre. Er kam mit einer evangelischen Großstadtgemeinde in Kontakt. 1994 ließ er sich in der Pfingstnacht, die dort offenbar regelmäßig gefeiert wird, taufen.

"Welche Rolle spielt für Sie Gott?

Gott – das mag mit Geborgenheit zusammenhängen, die ich mein ganzes Leben nicht gehabt habe. Seitdem ich in der X-gemeinde bin, habe ich so etwas wie Familie. Ich war immer schon ein Einzelgänger. Aber so einzelgängerisch kann man gar nicht sein, daß man nicht ab und zu ein paar Streicheleinheiten braucht. Hätte man die vielleicht öfter im Leben, dann würde manches anders laufen."

"Wann sind Ihnen diese Gedanken (= zur Taufe) gekommen?

Sie sind mehr geworden, seitdem ich ganz unten war. Da habe ich oft an Selbstmord gedacht und mir überlegt, ob es überhaupt einen Sinn hat, noch weiterzumachen. Dann habe ich mir gedacht, so, jetzt mußt du schauen, daß du klaren Tisch machst. Da gehörte die Taufe dazu."

"War die Taufe aufregend?

... Wir sind um halb zwölf nachts alle in die Kirche eingezogen; ich habe das Wasser im Krug getragen und vor mir gingen die Leute mit dem Taufstein. Als ich dann in der ersten Bank alleine saß, habe ich auf einmal ganz komische Zustände bekommen. Ich habe richtige Schweißausbrüche bekommen und mir überlegt, was ist, wenn dich jetzt auf einmal der Schlag trifft? Dann war ich eigentlich wahnsinnig froh, als es vorbei war. Es war ein irres Gefühl. Für mich war es Taufe, Hochzeit und alles zusammen."

Susanne Schullerus-Keßler, Ein Jahr danach. Interviews mit Getauften, in: Erwachsene taufen, hg. v. Hans Gerhard Maser u. Johannes Opp, Gütersloh 1995, S. 141-153 (Reihenfolge der Textausschnitte verändert, M.N.).

Vielleicht wünscht sich der eine oder die andere, daß die Auskünfte über den Glauben in diesem Interview theologisch deutlicher an Heilswirklichkeit orientiert gewesen wären: Glaube - weil ich eines Tages Gott erfahren habe, Taufe - weil ich aus dem Bewußtsein der Sündenvergebung leben will, Pfingsten - weil da der Heilige Geist so spürbar durch die alternde Kirche weht.

Mich beeindruckt die Selbstverständlichkeit, mit der hier ein Mensch vom Glauben so und nur so reden kann, daß er von seinem Leben und seiner Geschichte erzählt. Gott wird mit Erfahrungen von Geborgenheit zur Sprache gebracht, die Taufe hat ihren Ort an einem Krisenpunkt des Lebens, und Pfingsten wird erfahrbar in der konkreten liturgischen Gestalt einer Pfingstnacht. Glaube, Lebensgeschichte und Kirchenjahr fanden in den Interviewausschnitten zu einer lebendigen Einheit, die wir im folgenden in einzelne Schritte der Reflexion erst zerlegen müssen. Auch hier ist ersichtlich, wie sich Theologie analytisch-nachdenklich auf ein ihr vorgebenes Sprechen von Gott und der Welt bezieht (☞ 8.3.1-3).

10.1.2 Durchblick

Wilhelm Gräb hat einen Entwurf von Praktischer Theologie veröffentlicht, der den Zusammenhang von Glaube und Lebensgeschichte zum Ausgangspunkt des gesamten Unternehmens (☞ 12.2.7) macht: Der erste Teil ist mit "Religion als lebensgeschichtliche Sinndeutung" überschrieben.

T Das Buch ist aus separat erschienenen Aufsätzen erwachsen. Dennoch gibt es allein schon vom Aufbau her einen guten Einblick in das aktuelle Nachdenken über die praktisch-theologische Bedeutung von Lebensgeschichte.

📖 Wilhelm Gräb, Lebensgeschichten - Lebensentwürfe - Sinndeutungen. Eine Praktische Theologie gelebter Religion, Gütersloh 1998, S. 7-11 (Inhaltsverzeichnis).

- Gräb spricht nicht von "Glaube", sondern von "Religion" (☞ 1.3.9) Legen Sie sich eine Erklärung zurecht!
- Machen Sie sich die Themen bewußt, die Gräb im Spannungsfeld von Glaube/Religion und Lebensgeschichte entfaltet! Fehlen Themen? Wären Themen verzichtbar?

Der wechselseitige Bezug von Glaube, Lebensgeschichte und Kirchenjahr ist nicht nur Gegenstand der Reflexion. Er ist erlebbar. Es könnte sich lohnen, die drei Größen in der pastoralen Arbeit wieder deutlicher zu verknüpfen.

K Joachim Scharfenberg hat den Bezug von Glaube, Lebensgeschichte und Kirchenjahr in einer Art von pastoralpsychologischer Meditation zur Sprache gebracht. Es handelt sich um eine Skizze, die zum eigenen Nach- und Weiterdenken lockt. Der kurze Text erklärt vielleicht etwas von der Faszination, die bestimmte Punkte und Abschnitte des Kirchenjahres auch außerhalb binnenkirchlicher Deutehorizonte ausüben.

📖 Joachim Scharfenberg, Einführung in die Pastoralpsychologie, Göttingen 1985, S. 79-82 (Das Kirchenjahr als "allgemeine Interpretation").

- Was könnte es für die praktische Arbeit bedeuten, wenn sich das Kirchenjahr tatsächlich als ein symbolisches Curriculum Vitae (Lebenslauf) erleben und deuten läßt?
- Wie gestaltet sich der Umgang mit dem Kirchenjahr, wenn ich es als Kunstwerk betrachte?
- Ergänzen Sie Scharfenbergs skizzenhafte biographische Deutungen des Kirchenjahres!

PT-Wörterbuch • Kirchenjahr als (symbolisches) Curriculum Vitae
                    • Kirchenjahr als Kunstwerk

10.1.3 Problem

Ein zentrales Problem des lebensgeschichtlichen Ansatzes besteht in der klassischen Anfrage, ob das unterscheidend Neue einer christlichen Existenz in einem solchen Konzept theologisch klar repräsentiert ist oder ob lediglich anthropologische Gegebenheiten religiös überhöht werden. Beachten Sie: Es geht nicht darum, ob und wie ich gelebtes Leben beurteilen soll, sondern wie ich ein theologisches Konzept begründen kann!

P Die noch immer schärfste Attacke gegen religiöse Verbrämungen anthropologischer Gegebenheiten in Theologie und kirchlicher Praxis hat Rudolf Bohren geritten. Er hat den gängigen Topos angegriffen, mit den Kasualien könne die Kirche missionarisch an dem anknüpfen, was Menschen sozusagen an weltlichem Leben in den Kirchenraum mitbringen. Sein Büchlein ist eine Kampfschrift, wie sie dem theologischen Diskurs zu Zeiten guttut. Es liest sich mit schmerzlichem Vergnügen. Es geht, wenn ich Bohrens Kampfschrift empfehle, nicht darum, jeden lebensgeschichtlichen Ansatz zu verwerfen. Ich möchte im Gegenteil, daß Sie Ihr theologisches Bewußtsein schärfen - für eine ausgeprägte lebensgeschichtliche Perspektive in der Praktischen Theologie.

📖 Rudolf Bohren, Unsere Kasualpraxis - eine missionarische Gelegenheit? [1960], München ³1968, S. 11-21.

- Impuls: "Die Praxis der Amtshandlungen gründet auf der Existenz der Gemeinde ... Die Kasualpraxis meint ihrer Anlage nach gerade nicht eine Nahtstelle Kirche-Welt ..." (S. 16).
- Impuls: "... die Kasualpraxis missionarisch gesehen und geübt ist eine Perversion" (S. 17).
- "Verlangt wird im Normalfall nicht das Wort des Evangeliums, sondern die Handlung" (S. 18). Diskutieren Sie die These auf dem Hintergrund neuerer Einsichten über Symbol und Ritual (☞ 2.3.6)!
- Diskutieren Sie Bohrens Vorwurf von der "Baalisierung der Kasualrede" (S. 19)!

| PT-Wörterbuch | • Kasualien ≠ missionarische Gelegenheit (Rudolf Bohren) |
| | • Baalisierung der Kasualrede |

10.2   Wiederholung

In der Kasualpraxis der Kirche wird der Zusammenhang von Glaube, Lebensgeschichte und gegebenenfalls Kirchenjahr in besonderer Weise manifest. Kasualien lassen sich nicht nur einer einzigen Disziplin der Praktischen Theologie zuordnen; sie sind alle in mehrfacher Hinsicht von Interesse. Ich hatte Sie ermuntert, die klassischen Kasualien multiperspektivisch zu betrachten (☞ 4.3.14).

W Beispielsweise bedeutet die Konfirmation kirchliches Handeln an einer lebensgeschichtlichen Schwelle. Das Kirchenjahr bedeutet liturgisch gestaltete Zeit mit eigentümlichen Übergängen und Neueinsätzen. Ich frage nun nach Einsichten, die sich im Überschneidungsbereich von Konfirmation und Kirchenjahr ergeben. Beispielsweise so:

- Überlegen Sie, welche Konfirmationstermine Sie kennen (z.B. Palmsonntag,

10 Übergänge gestalten

Weißer Sonntag), und benennen Sie die konzeptionellen Implikationen, die mit dem jeweiligen Termin gegeben sind!

W Anhand der Taufe (☞ 2.3.14) hatte ich Sie auf drei Perspektiven von Kasualien hingewiesen (mystisch, sozial, biographisch). Am Kasus der Erwachsenentaufe ist die intensive Durchdringung von Glaube, Lebensgeschichte und gegebenenfalls Kirchenjahr (☞ 10.1.1) besonders schön aufzuzeigen.

- Machen Sie sich die drei Perspektiven wieder präsent und verwenden Sie sie als Entdeckungshilfen für Schwellenhandeln bei anderen Kasualien!

W Die Konfirmation (☞ 5.3.12) hat einen spezifischen Ort im Leben von Jugendlichen. Auch in der Rückschau Erwachsener kann der Konfirmation erhebliche lebensgeschichtliche Bedeutung zuwachsen.

- Reflektieren Sie den lebensgeschichtlichen Ort der Konfirmation im Blick auf die kirchliche Praxis der "Jubelkonfirmationen" (Silberne, Goldene Konfirmation etc.)!

W Im Umfeld des Todes (☞ 4.3.15) hat die allgemeine Seelsorge (☞ 4.1.2) möglicherweise eine noch wichtigere Funktion als bei anderen Kasualien. Allgemeine Seelsorge kann helfen, mit der Schwelle des Todes zu leben. Ich frage hier besonders nach der seelsorglichen Funktion des Gottesdienstes.

- Im Mittelalter gab es Erbauungsbücher zum Thema der "Sterbekunst" (ars moriendi). Sie sollten Menschen auf Sterben, Tod und Ewigkeit vorbereiten. Entfalten Sie an liturgischen Gegebenheiten die letzten drei Wochen im Kirchenjahr als gottesdienstliche "Sterbekunst"!

10.3 Perspektiven

10.3.1 Lebensgeschichte

Lebensgeschichte ist zu einem wichtigen Thema in der Praktischen Theologie geworden. Bei den Kasualien liegt die Bedeutung von Lebensgeschichte auf der Hand. Die aktuelle Diskussion macht Lebensgeschichte prinzipiell zum Ausgangspunkt und Fokus des Nachdenkens über Religion.

P Friedrich Schweitzers Aufsatz zeichnet sich dadurch aus, daß er in der Perspektive von Lebensgeschichte verschiedene Bereiche der Praktischen Theologie zusammensehen kann. Vor allem Religionspädagogik (☞ 5.3.7) und Poimenik (☞ 4.2.9) rücken bei Schweitzer zusammen. Wegen der Verknüpfungen, die er leistet, eignet sich der Text in besonderer Weise für ein Fokus-Kapitel.

📖 Friedrich Schweitzer, Lebensgeschichte als Thema von Religionspädagogik und Praktischer Theologie: PTh 83 (1994) 402-414.

- Entfalten Sie auch anhand eigener Anschauung, was das ist: "lebenszyklische" Form von Frömmigkeit (S. 403)!
- Lebensgeschichte bildet heute den "Plausibilitätshorizont von Religion" (S. 409). Entfalten Sie die These!
- Impuls: Der "Lebensentwurf wird zum normativen Rahmen der Religionskritik" (S. 410).

- Impuls: Die "interpretative Verschmelzung von Lebensgeschichte und über-
lieferten Glaubensgeschichten [kann] zu einer Neuintegration der Lebensgeschichte und damit zugleich zu einer lebensbedeutsamen Begegnung mit der
biblischen Überlieferung führen" (S. 411).

PT-Wörterbuch	• lebenszyklische Form von Religiosität
	• autobiographische Religionskritik
	• lebensgeschichtlich ausgerichtete Seelsorge

Weihnachten ist ein Punkt im Jahreslauf, an dem Glaube, Lebensgeschichte und Kirchenjahr in hervorgehobener Weise zusammenkommen.
Weihnachten ist längst zum Kasus geworden, der Gottesdienst am Heiligen Abend zur Kasualie. Wie kein anderes Fest im Kirchenjahr wird das
Weihnachtsfest lebensgeschichtlich wahrgenommen.

K Petra Zimmermann hat eine Studie vorgelegt, die schon wegen ihres Materials Interesse weckt: Hörerinnen und Hörer des Norddeutschen Rundfunks
(NDR) haben Weihnachtserlebnisse aufgeschrieben. Solche Geschichten wurden erstmals 1983 gesendet. Ihr Reiz liegt darin, daß sich hier nicht primär literarischer Gestaltungswille zu Wort meldet, sondern der Wille, Weihnachtserlebnisse zu teilen. Daß dabei Klischees regieren, erhöht den Wert der Studie. Eine le-
benswirkliche Sicht von Weihnachten ist ohne die Klischees von Weihnachten
kaum zu haben.

📖 Petra Zimmermann, Das Wunder jener Nacht. Religiöse Interpretation auto-
biographischer Weihnachtserzählungen, Stuttgart u.a. 1992, S. 201-204 (Die lebensgeschichtliche Dimension der Weihnachtserlebnisse).

- Erläutern Sie am Beispiel von Weihnachten die lebenszyklische Form von Religiosität!
- Impuls: "Das Sprach- und Bildmaterial des Weihnachtsfestes wird in die persönliche Lebensgeschichte eingetragen und ermöglicht damit eine ausdrücklich oder indirekt religiöse Deutung der Biographie" (S. 204).

10.3.2 Schwellenhandeln

Lebensgeschichte hat es mit Brüchen zu tun, mit Nahtstellen von Lebensphasen, mit Schwellen, die es zu überschreiten gilt. Was für die Le-
benszeit gilt, läßt sich auch an der Zeit eines Jahres aufweisen. Auch hier
gibt es Übergänge, etwa an der Nahtstelle der Jahreszeiten. Schwellensituationen sind immer da gegeben, wo sich Umbrüche ereignen, wo
Neues ansteht, wo die natürlichen Übergänge von einem Lebensalter ins
andere zu bewältigen sind. Zu allen Zeiten haben Menschen Rituale ausgebildet, um solchen Übergänge eine sinnvolle, lebensförderliche oder
überhaupt eine Gestalt zu geben. Der Religionswissenschaftler Arnold
van Gennep hat seinerzeit (1909) einen Begriff geprägt, der bis heute einen Basisbegriff entsprechender Diskussionen darstellt: rites de passage
(franz.), d.h. Schwellenrituale bzw. Passage- oder Übergangsriten. Ich will
Ihnen im folgenden einige Raster an die Hand geben, die helfen, solche
Schwellen und Passagen wahrzunehmen.

10 Übergänge gestalten

Im Anschluß an Arnold van Gennep unterscheidet man menschliche Übergänge (z.B. Hochzeit) und kosmische Übergänge (z.B. Jahreszeiten). An Übergängen bilden sich Rituale aus. Bei den menschlich-lebensgeschichtlichen Übergängen kann man folgende Ritualgruppen unterscheiden:

– Rituale der Trennung (z.B. Bestattung)
– Rituale des Überganges (z.B. Konfirmation)
– Rituale der Eingliederung (z.B. Taufe)

> Wer sich für die humanwissenschaftlichen Passage-Theorien näher interessiert, sei verwiesen auf folgenden Text:
>
> 📖 Yorick Spiegel, Der Prozeß des Trauerns. Analyse und Beratung [1973], München [7]1989, S. 93-123.

Schwellen und Schwellenrituale können nicht abseits von der volkskirchlichen Situation reflektiert werden. Die Verknüpfungen der Kasualdebatte mit der Oikodomik werden sofort evident, wenn man kirchensoziologische Untersuchungen einsieht.

P   Eberhard Winkler hat die neuere Diskussion zu den Kasualien als spezifisch volkskirchlichem Handeln gut zusammengefaßt.

📖 Eberhard Winkler, Tore zum Leben. Taufe - Konfirmation - Trauung - Bestattung, Neukirchen-Vluyn 1995, S. 11-16.

• Impuls: "Nicht der sogenannte 'Alltagszyklus', der Rhythmus von Werktag und Sonntag, formt den Bezug zur Kirche, sondern der 'Lebenszyklus', die Abfolge der verschiedenen Lebenszeiten mit ihren jeweiligen Situationen und Knotenpunkten" (S.11).

• "Volkskirche ist Kasualkirche" (S. 13). Diskutieren Sie die These!

• Diskutieren Sie die Notwendigkeit kirchlicher Kasualien auf dem Hintergrund säkularer Passageriten wie etwa der Jugendweihe!

• Impuls: "Am meisten Probleme bereitet mir dabei die Taufpraxis. Was ich dem Neuen Testament über die Taufe entnehme, steht deutlich im Widerspruch zu vielen Erfahrungen im kirchlichen Leben" (S. 16).

PT-Wörterbuch
• rites de passage (Arnold van Gennep) - Übergangsriten
• menschliche - kosmische Passagen
• Rituale der Trennung - des Übergangs - der Eingliederung
• Volkskirche als Kasualkirche

10.3.3 Kirchenjahr

Wir haben das Kirchenjahr bisher in den Perspektiven von Aufbau und Entstehung kennengelernt (☞ 2.3.7). An dieser Stelle nun wird das Kirchenjahr als Zeit der Übergänge zum Thema. Gemeint sind Übergänge in zeitlicher Abfolge, etwa die Übergänge (horizontal) der Jahreszeiten oder die Übergänge der heilsgeschichtlichen Abschnitte. Gemeint sind aber auch Übergänge (vertikal) zwischen den verschiedenen Ebenen, auf denen das Kirchenjahr erlebt wird.

K Karl-Heinrich Bieritz kann die Komplexität des Phänomens Kirchenjahr am Beispiel der Advents- und Weihnachtszeit gut faßbar machen. Sein Aufsatz orientiert sich an der Aufgabe, daß eine Adventspredigt zu halten ist. Dadurch wirft der Text auch homiletisch (☞ 10.3.7) einigen Gewinn ab.

📖 Karl-Heinrich Bieritz, Der Text, die Predigt und die Zeit. Prolegomena zu einer Adventspredigt, in: "... in der Schar derer, die da feiern". Feste als Gegenstand praktisch-theologischer Reflexion, hg. v. Peter Cornehl u.a., Göttingen 1993, S. 71-87.

- Machen Sie sich die Einsichten, die Sie aus diesem Aufsatz gewinnen, klar an der Metapher vom Kirchenjahr als einem "Haus in der Zeit" (S. 75)!
- Impuls: "Es gibt gute Gründe für die Annahme, daß erst solch sinntragende Strukturierung die Zeit für uns erfahrbar macht ..." (S. 75).

PT-Wörterbuch
- Zeiten: Chronos - Kairos - Kirchenjahr
- drei Erfahrungsebenen von Zeit und Kirchenjahr
  - kosmisch-vegetativ
  - kulturell-religiös
  - heilsgeschichtlich
- Modelle von Predigt im Kirchenjahr
  - Verschmelzung
  - Scheidung
  - Bekehrung/Vertiefung
  - prophetischer Vorbehalt
- Zivilreligion (civil religion)

10.3.4 Tageszeiten

Auch der Tageslauf bietet Schwellen und gibt Anlaß für entsprechende Rituale. Man kann dabei an Alltagsrituale denken, die etwa dem Aufstehen oder dem Zu-Bett-Gehen Gestalt geben. Man kann aber auch an religiöse Rituale denken. Seit den Zeiten der Alten Kirche wurde der Tageslauf mit den Übergängen der verschiedenen Tageszeiten liturgisch strukturiert. Das ursprünglich monastische "Stundengebet" (Hore = Gebet zu bestimmten Stunden des Tages und der Nacht) wird unter der Bezeichnung "Tag(es)zeitengottesdienste" im evangelischen Bereich entsprechend modifiziert auch als gottesdienstliche Gelegenheit der Gemeinde wahrgenommen.

📖 Ingrid Vogel, Das Stundengebet, in: Handbuch der Liturgik, hg. v. Hans-Christoph Schmidt-Lauber u. Karl-Heinrich Bieritz, Göttingen 1995, S. 271-293.

Die wichtigsten Tageszeitengottesdienste sind die folgenden (jeweils mit neutestamentlichem Canticum, benannt nach den lateinischen Anfangswörtern):

Morgengebet	Mette	Benedictus (Lk 1,68-79) Zacharias
Abendgebet	Vesper	Magnificat (Lk 1,46-55) Maria
Nachtgebet	Komplet	Nunc dimittis (Lk 2,29-32) Simeon

10 Übergänge gestalten

Im Zentrum der Tageszeitengottesdienste stehen das Gebet der Psalmen und die Lesung der Heiligen Schrift. Sozusagen als neutestamentliche Psalmen haben die drei Cantica jeweils ihren Ort im Tageslauf. Hymnus (Lied), Fürbitten und Vaterunser kommen als regelmäßige Elemente dazu.

PT-Wörterbuch	• Stundengebet - Tag(es)zeitengottesdienste
	• Mette - Vesper - Komplet
	• neutestamentliche Cantica
	– Benedictus
	– Magnificat
	– Nunc dimittis

Die Tageszeiten als liturgische Anlässe wurden in den liturgischen Reformbewegungen (☞ 2.3.4) des 20. Jahrhunderts für den evangelischen Bereich neu entdeckt. Während die Tageszeitengottesdienste in der Regel keine Wurzeln in den Gemeinden geschlagen haben, strukturieren sie im alten monastischen Sinn (Stundengebet) den Tageslauf in Kommunitäten.

K Einer der Väter der Berneuchener Bewegung war Wilhelm Stählin (1883-1975), Professor für Praktische Theologie in Münster und dann Bischof in Oldenburg (☞ 12.1.1). In seinen Lebenserinnerungen schildert er die Stimmung der ersten "Berneuchener" bei den Zusammenkünften auf dem Gut Berneuchen in den zwanziger Jahren. Aus kleinen Anfängen im Eßzimmer wuchs das "Gebet der Tageszeiten" in der Kirche heraus und bildete so die liturgische Basis für die theologischen Debatten.

📖 Wilhelm Stählin, Via Vitae. Lebenserinnerungen, Kassel 1968, S. 316 f., 674 f.

• Stählin beschreibt zwei Auffassungen, die in der Folgezeit das Gebet der Tageszeiten bestimmten: "auf der einen Seite unsere ursprüngliche Intention, die Tageszeit als solche gottesdienstlich zu begehen, auf der anderen Seite der Wille (wie man das auszudrücken pflegte), 'mit der Kirche zu beten' ..." (S. 674). Machen Sie sich den Unterschied der beiden Motivationen klar!

10.3.5 Trauung

In unserer Beschäftigung mit den klassischen Kasualien fehlt noch die kirchliche Trauung. Sie ist wohl am deutlichsten von allen Kasualien eine "Feier des Lebens" (Manfred Josuttis).

P Der lebensgeschichtliche Übergang, an dem das Ritual der kirchlichen Trauung seinen Ort hat, wird von Manfred Josuttis anschaulich beschrieben:

📖 Manfred Josuttis, Der Traugottesdienst, in: Friedrich Wintzer, Praktische Theologie, Neukirchen-Vluyn [5]1997, S. 57-69.

• Beschreiben Sie den Traugottesdienst als Ritual an einer lebensgeschichtlichen Schwelle!

• Impuls: "Eine rein theologische Begründung der kirchlichen Trauung kann es nicht geben" (S.65).

- "Die Hochzeit ist die Feier des Lebens in der Familie als Vorzeichen für die Feier des Lebens in Gottes Reich" (S.67). Erläutern und diskutieren Sie diese These!

PT-Wörterbuch
- theologische Begründungen des Traugottesdienstes
  - ordnungstheologisch
  - gemeindetheologisch
  - diakonisch-seelsorgerlich
- Hochzeit/Trauung als Feier des Lebens (Manfred Josuttis)

10.3.6 Neue Kasualien

Ich habe von den *klassischen* Kasualien gesprochen, wenn Taufe, Konfirmation, Trauung oder Bestattung im Blick waren. Schon beim Weihnachtsfest sahen wir (☞ 10.3.1), daß gottesdienstliches Handeln am Heiligen Abend längst Züge einer Kasualie angenommen hat. Der Terminus "Kasualie" bezog sich in diesem Fall vor allem auf die wachsende lebensgeschichtliche Prägung von Weihnachten.

Immer mehr kommen lebensgeschichtliche Schwellen in den Blick, die von den klassischen Kasualien nicht erfaßt wurden, bei denen sich aber die Frage kirchlicher Ritualbildung stellt. Was vermutlich die meiste Aufmerksamkeit weckt, ist die Schwelle, die bei der Trennung einer Ehe oder Lebensgemeinschaft entsteht:

> 📖 Gehen. Scheidungs- und Trennungsliturgien, hg. v. Mieke Korenhof, Düsseldorf 1996.

Insgesamt wird eine Fülle von *neuen* Kasualien thematisiert. Es kommt mir hier nicht darauf an, die neuartigen "Anlässe" (Kasus) im einzelnen zu diskutieren. Es geht mir vielmehr darum, daß Sie sich dessen bewußt werden, wie sehr das Handeln der Kirche als Kasualhandeln gesehen werden kann.

> K Die Citykirchenarbeit (☞ 1.3.10) ist für Anlässe und Gelegenheiten kirchlichen Handelns besonders sensibel. Wir stoßen auf Bekanntes in neuem Kontext: Anlässe der Lebensgeschichte oder der Zeit (Jahreszeit, Kirchenjahr, Tageszeit). Wir stoßen auch auf Neues: stadtgesellschaftliche Anlässe oder Anlässe zum Stadtgedächtnis, die für die Selbstwahrnehmung einer Stadt von Bedeutung sind.

> 📖 Hermann Geyer, Gottesdienst im großstädtischen Kontext: PTh 87 (1998) 20-34, bes. S. 27-32 (Dimensionen gottesdienstlichen Lebens).

- Was halten Sie vom Vorschlag einer "Passage-Kultur" (S. 27), an der sich Kirche in der Stadt beteiligen solle?

- Bemühen Sie sich im Blick auf Arbeit in der Citykirche um eine Perspektive, die nicht primär missionarisch ist (Wie kommt die Kirche an Menschen heran?), sondern ästhetisch (Wie kann die Weltwirklichkeit Gottes zeichenhaft Gestalt finden?)!

PT-Wörterbuch
- klassische - neue Kasualien
- Passage-Kultur
- Stadt-Kasualien

10 Übergänge gestalten

10.3.7 Kasualpredigt

Die Predigt bei Kasualien ist ein Spezialfall der Homiletik. Man kann aber auch umgekehrt fragen, ob nicht jeder Gottesdienst kasuelle Implikationen aufweist. In diesem Fall wäre jede normale Sonntagspredigt ein Fall von Kasualpredigt. Es lohnt sich in jedem Fall, die Kasualpredigt gesondert zu bedenken.

P Horst Albrecht hat das Problem der Kasualrede auf dem Hintergrund konkreter Erfahrungen thematisiert. Sein Aufsatz fügt sich gut in unsere Arbeit, weil Albrecht die Probleme mit klassischem Instrumentarium zu fassen sucht.

📖 Horst Albrecht, Krisenlegende und Textsymbol: PTh 78 (1989) 329-345.

- Klären Sie den Begriff der "Krisenlegende"! Vergleichen Sie Albrechts "Krisenlegende" mit dem, was Sie bei den Weihnachtsgeschichten in der Untersuchung von Petra Zimmermann (☞ 10.3.1) bereits kennengelernt haben! Machen Sie sich die positiven Konnotationen von "Krise" klar!

- Was erfahren Sie über Rudolf Bohrens kritische Einrede, was Sie noch nicht wußten (☞ 10.1.3)?

- Beschreiben Sie die Problematik der Kasualrede als dogmatisches Problem der Beziehung von Gott und Welt (vgl. S. 337)!

- Warum spricht Albrecht nicht einfach von "Text", sondern von "Textsymbol"?

- "Die alltägliche Herausforderung in der Kasualpraxis des Pfarrers besteht ... darin, ... die Korrelation zwischen 'Lebenssituation' und 'Überlieferung', zwischen Krisenlegende und Textsymbol herzustellen" (S. 340 f.). Diskutieren Sie die These und nehmen Sie dabei Bezug auf Paul Tillichs Verständnis von Korrelation!

PT-Wörterbuch
- Krisenlegende (Horst Albrecht)
- Korrelation: Krisenlegende - Textsymbol

10.3.8 Segen

Kasualien sind, recht verstanden, Segenshandlungen. In jedem Fall hat der Segen einen Ort an Übergängen oder Schwellensituationen. Eine Theorie kirchlichen Schwellenhandelns kommt schwerlich ohne eine Theologie des Segens aus.

P Eine noch immer wichtige Abhandlung über den Segen publizierte einst der Alttestamentler Claus Westermann. Grundlage ist die Unterscheidung von Retten und Segnen als zwei Weisen des Handelns Gottes. Das rettende Handeln bezieht sich auf das Heil, das segnende Handeln auf das Wohl des Menschen. Man kann auch dogmatisch auf die Bereiche von Schöpfung und Erlösung verweisen, denen dann segnendes und rettendes Handeln zuzuordnen wären. Gegenüber einem einseitigen theologischen Akzent auf dem Retten hat Westermann die Eigenbedeutung des Segnens wieder ins Bewußtsein gerückt. Problematisch freilich sind Trennungen von Retten und Segnen, wie sie in der Spur von Westermann immer wieder vorgenommen wurden. Sie stellen die Einheit des Handelns Gottes in Frage. Sie müssen die Unterscheidung von Westermann kennen, um mit den implizierten Problemen umgehen zu können.

📖 Claus Westermann, Der Segen in der Bibel und im Handeln der Kirche [1968], Gütersloh 1981, S. 108-115 (Die Bedeutung des Segens bei den kirchlichen Handlungen).

- Impuls: "Die vielfach in der Taufhandlung verlesene Erzählung von Jesu Segnen der Kinder kann nicht die Taufe, wohl aber das Segnen eines Kindes begründen" (S. 108).

- "Dieses 'nur' ist das ständige Begleitwort beim Reden vom Segen im Zusammenhang der kirchlichen Handlungen; der Segen ist hier von vornherein das Geringe, das Unterwertige, Uneigentliche" (S. 110). Beschreiben Sie anhand eigener Beobachtungen Vorbehalte und Vorurteile gegenüber dem Segen!

- Impuls: "... daß die Verkündigung der Rettungstat Gottes in Christus nicht vom Wirken des segnenden Gottes getrennt werden kann, für das es 'den Menschen' so allgemein nicht gibt, sondern immer nur einen bestimmten Menschen ..." (S. 112).

- Impuls: "Zu jeder dieser kirchlichen Handlungen gehören dann beide Aspekte: die Beziehung auf die Botschaft und die Beziehung auf den Segen" (S. 113).

Claus Westermann hat den Segen biblisch-dogmatisch reflektiert. Auf das Segnen als Gestalt von Spiritualität sind wir bereits gestoßen. In dem von mir zitierten Beispiel (☞ 9.1.1) stand der Segen an der Schwelle eines Abschieds von zwei Menschen. Ich möchte zum Schluß Ihren Blick noch einmal lenken auf die spirituell-ästhetische Qualität des Segens.

K Aus dem Aufsatz von Fulbert Steffensky habe ich bereits zitiert (☞ 9.1.1). Es handelt sich um eine Art Meditation über das Segnen. Ich kann den Aufsatz nicht zur Pflicht machen. Ich kann nur sagen: Er liest sich gut und macht sozusagen Lust auf Segen.

📖 Fulbert Steffensky, Segnen. Gedanken zu einer Geste: PTh 82 (1993) 2-11.

- Impuls: "Der Segen nennt Gott ... Wer Gott nennt, braucht weder sich selbst noch der Welt ständig in der Attitüde des Machers gegenüberzustehen. Er ist fähig, darauf zu verzichten, das Leben herbeizuzwingen. Das ist die Voraussetzung einer tiefen inneren Gewaltlosigkeit. So ist der Segen nicht irgend ein religiöser Brauch. Er ist die Grundgeste des Christentums und des Judentums" (S. 5).

- Impuls: "Die Formel hat einen ... Vorteil: In ihr ist mehr verschwiegen als ausgesagt" (S. 6).

- Impuls: "Religiöse Sprache ist ... mit den Regeln der Poesie zu beurteilen, die religiöse Geste mit den Regeln poetischer Dramatisierung" (S. 10).

PT-Wörterbuch
- rettendes - segnendes Handeln Gottes (Claus Westermann)
- Poesie des Segens (Fulbert Steffensky)

10 Übergänge gestalten

PTips

Man kann die in diesem Fokus behandelten Probleme auch am Sonderbereich Krankenhaus studieren. Michael Meyer-Blanck leitet dazu auf dem Hintergrund der aktuellen Debatte um die Kasualien an:

📖 Michael Meyer-Blanck, Zeichen und Worte im Ernstfall. Das gottesdienstliche Handeln im Krankenhaus und die gegenwärtige Kasualdebatte: WzM 50 (1998) 408-421.

11 Fokus: Gestalt wahrnehmen
Glaube - Kunst - Religion

11.1 Hinführung

11.1.1 Phänomen

Ein katholischer Künstlerseelsorger erzählt von einem Theaterregisseur, der den Wunsch äußerte, katholisch zu werden. Er wollte das, obwohl er nach eigener Aussage mit den Inhalten des Glaubens wenig bis nichts anfangen konnte. Auf die verwunderte Frage, wie sich sein Wunsch denn dann motiviere, antwortete er: "Ihr habt doch für alles die richtige Dramaturgie".

Gerhard Ott, Kirche und Kunst in München. Eine "spannende" Beziehung: NELKB 53 (1998) 198-200.

Da bestätigt ein Künstler der Kirche ein enormes dramaturgisches Potential. Jener Regisseur wird vor allem an die Messe gedacht haben, daneben aber auch an andere Rituale, beispielsweise an Segens- und Weihehandlungen, an Prozessionen und Wallfahrten. Jedenfalls hat er mit seinem Theaterblick eine Qualität kirchlicher Vollzüge entdeckt, die professionellen Kirchenleuten aus Abgrenzung gegen die "Weltlichkeit" von Bühne, Theater und Schauspielerei oft genug aus dem Blick gerät.

Kirchliche Dramaturgie hat sicher mit Kunst zu tun, ist aber nicht Kunst um ihrer selbst willen. Kirchliche Dramaturgie ist nicht beliebig; ihr liegt ein echtes Drama zugrunde. Das jedenfalls bestätigt eine Frau, die sich als Kriminalschriftstellerin literarischen Weltruhm erworben hat: Dorothy Sayers (1893-1957). Den Hinweis auf ihren Essay samt deutscher Übersetzung verdanken wir im übrigen Karl Barth, der, wenn er gerade nicht an seiner Dogmatik schrieb, mit Begeisterung Kriminalromane las. Die Christusstory, vom Credo her verstanden - spannender als ein Krimi? Für Dorothy Sayers ist das so:

"Der christliche Glaube ist das aufregendste Drama, das der menschlichen Einbildungskraft je geboten wurde (S. 27) ... Wenn das langweilig ist, was, ums Himmels willen, ist dann wert, aufregend genannt zu werden? (S. 30) ...

Dorothy L. Sayers, Das größte Drama aller Zeiten [1938], in: dies., Das größte Drama aller Zeiten. Drei Essays und ein Briefwechsel zwischen Karl Barth und der Verfasserin, hg. v. Hinrich Stoevesandt, Zürich 1982, S. 27-33.

Das "größte Drama aller Zeiten" (the greatest drama ever staged), so der Titel von Dorothy Sayers, fordert Formen der Kommunikation, die dramaturgisch ihrer Vorgabe gerecht werden. Der nordamerikanische Alttestamentler Walter Brueggemann entwirft die Vision einer Predigt-Kunst, die Maß nimmt an der Poesie der Bibel:

"Aufgabe und Chance von Predigt ist es, die gute Nachricht des Evangeliums zu eröffnen mit alternativen Weisen von Rede - einer Rede, die dramatisch ist, künstlerisch ... Um eine Wahrheit in den Blick zu rücken, die so weitgehend reduziert wurde, müssen wir Poeten sein, die gegen eine Prosa-Welt ansprechen. Die Begriffe in diesem Satz aber können leicht mißverstanden werden. Mit 'Prosa' beziehe ich mich auf eine Welt, die in festen Formeln organisiert ist in der Weise, daß Kirchengebete und Liebesbriefe gleichermaßen wie Memo-Notizen klingen. Und mit 'Poesie' meine ich nicht Reim, Rhythmus oder Versmaß, sondern eine Sprache, die sich bewegt wie Bob Gibsons schneller Ball: die also im richtigen Moment springt, die alte Welten aufbricht, indem sie Überraschungen produziert, den Gegner zur Erschöpfung treibt, das Spieltempo vorgibt. Poetische Sprache ist die einzige Weise von Verkündigung, die sinnvollerweise praktiziert werden kann in einer reduktionistischen Zeit ..."

Walter Brueggemann, Finally Comes the Poet. Daring Speech for Proclamation, Minneapolis/USA 1989, S. 3 (Übers. M.N.).

Nicht nur auf liturgischem oder homiletischem Feld eignet dem christlichen Glauben eine intensive Nähe zur Kunst. Es macht durchaus Sinn, alles kirchliche Handeln in Nähe zu den Künsten und in der Konsequenz selbst als Kunst zu konzipieren. Dabei geht es nicht um modisches Design für eine alternde Kirche, sondern um eine wesentliche Beziehung von Glaube, Kunst und Religion.

11.1.2 Durchblick

"Ästhetik" ist gegenwärtig ein Zauberwort, das der Praktischen Theologie Wege zu neuen Ufern anzuzeigen scheint (☞ 12.1.2). Solche Ästhetik hat es nicht nur mit den Künsten, sondern generell mit der Kunst der Wahrnehmung zu tun. Zwei Perspektiven einer praktisch-theologischen Ästhetik sind nicht zu trennen, aber zu unterscheiden:

1. "Ästhetik" meint das *Konzept* einer Praktischen Theologie als Ästhetik. Die Künste in ihrer Vielfalt weisen einer Theologie, die sich auf historisches Erforschen von Texten oder auf empirisches Beschreiben von Gegebenheiten verengt hatte, wieder Wege zu einer phänomenalen, interpretativen Wahrnehmung von Wirklichkeit.

2. "Ästhetik" verweist auf *Phänomene* von Kunst im Deuteraum des Glaubens. In dieser Perspektive bedeutet Ästhetik die sorgfältige und entdeckungsfreudige Wahrnehmung von konkreten Gestaltungen im Wechselspiel von Glaube, Kunst und Religion.

Ich möchte Sie in diesem Fokus vor allem in die zweite Perspektive einführen. Es geht primär um den Dialog zwischen Kirche/Theologie und Kunst bzw. verschiedenen Künsten.

11.1.3 Problem

Wir fragen in diesem Fokus nach dem Dialog zwischen Kirche und Kunst. Viele wünschen einen solchen Dialog, und oft kann von geglückten Gesprächsgängen berichtet werden. Freilich ist die Geschichte des Dialogs Kirche - Kunst immer auch eine Geschichte der mißglückten Versuche. Woran liegt es, daß das Gespräch so schwierig ist?

Wilfried Engemann benennt das Problem in einer Besprechung von Grözingers Programmbuch "Praktische Theologie als Kunst der Wahrnehmung" (Gütersloh 1995). Es gehe darum,

"die Frage nach den reflexionspflichtigen *Gehalten* kirchlicher und religiöser Praxis konsequent mit der Frage nach deren *Gestalt* zu verschränken".

Wilfried Engemann, in: PrTh 33 (1998), S. 57.

Die Dialektik von Gehalt und Gestalt variiert das geläufige, aber etwas starre Begriffspaar von Inhalt und Form. Daß in der Verschränkung von Form und Inhalt ein Grundproblem von Praktischer Theologie, gar von Theologie überhaupt liegt, haben wir schon mehrfach gesehen (☞ 3.1.3, ☞ 7.1.3).

P Der folgende Aufsatz ist kein ausgewogener Text. Er greift engagiert Probleme im Zwischenbereich von Kirche und Kunst auf. Dabei wird deutlich, wie sehr das Selbstverständnis der Kirche betroffen ist, wenn sie die Frage nach ihrer ästhetischen Praxis ernsthaft zuläßt.

📖 Thomas Erne, Die Poesie der Volkskirche. Vom Umgang der Protestanten mit Bildern, Musik und Texten: PrTh 33 (1998) 276-281.

- Impuls: "Wie verhält sich Äußeres zu Innerem? Form zu Inhalt? Die faktische ästhetische Praxis der Kirche ist an diesem Punkt unklar" (S. 277).

- Es geht bei Fragen der Ästhetik "nicht um Dekorationen, sondern um ein Problem im Zentrum des christlichen Glaubens" (S. 280). Beschreiben Sie dieses zentrale Problem mit eigenen Worten!

- Impuls: "Das ist die große Chance der Kunst. Sie erzeugt einen offenen Spielraum, in dem Variationen der alten Geschichten möglich werden. Sie kann das, weil sie nicht ohne wesentlichen Verlust auf den dogmatischen Begriff zu bringen ist" (S. 281).

11.2   Wiederholung

Da ich mich mit diesem Grundwissen insgesamt einem ästhetischen Ansatz von Praktischer Theologie verpflichtet weiß, ist es kein Wunder, daß schon in den bisherigen Arbeitsgängen ästhetische Perspektiven immer wieder Thema waren.

W Als ein Kunstwerk eigener Art kam der Gottesdienst zur Geltung (☞ 2.2.6). Ich habe ihn als "dramatisches Kunstwerk" qualifiziert, um dem Eindruck des Statischen im einfachen "Kunstwerk" vorzubeugen. In Anklang an Richard Wagner könnte man den Gottesdienst auch als "Gesamtkunstwerk" bezeichnen. Noch deutlicher an der Wirklichkeit des Theaters orientiert ist der Gottesdienst, wenn ich ihn als Inszenierung oder als Performance (des Evangeliums) kennzeichne (☞ 3.2.6). Man könnte den Gottesdienst auch den Performing Arts zurechnen, also den Künsten, bei denen eine Aufführung (performance) wesentlich zur Wirkung als Kunstwerk dazugehört (z.B. Theater, Ballett, Musik, Film).

- Gehen Sie die verschiedenen Versuche, Gottesdienst als Kunstwerk zu kennzeichnen, durch und benennen Sie jeweils den Zugewinn an Perspektive für das liturgische Ritual!

11 Gestalt wahrnehmen

W Im Anschluß an Gerhard Marcel Martin wird die Predigt in neueren homiletischen Konzepten gerne als "offenes Kunstwerk" beschrieben (☞
3.2.6).

- Die Predigt als integrales Element einer liturgisch-dramatischen Inszenierung
  des Evangeliums: Wie müßte sich unter dieser Prämisse herkömmliche Kanzelrede verändern?

W Der Film in Kino und Fernsehen bestimmt die ästhetischen Koordinaten
des Individuums weit stärker, als uns das gemeinhin bewußt ist (☞ 7.3.6).
Film ist für die Praktische Theologie nicht nur interessant als Medium, das dem
christlichen Glauben Bilder verleiht. Film ist interessant auch als Medium, das eigene Weisen von Religiosität auf Leinwand oder Bildschirm inszeniert.

- Sie sollten jetzt oder spätestens heute abend die Lektüre unterbrechen und
  ins Kino gehen. Achten Sie darauf, wie in dem Film, den Sie sehen, religiöse
  Momente ins Bild gesetzt werden! Treffen Sie keine elitäre Filmauswahl, sondern gehen Sie davon aus, daß auch Hollywood theologische Kompetenz be-
  sitzt (☞ 8.3.6)!

11.3   Perspektiven

11.3.1 Kunst und Religion

Religion und christlicher Glaube haben mit Kunst zu tun. Dieser Zusammenhang ist evident. Die Frage stellt sich, wie das Verhältnis von Glaube,
Kunst und Religion näher zu bestimmen ist.

Natürlich richtet sich der Blick sofort auf Kunst als Ausdrucksmittel von
Religion. Künstlerische Gestaltungen versinnlichen die Inhalte der Religion und prägen ihre Vollzüge. Dieser Zusammenhang ist hier nicht primär
gemeint. Hier geht es um die Beziehung von Religion und Glaube zu einer Kunst, die sich als autonom versteht und insofern alles andere sein
will als Ausdruck institutioneller Religion.

K Der folgende Aufsatz setzt religiöse und ästhetische Erfahrung ins Verhältnis. Interessant ist, wie in der Perspektive des Verfassers gerade das
Kreuzsymbol christlich-religiöse und ästhetische Erfahrung vermittelt.

📖 Thomas Erne, Vom Fundament zum Ferment. Religiöse Erfahrung mit ästhetischer Erfahrung, in: Die Gegenwart der Kunst. Ästhetische und religiöse Erfahrung heute, hg. v. Jörg Herrmann u.a., München 1998, S. 283-295.

- Impuls: "Nicht Rundung, sondern Riß ist die Leitmetapher einer Kunst, die
  autonom sein will, nicht mehr Abbild der Natur, sondern eine Wirklichkeit ganz
  eigener Art" (S. 285).

- Impuls: "Bildgebrauch und Bildzerstörung, diese Spannung charakterisiert die
  religiöse Erfahrung mit den Symbolen, in denen sich der Glaube darstellt und
  zugleich kritisiert" (S. 285)

- Impuls: "Die Wahrnehmung der Kunst wird in der Moderne selbst zu einer
  Kunst der Wahrnehmung" (S. 286).

- Vergleichen Sie die Funktion des Bildes in der modernen (bildenden) Kunst (vgl. S. 286 f.) mit der Funktion der Metapher für die Konstitution von Wirklichkeit (☞ 8.3.1)!

- Glaube als "erfahrungsunabhängige, aber Erfahrung ermöglichende Gewißheit" (S. 295): Vergleichen Sie die abschließende These mit der anfänglichen Skepsis (vgl. S. 285) gegenüber einer vergewissernden Funktion der Religion!

PT-Wörterbuch
- Dialektik: Bildgebrauch - Bildzerstörung
- Werkästhetik - Erfahrungsästhetik
- Autonomie der (modernen) Kunst

Thomas Erne hatte das Verhältnis Glaube - Kunst einigermaßen abstrakt bestimmt als Strukturanalogie von religiöser und ästhetischer Erfahrung. Vertrauter ist der folgende Text. Karl-Josef Kuschel, Spezialist im Grenzgebiet von Theologie und Literatur, geht aus von einem "Transzendenzcharakter" großer Kunst.

K Der Text ist einem Buch entnommen, das insgesamt ein hochinteressantes Experiment darstellt. Kuschel erkundet die Landschaft des Glaubens, die man kirchlich und theologisch zu kennen glaubte, mit den Augen der Dichterinnen und Dichter. Es entsteht ein faszinierend anderes Bild der Landschaft des Glaubens, nun eben nicht als (Theo-) Logie, sondern als Poetik: Poetik des Menschen, Theopoetik und Christopoetik

📖 Karl-Josef Kuschel, Im Spiegel der Dichter. Mensch, Gott und Jesus in der Literatur des 20. Jahrhunderts, Düsseldorf 1997, S. 16-24 (Transzendenz: Die Begegnung mit dem großen Kunstwerk).

- Impuls: "Jedes große Kunstwerk ist eine Welt für sich, geheimnisvoll in der Entstehung, unausschöpflich in der Bedeutung, unberechenbar in der Wirkung. Das große Kunstwerk wird so zum Analogon für diejenige Wirklichkeit, die Theologen mit dem unbrauchbaren Wort 'Gott' bezeichnen ..." (S. 16).

- Inwiefern bedeutet die These vom "Transzendenzcharakter" (S. 22) großer Kunst eine "Provokation christlicher Theologie" (S. 17)?

PT-Wörterbuch
- Kunst als Gleichnis für das Himmelreich (Karl Barth)
- Transzendenzcharakter großer Kunst
- Poetik ≠ Logik

11.3.2 Musik

Mit ihrer reichen kirchenmusikalischen Tradition (☞ 2.3.9) haben die christlichen Kirchen einen wesentlichen Beitrag zur Gesamtkultur geleistet. Kirchenmusik ist wichtiges Element christlicher, insbesondere lutherischer Spiritualität. Dennoch läßt sich religiöses Musikerleben nicht auf den Bereich der Kirchenmusik einengen. Vieles spricht dafür, das traditionelle Verständnis von Kirchenmusik zu entschränken und eine elementare religiöse Erlebnisqualität von Musik in Überlegungen zum Verhältnis von Glaube, Musik und Religion einzubeziehen. Die Frage, wie religiöse und ästhetische Erfahrung in Beziehung zu setzen seien, stellt sich auch auf dem Gebiet der Musik.

11 Gestalt wahrnehmen

P Peter Bubmann setzt sich seit langem für eine Erweiterung der kirchenmusikalischen Ausdrucksmittel ein. In dem folgenden Aufsatz skizziert er seine
Vision einer erneuerten Kirchenmusik auf dem Hintergrund von fünf Modellen religiösen Musikerlebens.

📖 Peter Bubmann, Von Mystik bis Ekstase. Religiöse Dimensionen der Musik,
in: ders., Von Mystik bis Ekstase. Herausforderungen und Perspektiven für die
Musik in der Kirche, München 1997, S. 9-21. Wer das Buch nicht findet, kann
auch den ursprünglichen Aufsatz einsehen: MuK 66 (1996) 130-138.

- Impuls: "Die biblischen Zeugnisse vom Wirken des Heiligen Geistes sind vielfältig und vielschichtig. Sie spiegeln die Vieldimensionalität der Erfahrung
Gottes in der Lebenswirklichkeit der Glaubenden. Musik hat Anteil an diesen
pluriformen Wirkungen des Geistes Gottes" (S. 19).

- Impuls: "In einer solchen Kirchenmusik werden Schützmotetten und Bach-
kantaten, liturgische Tanzmusiken und lautstarke Rockrhythmen, einfache
Gemeindelieder und Geborgenheit stiftende Taizé-Harmonien, Schöpfungs-
klänge und musikalische Mystik, künstlerisches Orgelspiel und freie Jazz-
Improvisationen gleichberechtigt ihren Ort finden" (S. 21).

PT-Wörterbuch
- Religiöse Dimensionen von Musik
  - Sprachform des Glaubens
  - Trance und Ekstase
  - Gemeinschaftsritual
  - musikalische Mystik
  - Spiel der Freiheit

11.3.3 Raum

Protestanten haben herkömmlich ein gebrochenes Verhältnis zum Raum.
Gegenüber einer Ver-Ortung religiösen Erlebens etwa in der Spiritualität
des Katholizismus (Kirchenraum, Tabernakel, Wallfahrtsorte etc.) betonte
der Protestantismus die Selbstbindung Gottes an das Wort und worthafte
Vollzüge: Verwortung statt Verortung. Erschien die protestantische Exi-
stentialisierung und Verinnerlichung religiösen Erlebens gegenüber seiner
Ver-Ortung lange als der modernere Weg, so ist in neuerer Zeit eine protestantische Neuentdeckung des Raumes zu konstatieren. Dieses Entdecken gilt dem Kirchenraum; er kann geradezu als Fokus der Citykir-
chenarbeit (☞ 1.3.10) angesehen werden. Dieses Entdecken gilt aber
auch dem gestalteten Raum jenseits des genuin kirchlichen Bereichs.
Besonderes Interesse finden Phänomene einer Transzendierung des
Raumerlebens. Als Beispiel verweise ich auf die Metapher vom
"Konsumtempel", die auf überraschende Weise Kirchenraum und Kauf-
haus bzw. religiöses Erleben und Konsumerleben in Beziehung setzt.

K Etwas von der Freude über die Neuentdeckung des (geistlichen) Ortes
spricht aus dem kurzen Text von Rainer Volp. Es handelt sich weniger um
einen diskursiven Text als um einen Erfahrungsbericht mit reflexiven Ansätzen.
Im übrigen verlockt das ganze Buch, aus dem der Text genommen ist, zur Neuentdeckung der "stillen Botschaft von Kirchenräumen".

📖 Rainer Volp, Gastfreie Orte. Über die stille Botschaft von Kirchenräumen, in: Lernort Kirchenraum. Erfahrungen - Einsichten - Anregungen, hg. v. Roland Degen u.a., Münster u.a. 1998, S. 257-261.

- In welchen Phänomenen könnte sich eine "zu eindeutige 'Lektüre' der Räume" (S. 258) manifestieren?
- Impuls: Gebäude als "das wertvollste Glaubenskapital nächst der Sprache" (S. 258).
- Impuls: "Insofern sind Räume Botschafter: spürbare, sichtbare, hörbare Texturen; sie lesen alle Menschen mit allen Sinnen" (S. 258).
- Impuls: "Die umstrittene Bezeichung der Kirchenräume als 'sakrale' oder 'erhabene' zielt ja zunächst auf die Respektierung des sabbatlichen Freiraumes gegen jede Vereinnahmung für Verkaufs-, Verwertungs- oder Progagandazwecke" (S. 260).

PT-Wörterbuch
- Lektüre der Räume - Räume als Texturen
- heiliger Raum als sabbatlicher Freiraum

In dem Text von Rainer Volp ging es um das Erleben bereits bestehender sakraler Räume und um den angemessenen Umgang mit ihnen. Das ist nur die eine Seite. Auf der anderen Seite gibt es die lebendige Tradition sakraler Baukunst. Hier geht es um die Frage, wie gelebte Religion im Raum künstlerische Gestalt findet oder finden soll (☞ 2.3.8).

K Der Autor des folgenden Beitrages ist selbst ein bedeutender zeitgenössischer Architekt. Am Beispiel der von ihm entworfenen Paul-Gerhard-Kirche in Stein-Deutenbach (bei Nürnberg) entfaltet er seine Vision von sakralem Raum.

📖 Hans-Busso von Busse, Raum und Ritus - Das Kunstwerk Liturgie erwartet Baukunst. Gedanken zur Schönheit und Spiritualität des Kirchenraumes, in: Raum und Ritual. Kirchbau und Gottesdienst in theologischer und ästhetischer Sicht, hg. v. Rainer Bürgel, Göttingen 1995, S. 93-114.

- Impuls: "Dieses Kunstwerk Liturgie erwartet Raumkunst" (S. 99).
- Impuls: "Denn auch das Licht ist Botschaft. Der Licht-Raum ist es deshalb, den wir in das Kunstwerk Liturgie einzubringen versuchen: Raum als franziskanische Gebärde, Raum, der mit weltnaher Heiterkeit die Menschen unserer Zeit zu Fest und Andacht einlädt" (S. 106).
- Impuls: "Die Räume unserer Träume sind die Räume einer neuen Verheißung" (S. 114).

PT-Wörterbuch
- Kunstwerk Liturgie - Raumkunst
- Zentralraum
- Raum als Gleichnis
- räumliche Spiritualität

11 Gestalt wahrnehmen

11.3.4 Literatur

Die Literatur, insbesondere die moderne Literatur zieht die Aufmerksamkeit von Kirche und Theologie seit längerem auf sich. Inzwischen können nur solche Versuche eines Dialogs als seriös gelten, die die künstlerische Autonomie der Literatur achten. Als bloße Veranschaulichung dogmatischer Abstraktionen und als bloßer Steinbruch für die Kanzelrede darf

Literatur nicht (mehr) mißbraucht werden. Der Theologie würden auf diese Weise die wirklich neuen und aufregenden Impulse von Seiten der Literatur entgehen.

K Wir haben bereits gesehen, wie Karl-Josef Kuschel aus literarischen Zeugnissen eine neuartige Kartographie des christlichen Glaubens erstellte (☞ 11.3.1). Ähnliches versucht - ebenfalls seit längerem, wenn auch nicht so systematisch - Paul Konrad Kurz. In dem folgenden Text zeichnet er in zehn Thesen die Umrisse eines literarischen Gottesbildes.

📖 Paul Konrad Kurz, Gott in der modernen Literatur, München 1996, S. 235-244 (Der Gott der Schriftsteller: ein Gott der Laien).

- "Mit 'Erkenntnissen', denen sich Gottes Angesicht verbirgt, meint Hölderlin abstraktes Denken, intellektuelle Entsinnlichungen, Besitz ergreifendes Theoretisieren, Bescheidwissen. Dem luftleichten, lichtnahen, unfaßbaren Gott nähert sich die Kunst" (S. 236). Verbinden Sie diese These mit Ihren Erkenntnissen zu den Sprechebenen (☞ 8.3.3) von Glaube und Theologie!

- Impuls: "Der Gott, der in der Literatur begegnet, ist kaum jemals theologisch orthodox, nicht nach allen Seiten proportioniert, nie formelhaft faßbar" (S. 237).

- Impuls: "Der Gott der Literatur hat weniger eine extensive als eine 'intensive' Gestalt. Oft ist die Ausschau nach ihm eine bloße Leuchtspur, ein Richtungspfeil ins Offene" (S. 238).

- Impuls: "Welche Diskrepanz besteht zwischen dem kirchlich theologisch gelehrten Gott und dem erfahrenen Lebensgott?" (S. 239).

PT-Wörterbuch
- Gestalt Gottes: extensiv - intensiv
- viatorischer Gott

11.3.5 Theater

In wichtigen Bereichen der Praktischen Theologie haben Begriffe und Vollzüge aus dem Theaterbereich zur Deutung kirchlichen Handelns Einzug gehalten (☞ 11.2). Selbstverständlich bietet das Theater auch reiches Material für literarische Formulierungen religiöser Weltwahrnehmung (☞ 11.3.4). Es fehlt nicht an Berührungspunkten zwischen der Welt des Glaubens und der Welt des Theaters. Diese positive Sicht kann darüber hinwegtäuschen, daß das Verhältnis zwischen Theater und Kirche traditionell belastet ist.

K Der Autor des folgenden Textes, selbst katholisch, sieht die Beziehung zwischen Theologie und Theater auf der evangelischen Seite sicher zu freundlich. Die Widerstände gegen Paradigmen der Bühnenwelt für kirchliches Handeln sind auch im evangelischen Bereich massiv. Norbert Greinacher expliziert kirchliche Widerstände und zeichnet dann die Konturen möglicher Partnerschaft zwischen Kirche und Theater.

📖 Norbert Greinacher, Die Theologie und das Theater: ThQ 175 (1995) 347-354.

- "Vor allem durch Richard Wagner hielt die religiöse Urthematik des Menschen wieder Einzug ins weltliche Theater. Das Theater, insbesondere die Oper, mußte das Vakuum füllen, das der Rückzug der Theologie aus dem Leben der

Menschen entstehen ließ" (S. 351). Diskutieren Sie die These! Beachten Sie aber, daß Greinacher kaum die Theologie im akademischen Sinn meint, sondern christliche Religiosität! Greinacher differenziert nicht zwischen Sprache der Theologie und Sprache des Glaubens (☞ 8.3.3).

- Impuls: "Jede christliche Abendmahlsfeier ist ... nichts anderes als Theater ..." (S. 352).

- Diskutieren Sie die im Zitat von Paul Gräb repräsentierte These (S. 353), daß sich unter dem Gesichtspunkt der Autonomie Kunst und Religion als Konkurrenz empfinden *müssen*!

- Theologie und Theater sollten wieder lernen "Partner zu sein für die Suche nach Sinn, Partner zu sein für gelungenes Menschsein, für spielerisches, freudvolles, geistliches, geistiges, körperliches, für ganzheitliches Menschsein" (S. 354).

PT-Wörterbuch • griechische Antike: Theologie als Theater
                 • geistliches Drama

11.3.6 Bild

Vieles, was zur bildenden Kunst zu sagen ist, wäre dem analog, was bereits zu anderen Künsten erarbeitet wurde. In den Überlegungen von Thomas Erne war es vor allem die bildende Kunst, die ihm als Beispiel diente (☞ 11.3.1). Ich nehme daher diese Perspektive als Anlaß, Sie auf die elementare Bedeutung des Bildes für Glaube und Theologe hinzuweisen. Von dieser Funktion des Bildes öffnen sich Wege zu den Künsten und damit auch zur bildenden Kunst.

P Künstlerisch entspringt das Bild, das mehr und anderes ist als bloße Abbildung, der Imagination. Albrecht Grözinger reflektiert die Funktion der Bilder in einer Religion des Bilderverbots (☞ 11.3.1). Vom Bild her entwirft er die Imagination als einen für den Glauben elementaren und von daher für praktisch-theologische Vollzüge grundlegenden Vorgang.

📖 Albrecht Grözinger, Du sollst Dir (k)ein Bildnis machen oder Wahrnehmung und Phantasie, in: ders., Praktische Theologie als Kunst der Wahrnehmung, Gütersloh 1995, S. 81-98.

- "Zeitlose Wesensschau oder getreue Lektüre der bunten Vielfalt der Taten Gottes" als Reformulierung der protestantischen Entgegensetzung von Wort und Bild (S. 86): Können Sie diese These aus Ihrer Kenntnis theologischer Diskurse bestätigen?

- "Wer imaginiert, gibt sich mit der vorhandenen Wirklichkeit nicht zufrieden. Ein altes Bild muß zerschlagen werden, damit eine neue Sicht der Welt in den Blick kommen kann. Auf diese Weise ist in den Akt der Imagination genau die Erkenntnis eingeschrieben, von der auch das biblische Bilderverbot weiß" (S. 88). Imagination als Vollzug des biblischen Bilderverbots?

- Impuls: "Der erste schöpferische Akt, den ein Schriftsteller zu leisten hat, ist die Erfindung seines Lesers" (Max Frisch, S. 97).

- Impuls: "Diese Imagination ... in die Wirklichkeit Gottes hinein kann sich nicht allein auf empirische Daten verlassen, so wichtig diese auch sind. Wenn wir die Menschen in der Predigt nur auf ihre empirische Vorfindlichkeit hin ansprechen, dann betrügen wir sie um ihre wahre Wirklichkeit" (S. 98).

11 Gestalt wahrnehmen

PT-Wörterbuch
- protestantischer Gegensatz: Wort ↔ Bild
- Bilderverbot
- Imagination
- mathematische Logik - poetische Logik
- Erfindung des Hörers (Rudolf Bohren) - Erfindung des Lesers (Max Frisch)
- Möglichkeitshorizont Gottes

11.3.7 Unterhaltung

Wir Deutschen trennen, etwa in der Musik, strenger als andere in einen U- und einen E-Bereich. Dennoch wird niemand bestreiten, daß Kunst auch im E-Bereich eine unterhaltsame Komponente haben kann und daß Werke aus dem U-Bereich oft auf unterhaltsame Weise ernsthaft sind. Nun ist es aber gerade ihr Unterhaltungswert, der die Kunst für die einen oder die anderen untauglich macht als Dialogpartnerin des Glaubens oder gar als Paradigma pastoralen Handelns. Auffällig ist, daß in Deutschland der Unterhaltungswert der Predigt nicht zu groß sein darf - um der Wahrhaftigkeit willen. Damit Langeweile nicht länger als Ausweis einer guten Predigt gelten kann, möchte ich auf seriöse Weise den möglichen Unterhaltungswert der Kanzelrede zur Debatte stellen.

P Albrecht Grözinger skizziert die enttäuschende Geschichte, wie die Unterhaltung aus der Kanzelrede auszog. Man stößt hier auf Vorurteile, die auch die traditionell-theologische Abwehr der Theaterwelt bestimmen (☞ 11.3.5). Grözinger macht Vorschläge, wie Predigerinnen und Prediger bei Literaten in die Schule gehen sollten.

📖 Albrecht Grözinger, Predigt als Unterhaltung. Bemerkungen zu einer verachteten homiletischen Kategorie: PTh 76 (1987) 425-440.

- Impuls: "Denken ist keine darstellende Kunst" (Neil Postman, S. 431).
- Impuls: "Was genossen werden kann, kommt mir sehr nahe, nimmt mich jedoch nicht totalitär in Beschlag" (S. 434).
- Impuls: "Der dogmatischen Figur der Trinitätslehre entspricht homiletisch die These von der Predigt als Unterhaltung" (S. 437).
- Impuls: "Dieser 'Mehr'-Wert wohnt jeder guten Unterhaltung inne. Keiner kommt unverwandelt aus einem guten Film, keiner hört eine gute Story, ohne daß er dann seine Welt anders sähe" (S. 440).

PT-Wörterbuch
- antike Rhetorik: docere (Lehre) - movere (Gemütsbewegung) - delectare (Unterhaltung)
- Mehr-Wert guter Unterhaltung

11.3.8 Poetische Didaktik

Es mag so aussehen, als gelte die Analogie zur Kunst und den Künsten nur dort, wo einzelne wie Schauspieler einem Publikum gegenübertreten (vgl. Predigt, Gottesdienst). Nun läßt sich aber etwa auch die Religionspädagogik von der Kunst inspirieren. Es liegt in der Natur der Sache, daß sich eine "poetische Didaktik" im unmittelbaren Umfeld von Symboldidaktik (☞ 5.2.5) entfaltet.

K Auf dem Feld der Didaktik wird greifbar, wie metaphorische Sprache danach drängt, sich in Bewegung und damit in Ausdrucksformen des Theaters umzusetzen: die Metapher als Kern einer ganzheitlich-ästhetischen Wahrnehmung von Wirklichkeit (☞ 8.3.2). Peter Biehl geht mit diesem programmatischen Ansatz weit über die geläufige Praxis hinaus, im Religionsunterricht gelegentlich poetische Texte zu behandeln.

📖 Peter Biehl, Religiöse Sprache und Alltagserfahrung. Zur Aufgabe einer poetischen Didaktik: ThPr 18 (1983) 101-109.

- "Die Grundaufgabe besteht also darin,
    - die im Alltagsleben destruierten Erfahrungen
    - mit Hilfe der kreativen, inspirierenden und verändernden Kraft poetischer und religiöser Sprache in elementaren Reflexionen zu erneuern,
    - um damit die Erfahrungsfähigkeit wieder zu fördern" (S. 102 f.).

    Reflektieren Sie einige der in dieser dichten Formulierung enthaltenen Prämissen:

    - Vergleichen Sie die tendenziell eher negative Wertung des Alltags bei Biehl mit einem Ansatz von Alltagsspiritualität (☞ 9.3.3) oder Alltagsseelsorge (☞ 4.2.8)!
    - Diskutieren Sie religiöse Sprache als Sonderfall poetischer Sprache!
    - Beschreiben Sie die Art von Erfahrung, die durch poetische bzw. religiöse Sprache gefördert wird!

- Impuls: "Das gestische Symbol stellt eine Verdichtung und Intensivierung von Sprache dar; es hat einen dramatischen Charakter" (S. 108).

- "Eine an der biblischen Sprache orientierte poetische Didaktik ist die notwendige Voraussetzung für eine ethische Didaktik der Lebensführung und eine politische Didaktik der Befreiung; denn die Erneuerung der Einbildungskraft liegt ethischem und politischem Handeln voraus und ist auch nicht voll durch Praxis einzulösen" (S. 109). Vergleichen Sie Biehls These mit Grözingers Überlegungen zur Imagination (☞ 11.3.6)!

PT-Wörterbuch	• poetische Didaktik (Peter Biehl)
	• religiöse Sprache als Fall dichterischer Sprache (Paul Ricoeur)
	• Metapher → leiblich-gestische Symbolik

11.3.9 Leitbild Künstler/Künstlerin

Es gibt unterschiedliche Leitbilder für den Pfarrer oder die Pfarrerin. Manfred Josuttis nennt als wichtigste Leitbilder der letzten Jahrzehnte den Zeugen sowie den Helfer und bringt neu den Führer bzw. die Führerin in die Debatte (☞ 1.3.5). Andere Leitbilder wären zu nennen: Hirte, Lehrer, Berater, Manager, Gottesgelehrter etc. Im Duktus dieses Fokus-Kapitels liegt es, versuchsweise ein pastorales Leitbild vom Künstler oder der Künstlerin zu diskutieren.

K Wenn ich richtig sehe, ist diese Debatte im deutschen Sprachraum kaum entwickelt. Ich nenne Ihnen daher einen französischen Aufsatz, der in einer ungewöhnlichen Weite auch englische und deutsche Ansätze einbezieht. Bernard Reymond sieht in Schleiermachers Rede vom religiösen "Virtuosen" das Leitbild vom Künstler auf eine nichtelitäre, im Grunde allen Gläubigen erreichbare Weise vorgebildet (Reden über die Religion, 1799). Da der Text von Reymond in vielen deutschen Bibliotheken nicht greifbar sein dürfte, übersetze ich als Impuls zum konzeptionellen Weiterdenken einige Sätze, die mir als besonders wichtig erscheinen.

📖 Bernard Reymond, Le prédicateur, "virtuose" de la religion. Schleiermacher aurait-il vu juste?, in: ETR 72 (1997) 163-173.

- Man muß sich "bewußtmachen, daß die Poesie, die Musik, der Gesang, ja sogar die bildende Kunst oder der Tanz zu den geläufigsten und überzeugendsten Ausdrucksformen des Glaubens in Beziehung stehen, und zwar in einer viel engeren Beziehung als die Philosophie oder die exakten Wissenschaften" (S. 165).

- Die Ausbildung künftiger Pfarrerinnen und Pfarrer sowie ihre kontinuierliche Fortbildung "müßten darauf abzielen, weit mehr als bisher die künstlerischen Seiten ihrer Wahrnehmungsfähigkeit zu entwickeln. Die einen sind eher empfänglich für Poesie oder Prosa, die anderen für Musik, Malerei, Film, Tanz; aber diese unterschiedliche Disposition ist nicht das Problem. Das Problem besteht darin, daß das Paradigma der exakten Wissenschaft noch viel zu einseitig das akademische Studium bestimmt. Eine recht verstandene theologische Ausbildung müßte sich um ein gutes Gleichgewicht bemühen zwischen wissenschaftlicher Strenge und einer Entfaltung künstlerischer Sensibilität ..." (S. 166).

- "Der Schleiermachersche 'Virtuose' veranlaßt uns zu dem Postulat, daß ein häufigerer Besuch bei Künsten und Künstlern den Predigern helfen würde, ihre Aufgabe besser zu erfüllen" (S. 172).

PTips

Eine ganzer Band wagt, so der Untertitel, "Grenzgänge zwischen Musik und Theologie". Die Bandbreite dessen, was als Musik theologische Würdigung findet, ist erfreulich weit gespannt:

📖 Theophonie. Grenzgänge zwischen Musik und Theologie, hg. v. Gotthard Fermor, Hans-Martin Gutmann u. Harald Schroeter, Rheinbach 2000.

Auf eine faszinierende Spurensuche begibt sich Klaus Raschzok. Er bietet nicht nur eine Fülle von praktischen Hinweisen zur erlebnismäßigen Erschließung von Kirchenräumen, sondern entwickelt am Beispiel Kirchenraum auch Umrisse einer Praktischen Theologie als Gestaltlehre des Glaubens:

📖 Klaus Raschzok, Spuren im Kirchenraum. Anstöße zur Raumwahrnehmung: PTh 89 (2000) 142-157.

12   Praktische Theologie
Grundlegung

12.1   Hinführung

12.1.1 Phänomen

Wilhelm Stählin (1883-1975) war ein überaus anregender Praktischer Theologe. Das Spannungsfeld zwischen Kirche und Wissenschaft hat er stärker empfunden als andere. Das Oszillieren zwischen beiden Polen läßt sich auch biographisch nachvollziehen: Stählin war Pfarrer, wurde 1926 Professor für Praktische Theologie in Münster und übte von 1945-1952 das Amt des Bischofs in der Evang.-Luth. Kirche von Oldenburg aus. Er gilt als eigenständiger, auch eigenwilliger Vertreter seines Faches, der in die geläufigen Kategorien wissenschaftlicher Theologie nicht leicht zu passen scheint.

Der folgende Abschnitt aus seinen Lebenserinnerungen beleuchtet die schwierige Stellung der Praktischen Theologie im akademischen Gefüge der Disziplinen. 1926-29 hatte Stählin einen ebenfalls nicht leicht einzuordnenden systematischen Kollegen: Karl Barth. Die Reibungen mit ihm sind nicht nur auf den Unterschied von lutherischem und reformiertem Bekenntnis, auf die Differenz zweier Disziplinen oder einfach auf die Unterschiedenheit der Charaktere zurückzuführen. In ihnen kommt Grundsätzliches über die Stellung der Praktischen Theologie zum Ausdruck.

"Die Fremdheit, in der Karl Barth und ich uns gegenseitig empfanden, machte sich manchmal in einem (nicht immer gutmütigen) Humor Luft, mit dem wir uns einen modus vivendi schufen. Als Karl Barth zum erstenmal einen Gottesdienst in Münster hielt, kam er vorher zu mir: Er müsse da nun dieses schreckliche Ding, die Agende, gebrauchen und eine Liturgie halten; ich solle ihn - ich sei doch für diese Dinge zuständig - vorher instruieren, damit er nichts falsch mache. Bei einem Diner ein paar Tage nachher kam er auf mich zu und wollte wissen, ob er's richtig gemacht habe. 'Ja, die Liturgie ist das Beste gewesen im ganzen Gottesdienst.' 'Wieso, habe ich schlecht gepredigt?'- 'Nein, Sie haben ausgezeichnet gepredigt, aber ich habe nur in der Liturgie Gottes Wort gehört, in der Predigt habe ich Professor Barth gehört!'

Einmal, als ich mit meiner Frau bei Barths eingeladen war, sagte er: 'Ich bin ja immer in der Kirche, aber Ihre Predigten sind schauderhaft; ich möchte jedesmal auf die Bank springen und eine Gegenpredigt halten.' Was denn so schauderhaft sei an meinen Predigten, wollte ich wissen. 'Sie nehmen immer Rücksicht auf die Gemeinde und wollen die Gemeinde anreden; das geht Sie gar nichts an, wer da ist. Sie sollen objektiv das Wort Gottes verkündigen!' Ich erwiderte, Karl Barth habe doch sicher als Bauernpfarrer in Safenwil anders gepredigt als in einem akademischen Gottesdienst in Münster. Das bestritt er aufs heftigste und behauptete, nein, er habe nie einen Unterschied gemacht. Worauf sich seine Frau einschaltete: 'Karli, das glaubst' ja selber nicht!'"

Wilhelm Stählin, Via Vitae. Lebenserinnerungen, Kassel 1968, S. 220 f.

Die Stellung der Praktischen Theologie im Spannungsfeld von Kirche und Wissenschaft beleuchtet die folgende Reminiszenz. Stählin war im Gespräch für einen Ruf auf eine praktisch-theologische Professur nach Marburg. Im Dezember 1921, Stählin war 38 Jahre alt, schrieb er in dieser Sache an den Systematiker Martin Rade:

"Jahre hindurch wäre mir ein solcher Auftrag als das höchste für mich erreichbare Ziel und als die eigentliche Erfüllung meines Lebensberufs erschienen; heute bin ich mit dem Pfarrerberuf so stark verwachsen, daß ich kein brennendes Verlangen nach dem akademischen Amt mehr habe, freilich auch darum, weil ich der ganzen akademischen Welt ferngerückt bin ... Vor allem will ich - soweit man das selber weiß - sagen, was ich kann, und was ich nicht kann. Ich kann reden, anregen, lehren, dolmetschen; es fehlt mir gründliche wissenschaftliche Bildung, historisches Wissen, auch die Fähigkeit, rasch aus hundert Quellen zuverlässiges Einzelwissen zusammen zu tragen, in gewissem Sinn auch der Fleiß dazu und ein dienstfertiges Gedächtnis; ich glaube, zum Lehrer und zum Prediger, nicht zum Gelehrten zu taugen; ich bin auch zu alt, um mangelndes Wissen nachzuholen."

Wilhelm Stählin, Via Vitae. Lebenserinnerungen, Kassel 1968, S. 193 f.

Den Texten von Wilhelm Stählin lassen sich unter anderem die folgenden Beobachtungen zur Verortung der Praktischen Theologie entnehmen:

- Die Praktische Theologie sei, so Barth, "für diese Dinge zuständig", also für Antworten auf die Frage "*Wie* mach' ich's?" Was hier als Vorurteil auf dem Gebiet der Liturgik greifbar wird, begegnet auch für andere Teilgebiete der Praktischen Theologie.

- Die Praktische Theologie mißt dem Situationsbezug und den kommunikativen Gegebenheiten in Kirche und Theologie einen weit höheren Stellenwert zu, als das andere Disziplinen in der Regel tun.

- Realistische Selbsteinschätzung etwa beim Predigen ist ein wichtiges Problem der pastoraltheologischen bzw. pastoralpsychologischen Perspektive in der Praktischen Theologie. Die Subjektivität des Predigers oder der Predigerin spielt ebenso eine Rolle wie die Subjektivität der Hörenden.

- Praktische Theologie hat auch, aber nicht nur mit den wissenschaftlichen Fähigkeiten und Fertigkeiten zu tun, die in den anderen Disziplinen zum Standard gehören. Durchaus selbstbewußt meint Stählin, mit seinen Fähigkeiten ("reden, anregen, lehren, dolmetschen") passe er gut in die Kirche, während ihm für die Wissenschaft Entscheidendes fehle.

Wie wäre aktuell der Stand der Praktischen Theologie im Gefüge einer theologischen Fakultät sowie im Spannungsfeld zwischen Kirche und Universität zu bestimmen?

12.1.2 Überblick

Die Praktische Theologie ist in einem Umbruch begriffen, den wir möglicherweise als Paradigmenwechsel zu kennzeichnen haben:

📖 Albrecht Grözinger, Praktische Theologie und Ästhetik. Ein Buch- und Forschungsbericht: IJPT 3 (1999) 269-294.

Grözinger, selbst einer der Protagonisten der ästhetischen Wende, identifiziert vier Paradigmen, die im 20. Jahrhundert am Werk (gewesen) seien:

1. Orientierung an der religiösen Lebenswelt des Menschen (Liberale Theologie, bis ca. 1920)

2. Exklusive Ausrichtung am Wort Gottes (Dialektische Theologie, ab ca. 1920)

3. Praktische Theologie als Handlungswissenschaft (empirische Wende, ab ca. 1968)

4. Praktische Theologie als Ästhetik (ab ca. 1984)

Gegenwärtig konkurrieren oder überschneiden sich vor allem die letzteren beiden Ansätze. Für den empirisch-handlungsorientierten Ansatz macht Grözinger (vgl. ebd., S. 272) drei Komponenten aus, die einen fast zwanzigjährigen Konsens der Praktischen Theologie markiert hätten:

– Die Praktische Theologie ist als Handlungswissenschaft (☞ 12.2.3) bestimmt.

– Die Praktische Theologie orientiert sich an den Humanwissenschaften, beispielsweise für die Seelsorge an der Psychologie.

– Die Praktische Theologie bewährt ihre Aussagen an empirisch verifizierbarer Erfahrung.

Der ästhetische Ansatz gestattet noch keinen vergleichbar deutlichen Überblick. Der Bogen spannt sich von einer neuartigen Alltagsästhetik zur Ästhetik von Kunst, von spezifisch christlicher Ästhetik zu einer Ästhetik allgemeinkultureller Vermittlungen des Religiösen. Einblick in die Vielfalt des Ansatzes bekommen Sie in weiteren Schritten dieses Kapitels (☞ 12.2.5-7). Für diesen Überblick weise ich mit Grözinger (vgl. ebd. S. 282-289) auf vier Spielarten hin, in denen die ästhetische Wende der Praktischen Theologie greifbar wird:

– Die Praktische Theologie geht aus von einer *strukturellen Parallelität* von ästhetischer und religiöser Erfahrung (☞ 11.3.1, ☞ 12.2.7).

– Die praktisch-theologische Arbeit widmet sich dem Verhältnis von Kirche bzw. *Religion und Kunst* (☞ 11).

– Es geht um die Reflexion und Entwicklung einer protestantischen bzw. *christlichen Lebenskunst* in den Kontexten der Gegenwart (☞ 9.3.3)..

– Praktische Theologie vollzieht sich als *Hermeneutik von Konstellationen*, d.h. als Wahrnehmung des Wechselspiels von Gestaltungen der christlichen Gottesgeschichte mit Gestaltungen der Gegenwartskultur (☞ 12.2.6).

Sie sollen sich an dieser Stelle die vier Spielarten im Überblick klarmachen und im Verlauf ihrer weiteren Arbeit immer wieder fragen, welcher Spielart der eine oder andere Text zuzuordnen ist.

PT-Wörterbuch
- Paradigmen von Praktischer Theologie (20. Jhdt.)
  – Orientierung an der religiösen Lebenswelt
  – exklusive Ausrichtung am Wort Gottes
  – empirisch-handlungsorientierter Ansatz
  – ästhetischer Ansatz

12.1.3 Problem

Mir scheint das Problem der Praktischen Theologie noch immer darin zu liegen, daß sie sich im Spannungsfeld zwischen den Polen Ereignis und Wissenschaft zu bewegen hat.

> 📖 Martin Nicol, Zwischen Ereignis und Wissenschaft. Über Schwierigkeit und Faszination der Praktischen Theologie: PTh 83 (1994) 68-81.

Unter *Ereignis* verstehe ich einzelne Vollzüge und Momente des Lebens, die sich, zunächst jedenfalls, mit stets neuen Überraschungen allen Handlungsanweisungen oder Abstrahierungen entziehen; Praktische Theologie hat es nach dieser Seite unmittelbar mit Phänomenen des Lebens zu tun. Als *Wissenschaft* dagegen muß sie die einzelnen Phänomene des Lebens verallgemeinern, um der Norm allgemeiner Kommunikabilität von Wissenschaft gerecht zu werden.

Zwei Modelle gibt es, wie sich Praktische Theologie in diesem Spannungsfeld entwerfen kann. Sie kann von wissenschaftlichen Einsichten etwa der historischen oder systematischen Theologie ausgehen und diese auf die religiös zu gestaltende Lebenswirklichkeit anwenden *(Anwendungswissenschaft)*. Sie kann aber auch die Wahrnehmung einzelner Phänomene religiösen Lebens behutsam verallgemeinern und in den wissenschaftlichen Diskurs einbringen *(Wahrnehmungswissenschaft)*.

| PT-Wörterbuch | • Ereignis - Wissenschaft |
| | • Anwendung - Wahrnehmung |

12.2   Konzeptionen

12.2.1 Praktische Theologie als Wissenschaft

Friedrich Schleiermacher (1768-1834) gilt als Vater der Praktischen Theologie, wie sie heute im Ensemble einer theologischen Fakultät selbstverständlich ist. Aus dem Status traditioneller Pastoraltheologie (☞ 12.3.1) als bloßer Anleitung für die Vollzüge des pastoralen Berufs hat er die Praktische Theologie in den Status einer wissenschaftlichen Disziplin erhoben. In gewisser Weise wird sie sogar, wie er sagte, zur "Krone" des theologischen Studiums. Das gilt, weil ihm die Theologie insgesamt dazu dient ("positive Wissenschaft"), sinnvolles Handeln im Bereich der Kirche zu ermöglichen ("Kirchenleitung"). Die praktische Ausrichtung der Theologie gilt für alle Disziplinen, fällt aber in besonderer Weise in den Wahrnehmungsbereich der Praktischen Theologie.

> **K** Schleiermacher steht Pate für eine moderne Praktische Theologie, die sich über ihren Erfahrungsbezug bestimmt. Insbesondere die Wendung zur Ästhetik erfährt durch den Rekurs auf Schleiermacher eine theologiegeschichtliche Verortung. Albrecht Grözinger sieht seine Praktische Theologie als Kunst der Wahrnehmung (☞ 12.2.6) bereits bei Schleiermacher vorgebildet. Der Text ist

interessant, weil er zum einen Schleiermacher engagiert darstellt, zum anderen aber die Linie der "Wahrnehmung" bis in die Gegenwart auszieht.

📖 Albrecht Grözinger, [Friedrich Schleiermachers Gewissensfrage oder Wahrnehmung als (geheimes) Thema der Praktischen Theologie], in: ders., Praktische Theologie als Kunst der Wahrnehmung, Gütersloh 1995, S. 50-65.

- Skizzieren Sie Wahrnehmung als Aufgabe der Praktischen Theologie (nach Schleiermacher)!
- Impuls: "Gerade die Dogmatik ist somit auf eine verantwortliche Praktische Theologie angewiesen und nicht allein umgekehrt" (S. 52 f.).
- Impuls: "Wirklichkeit ist für Schleiermacher immer mehr als das, was vor Augen liegt. Jeder recht verstandenen Wahrnehmung von Wirklichkeit ist ein nicht eingelöster, auf Zukunft hin orientierter Index eingraviert" (S. 53).
- Inwiefern entspricht die traditionelle Gliederung der Praktischen Theologie nicht mehr "den gesellschaftlichen Veränderungen und der notwendigen Differenziertheit religiöser Praxis" (S. 61)? Skizzieren Sie, wie Dietrich Rössler und Gert Otto der Aufgabe der Wahrnehmung durch ihre Neuordnung des Stoffes in zeitgemäßer Weise gerecht werden!

PT-Wörterbuch
- Praktische Theologie: "Krone" von Theologie als "positiver Wissenschaft" (Friedrich Schleiermacher)
- Praktische Theologie: Theorie von der dreifachen Gestalt des neuzeitlichen Christentums (Dietrich Rössler)
- Praktische Theologie: Erkundung des Geländes von Religion und Gesellschaft (Gert Otto)

12.2.2 Lehre vom Wort Gottes im Vollzug

Die Dialektische Theologie hat keinen Gesamtentwurf von Praktischer Theologie hervorgebracht. Gleichwohl zeichnen sich die Konturen einer Praktischen Theologie des Wortes Gottes deutlich ab.

P In einem kurzen, dichten Text hat Eduard Thurneysen die Praktische Theologie im kerygmatischen Konzept der Dialektischen Theologie verortet. Die Lehre Barths von der dreifachen Gestalt des Wortes Gottes (☞ 3.2.2) steht deutlich hinter den Ausführungen.

📖 Eduard Thurneysen, Die Lehre von der Seelsorge, München 1948, S. 9 f. (Kleingedrucktes).

- Diskutieren Sie kritisch die prinzipielle Orientierung der Praktischen Theologie am Paradigma der Predigt!
- Wie stellen Sie sich den Bezug der Praktischen Theologie auf "das Ereignis des Gesprochenwerdens des Wortes Gottes" (S. 10) konkret vor? Ziehen Sie Kenntnisse aus Homiletik (☞ 3.2.2) und Poimenik (☞ 4.2.2) heran!
- Wie begegnet Praktische Theologie methodisch dem Problem, daß das "Ereignis des Gesprochenwerdens des Wortes Gottes durch Gott selber ... niemals und unter keinen Umständen menschlicher Betrachtung zugänglich sein wird" (S. 10)?

PT-Wörterbuch
- Praktische Theologie als Lehre vom Wort Gottes im Vollzug (Eduard Thurneysen)
- "Ereignis" des Wortes Gottes

12 Praktische Theologie

12.2.3 Handlungswissenschaft

Im Gefolge der gesellschaftlichen Umbrüche um 1968 kam es in der Praktischen Theologie zu Veränderungen, die unter dem Stichwort der "empirischen Wende" zusammengefaßt werden können und die sich insgesamt als empirisch-handlungsorientierter Ansatz von Praktischer Theologie etablierten (☞ 12.1.2). Die einseitige Normierung der Praxis durch die kirchlich-theologische Tradition wurde problematisiert. Außertheologische Wissenschaften, vor allem die Humanwissenschaften, wurden herangezogen, um dem komplexen Zusammenhang von Theorie und Praxis in neuer Weise gerecht zu werden. In diesem Kontext avancierte der Versuch, Praktische Theologie als Handlungswissenschaft zu konzipieren, zum dominierenden Modell in der wissenschaftstheoretischen Diskussion (vgl. Karl-Fritz Daiber, Grundriß der Praktischen Theologie als Handlungswissenschaft, München/Mainz 1977).

P Rolf Zerfaß hat von katholischer Seite das Konzept einer Praktischen Theologie als Handlungswissenschaft umrissen. Die Bezugnahmen auf den amerikanischen Theologen Seward Hiltner müssen Sie nicht im einzelnen nachvollziehen. Wichtig ist vor allem das Modell, das Zerfaß zuerst in einer Skizze darstellt, um es dann zu erläutern.

⌨ Rolf Zerfaß, Praktische Theologie als Handlungswissenschaft, in: Praktische Theologie heute, hg. v. Ferdinand Klostermann u. Rolf Zerfaß, München/Mainz 1974, S. 164-177.

- Beschreiben Sie das handlungswissenschaftliche Modell als Wechselwirkung von Theorie und Praxis!
- Bestimmen Sie handlungswissenschaftlich das Proprium der Praktischen Theologie gegenüber den anderen Disziplinen!
- Was unterscheidet Praktische Theologie als Handlungswissenschaft von einer bloßen Anwendung (☞ 12.1.3) theologischer Einsichten auf die kirchliche Praxis?

PT-Wörterbuch
- empirische Wende
- Handlungswissenschaft
- Wechselwirkung Theorie - Praxis

12.2.4 Kritische Theorie religiös vermittelter Praxis

Gert Otto hat seinen Ansatz seit 1970 bis hin zu seiner "Grundlegung der Praktischen Theologie" (1986) vertreten. Die Grundlinie "Praktische Theologie als kritische Theorie religiös vermittelter Praxis in der Gesellschaft" blieb konstant. Verändert hat sich nur die Schreibweise von "kritisch": Das große K betont den Zusammenhang mit der Kritischen Theorie der Frankfurter Schule stärker als die Kleinschreibung, die Otto später bevorzugt.

An der Formel haben sich kontroverse Debatten entzündet. Grund dafür ist vor allem die Entschränkung des Gegenstandsbereiches von Praktischer Theologie. Nicht mehr nur die Kirche und ihr Handeln, sondern jede "religiös vermittelte Praxis in der Gesellschaft" sollte kritisch bedacht werden. Damit wurde der weite Bereich der Religion oder gar des Religiösen mit seinen vielfältigen Erscheinungsformen (wieder) theologisch relevant. Den einen erschien das als Befreiung aus den Denkverboten der Dialektischen Theologie. Den anderen schien die christliche Identität des Gegenstandes von Theologie bedroht.

P Der folgende Text von Gert Otto verteidigt die Formel bereits in Auseinandersetzungen und bringt sie als Korrektiv gegen die funktionale Theorie des kirchlichen Handelns von Karl-Wilhelm Dahm, die Sie bereits kennen (☞ 1.2.4), zur Geltung.

📖 Gert Otto, Praktische Theologie als Kritische Theorie religiös vermittelter Praxis. Thesen zum Verständnis einer Formel, in: Praktische Theologie heute, hg. v. Ferdinand Klostermann u. Rolf Zerfaß, München/Mainz 1974, S. 195-205.

- Beschreiben Sie das Elend von Praktischer Theologie als "blinder Hilfswissenschaft" (S. 196)!
- Beschreiben Sie das Verhältnis von Theorie und Praxis nach Otto!
- Was sind, auch über den direkten Bezug auf die Frankfurter Schule hinaus, die Kennzeichen von Praktischer Theologie als kritischer Theorie?
- Machen Sie sich klar, wie sich die "Neuvermessung" (S. 201) des praktisch-theologischen Geländes bei Gert Otto (☞ 12.2.1) aus seinem Ansatz ergibt!

PT-Wörterbuch • Praktische Theologie als kritische Theorie religiös vermittelter Praxis in der Gesellschaft (Gert Otto)

T Sie haben bereits eine handlungsorientierte Theorie in der Durchführung studiert: Karl-Wilhelm Dahms funktionale Theorie des kirchlichen Handelns (☞ 1.2.4). Sie haben jetzt mit Zerfaß (☞ 12.2.3) und Otto zwei weitere handlungswissenschaftliche Konzeptionen kennengelernt.

- Vollziehen Sie die Kritik von Otto an Dahm nach!
- Was wären im Modell von Zerfaß Kritikpunkte an Dahm?

12.2.5 Praktische Theologie des Subjekts

Henning Luther steht für die aktuell wirkkräftige Konzeption einer Praktischen Theologie des Subjekts. Zugleich fand die ästhetische Wende in ihm einen markanten Vertreter.

W Sie sind Henning Luther bereits mehrfach begegnet (☞ 3.2.6, ☞ 4.2.8, ☞ 9.3.3). Es lohnt sich, diese Abschnitte zu rekapitulieren. Es handelt sich um Durchführungen des Ansatzes, der Sie im folgenden beschäftigen soll.

Wer oder was ist Subjekt der Handlungen, auf welche die Praktische Theologie ihr Augenmerk richtet? Henning Luther hat den einzelnen Menschen als konkretes Subjekt für eine moderne Praktische Theologie entdeckt. Damit entgeht er der pastoraltheologischen Verengung auf den kirchlichen Amtsträger (☞ 12.3.1) ebenso wie der Bezugnahme auf eine ekklesiologische Abstraktion ("die Kirche"). Der einzelne Mensch ist das Subjekt, dem die praktisch-theologische Aufmerksamkeit zu gelten hat: der einzelne Mensch mit seinem Schmerz und seiner Sehnsucht, mit seiner Religiosität kirchlicher oder außerkirchlicher Prägung, mit seiner Lebensgeschichte, seiner Weise der Wahrnehmung von Gott und Welt - mitten im Alltag.

P Henning Luther hat den folgenden Text als Antrittsvorlesung 1987 in Marburg vorgetragen. Auch deswegen darf er als programmatisch gewertet werden.

📖 Henning Luther, Schmerz und Sehnsucht. Praktische Theologie in der Mehrdeutigkeit des Alltags [1987], in: ders., Religion und Alltag. Bausteine zu einer Praktischen Theologie des Subjekts, Stuttgart 1992, S. 239-256 u. 306-315 (Anm.).

- Beschreiben Sie "theologiespezifische Schwierigkeiten" (S. 240) mit dem Alltag!
- Impuls: "Vielmehr wäre religiös jene Erfahrung, in der die Selbstverständlichkeit des Alltags als fraglich erlebt und die Ahnung der Möglichkeit des Ganz Anderen wach wird" (S. 246).
- Impuls: Schmerz und Sehnsucht "thematisieren Endlichkeit gerade nicht im Modus des bloßen Einverständnisses oder der resignativen Hinnahme, sondern vom Gedanken der Erlösung her" (S. 250).
- Zeichnen Sie die ästhetische Komponente von Luthers Konzeption nach, und zwar anhand seiner Hinweise, wie "die Sprachen der Kunst" (S. 253) die praktisch-theologische Wahrnehmung leiten sollten!

T Henning Luther bezieht sich in seiner Neuausrichtung der Praktischen Theologie auf Handlungsfelder, die Sie bereits kennengelernt haben. Es erscheint reizvoll, sein Anliegen durch den Vergleich mit anderen Bemühungen deutlicher herauszuarbeiten.

- Vergleichen Sie das Konzept einer Praktischen Theologie als "Schwellenkunde" (S. 254) mit dem geläufigen Verständnis vom Schwellenhandeln der Kirche (☞ 10.3.2)!
- Die Praktische Theologie richtet ihr Interesse neu auf die Lebensgeschichte des Menschen (☞ 10.3.1). Entfalten Sie Henning Luthers Akzent auf der "abweichenden, unterirdischen Bildungsgeschichte" (S. 255)!

PT-Wörterbuch
- Praktische Theologie des Subjekts (Henning Luther)
- Religion - Alltag: Trennungsmodell und Integrationsmodell
- Mehrdeutigkeit des Alltags
- Biographiekonstruktion
- Praktische Theologie als "Schwellenkunde"

12.2.6 Kunst der Wahrnehmung

Albrecht Grözinger ist der Vertreter einer ästhetischen Praktischen Theologie, der sein Verständnis am intensivsten durch die Beschäftigung mit Kunst, moderner Kunst vor allem, gewonnen hat.

W Auf Grözinger sind Sie schon mehrfach gestoßen. Ich empfehle auch hier einen wiederholenden Blick auf das, was Sie in ganz verschiedenen Zusammenhängen bereits erarbeitet haben (☞ 2.2.6, ☞ 4.2.9, ☞ 11.3.6, ☞ 11.3.7).

Grözinger versteht, in deutlicher Absetzung vom handlungswissenschaftlichen Paradigma, seine praktisch-theologische Ästhetik als Kunst, und zwar als Kunst der Wahrnehmung. Solche Wahrnehmung vollzieht sich als Hermeneutik von Konstellationen, d.h. als Wahrnehmung des Wechselspiels von Gestaltungen der christlichen Gottesgeschichte mit Gestaltungen der Gegenwartskultur.

P Der folgende Text entwickelt das ästhetische Modell in Auseinandersetzung mit dem handlungswissenschaftlichen Modell. Das hilft, die praktisch-theologische Ästhetik in die Wissenschaftsgeschichte des Faches einzuordnen. Die vielfältigen Verweise auf die Welt von Kunst und Kultur samt zugehöriger Literatur gehören nicht zu einem Grundwissen, zeigen aber schön die kulturelle Weite von Grözingers ästhetischem Ansatz.

📖 Albrecht Grözinger, Wahrnehmung als theologische Aufgabe. Die Bedeutung der Ästhetik für Theologie und Kirche, in: Die Gegenwart der Kunst. Ästhetische und religiöse Erfahrung heute, hg. v. Jörg Herrmann u.a., München 1998, S. 309-319.

- Impuls (These): "Die Entscheidung über den Gestaltungswillen des Menschen fällt nicht in einem der menschlichen Wahrnehmung folgenden Akt, sondern bereits in der Art und Weise menschlicher Wahrnehmung wird über die daraus resultierenden Handlungsvollzüge des Menschen entschieden" (S. 310 f.).
- "Die Praktische Theologie als Kunst der Wahrnehmung gewinnt ihre Herausforderungen gegenwärtig an dem, was ich die Bruchstellen der Subjektivität nennen möchte" (S. 317). Vergleichen Sie zu diesem Punkt Grözinger und Henning Luther (☞ 12.2.5)!
- Impuls: "In Wahrnehmung ist immer Normativität eingeschrieben. Es gibt nicht den unschuldigen Blick" (S. 318).
- Impuls: "Praktische Theologie ... als 'Gegen-Schrift' gerät damit in ein eigentümlich oszillierendes Verhältnis zu ihrer jeweiligen Gegenwart" (S. 319).

PT-Wörterbuch
- Praktische Theologie: Kunst der Wahrnehmung (Albrecht Grözinger)
- Wahrnehmung - Handlung
- Ethik des Ästhetischen

12.2.7 Hermeneutik gelebter Religion

Wir sind Wilhelm Gräb mit seinem Versuch, die Phänomene von Religion neu in den Blick zu bekommen, bereits im Kontext der Oikodomik begegnet (☞ 1.3.9). Kirche muß, so Gräb, als spezifische Gestalt von Religion verstanden werden. Seine Praktische Theologie entwirft er daher als Hermeneutik gelebter Religion.

Gräb steht mit seinem Ansatz nicht allein. Die von ihm mitherausgegebene neue Zeitschrift "International Journal of Practical Theology" (IJPT) versteht sich, so das Editorial zur ersten Nummer (1997), als Organ einer weltweiten "kulturhermeneutischen Neubestimmung und Erweiterung der Praktischen Theologie".

K Der folgende Text widmet sich der religiösen Dimension besonders der Alltagskultur. Dabei bezieht sich Gräb ausführlich auf Gerhard Schulzes kultursoziologische Analysen zur "Erlebnisgesellschaft" (☞ 1.3.8).

📖 Wilhelm Gräb, [Religiöse Sinndeutungen in der Alltagskultur], in: ders., Lebensgeschichten - Lebensentwürfe - Sinndeutungen. Eine Praktische Theologie gelebter Religion, Gütersloh 1998, S. 48-61.

- Benennen Sie Phänomene von Alltagskultur und bestimmen Sie Religion "als die Kultur der Symbolisierung letztinstanzlicher Sinnhorizonte alltagsweltlicher Lebensorientierung" (S. 51)!
- Impuls: "Die implizite Religion der Alltagskultur verlangt nach einer religiösen Kulturhermeneutik" (S. 53).
- Markieren Sie Ähnlichkeit und Differenz von ästhetischer und religiöser Erfahrung!
- Wie beurteilen Sie die Begründung der Notwendigkeit von Kirche mit ihren "Symbolisierungs- und Ritualisierungsleistungen" (S. 57)?
- Wie beurteilen Sie die genuin theologische Legitimierung des kulturhermeneutischen Ansatzes, deren Spitze man im Begriff der "Reflexionskehre" (S. 59) sehen könnte?
- Arbeiten Sie den Stellenwert der Kasualien im Konzept von Gräb heraus!

PT-Wörterbuch
- Praktische Theologie: Hermeneutik gelebter Religion (Wilhelm Gräb)
- Alltagskultur
- Religion als letztinstanzlicher Sinnhorizont
- ästhetische - religiöse Erfahrung

12.3   Perspektiven

12.3.1 Pastoraltheologie

Historisch gesehen war die Pastoraltheologie, so die bekannte Formulierung von Christian Palmer (1859), "der Mutterschoß, in dem einstweilen das Kind, die praktische Theologie, sich bildete und nährte" (RE[1] 11, S. 176). Aus der Pastoraltheologie als einer Berufslehre für die amtlichen Handlungen des Pfarrers war mit Schleiermacher (☞ 12.2.1) eine Disziplin wissenschaftlicher Theologie geworden. Seitdem muß Praktische Theologie als Wissenschaft ihren Gegenstand jeweils neu bestimmen (☞ 12.2.2-7).

Der Prozeß einer Verwissenschaftlichung der Praktischen Theologie dürfte unumkehrbar sein. Dennoch waren bestimmte Anliegen der alten Pastoraltheologie, die Person und Amt des Pfarrers betrafen, von der praktisch-theologischen Wissenschaft offenbar nicht ausreichend gewürdigt worden. In den achtziger Jahren des 20. Jahrhunderts setzte ein neues Bemühen um die Pastoraltheologie ein. Die Zeitschrift "Wissenschaft und Praxis in Kirche und Gesellschaft" (WPKG) kehrte mit dem ersten Heft des Jahrgangs 1981 zu ihrem alten Titel "Pastoraltheologie" (PTh) zurück. Der Vorgang markiert eindrücklich das neue Interesse an der Pastoraltheologie. Vor allem aber war es Manfred Josuttis, der sich in den achtziger und dann noch einmal in den neunziger Jahren für eine erneuerte Pastoraltheologie einsetzte.

K Das erste von drei Büchern Josuttis' zur Pastoraltheologie begründet im einleitenden Kapitel die zeitgeschichtliche Notwendigkeit, das alte Problem wieder aufzunehmen, und markiert zugleich den Neueinsatz gegenüber der Tradition.

📖 Manfred Josuttis, Der Pfarrer ist anders. Aspekte einer zeitgenössischen Pastoraltheologie, München 1982, S. 11-27 + Inhaltsverzeichnis.

- Machen Sie sich die drei Zuordnungsmöglichkeiten (S. 18 f.) von Pastoraltheologie und Praktischer Theologie klar!

- Josuttis definiert: "Eine zeitgenössische Pastoraltheologie hat die Konfliktzonen, die an den Schnittpunkten zwischen der beruflichen, der religiösen und der personalen Dimension pastoraler Existenz lokalisiert sind, wissenschaftlich zu reflektieren" (S. 20).

- Machen Sie sich am Inhaltsverzeichnis klar, um welche Konfliktzonen es sich handelt! Rekapitulieren Sie Josuttis' Ausführungen zum Thema "Der Pfarrer und die Macht" (☞ 1.3.6)!

- Spielen Sie den Ansatz einer ideologiekritischen Pastoraltheologie, den Josuttis nur andeutet (S. 22 f.), an einigen Problemfeldern durch!

- Skizzieren Sie den weiteren Weg der Pastoraltheologie von Josuttis anhand dessen, was Sie aus seinem jüngsten Entwurf (Die Einführung in das Leben, 1996) bereits gelesen haben (☞ 1.3.5, ☞ 3.3.5, ☞ 4.2.10)!

PT-Wörterbuch
- Pastoraltheologie (Berufslehre) → Praktische Theologie (Wissenschaft)
- "Pastoraltheologie" als katholische Bezeichnung für Praktische Theologie
- Pastoraltheologie als wissenschaftliche Reflexion der Konfliktzonen pastoraler Existenz (Manfred Josuttis, 1982)

12.3.2 Erfahrung

Es kennzeichnet die Geschichte der praktisch-theologischen Entwürfe, daß der Bezug auf Erfahrung jeweils neu bestimmt wird. Man kann mit guten Gründen die These vertreten, schon die Tatsache, daß sich die Praktische Theologie überhaupt als wissenschaftliche Disziplin etabliert hat, sei Symptom für einen beunruhigenden Erfahrungsverlust der gesamten theologischen Wissenschaft. Demnach käme der Praktischen Theologie im Rahmen einer theologischen Fakultät in besonderer Weise die Aufgabe zu, die Frage nach dem Erfahrungsbezug von Theologie überhaupt offenzuhalten und gemeinsam mit den anderen Disziplinen nach jeweils zeitgemäßen Antworten zu suchen.

P Der Aufsatz von Gerhard Ebeling ist längst zum Programmaufsatz geworden. Er markiert in den Denkwegen der Dogmatik und mit den Einsichten, die der Autor bei seinen Studien zu Luther gewonnen hat, das Problem mit aller Schärfe. Erfahrungsmangel, so Ebeling, könne für die Theologie eine tödliche Krankheit bedeuten.

📖 Gerhard Ebeling, Die Klage über das Erfahrungsdefizit in der Theologie als Frage nach ihrer Sache, in: ders., Wort und Glaube, Bd. 3, Tübingen 1975, S. 3-28.

12 Praktische Theologie

- Beschreiben Sie Erfahrung in den Naturwissenschaften, den historischen Wissenschaften und den Humanwissenschaften als "methodisch disziplinierten" (S. 4) Umgang mit Erfahrung!

- Impuls: "Das 'sola experientia' erweist sich als das notwendige Interpretament des 'sola scriptura', 'solus Christus', 'solo verbo' und 'sola fide'" (S. 12).

- Impuls: "Unter dem imponierenden Eindruck der Macht empirischer Wissenschaft verliert ... die Gotteserfahrung den Bezug auf die Welterfahrung und wird auf eine isolierte innere Erfahrung abgedrängt" (S. 22).

- Glaube ist, so Ebelings berühmte Formulierung, "gottgemäße Erfahrung mit aller Erfahrung" (S. 25). Wie ließe sich auf dem Hintergrund dieser Bestimmung dem Erfahrungsdefizit in der Theologie begegnen?

PT-Wörterbuch   •   Glaube als gottgemäße Erfahrung mit aller Erfahrung (Gerhard Ebeling)
                    •   religiöse - profane Erfahrung

Gerhard Ebeling und andere haben die Suche nach dem Erfahrungsbezug der Theologie neu angestoßen und legitimiert. Die Rede von "Erfahrung" wurde theologisch wieder akzeptabel. Die verwirrende Vielfalt im Reden über Erfahrung freilich hat sich seitdem eher noch vergrößert. Vermutlich steckt die Theologie noch immer, wie einst von Ebeling konstatiert, zwischen den "Mühlsteinen gegensätzlicher Erfahrungsbegriffe" (ebd., S. 27).

Werner H. Ritter hat eine Bestandsaufnahme zum Erfahrungsbegriff in der Theologie vorgenommen. Seine Fokussierung auf die Religionspädagogik verleiht dem Überblick Anhalt an einem bestimmten Handlungsfeld und dient der Konkretion.

📖 Werner H. Ritter, 'Erfahrungsbegriff' - Konsequenzen für die enzyklopädische Frage der Theologie. in: Religionspädagogik und Theologie. Enzyklopädische Aspekte, FS Wilhelm Sturm, hg. v. Werner Ritter u. Martin Rothgangel, Stuttgart u.a. 1998, S. 149-166.

Selbstverständlich spielt auch in den Konzeptionen, die Sie bisher kennengelernt haben (☞ 12.2.1-7), der Erfahrungsbezug eine zentrale Rolle. Beispielsweise ist die jüngste Entwicklung der Praktischen Theologie bestimmt durch die Neuentdeckung und Neubewertung von ästhetischer Erfahrung.

- Skizzieren Sie den jeweiligen Erfahrungsbezug in den Konzeptionen von Schleiermacher bis Gräb!

- Benennen und reflektieren Sie auf dem Hintergrund eines an Ebeling geschärften Problembewußtseins die spezifisch theologischen Konturen des jeweiligen Erfahrungsbezugs!

12.3.3 Semiotik

Eine neuartige Bezugswissenschaft macht auf dem Gesamtgebiet der Praktischen Theologie immer stärker von sich reden: die Semiotik, Lehre von den Zeichen.

📖 Michael Meyer-Blanck, Der Ertrag semiotischer Theorien für die Praktische Theologie: BThZ 14 (1997) 190-219.

Verschiedene semiotische Schulen mit verschiedenen Terminologien lassen die semiotische Landschaft nicht gerade übersichtlich erscheinen. Auch die Rezeption in der Theologie verlief keineswegs einlinig. Es kommt hinzu, daß das semiotische Instrumentarium gut beherrscht werden muß, damit die Wirklichkeit nicht analytisch zerfällt, anstatt, wie intendiert, in ihrer vielschichtigen Vernetzung als Ganzheit wahrgenommen zu werden. Dennoch meine ich, ist der semiotische Ansatz wichtig. Vor allem kann er die ästhetische Ausrichtung der Praktischen Theologie mit wichtigen Einsichten stärken.

K Historisch gesehen war die Liturgik das Erprobungsfeld einer praktisch-theologischen Semiotik. Auch deshalb habe ich zum Einstieg einen Aufsatz ausgewählt, der am Teilgebiet der Liturgik etwas von der Leistungsfähigkeit der semiotischen Sichtweise demonstriert. Der folgende Text gibt sich als Rezension zu Rainer Volps zweibändiger Liturgik (1992/94), stellt im Grunde aber eine mit ihrer Orientierung am praktischen Beispiel gut nachvollziehbare Einführung in das komplexe Gebiet der Semiotik dar. Sie sollten aber das Kapitel zur Liturgik (☞ 2) bereits bearbeitet haben.

📖 Michael Meyer-Blanck, Zwischen Zeichen und Historie. Zu Rainer Volps Liturgik und den künftigen Aufgaben der Liturgiewissenschaft, in: Einheit und Kontext. Praktisch-theologische Theoriebildung und Lehre im gesellschaftlichen Umfeld, FS Peter C. Bloth, hg. v. Jürgen Henkys u. Birgit Weyel, Würzburg 1996, S. 295-313.

- Machen Sie sich klar, wie die Unterscheidung verschiedener Zeichensorten (Zeichensprachen) hilft, den gesamten Gottesdienst als multidimensionales Kunstwerk (☞ 2.2.6) wahrzunehmen! Markieren Sie inbesondere, wie durch die Semiotik eine spezifisch protestantische Blickverengung auf verbale Vorgänge aufgeweitet wird!
- Impuls: "Die Verengung auf die historische Perspektive birgt die Gefahr, sich auf die Reflexion der Zeichengestalten und Zeichengehalte unabhängig von den Zeichenproduzenten und Zeichenrezipienten zu beschränken" (S. 303).
- Impuls: "Die Semiotik sollte ... helfen, Zeichen aufmerksamer zu lesen ..., die eigene Zeichenproduktion im Gottesdienst kritischer zu erkennen, zu benennen und zu verändern und schließlich kerygmatisch, aber nicht nur verbal zuzuspitzen. Die Liturgik kann sich somit weder an historische Texte noch an aktuelle Kontexte als ihre vermeintlichen Konstitutiva ausliefern" (S. 313).

PT-Wörterbuch
- Semiotik
- Signifikant (Zeichengestalt) - Signifikat (Zeichengehalt) - Referent (Zeichenbezug)
- syntaktische - semantische - pragmatische Dimension von Zeichen
- Semiose
- struktural-semiotischer ≠ historisch-genetischer Ansatz

12.3.4 Studium

Die Praktische Theologie hat seit Ende der sechziger Jahre immer wieder den Anspruch erhoben, zu einer Reform des theologischen Studiums Wesentliches beitragen zu können. Beispielsweise wollte die Seelsorge-

12 Praktische Theologie

bewegung (☞ 4.3.3) nicht nur eine neuartige Ausbildung in Seelsorge etablieren, sondern das gesamte akademische Studium der Theologie im Sinn spezifisch pastoralpsychologischer Erfahrungsorientierung durchdringen. Wenn die These stimmt, daß die Praktische Theologie für den Erfahrungsbezug der gesamten Theologie Mitverantwortung trägt (☞ 12.3.2), dann ist immer wieder nach praktisch-theologischen Perspektiven des Theologiestudiums zu fragen.

K Michael Klessmann hat in seiner Wuppertaler Antrittsvorlesung (1999) entsprechende Perspektiven entwickelt. Sein Ansatz bei der Identität ist deutlich von der Seelsorge bestimmt. Zugleich aber verortet er seine Perspektive im Miteinander mit anderen Disziplinen der Praktischen Theologie. Klessmann macht keine revolutionären Vorschläge. Aber er fragt auf dem Hintergrund der neuesten Entwicklung von Praktischer Theologie als Wahrnehmungswissenschaft (☞ 12.1.3) engagiert nach einer Neuausrichtung des theologischen Studiums. Sie können in dem Text eine ganze Reihe von Einsichten, die Sie in diesem Grundwissen gewonnen haben, als Impulse für ein erneuertes Studium wiederfinden.

📖 Michael Klessmann, Theologische Identität als Dialogfähigkeit zwischen Tradition und Situation. Praktisch-theologische Perspektiven zum Studium der Theologie: PrTh 35 (2000) 3-19.

• Machen Sie sich (noch einmal) die Unterschiede von Praktischer Theologie als Anwendungs-, Handlungs- und Wahrnehmungswissenschaft (S. 7 f.) klar!

• Beurteilen Sie die geläufigen Schwerpunkte theologischen Lernens in der ersten und zweiten Ausbildungsphase!

• Skizzieren Sie den neueren Wandel im Verständnis von Identität!

• Impuls: "... brauchen wir zusätzlich zu dem vorwiegend kognitiv-linearen, wissenschaftsbezogenen Lernen eines Hochschul-Studiums auch ein ganzheitliches, emotionales Lernen" (S. 14).

• Impuls: "Der Vikar hat gelernt, auf der Sach- oder Inhaltsebene theologisch zu reden ... Was er anscheinend nicht gelernt hat, ist, wahrzunehmen, wie diese Sachebene jeweils in bestimmte Beziehungsmuster verwoben ist, die den Inhalt immer variieren und verändert entstehen lassen" (S. 17).

PT-Wörterbuch
• Patchwork-Identität/Identitätscollage
• Identität: Fähigkeit zur Wahrnehmung von Differenzen und Verknüpfungen in wechselnden Sinn-Systemen

PTips

Eine neue Geschichte der Praktischen Theologie orientiert sich primär an Personen und Konzeptionen von Schleiermacher bis Dietrich Rössler. Darüber hinaus kommen aber auch Entwicklungslinien zur Geltung; der Blick öffnet sich über den deutschen Sprachraum hinaus:

📖 Geschichte der Praktischen Theologie. Dargestellt anhand ihrer Klassiker, hg. v. Christian Grethlein u. Michael Meyer-Blanck, Leipzig 1999.

Eine Summe des neuen Nachdenkens über den Ort der Praktischen Theologie verspricht das zweibändige Werk von Wolfgang Steck zu werden. Die auffällige "Patchworkkonstruktion" in der Anlage des Buches macht Ernst mit der Einsicht, daß die herkömmliche Gliederung des Stoffes nach Disziplinen letztlich nicht mehr den Realitäten entspricht, die es wahrzunehmen gilt. Insbesonders für systematisch befähigte Leserinnen und Leser lohnt sich der Blick in den ersten Band dieses großangelegten Entwurfs:

> 📖 Wolfgang Steck, Praktische Theologie. Horizonte der Religion - Konturen des neuzeitlichen Christentums - Strukturen der religiösen Lebenswelt, Bd. 1, Stuttgart u.a. 2000.

Abkürzungen

vgl. Siegfried M. Schwertner, Abkürzungsverzeichnis der TRE, 2. Aufl., Berlin/New York 1994

BSLK   Bekenntnisschriften der evangelisch-lutherischen Kirche, Göttingen

BThZ   Berliner theologische Zeitschrift, Berlin

Con(D)   Concilium. Internationale Zeitschrift für Theologie, Einsiedeln

Diakonie   Diakonie. Impulse, Erfahrungen, Theorien, Stuttgart

DtPfrBl   Deutsches Pfarrerblatt, Stuttgart

EK   Evangelische Kommentare, Stuttgart

ETR   Études théologiques et religieuses, Montpellier

EvErz   Der evangelische Erzieher, Frankfurt/M.

GlLern   Glaube und Lernen, Göttingen

IJPT   International Journal of Practical Theology, Berlin/New York

JPR   Jahrbuch der Religionspädagogik, Neukirchen-Vluyn

LJ   Liturgisches Jahrbuch, Münster

LM   Lutherische Monatshefte, Hamburg

MuK   Musik und Kirche, Kassel

NELKB   Nachrichten der Evangelisch-Lutherischen Kirche in Bayern, München

PrTh   Praktische Theologie, Gütersloh

PTh   Pastoraltheologie, Göttingen

RE   Realencyklopädie für protestantische Kirche und Theologie, Gotha

ThPr   Theologia Practica, München etc.

ThQ   Theologische Quartalschrift, Tübingen

TRE   Theologische Realenzyklopädie, Berlin/New York

US   Una Sancta, Meitingen

WPKG   Wissenschaft und Praxis in Kirche und Gesellschaft, Göttingen

WzM   Wege zum Menschen, Göttingen

ZGDP   Zeitschrift für Gottesdienst und Predigt, Gütersloh

ZThK   Zeitschrift für Theologie und Kirche, Tübingen

Personenregister

Abarbanell, St. 192f.
Adam, A. 45
Adam, G. 66, 131, 145, 148, 157f., 216
Adams, J. 106, 116
Aland, K. 36, 47
Albert, J. 169
Albrecht, H. 228
Ammon, M. 196
Asmussen, H. 104
Austin, J. 204f.

Bach, J. S. 55, 129
Bach, U. 170f., 175
Baldermann, I. 141f.
Barth, H.-M. 213
Barth, K. 78f., 103, 148, 188, 200f., 231,
  235, 243f., 247
Beavin, J. 121
Bedford-Strohm, H. 176
Beethoven, L. v. 55, 76
Benedict, H.-J. 183
Benedict-Alfert, H.-J. 179f.
Berg, H. K. 142f.
Berger, R. 45
Bernhardt, R. 202
Bethge, E. 23
Beutel, A. 87, 92, 97
Bickel, L. 129
Biehl, P. 139, 241
Bieritz, K.-H. 45, 48, 52, 57, 71, 73, 225
Black, K. 173ff.
Blattner, J. 99
Bloch, E. 122, 169
Bloth, P. 255
Böckel, H. 20f.
Bodelschwingh, F. v. 179
Bohne, G. 135
Bohren, R. 73, 75f., 81, 91, 103, 211,
  214f., 221, 228, 240
Boisen, A. T. 114
Bonhoeffer, D. 23f., 33
Born, J. 199
Brueggemann, W. 231f.
Brüll, H.-M. 181
Brunner, P. 49f.
Bubmann, P. 236
Buchholz, F. 59
Bukowski, P. 116
Bullinger, H. 79f., 83
Bultmann, R. 136
Bürgel, R. 237
Busse, H.-B. v. 237
Butenuth, A. 24

Chardin, P. T. de 106
Cornehl, P. 48, 62, 193, 225

Cox, H. 217
Dahm, K.-W. 24f., 92f., 249
Daiber, K.-F. 248
Dannowski, H. W. 74
Degen, R. 237
Denecke, A. 79, 98
Dibelius, O. 33
Dieterich, M. 107
Domay, E. 75
Domin, H. 199f.
Dörger, H. J. 136f.

Ebeling, G. 29f., 203, 205, 253f.
Eberl, P. 181
Eco, U. 52
Engemann, W. 41, 233
Enzner-Probst, B. 69
Erikson, E. 61, 152f.
Erne,Th. 233ff., 239
Eurich, C. 194f.

Faber, H. 121
Fähndrich, G. 216
Felsenstein-Roßberg, A. 69
Fermor, G. 242
Fetzer, J. 32
Fontane, Th. 99
Fowler, J. 155
Fraas, H.-J. 142
Freud, A. 118
Freud, S. 61, 104, 106, 116-119, 122, 152
Frisch, M. 239f.
Frör, K. 135, 146f., 161

Gadamer, H.-G. 110
Gareis, B. 99
Geisendörfer, I. 190
Geisendörfer, R. 189f.
Gennep, A. v. 223f.
Gerstenmaier, E. 168
Geyer, H. 227
Geyer, H.-G. 85
Gibson, B. 232
Gmünder, P. 155f.
Goffman, E. 61
Gölz, R. 59
Gottwald, E. 195f.
Gräb, P. 239
Gräb, W. 42, 220, 251f., 254
Greinacher, N. 238f.
Grethlein, Ch. 45, 131, 256
Grosse, H. 40
Grözinger, A. 52, 82, 92, 110f., 200, 205,
  239ff., 244-247, 250f.
Grubrich-Simitis, I. 118
Grünberg, W. 42